Rainer Merkel

Das Unglück der anderen

Kosovo
Liberia
Afghanistan

S. Fischer

MIX
Papier aus verantwortungsvollen Quellen
FSC® C014496

Satz: Druckerei C. H. Beck, Nördlingen
Druck und Bindung: GGP Media GmbH, Pößneck
Printed in Germany
ISBN 978-3-10-048443-7

Inhalt

»Der Wille zur andächtigen Hingabe ist
eine veredelte Form der Maskierung.«

Aby Warburg

»Einem Kind wurde einst von dem Leiden eines andern erzählt. Darauf ging das Kind abseits und umarmte die Luft.«

Peter Handke

Kosovo

1

Am Anfang schien es noch so, als könnten wir ihm wirklich helfen, ein neues Leben anzufangen und alles zu vergessen, was er durchgemacht hatte. Ich frage mich, ob er auch so einen Blick gehabt hat. »Dieses betäubte Starren, die weit aufgerissenen, leeren Augen eines Mannes, dem alles egal ist.« Der Zweitausend-Jahre-Blick, von dem die Amerikanerin Judith Herman in ihrem Buch *Die Narben der Gewalt* erzählt. Ich denke daran, als ich auf dem Weg ins Café Gottlob bin, an einem warmen Frühlingstag in Berlin. Ich denke an den Jungen, der noch nie in seinem Leben Schuhe getragen hatte, den Carly so mochte und dessen Potential sie für so groß hielt, dass sie eine regelrechte Leidenschaft für ihn entwickelte. Sie war gar nicht damit einverstanden, als Freunde ihm später ein Paar nagelneue Lederschuhe besorgten. Sie wollte nicht, dass man es ihm zu einfach machte und ihm alle Hindernisse aus dem Weg räumte. »Es wäre das Beste gewesen, sie hätten ihm die Schuhe nie gekauft«, sagte Carly. »Das wäre wirklich das Beste gewesen.« Carly wollte den Jungen beschützen. Eine Weile versuchte sie sogar, eine Familie in Monrovia zu überreden, ihn zu adoptieren. Einen Jungen, der noch nie in seinem Leben Schuhe getragen hatte und den sie in seinem Dorf im Süden von Liberia am liebsten bei lebendigem Leib verbrannt hätten. Über die Schuhe war er sehr glücklich. Er trug sie ohne Socken, und er zog sie auch nachts nicht aus, so dass die harten Lederkanten ihm immer mehr in die Haut hineinschnitten.

Carly konnte seinem scheinbar unschuldigen Charme nicht widerstehen. Seinem Zweitausend-Jahre-Blick, der aber vielleicht gar nicht so leer und gleichgültig war, wie wir zuerst dachten. Carly wollte nicht glauben, dass er einen Monat nach seiner wundersamen Rettung durch einen UN-Mitarbeiter im Landesinneren noch nicht erkannt hatte, wie wichtig unsere Hilfe für ihn war und was für eine große Chance das für ihn bedeutete. Carly betrachtete das Gesicht des Jungen wie ein Gemälde, ein Bild, das sie gemalt hatte und über dessen fehlende Veränderungsbereitschaft sie dann aber ein bisschen enttäuscht war. Sie sagte, wir dürften keine Zeit verlieren und den richtigen Moment nicht verpassen. Die brasilianische Psychoanalytikerin Suely Rolnik, die in den 1970ern ein Opfer der Diktatur in ihrem Heimatland geworden war, hat darüber geschrieben, wie viel Zeit sie gebraucht habe, um die erlittenen Erfahrungen zu verarbeiten. Es war die traditionelle brasilianische Musik, die Rolnik schließlich ihre Stimme und ihre Lebensenergie zurückgaben. Ein Prozess, der mit Umwegen vielleicht sogar noch länger gedauert hat als die neun Jahre, die zwischen der Erfahrung der brasilianischen Diktatur und der Wiederentdeckung ihrer Stimme bei einer Stunde Gesangsunterricht in Paris lagen. Für den Jungen, der noch nie in seinem Leben Schuhe getragen hatte, war ein Monat schon zu viel. Der Junge konnte nicht singen. Oder er wollte es nicht. Am Ende enttäuschte er uns alle. Es lag nicht daran, dass er ständig alle Angebote in den Wind schlug und nirgendwo länger als ein paar Wochen blieb. Es lag daran, dass es von Anfang an so bestimmt und so festgelegt war, dass er uns enttäuschen würde.

»Er soll wenigstens Socken tragen«, bat mich Carly ihm auszurichten. »Denkst du bitte daran?« Das Mitleid in ihrem Gesicht war echt, aber die Socken hat er trotzdem nie bekommen.

»Sag ihm, dass er Socken anziehen soll«, sagte Carly immer wieder.

»Ja«, sagte ich, »mache ich.« Aber dazu hätte er erst mal die Schuhe wieder ausziehen müssen.

War Carly am Ende deswegen so unglücklich und wollte deswegen am liebsten wieder in den Kosovo zurück? Wegen des Jungen, der sie und mich nicht mehr zur Ruhe kommen ließ? Der Junge, dessen Unbekümmertheit und grenzenlose Zuversicht stärker war als jedes Trauma. Ich laufe in einem Bogen am Café Gottlob vorbei. Ich versuche Zeit zu gewinnen. Ich bin mit Rron verabredet, den ich am Abend zuvor bei der Finissage seiner Ausstellung in einer kleinen Schöneberger Galerie getroffen habe. Es ist der erste Kontakt, der ohne Carly zustande gekommen ist. Der erste Versuch, diese Reise ohne ihre Hilfe zu organisieren. Im Licht des gnädigen, großzügig warmen Frühlings sieht Berlin jetzt ganz harmlos aus. Das Café Gottlob ist ein harmloser und gepflegter Ort, wo man auch draußen sitzen kann. Ich laufe die wenigen Meter über die Grunewaldstraße und genieße die Sonne (die mich aber gleichzeitig daran erinnert, dass ich die Stadt, die ich noch vor einer Woche, als ich den Flug gebucht habe, so sehnsüchtig verlassen wollte, jetzt auf einmal doch nicht mehr verlassen will). Ein Flug nach Priština, mit Umsteigen und einem kurzen Aufenthalt in Frankfurt. »Jetzt habe ich auch keine Lust mehr«, sagte Carly am Ende. Da hatte der Junge seine Schuhe schon längst verkauft und stand kurz davor, nach Maryland in sein Dorf zurückzukehren, in das Dorf seiner Eltern, die nicht mehr lebten und für deren Tod er verantwortlich gemacht worden war. Zurück nach Hause und in seinen sicheren Untergang, wie Carly glaubte. Auf der gegenüberliegenden Straßenseite ist ein Copyshop, genau an der Ecke, wo ich abbiegen muss, um zum Café zu gelangen. Ich stelle mir vor, dass der Künstler, mit dem ich verabredet bin, ohnehin zu spät kommt und dass es deswegen keinen Unterschied macht, wenn ich jetzt noch Carly anrufe. Carly ist schwer zu erreichen, doch in diesem so schmeichelhaft weichen Licht, unter dieser so sanften, nachgiebigen Sonne, die Berlin auf einmal so gut aussehen lässt, erreicht das Bedürfnis, Carly anzurufen, seinen Höhepunkt. Ich halte nach einem Internetcafé Ausschau, in dem man telefonieren kann, als ich auf einmal Rron entdecke. Drüben, auf der anderen Straßenseite, auf der er sich in fast identischer Geschwindigkeit, parallel zu mir, in Begleitung einer jungen Frau, Richtung Café Gottlob bewegt. Er ist auf dem Weg zu unserer Verabredung. Er geht im Schatten. Er bewegt sich ähnlich langsam und unschlüssig wie ich, aber es sind die Bewegungen eines Künstlers, der die Nacht durchgemacht hat und der sich in Anwesenheit seiner Begleiterin einen Habitus von Gleichmut und Gelassenheit geben will, den Ausdruck eleganter Dumpfheit, mit der er die Unwägbarkeiten des Lebens ignoriert. Er bleibt an der Straßenecke, an der sich der Copyshop befindet, stehen. Er scheint zu überlegen, in welche Richtung er gehen soll. Ich verstecke mich, zumindest versuche ich das, sofern es in der prallen Sonne mitten auf dem Bürgersteig, auf dem sich noch nicht einmal Bäume befinden, möglich ist. Rron wendet sich nach links, biegt in die Nebenstraße ein und nähert sich dem Café. Was würde er wohl dazu sagen, wenn er wüsste, dass ich an ihm als Künstler gar nicht interessiert bin? Dass mir das Interview mit ihm gar nichts bedeutet? Dass es um etwas ganz anderes geht?

2

Ich könnte Carly anrufen. Sie ist irgendwo in Australien mit ihrem Mobiltelefon unterwegs. Sie hat kein Festnetz, und die Verbindung, falls sie überhaupt zustande kommt, ist so fragil, dass es gut sein kann, dass das Gespräch mitten im Satz abbricht und dann trotz aller Anstrengungen nicht mehr fortgesetzt werden kann. (Warum will ich auf einmal doch nicht mehr aufbrechen, zu einer Reise, auf die ich mich doch so gut vorbereitet habe?) Es ist eine Reise, die ich vielleicht gar nicht gemacht hätte, wenn Carly und ich uns nicht getroffen hätten und Carly nicht ins Krankenhaus gekommen wäre, in dem ich arbeitete, um den Jungen, der noch nie in seinem Leben Schuhe getragen hatte, kennenzulernen. Im Krankenhaus, dem E. S. Grant Mental Health Hospital, hielt er es noch am längsten aus, vermutlich weil er dort mehr oder weniger ein Gefangener war, alle Mitarbeiter ihn ins Herz geschlossen hatten und sich rührend um ihn kümmerten. Vielleicht würde sich etwas von der Begeisterung auch auf mich übertragen, die Begeisterung, die Carly empfindet, wenn sie von ihrer Zeit im Kosovo spricht. Wenn sie davon spricht, dass sie unbedingt wieder dorthin will, zurück in das Land, in dem sie fünf Jahre gelebt hat. Mein Vater war geradezu süchtig danach, Reisen zu unternehmen und zu planen. Und noch vor dem Ende einer Reise dachte er schon wieder an die nächste, das nächste Ziel, die nächste Sehenswürdigkeit. Am Ende seines Lebens hatte diese Reiselust meines Vaters ein derartiges Ausmaß angenommen, dass ich mir wünschte, wenn ich auch nur davon hörte, er habe wieder eine seiner berüchtigten Busreisen geplant, irgendetwas würde ihn stoppen und seiner Reiselust, diesem ganzen Eskapismus endlich ein Ende bereiten. Rron dreht sich um. Ob er mich erkannt hat? Ob er sieht, dass ich ihm auf der Spur bin? Er ist Künstler, er umgibt sich mit der Aura der Unberechenbarkeit. Als ich ihn am Abend zuvor fragte, ob ich ihn interviewen dürfte, sagte er zwar sofort zu, weigerte sich aber dann, einen Termin zu vereinbaren, und überließ das lieber seiner Managerin. Ich habe den Verdacht, dass die Frau an seiner Seite dieselbe Frau ist, mit der ich gestern gesprochen und diesen Termin vereinbart habe, mit der zusammen er jetzt langsam aus meinem Blickfeld verschwindet, um das Café Gottlob zu betreten.

Es ist eine Halluzination, eine Phantasie. Rron Qena ist eine Schleuse, ein Tor oder ein Türöffner. Er entspricht dem Bild, das ich mir immer vom Kosovo gemacht habe. Eine Mischung aus süßlichen Klischees und wirklich existentieller Bedrohung, aus der er heraustritt mit einer gewissen Souveränität. Mit schlechten Zähnen, übernächtigt, zerfahren und mit einer Managerin, die merkwürdig zögerlich und unsicher ist. Er sitzt draußen vor dem idyllischen Café Gottlob, mitten in Berlin-Schöneberg, in einem ausgeblichenen T-Shirt, einen halben Meter von den Strahlen der wärmenden Frühlingssonne entfernt, und versucht, eine Portionspackung Kaffeesahne zu öffnen. Er untersucht die Packung, er dreht sie nach links und nach rechts. Da ist irgendwo die Lasche, die man nicht hochziehen, sondern abbrechen muss. In aller Gelassenheit kapituliert er, und die Frau an seiner Seite, die als Managerin doch noch etwas ungeübt wirkt, braucht einen Moment, bis sie bemerkt, dass sie ihm vielleicht helfen könnte. Wir sitzen im Schatten. Es ist eiskalt. Was hat Rron erlebt, dass er so kälteunempfindlich ist? Der Krieg im Kosovo ist seit über zehn Jahren vorbei. *Tears of Europe*. Der Gestus seiner Bilder ist fragmentarisch, unentschlossen, aber nicht ohne Wärme. Die Frauenfiguren in seinen wilden expressionistischen Landschaften sehen wie Gefangene einer Abstraktion aus, die etwas gewalttätig geraten ist.

»Wie war er, der Krieg?«, frage ich Rron, nachdem wir schon eine ganze Weile über seine Kunst gesprochen haben. Die Gesprächsatmosphäre hat sich entspannt. Längst hat sich herausgestellt, dass die Frau an seiner Seite nicht seine Managerin, sondern in Wirklichkeit seine Freundin ist.

»Ich meine, hat er deine Kunst beeinflusst?«

Rron hat noch immer das kleine Milchdöschen in der Hand. Vielleicht inspiriert es ihn. Im Kosovo, wie sich später herausstellen wird, findet man so etwas nicht. Im Kosovo ist der Kaffee selbst ein Kunstwerk.

»Ich lasse mich nicht durch die Politik beeinflussen«, sagt er.

»Natürlich nicht«, sage ich und überlege, wie ich das Thema trotzdem am Leben erhalten kann. »Aber das ist schon wichtig, oder? Im Hinblick auf den Kunstmarkt, zum Beispiel.« Ich denke an seine Bilder, und ich frage mich, ob er auch nach Europa eingeladen würde, wenn er aus Usbekistan oder Kasachstan stammte.

»Der Kunstmarkt?«, fragt er und stellt das Milchdöschen auf den Tisch. »Den ignoriere ich total. Mit dem möchte ich lieber nichts zu tun haben.« Seine Freundin, die nicht seine Managerin ist, lächelt. Aber es ist nicht klar, ob sie mit seiner Antwort zufrieden ist.

»Wenn man den Kunstmarkt als Künstler ernst nimmt«, erklärt er und schiebt das Milchdöschen beiseite, »dann ist man ruiniert. Dann ist man ganz unten.« Er beugt sich vor. Ich warte darauf, dass er noch etwas sagt. Etwas Ironisches oder etwas in der Richtung, dass er natürlich trotzdem irgendwie mitspielt. Er sagt aber nichts, starrt nur auf den Tisch und wartet auf die nächste Frage. So oft ist er vielleicht noch gar nicht interviewt worden, und vielleicht weiß er nicht, dass es am besten ist, wenn sich seine Ehrlichkeit in Grenzen hält.

Ich brauche jemanden wie Rron. Jemand, der sich im Kosovo auskennt. Ein Mensch, der in einer Parallelwelt lebt. Rron weiß selbst nicht ganz genau, ob es Kunst, Performance, Zivilcourage oder doch nur ein Gag gewesen ist, als er zusammen mit Freunden den UNMIK-Soldaten und den ihnen gegenüberstehenden nationalistischen Vetëvendosje!-Demonstranten Tee ausschenkte. Peacebuilding als Street-Performance. Ich denke an zerschossene Stadtlandschaften, KFOR-Soldaten, die sich betrinken, Internationale, die sich arrogant verhalten. Fragmentarische urbane Orte, in denen die Düsternis plötzlich aufreißt und den Blick auf eine andere, viel wildere und wahrere Welt freigibt. Das ist das Versprechen, das Rron mir gibt. Aber Rron ist müde. Er denkt schon an die nächste Ausstellung in New York, außerdem ist er noch mit seinem Galeristen zum Mittagessen verabredet.

»Ich nehme den Krieg nicht so ernst«, sagt er.

»Und warum nicht?«, frage ich.

»Das ist besser so.«

Seine Freundin räuspert sich, und ich denke, sie wird jetzt vielleicht doch noch eingreifen, um das Bild, das er von sich gibt, etwas zu korrigieren.

»Es hat keinen Sinn, Kunst zu studieren«, sagt er und starrt auf den Tisch. »Es macht gar keinen Sinn, überhaupt etwas zu studieren. Schon gar nicht im Kosovo.«

»Du *willst* es ja auch nicht«, sagt seine Freundin. Sie dreht sich kurz zu mir um. »Er könnte hier studieren, wenn er wollte, aber er will lieber in Priština bleiben«, setzt sie mit einem leicht vorwurfsvollen Unterton hinzu.

»Genau«, sagt Rron und nickt. »Ich könnte hier keine Kunst machen.« Er dreht sich um, sein Blick schweift über die bepflanzte Terrasse des Café Gottlob und die sanierten, in dezenten Farben gehaltenen Schöneberger Altbauten. Er schüttelt entschuldigend den Kopf. »Das würde nicht gehen.« Er rückt mit seinem Stuhl etwas zurück. Ich nicke und mache eine Notiz. Ich solidarisiere mich mit ihm. Ich wechsele das Thema und befrage ihn zu seiner Einschätzung der aktuellen politischen Lage. Wir sprechen über die internationale Gemeinschaft und darüber, wie die KFOR-Soldaten und UN-Mitarbeiter Priština verändert haben. Er erzählt mir von seinem Vater, der ein berühmter Karikaturist gewesen ist, und wie er, ohne dass es eigentlich geplant war, dessen Arbeit fortsetzt. Es sind die Cartoons, die ihn und seine Familie über Wasser halten, und nicht die Kunst. Unser Gespräch verwandelt sich. Längst führe ich kein Interview mehr, sondern unterhalte mich mit ihm über den Kosovo. Ich erzähle ihm nichts von Carly und meinen Kontakten, meinen Verbindungen zur NGO-Szene. Ich erzähle ihm nichts von dem Jungen, der seine Schuhe verkauft hat und für immer verschwunden ist, der Carly so viel Kraft gekostet und sie beinahe an den Rand der Verzweiflung getrieben hat. Rron hat sie gesehen, die UN-Leute und die KFOR-Soldaten, er hat erlebt, wie sie in den Bars und Clubs von Priština auftreten, als würde ihnen die ganze Stadt gehören.

»Vielleicht treffen wir uns mal in Priština«, schlage ich vor.

»Natürlich treffen wir uns in Priština«, sagt Rron und richtet sich auf. »Wo wirst du wohnen?«

Und dann erklärt er mit großer Geste, dass er schon etwas für mich finden werde und dass ich ihm das ruhig überlassen könne. Ich falte meine Notizen zusammen und stecke sie in die Tasche. Das Interview ist beendet. Ich übernehme die Rechnung und bezahle auch die Getränke seiner Freundin. Für einen Moment habe ich das Gefühl, dass die Beziehung zwischen ihnen am Scheidepunkt steht. Sie haben komplizierte Reisepläne, über die sie sich nicht einig sind. Er verschränkt seine Arme. Wir stehen noch einen Moment an der Straßenecke, wo der Copyshop ist und wo ich noch vor zwei Stunden nach einem Internetcafé Ausschau gehalten habe. Wir stehen in der Sonne, aber Rron, der auf der Terrasse die ganze Zeit im Schatten gesessen und nicht im Geringsten gefroren hat, scheint es jetzt auf einmal kalt zu sein. Wir verabschieden uns. Es ist eine herzliche Verabschiedung, als seien wir in kürzester Zeit Freunde geworden, und sie ist in gewisser Hinsicht Ausdruck meiner Hoffnung, der plötzlich aufkommenden Erwartung und des Gefühls der Vorfreude, dass ich jetzt also meine Reise beginnen und endlich aufbrechen kann. Vielleicht brauche ich Carly jetzt gar nicht mehr. Vielleicht funktioniert meine Reise auch ohne sie.

3

Das Licht ist grell bei der Ankunft, es scheint keinen Schatten zu geben. Der aus Deutschland stammende klapprige Audi des Taxifahrers scheint Licht und Dreck aufzusaugen wie ein Staubsauger, und selbst mein Laptop, in dem die Telefonnummer des Vermieters versteckt ist, weigert sich hochzufahren. Eine eigentümliche Mischung aus Baulücken, Glasfassaden und schnell hochgezogenen kastenförmigen Gebilden, die noch gar nicht fertig sind. Ein architektonisches Niemandsland, in dem es keine Anhaltspunkte, keine großen Gesten, keine Fixpunkte gibt. Eine Stadt, die so aussieht wie eine misslungene Parodie auf Los Angeles.

»Das ist der Bill-Clinton-Boulevard«, sagt der Taxifahrer. »Kennst du den?« Bill Clinton. Ein Geist, der sich über eine staubige Hauptstraße legt. Nachdem General Mladić, der jetzt in Den Haag sitzt, nach Srebrenica gekommen ist und der Westen den Horror des Balkankrieges nicht mehr länger ertragen konnte, fing das NATO-Bombardement an.

»Das ist seine Schuld«, sagt der Taxifahrer stolz, aber er meint es natürlich anders. Es sei allein den Amerikanern zu verdanken, dass es so weit gekommen ist und die NATO eingegriffen hat.

»Sind Sie sicher, dass es die Amerikaner waren?«, frage ich, während ich mir schon nicht mehr sicher bin, ob der Krieg wirklich notwendig gewesen ist.

»Sie ist nach ihm benannt. Es ist *seine* Straße«, sagt er und neigt den Kopf etwas nach hinten, da wir sie in diesem Moment überqueren. Den Bill-Clinton-Boulevard sehe ich nie mehr wieder. Lange Zeit zweifele ich daran, ob er überhaupt existiert. Meine eigene Straße habe ich noch nicht gefunden. Es dauert eine Weile, bis ich meinen Vermieter kennenlerne, der mich an einer Straßenecke in Empfang nimmt. Über meine eigene Straße, in der sich meine Unterkunft befindet, bin ich mir im Unklaren. Eine Woche brauche ich, um endlich zu verstehen, was sich hinter dem Straßennamen, der nirgendwo schwarz auf weiß zu sehen ist, verbirgt. UÇK Street. Die kosovo-albanische Befreiungsarmee, der auch der Präsident angehört hat, bewacht meinen Schlaf und breitet ihre schützenden Arme über mich aus. Die UÇK Street ist ganz schön weit vom Bill-Clinton-Boulevard entfernt. Nach meiner Ankunft gehe ich vorerst nicht mehr aus dem Haus. Ich telefoniere mit einer Psychologin, einer Kinderpsychiaterin und einer Philosophin, die mir Rron empfohlen hat. Ich will mich dem Trauma und den Horrorgeschichten, die mir bevorstehen, mit Vorsicht nähern. Ich möchte keinen falschen Schritt machen, die Bürgersteige in Priština sind mit Schlaglöchern und Stolperfallen übersät.

Ich hätte schon vor zwei Jahren hier sein müssen. Ich bin später dran als geplant. Ich kehre gewissermaßen an einen Ort zurück, an dem ich schon gewesen bin, wenn auch nur auf imaginären und ausgedachten Reisen. Reisen mit Entwurfscharakter. Reisen, die anfangen und in der Planungsphase enden, die mit den Geschichten über Ramush Haradinaj anfangen, mit den Geschichten über Srebrenica, Tuzla und dem fast 800-seitigen Bericht von General Reinhardt, der 1998 der erste KFOR-Kommandant war, weitergehen, und manchmal allein daran scheitern, dass eine Telefonverbindung nicht zustande kommt. Mit Carly, der australischen Freundin, telefoniere ich am Ende doch noch, aber die Verbindung bricht schon nach ein paar Minuten wieder ab. Sie weist mich darauf hin, dass ihre Kontakte in Priština hilfreich sein könnten, um eine Wohnung zu finden, die bezahlbar ist. In Krisengebieten zu übernachten kann sehr teuer werden. Sündhaft teuer. Carly ist die Verbindung. Die Brücke von Liberia zum Kosovo, von Australien zu der großzügigen, mit zwei Toiletten und zwei Schlafzimmern ausgestatteten Wohnung in der UÇK Street. Wofür brauche ich zwei Toiletten und zwei Schlafzimmer? Um mich aufzuteilen? Meine verschiedenen miteinander konkurrierenden Rollen zu proben oder gegeneinander auszuspielen? Carly weiß alles über den Kosovo, sie weiß alles über die UNMIK, und sie weiß, mit wem ich mich treffen muss, um etwas von dem Land zu erfahren und eine Idee davon zu bekommen, wie es funktioniert. Das Trauma, in seiner ganzen Gewalttätigkeit und Kraft. Die schmutzige Arbeit der Therapie. Die vernachlässigte und unterbewertete Kunst der Verdrängung. Carly hätte mir wertvolle Tipps geben können. Sie hätte mir erklären können, wie es sein kann, dass sie es fünf Jahre im Kosovo ausgehalten hat und die Zeit im Nachhinein als die schönste Zeit in ihrem Leben beschreibt, während sie über Liberia, wo wir uns kennengelernt haben, nichts Gutes zu sagen hat. Aber unser Gespräch wird gleich wieder unterbrochen. Die Telefonverbindungen zwischen Berlin und Australien erweisen sich als instabiler als gedacht. Ich bin kaum in Priština angekommen, als ich schon weiß, dass es keinen Sinn ergibt, Rron noch einmal zu treffen. Ich will nichts mit Künstlern, Schriftstellern und Kreativen zu tun haben. Ich fühle mich außerstande, die Wohnung, die ich dank Carlys guter Kontakte gefunden habe, zu verlassen. Unter mir wohnt eine ehemalige UNMIK-Mitarbeiterin, eine Juristin und Freundin von Carly, die eine Weile für die UN-Mission im Kosovo gearbeitet hat, ein Kind hat und jetzt darauf wartet, dass ihr Mann, der bei EULEX arbeitet, nach Hause kommt. Ich könnte runtergehen. Und wir könnten über Carly sprechen, Carly, die erste UN-Mitarbeiterin, die ich in Liberia kennengelernt habe und deren eigentümliche Mischung aus Sanftheit, Bescheidenheit und ihrem kapriziösen, unberechenbaren und manchmal auch wütenden Idealismus mich schon in Liberia verwirrt hat. Wir könnten darüber sprechen, ob Carly dieselbe Wanderung unternommen hat, ob sie derselben Karawane angehört, die von einem Einsatzort zum nächsten zieht. Und darüber, ob sie vielleicht erklären kann, warum Carly in Liberia am Ende so furchtbar unglücklich gewesen ist. Lag es wirklich daran, dass sie nicht akzeptieren konnte, wie Liberia funktionierte, dass der Junge, der noch nie in seinem Leben Schuhe getragen hatte, für immer untertauchte und verschwand? Aber ich bin noch nicht angekommen. Ich muss entscheiden, in welchem Schlafzimmer ich die Nacht verbringe. In dem etwas dunkleren, aber großzügigeren hinteren oder in dem kleineren helleren, gleich neben dem Badezimmer, mit der halb ausgetrockneten Bambuspflanze, die in einem leeren Plastikröhrchen zwischen den Heizungsrippen hängt und dringend gegossen werden müsste. Ich könnte die Wohnung so aufteilen, dass eine Hälfte unbewohnt bleibt. Die Hälfte, in der der Autor, Schriftsteller oder der

Leser zu Hause ist. Der, der diese Reise geplant hat, jetzt aber nichts mehr damit zu tun haben will.

In Gedanken bin ich schon ein paarmal in Priština gewesen. Ich dachte, es sei gut für mich, ich dachte, es würde mir helfen, nach meiner einjährigen Auszeit wieder langsam Fuß zu fassen. Kosovo. Das hörte sich von Liberia aus wie ein Urlaubsort an. Eine Enklave des Friedens und der Ruhe, wenn auch etwas staubig und kalt. Das Konzept meiner Reise, die Ideen für meine Recherche wirkten brüchig und vage. »Du brauchst dir keine Sorgen zu machen«, sagte Carly, als wir noch in Liberia zusammensaßen und über den Kosovo phantasierten. »Es reicht, wenn du ein, zwei Leute kennst, dann geht alles andere ganz von allein.« Die Namen verdoppelten und verdreifachten sich schließlich. Die Telefonnummern vervielfältigten sich, noch bevor ich Priština überhaupt erreicht hatte. Die Rohfassung der Geschichte, die Essenz des Traumas, ist schwer zu fassen. Es ist eine Geschichte, die nicht chronologisch erzählt werden kann, die keinen stringenten Aufbau, keine richtige Abfolge hat und die nichts davon verrät, was der Betroffene im Augenblick der Katastrophe empfindet. Dieser Augenblick hat kein Empfinden, keine Gefühle, kein Gedächtnis. Dieser Moment ist ausgelöscht. Ich erinnere mich, wie Carly lächelte. Sanft und zufrieden über ihre eigene Vergangenheit, die sie schon ein wenig zu verklären begann. Ich konnte es nie ertragen, wenn Leute ins Krankenhaus kamen, um es sich anzuschauen, und dabei ganz diskret nach den Traumatisierten und den Kindersoldaten fragten.

»Also«, sagte einmal eine junge deutsche Ärztin aus dem Landesinneren, die zu Besuch in der Hauptstadt war, »ihr habt ja hier bestimmt viele … äh, Traumapatienten, oder? Also Traumatisierte … Und dann noch die, die sogar selbst Täter gewesen sind.« Sie schaute mich herausfordernd an, als traute sie mir jetzt alles zu.

»Wie meinst du denn das?« Ich stellte mich absichtlich dumm, so als hätte ich keine Ahnung, was sie von mir wollte. »Leute, die traumatisiert sind?«

»Ja, aber auch die, die wirklich gekämpft haben … oder die, die gezwungen worden sind zu kämpfen, obwohl sie das gar nicht wollten … Na eben, zum Beispiel die *Kindersoldaten.*« Sie schaute sich auf dem Krankenhausgelände um, als hätte ich sie irgendwo versteckt.

»Ach so«, sagte ich und machte eine lange Pause, sah ihr in die Augen und nickte, als hätte ich überprüfen müssen, ob sie auch vertrauenserweckend genug sei. »Ja, du meinst Traumapatienten und Kindersoldaten.«

»Ja«, sagte sie und nickte gewichtig.

»Davon haben wir nicht einen Einzigen«, sagte ich dann. »Niemand. So etwas haben wir hier nicht.«

Die Ärztin nahm die Nachricht nicht gut auf, wie es mir schien. Sie verlor etwas die Fassung. Sie hielt mich ganz offensichtlich für einen desillusionierten Zyniker, der Menschen wie sie, die sich wirklich für etwas engagierten, verachtete. Für einen Moment schien es, als wolle sie mich beiseitestoßen und sich selbst ein Bild verschaffen. Jetzt in Priština, in der luxuriösen Wohnung eines ehemaligen UN-Mitarbeiters, der von seiner Existenz nicht die geringste Spur hinterlassen hat (mit Ausnahme einer unbrauchbaren kosovo-albanischen SIM-Karte), denke ich, dass ich ihr gegenüber etwas unfair war, dass ich ihr das Leben unnötig schwergemacht und mich vor dem Eingang des Patiententraktes wie ein Schatzwächter aufgeführt habe, wie der Hüter eines Vermächtnisses. Leute, die auf der Suche nach dem Trauma waren, konnte ich nicht ertragen. Solche Leute waren mir suspekt. Die rotgesichtige, dezent schwitzende deutsche Ärztin aus dem Landesinneren stand stellvertretend für eine Anmaßung und Selbstgerechtigkeit, mit der ich nichts zu tun haben wollte.

»Ich kann dir gar nicht sagen, warum ich mich im Kosovo so wohl gefühlt habe«, sagte Carly. »Ich hätte nie weggehen sollen.

Aber so ist das eben in unserem Beruf.« Sie war enttäuscht, dass der Junge die Schuhe verkauft und sich ihrer Fürsorge wieder entzogen hatte. Und es gab keine größere Niederlage für ihre Bemühungen als die Tatsache, dass er genau dorthin zurückkehrte, wo er hergekommen war. Zurück nach Maryland, dorthin, wo ihm die größte Gefahr drohte. Ich muss die Wohnung irgendwann wieder verlassen, die Wohnung in der UÇK Street, und ich muss rausgehen an die frische Luft. Vielleicht einen Abendspaziergang machen. Eine halbe Stunde später ist es mir immerhin gelungen, eine Verabredung für den nächsten Tag zu treffen. Es ist mir gelungen, mich aus meiner Erstarrung zu lösen, die mich für einen Moment befallen hat. Zwei Jahre hat es gedauert, bis ich endlich aufbreche. Zwei Jahre habe ich gebraucht, bis ich mich von Liberia erholt habe. Der Zettel von Carly ist zerknittert und beinahe unleserlich geworden.

»Ich könnte dir viel erzählen«, sagt Carly am Telefon, bevor die Verbindung unterbrochen wird.

»Ich wollte mir erst mal die Psychiatrie anschauen, die Mental-Health-Projekte, die die so haben«, sage ich noch. »Vielleicht ergeben sich dann noch andere Themen, irgendetwas, das mich …«

»Da kenne ich mich gar nicht aus«, unterbricht sie mich mit ihrer Tausende von Kilometern entfernten, etwas dumpfen Stimme.

»Ja, natürlich«, sage ich. »Ich wollte dich auch nur fragen, was ich mir sonst noch anschauen soll … Wen ich treffen soll. Kannst du mir jemanden empfehlen?«

»Hast du meine Liste, hast du den Zettel noch?«, fragt sie, aber dann bricht die Verbindung wieder ab, und als ich es das nächste Mal versuche, erreiche ich sie nicht mehr.

Nach meinem Abendspaziergang, der mit so etwas Beruhigendem wie Lebensmittel einkaufen beginnt und mit der Durchsicht meines E-Mail-Posteingangs in einem Internetcafé endet, entscheide ich mich für das hintere Schlafzimmer, den dunkleren, aber großzügigeren Raum mit einem monumentalen, schwarz glänzenden Kleiderschrank samt Glasschiebetüren. Das andere Schlafzimmer bleibt frei. Der Schriftsteller, der mit in den Kosovo gekommen ist, bleibt im Wohnzimmer und schaut auf die nächtlich erleuchtete Straße. Eine Straße, die überall sein könnte, und, wie sich erst später herausstellt, gar nicht UÇK Street heißt, jedenfalls nicht an dieser Stelle. Ich bin in Sicherheit. Am nächsten Morgen scheint die Sonne. Priština erweist sich als sehr lebendig, und ich verlasse das Haus als jemand anderes, als jemand, der in den Kosovo gekommen ist, um sich zu überraschen, als jemand, der eine Reise angetreten hat, um sich aus der Fassung bringen zu lassen. Jedenfalls so lange, bis mein Aufenthalt hier wieder endet und ich wieder zurück zum Flughafen muss.

4

Und dann lerne ich Wallmann kennen, den österreichischen Journalisten, den ich zufällig im Café Rings auf dem Mutter-Teresa-Boulevard treffe. Es ist Sonntag, und meine Verabredung für diesen Tag steht eigentlich schon fest. Es dauert ein paar Tage, bis ich meinen Aktionsradius etwas ausdehne. Das Café Rings ist nicht weit von meiner Wohnung entfernt. Von der UÇK Street zum Mutter-Teresa-Boulevard. Das entspricht auch der Entwicklung, die das Land in den letzten Monaten und Jahren durchgemacht hat. Vom Freiheitskampf zu den Segnungen der Barmherzigkeit, die sich in Form von edlen Bars und Cafés mit gepolsterten beigefarbenen Lounge-Sesseln, in denen sich die internationale Szene trifft, über die Innenstadt ausgebreitet haben.

»Ich bin eigentlich verabredet«, sage ich deswegen zu Wallmann, der nur für ein paar Tage in Priština ist und eine, wie er sagt, rein private Reise aufs Land unternimmt, aber bereit ist, mich mitzunehmen.

»Und Sie wollen in Priština bleiben?«, fragt Wallmann. Er redet unglaublich schnell, gleichzeitig mit einer Freude an der sprachlichen Präzision und Übergenauigkeit, wie man sie nur in Österreich und in der Schweiz findet. Ich soll mit aufs Land fahren, um den wahren Kosovo kennenzulernen.

»Sie müssen wirklich erlöst werden von diesem staubigen Ungetüm, von dieser realsozialistischen Architekturwüste. Wo wohnen Sie? Im Hotel?« (Das Plätschern besänftigender Beats aus den diskret in die Decke eingelassenen Lautsprechern, der Milchschaum, der sanft über den Kaffees schwebt, und Wallmann im Leinensakko und mit wirrer Frisur, der seinen Kaffee so schnell trinkt, als wäre es Mineralwasser.) Ich muss der Philosophin absagen. In einer Stunde bin ich mit ihr im Bistro De Rada verabredet. Ob ich ihr eine SMS schicken soll? Ich muss aufs Land, könnte ich schreiben. Wallmann, der schnellsprechende österreichische Journalist, behauptet, den Kosovo könne man nur verstehen, wenn man aus dem künstlichen, von Tito hingeklotzten Moloch namens Priština, den ich mir an diesem Sonntag mit der Philosophin genauer anschauen wollte, herauskommt, und zwar so schnell wie möglich.

»Also Sie wohnen doch nicht in einem Hotel?«, fragt er noch. »Na, wenigstens etwas.«

Als ich später neben ihm in seinem komfortablen Jeep sitze, den er samt Fahrer gemietet hat, sagt er: »Sie können von Glück reden, dass das hier passiert.«

»Was?«, frage ich, während ich aus dem Fenster des Wagens schaue, um den Kosovo kennenzulernen.

»Die Entführung aus dem Paradies.«

Er meint meine Wohnung in der unmittelbaren Nähe sämtlicher Lokalitäten, Bars und Cafés, den fast mikroskopisch kleinen Raum mit einer Handvoll Menschen, in deren Leben ich eintauche, um auf diese Weise in einem überschaubaren Ausschnitt Erkenntnisse zu gewinnen. Wie zum Beispiel die Erkenntnis, dass letztlich nichts dagegen spricht, sich mit Künstlern, Schriftstellern und Philosophen zu treffen, solange sie mir helfen können, das Land besser zu verstehen. Künstler, Schriftsteller und Philosophen als Vorbereiter, als Steigbügelhalter für den Eintritt in die düsteren, verschlungenen, unerschlossenen Schattenräume der Seele.

»Aus dieser Blase müssen Sie raus. Verstehen Sie«, sagt Wallmann und beugt sich etwas vor, um seinen Fahrer anzuweisen, welchen Weg er einschlagen soll. Wir fahren zuerst zu einem Ausflugsrestaurant. Es ist außerhalb der Stadt, an einem malerisch gelegenen Fluss. Aber es ist nur eine Zwischenstation.

»Haben Sie den Dick-Marty-Report gelesen?«

»Nein, aber davon gehört.«

»Ich werde Ihnen etwas zeigen«, sagt Wallmann. »Das werden Sie so schnell nicht wieder vergessen.« Er zeigt mit seinem mageren Zeigefinger zwischen den Vordersitzen zum Fenster und weist den Fahrer an, wo er zu parken hat. Ich lehne mich einen Moment im Polster des klimatisierten Wagens zurück, während wir langsam auf den Parkplatz rollen. (Wir sind irgendwo im Westkosovo, auf dem Weg in die Region Dukagjini.) Im Grunde traue ich Wallmann nicht ganz über den Weg. Unterwegs schreibe ich eine SMS an die Philosophin, nachdem ich sie telefonisch nicht erreicht habe. Es seien Umstände eingetreten, die meine Lage etwas verkomplizierten, schreibe ich und frage, ob wir unser Treffen verschieben könnten. Erst später wird mir klar, warum mich Wallmann mitgenommen hat. Er braucht einfach Publikum, jemanden, dem er das, was er hier erlebt, vorführen kann.

»Es wird nichts weiter Wildes«, sagt er, »eine ganz kleine, gemütliche Reise. Ich kenne hier ein paar Leute … Wir schauen uns das an, und dann bringe ich Sie wieder zurück.«

Er steigt aus dem Wagen, hüllt sich in sein etwas zu weites, zerknittertes Leinenjackett und erklärt mir über das Dach des Wagens hinweg: »Aber tun Sie mir einen Gefallen. Packen Sie bloß das Notizbuch wieder weg. Es ist Sonntag. Ich bin strenger Katholik.« Er läuft ein paar Meter und bleibt vor dem Restaurant stehen. »Wir sind doch nicht hierhergekommen, um zu arbeiten, oder?«

Die Terrasse des Restaurants grenzt direkt an den Fluss, an dem wir weniger sitzen, als dass wir über ihm schweben, und Wallmann parliert eine Viertelstunde ohne Punkt und Komma über Thomas Bernhard. Dafür bin ich jetzt also nach Priština gekommen, denke ich, während ich in dem starken Wind meine Serviette festhalte und auf den Fluss schaue, gleichermaßen geistesabwesend wie der Fahrer, der aber, weil er Wallmann schon eine Weile kennt, zumindest den Eindruck erweckt, als würde er Thomas Bernhard auch kennen. (Die Region Dukagjini ist traditionell Kosovos führende Region. Sie hat einen höheren Bildungsstandard, größeren Wohlstand und außerdem, wie Wallmann behauptet, einen leicht sizilianischen Touch.)

»Großgrundbesitzer ist der gewesen«, erklärt Wallmann, während er seinen Kaffee schlürft. »Ich muss an ihn denken, wenn ich hier über Land fahre. Das ist eigenartig. Thomas Bernhard kommt mir immer so vor, als würde er hier irgendwie hingehören. Vielleicht weil er so ein unglaublich gnadenloser und absolut gieriger Kapitalist gewesen ist.«

»Thomas Bernhard?«, frage ich, während ich den gelblichen Schimmer im Fluss bewundere, der das Wasser ganz zäh und cremig wirken lässt.

»Ich bin dazu übergegangen, Thomas Bernhard dafür zu hassen«, sagt Wallmann, »so wie wir Österreicher das miteinander machen. Eine Bestie, ein Blutsauger vor dem Herrn. Ich hätte ihn gerne mal in seinem tonnenschweren Mercedes gesehen, wie er über die Dorfstraßen kriecht und nach neuen Grundstücken Ausschau hält.« Wallmann macht eine abwehrende Handbewegung, während sich seine Serviette von der Untertasse löst und mit einer wehmütigen Aufwärtsbewegung dafür entscheidet davonzufliegen. Keiner rührt einen Finger. Die Umwelt, denkt man hier automatisch, kommt schon damit klar. Sie ist mit ganz anderen Problemen fertig geworden.

»Warum ist das Wasser so gelb?«, frage ich.

Der Fahrer von Wallmann beugt sich etwas vor. Er sitzt einfach mit uns am Tisch, was mich für Wallmann einnimmt. In Liberia kam es nie vor, dass irgendjemand den Fahrer mit an den Essenstisch bat oder ihn einlud, an einer kleinen Kaffeepause teilzunehmen.

»Sand«, sagt der Fahrer und nickt bedächtig. Er erklärt mir, dass der Fluss mit Sand verunreinigt ist. »Ein Verbrechen«, sagt der Fahrer.

»Illegal …« Er hebt zu einer längeren Erklärung an, aber Wallmann ist noch nicht mit Thomas Bernhard fertig.

»Kennen Sie das gelbe Haus?«, fragt Wallmann.

Ich schüttele den Kopf. Die Serviette von Wallmann flattert eilig über die hölzerne Terrasse auf den cremig beigen Fluss zu, in dem Sand ist. Illegaler Sand. Sand eines Verbrechens.

»Es könnte gut und gerne ein Roman sein. An der Geschichte hätte auch *er* seine Freude gehabt.«

»Ich kenne keinen Roman von Thomas Bernhard, der so heißt.«

»Genau«, ruft Wallmann begeistert. »Es gibt ihn auch nicht. Genauso, wie es das gelbe Haus nicht gibt. Es ist eine Phantasmagorie der Serben. Genauso wie diese Geschichte über den serbischen Bauern, den sie auf seinem eigenen Feld mit einer Weinflasche vergewaltigt haben. Das sind dieselben Angstphantasien und Projektionen, die wir Europäer aus der Kolonialzeit kennen. Vielleicht sollte man mal wieder Frantz Fanon lesen.«

»Es ist lange her, dass ich ihn gelesen habe«, gebe ich zur Antwort, während ich gespannt beobachte, wie die Serviette von Wallmann den Fluss fast erreicht hat und kurz davorsteht, im Wasser zu versinken.

»Im Marty-Report wird eben nachgewiesen, dass es das gelbe

Haus nicht gibt. Es fand alles ein paar Kilometer weiter statt, in einem anderen Haus, und die technischen Möglichkeiten, die sie da gehabt haben, hätten ohnehin niemals ausgereicht.« Wallmann hebt seine Kaffeetasse und trinkt einen Schluck. Dann will er schon wieder weiter und lässt sich die Rechnung bringen. Ich schaue zusammen mit dem Fahrer auf den Fluss, während Wallmann auf der Toilette verschwindet. Es ist die erste Station. Ich habe mich entschlossen, diesen Tag in aller Gelassenheit über mich ergehen zu lassen, genauso wie die Hochgeschwindigkeitsmonologe von Wallmann. Im gelben Haus, so schreibt Carla Del Ponte, die viele Jahre Chefanklägerin am Internationalen Strafgerichtshof gewesen ist, seien Menschen Organe bei lebendigem Leib herausoperiert und dann zu einem Flughafen nach Tirana gebracht worden, um von dort zu einer gut zahlenden Kundschaft verfrachtet zu werden. Das gelbe Haus befindet sich in Albanien und diente schon immer verbrecherischen Banden als Basis für ihre verschiedenen Vorhaben. Jetzt hat es mythische Ausmaße angenommen. Angeblich ist es nur über eine Serpentinenstraße zu erreichen und liegt so abgelegen, dass es einem vorkommen muss, als habe man das Ende der Welt erreicht, und nicht eine geheime Klinik, in der medizinische Operationen vorgenommen werden. Das gelbe Haus interessiert mich nicht weiter. Auch nicht der Dick-Marty-Report. Auf meiner Liste steht Shtime. Shtime ist ein schwieriger Ort in der Geschichte der Psychiatrie des Kosovo. Was für andere das gelbe Haus ist, ist für mich Shtime. In Shtime sind Patienten misshandelt und gequält worden, während Mitarbeiter der UN angeblich tatenlos zugeschaut haben. So zumindest ist mein Kenntnisstand. (Es ist wahrscheinlich genauso Ausdruck einer Projektion und Phantasie wie das gelbe Haus.) Wallmann bleibt lange weg. Ich sehe ihn ein paar Minuten später im Gespräch mit einem der Kellner. Sein Fahrer schaut mit anhaltendem Interesse auf den Fluss. Die Serviette hat es geschafft. Sie flattert nach einem kurzen Moment der Schwäche mit neuem Auftrieb über den Fluss hinweg und bleibt schließlich an einem Zweig auf der gegenüberliegenden Seite hängen.

»Kennen Sie die Geschichte mit dem gelben Haus?«, frage ich den Fahrer. Es gab noch vor meiner Abfahrt Berichte in den Medien, dass selbst hochrangige Politiker des Kosovo in den Fall verwickelt seien und dass die UÇK auf diese Weise angeblich ihren Freiheitskampf finanziert habe.

»Es ist ein paar Kilometer von Burrel entfernt«, sagt der Fahrer. Wallmann winkt. Ich sehe es im Hintergrund. Aber ich ignoriere sein Winken für einen Moment und konzentriere mich auf den Fahrer. Er wirkt nicht wie ein professioneller Chauffeur. Er wirkt eher wie ein Lehrer, der sich einen Tag freigenommen hat, um uns hier herauszufahren und sich den Fluss anzuschauen, der irgendwo Sand geladen hat und mit sich herumschleppt. »Es ist ganz einfach ein traditionelles Bauernhaus«, sagt er.

»Sind Sie schon mal da gewesen?«, frage ich.

»Zum Glück nicht«, sagt er und grinst.

»Glauben Sie, dass so etwas möglich ist?«, frage ich. Ich lasse offen, was ich genau damit meine, während ich weiter Wallmanns Winken ignoriere, mich stattdessen vorbeuge, als sei ich angestrengt damit beschäftigt, dem zuzuhören, was mir der Fahrer erzählt. Während Wallmann eilig auf uns zuläuft, schaut der Fahrer wieder auf den Fluss, dann sagt er: »Es wird viel geschrieben über unser Land. Zu viel.« Er nickt, als hätte auch er schon mal etwas geschrieben. »Und dann sind wir die Primitiven. Dann werden uns Dinge unterstellt. So etwas würden wir nie tun. Niemand von uns würde das tun.«

»Auf geht's«, ruft Wallmann, dessen drahtige Erscheinung keinen Aufschub duldet. Der Wind reißt seine Haartolle von der Stirn, sein Jacket flattert um ihn herum, als wolle er in die Luft aufsteigen.

»Wir müssen noch zahlen«, sage ich, obwohl ich ahne, dass er die Rechnung schon beglichen hat.

»Sie sind eingeladen. Österreich zahlt.«

»Schreiben Sie etwas hierüber?«, frage ich ihn.

»Über das?« Er zeigt auf den Fluss, auf die Terrasse, auf die gegenüberliegende Flussseite, wo seine Serviette in einem Baum festhängt (die aber dann, als ich mich noch einmal umdrehe, schon weitergeflogen ist).

»Das hier«, sagt Wallmann und knöpft sich sein Jackett zu. »Das ist das Schöne, das Wunderbare an diesem Land. Das ist das, worüber man nicht schreibt. Worüber keine Sau auch nur ein Wort verliert. Stimmt's?« Er beugt sich etwas herunter zu dem Fahrer, der mit seinen auf der Tischplatte abgestützten Armen gleichermaßen geduldig und ungeduldig wirkt.

»Wissen Sie, warum der Sand in dem Fluss ist?«, fragt Wallmann. Er zeigt auf den Fahrer. »Er kann es Ihnen erklären.«

Der Fahrer nickt.

»Ja? Und warum?«

»Sie bauen ihn illegal ab, sie fördern ihn ohne Erlaubnis ... Für den Hausbau. Sie nehmen ihn sich einfach. Das verstärkt die Erosion, der Sand landet im Fluss, und die Fische ...«

Er dreht sich zum Fluss.

»Die Fische?«, frage ich und folge seinem Blick. Auch Wallmann schaut auf den Fluss und nickt beinahe schuldbewusst. Als würde er die Geschichte schon kennen, sei aber bereit, sie sich von seinem Fahrer noch einmal mit aller lehrmeisterlichen Genauigkeit erklären zu lassen.

»Die Kiemen öffnen sich nicht mehr«, sagt er. »Und was passiert dann?«

»Ja«, sage ich, »was passiert dann?« Ich möchte bei seinem belehrenden Frage- und Antwortspiel nicht mitmachen.

»Wissen Sie die Antwort nicht?«, fragt er. Vielleicht ist er verärgert, dass ich ihn nach dem gelben Haus und dem Dick-Marty-Report gefragt habe. Vielleicht ist er aber nur genervt, dass er uns hier am Sonntag herumfahren muss, obwohl er eigentlich Besseres zu tun hat. Er schaut mich an. Er ist hartnäckig. Er wartet darauf, dass ich meine Lektion gelernt habe, dass er den Unterricht abschließen kann und dass wir weiterfahren können.

»Sie ersticken«, sagt er schließlich. Er sagt es ganz leise, mehr zu sich selbst, während Wallmann erstaunlicherweise stillhält und einfach stehenbleibt. Regungslos und ohne einen Ton zu sagen, als würden wir jetzt eine Schweigeminute für die Fische einlegen, die dort unten, unterhalb der Wasseroberfläche, in der Tiefe des Flusses um ihr Leben kämpfen oder schon vergeblich gekämpft haben.

»Die internationale Gemeinschaft«, sagt Jeton, den ich am Tag zuvor zum Kaffeetrinken getroffen habe, »das ist hier die eigentliche Komödie. Das ist der Stoff, aus dem alles gemacht ist.« Ich sitze mit ihm am Mutter-Teresa-Boulevard, im Café Rings, wo ich später Wallmann kennenlerne. Wir trinken Kaffee, und die Sonne blendet ihn so, dass er seine Sonnenbrille aufsetzen muss. Er berichtet von diversen Projekten, bei denen es um die großen Krisenthemen des Landes geht. Jeton Neziraj ist Theaterautor und Dramaturg. In einem seiner Stücke kommt ein Orchester vor, das in einer Unendlichkeitsschleife die Nationalhymne einstudiert, während das Publikum gleichzeitig darauf wartet, dass endlich die Unabhängigkeit des Landes erklärt wird. Der Blick von außen ist verzerrt und ungenau. Die internationale Gemeinschaft wendet sich ab, ignoriert das Land, und einer der Protagonisten des Stücks ist ein Geschäftsmann, der eigens ein Flugzeug gekauft hat und jetzt von einem Land zum anderen fliegt, um Werbung für den Kosovo zu machen. »Nur damit die Leute uns endlich zur Kenntnis nehmen«, erklärt Jeton. Die Abfolge der Stücke, von denen Jeton mir erzählt, ist leicht verwirrend, aber es spricht einiges dafür, dass die meisten von ihnen Komödien sind, obwohl Jeton während des gesamten Gesprächs die Sonnenbrille nicht abnimmt und nicht ein einziges Mal das Gesicht verzieht. Wallmann kennt Jeton. Aber wir sprechen nicht über ihn, er sagt nur »Jeton, der Dramatiker«, und dann nickt er.

Den kenne er natürlich. Aber weiter sagt er nichts. Vielleicht sprechen wir deswegen die ganze Zeit über Literatur, über Thomas Bernhard und darüber, wie die internationale Gemeinschaft funktioniert. Nach unserem kurzen Aufenthalt am Fluss, in dem Restaurant, dessen Terrasse über dem Wasser schwebt und von dessen Tischen die Servietten wegfliegen, ist klar, dass der Fahrer alles mitbekommt und dass man in seiner Gegenwart besser nichts Falsches sagt.

»Lesen Sie den Dick-Marty-Report«, sagt Wallmann noch, während er sich anschnallt. »Aber natürlich nicht heute. Heute ist Sonntag.«

»Fahren wir jetzt nach Gllogjan?«, fragt der Fahrer.

»Jetzt fahren wir nach Gllogjan«, sagt Wallmann. »Kennen Sie das?« Er schaut mich von der Seite an. Der Fahrer dreht sich kurz um und grinst. Wallmann hebt beide Hände hoch, als wäre er ein Pianist, der sein Klavier gerade nicht dabeihat.

»Gllogjan«, sagt er und betont jede Silbe. »Noch nie davon gehört?«

Der Fahrer startet den Wagen und lässt ihn elegant, ohne auch nur die geringste Eile, rückwärts zur Straße rollen. Sein Fahrstil ist typisch für den Berufskraftfahrer, der es schon lange nicht mehr nötig hat, irgendjemandem seine Fahrkünste vorzuführen, sondern im Gegenteil seine Fahrkünste unter einer fast trägen, ausdruckslosen Routine versteckt hält und nur noch in extremen Notsituationen kurz aufblitzen lässt.

»Sie werden es bald kennenlernen«, sagt Wallmann. »Es ist ein kleines Dorf, aber das hat es wirklich in sich. Stimmt doch, oder?« Er beugt sich zum Fahrer vor. Der Fahrer konzentriert sich auf den Verkehr und reagiert nicht. Nach ein paar Metern dreht er sich aber noch einmal um. »Wenn wir die Natur nicht respektieren«, sagt er, »dann kommen die Lebewesen darin um.« Er lässt seinen Kopf langsam nach vorne pendeln. Wallmann schaut aus dem Fenster, als suche er nach neuen und unverfänglichen Gesprächsthemen.

»Und was ist jetzt genau in Gllogjan?«, frage ich. Aber ich bekomme keine Antwort. Der Fahrer hat das Fenster heruntergelassen, und der laute Fahrtwind erstickt für einige Augenblicke jedes Gespräch.

5

»Ist das nicht schlecht für das Kind?«, frage ich Jeton, während wir von einer Seitenstraße des Mutter-Teresa-Boulevards abbiegen und Richtung Stadtrand fahren, wo er wohnt. »Es geht eben nicht anders«, erklärt Jeton. Die Lüftung bläst unentwegt kalte Luft in den Wagen, während seine Tochter auf dem Rücksitz liegt und schläft. Jeton ist einer der erfolgreichsten Theatermacher des Kosovo. Er ist als Künstler und Organisator wahrscheinlich ungleich gewitzter und besser organisiert als viele Künstler, die ich in Berlin kenne, aber trotzdem schaue ich besorgt auf seine dem eiskalten Luftstrom ausgelieferte Tochter. Das Primitive, das Archaische weht durch den Wagen. Unbewusst denke ich vielleicht: Will Jeton seine Tochter jetzt hier sterben lassen? Ich fange an, mich mit der Lüftungsanlage des Opel Corsa zu beschäftigen, während Jeton den Wagen hektisch durch den Verkehr steuert. »Das ist es, was die Leute am Kosovo interessiert«, hat Jeton bei unserem Treffen im Café Rings erzählt, als seine Tochter auf seinem Schoß schläft und sein aufgeklappter Computer silbern glänzend in der Sonne steht und auf neue E-Mails wartet. »Das ist es, auf was uns die Leute hier reduzieren. Auf den Horror, der hier stattgefunden hat.« Die getönten Scheiben, die Dunkelheit im Wageninneren, die undurchsichtigen Absichten und nicht hinterfragten Projektionen. Der Dick-Marty-Bericht. Der Organhandel. »Dabei ist kaum einem KFOR-Soldaten hier irgendetwas passiert«, sagt Jeton.

Jeton findet, dass der Westen das Thema Trauma überstrapaziert. PTSD. Posttraumatic Stress Disorder. Seitdem überall PTSD herumgeistert, glaubten alle Leute im Westen, die Menschen in den Krisengebieten seien mehr oder weniger alle traumatisiert und bräuchten psychologische Hilfe, und zwar sofort. Dass der Kosovo wirklich so harmlos ist, wie es während der ersten Tage scheint, kann ich mir nicht vorstellen. Ob die Normalität nur eine Scheinnormalität ist? Eine Normalität, die mich bei meiner Verabredung mit Zamira Hyseni, einer jungen Psychologin, nervös werden lässt, so dass ich mich schon frage, warum ihr Wagen, mit dem sie vor der Bar parkt, in der wir verabredet sind, getönte Fensterscheiben hat. Arkan und seine Schergen, der paramilitärische Arm von Milošević, hatten auch abgedunkelte Scheiben, damit man nicht sehen konnte, wie die Täter, die gleich zuschlagen würden, aussehen. In Liberia sind getönte Scheiben bei Privatfahrzeugen verboten. Aber es gibt natürlich niemanden, der das überprüft. Vielleicht liegt es auch nur am Schatten draußen auf der Straße, in dem Zamiras Wagen parkt, dass mir ihre Fensterscheiben so dunkel vorkommen. Ich versuche, die Lüftungsanlage zu reparieren. Es erscheint mir als Akt der Höflichkeit, schließlich nimmt mich Jeton mit und will mich später, nachdem er seine Tochter zu Hause in ihr Bett gelegt hat, noch zum Kloster Gračanica fahren. Wahrscheinlich hätten mich die getönten Scheiben eines vor einer Bar parkenden Opel Corsa auch bei einer Berliner Psychologin irritiert, zumal wenn ihr Ehemann als Mitarbeiter des Innenministeriums auch noch Besitzer der Bar ist, in der wir verabredet sind. Wir verlassen die an der Straße gelegenen Plätze und gehen rein, Zamira fürchtet, dass mein Telefon geklaut werden könnte. Psychisches Gleichgewicht zu haben, das sei ein Luxus, sagt sie. Sie erzählt, auf dem Land würden sich die Leute immer noch an einen Imam wenden, einen muslimischen Priester, wenn es ein Problem gibt, und der übernehme dann die Rolle des Therapeuten. Zamira, die als eine der Ersten im Kosovo nach dem Krieg ihr Psychologiestudium abgeschlossen hat, bleibt es immerhin überlassen, im Frühstücksfernsehen aufzutreten, um ihren Mitbürgern zu erklären, was Anti-Social-Behaviour ist, und warum es nicht gut ist, ein Kind zu schlagen, das die Socken falsch herum anzieht. Es ist eine andere Art von Auftritt als die der Lebenskrisenberater und Psychoexperten des deutschen Frühstücksfernsehens, in dem sogar die Normalität skurril, unglaubwürdig und verdächtig geworden ist. Sie steigt in ihren Wagen mit den mutmaßlich verdunkelten Fensterscheiben und verschwindet. Sie entzieht sich mir. Sofort lautet meine Frage: Hat sie mir nicht alles erzählt? Wie kann es sein, dass ihr Ehemann Besitzer der Bar ist, in der wir uns getroffen haben? Ist das verdächtig, ungewöhnlich?

»Und das neue Stück?«, frage ich Jeton, während ich mit einem abgerissenen Stück Pappe den Strom der kalten Luft zu stoppen versuche. »Um was geht es da genau?« Das neue Stück von Jeton heißt *Patriotic Hypermarket*, ein Bosnier soll Regie führen, und die Schauspieler stammen sowohl aus Albanien als auch aus Serbien. Mit Geldgebern ist Jeton schon in Kontakt. Es ist beeindruckend, an wie vielen Projekten er gleichzeitig arbeitet. Später holt er noch einen Amerikaner vom Flughafen ab, der auch involviert ist, bei einem anderen Stück, das irgendetwas mit der historischen Schlacht auf dem Amselfeld zu tun hat. Vielleicht denkt er, die kalte Luft könne seiner Tochter nichts anhaben, oder sie sei im Gegenteil gut für sie. Etwas, das sie abhärtet, stählt, das sie überlebensfähiger macht. Ich halte die Pappe in der Hand. Sie ist ungefähr so groß wie eine Visitenkarte. Ich fühle mich verantwortlich, dass der Wagen nicht richtig funktioniert. Und ich erkläre ihm, dass ich das Problem schon lösen würde, ich hätte mein halbes Leben mit Opel-Modellen verbracht. Und dann geht die Fahrt weiter, dann fängt das Leben wieder von vorne an. Das Stück Pappe hält. Es stoppt den Luftzug, zumindest solange ich im Wagen sitze und mit Jeton unterwegs bin, bis wir schließlich von einem Regenguss und einer riesigen Überschwemmung gestoppt werden. Jeton trägt sein schlafendes Kind in sein Haus, das so aussieht, als entstamme es einem Katalog für moderne Innenarchitektur. Ein weiterer Schock, ein weiterer Ausdruck von Normalität, mit dem ich nicht gerechnet habe.

»Und sie ist nicht ein einziges Mal aufgewacht«, sage ich erstaunt. »Sie hat die ganze Zeit geschlafen. Macht sie das immer so?«

Wallmann dreht sich zu mir und fragt: »Alles in Ordnung?« Ich nicke. Ich schaue aus dem Fenster. Wir haben die Hauptstraße verlassen und fahren über einen unbefestigten Weg zu einem Dorf. »Jetzt werden Sie gleich Gllogjan kennenlernen«, sagt Wallmann und betätigt den elektrischen Fensterheber, damit kein Staub in den Wagen kommt. Kurz bevor wir den Dorfeingang erreicht haben, kann man es schon sehen. Straßenbauarbeiten. Die Arbeiter halten kurz inne und lassen uns passieren. Wallmann lächelt den Männern zu, als würde er sie kennen. Er scheint nicht zum ersten Mal hier zu sein. Der Anschein von Normalität könnte auch jetzt kaum größer sein. Das Einzige, was mich wundert, ist, dass an einem Sonntag solche Arbeiten durchgeführt werden. Die Gesichter der Arbeiter sehen gleichmütig und gelassen aus. Ob Sie uns sehen können? Ob unsere Fenster auch getönt sind? Ich nehme mir vor, das zu überprüfen. Ein Sandhaufen blockiert die Zufahrt zu einem von hohen Mauern umgebenen Gebäude. Der Sand aus dem Fluss, denke ich. Der Fahrer verzieht keine Miene. Er steigt kurz aus, um ans Tor zu klopfen. Wallmann beugt sich etwas vor.

»Leider ist Ramush selbst nicht da«, sagt er leichthin. »Aber Sie werden Gelegenheit haben, seinen Vater kennenzulernen.« Wir steigen aus. Wallmann holt sein Telefon heraus und fängt sofort zu telefonieren an. Es muss wohl noch das eine oder andere geklärt werden. Wir stehen vor einem einfachen Anwesen. Ob hier wirklich der ehemalige Premierminister Ramush Haradinaj wohnt? Unser Fahrer steht vor dem Tor und wartet.

»Das ist nur eine Zwischenstation«, erklärt Wallmann, als hätte er meine Gedanken erraten. »Wir holen noch jemanden ab.« Er läuft auf dem schmalen Streifen neben einem ausgehobenen Graben, der von den Bauarbeiten stammt, auf und ab und telefoniert weiter. Er stellt die Verbindung zu einem der größten Machtzentren des Kosovo her.

Das erste Mal ist mir der Name Ramush Haradinaj in Berlin begegnet, in einer Gegend, in der der ehemalige Todesstreifen, die Grenze zwischen Ost und West, in eine idyllische Park- und Erholungslandschaft verwandelt worden ist und wo ich in einem Café mit einer Frau verabredet war, die für eine internationale Organisation im Kosovo gearbeitet hat und mir erzählen sollte, welche Erfahrungen sie dabei gemacht hat. Ramush Haradinaj tauchte ein paarmal auf. Als Name, als Protagonist einer Geschichte, die diese Frau mit ihrer Tätigkeit im Kosovo verband. Ein Jahr intensiver Erfahrungen, in dem sie als Wahlbeobachterin für die OSZE tätig war und vielleicht irgendwann auch Ramush Haradinaj über den Weg gelaufen ist. Sie erzählte mir von ihm in einer Mischung aus Faszination und Abscheu, während wir an dem künstlich angelegten See, dem Engelbecken, das sie selbst als Ort für unser Treffen ausgewählt hatte, Kaffee tranken. Sie war einer dieser Menschen, die in Krisengebieten gearbeitet haben und danach mit ihrem zusammengeschrumpften Leben nicht mehr zurechtkommen. Für mich aber war sie eine wertvolle Informantin, ich schrieb alles auf, was sie erzählte. Ich notierte mir den Namen HARADINAJ. Ich erinnere mich, wie sie mich korrigierte, weil das »j« zunächst in meiner Schreibweise nicht auftauchte. »Er nimmt die Leute für sich ein«, sagte sie. »Aber er ist wirklich …«, sie machte eine Pause, während sie ihren Blick über den rötlich schimmernden See schweifen ließ, »höchst gefährlich.« Sie benutzte eine Formulierung, die beinahe etwas Lüsternes hatte und eigentlich gar nicht zu ihr passte. »Ein wirklich grausamer Mann«, sagte sie. Vielleicht stand Haradinaj für ihre Erfahrung in einem Land, das in ihren Augen noch immer auf entwürdigende Weise ausgeschlossen ist, und dessen Bürger noch immer ein Visum beantragen müssen, um nach Europa einzureisen. Haradinaj vereinte für sie die ganze Ambivalenz und Eigentümlichkeit dieser Erfahrung. »Sie kennen sicher die Geschichte«, sagte sie, »wie er einmal 27 Stunden ununterbrochen auf dem offenen Meer verbracht hat. Im Wasser … Ich weiß gar nicht, wo das genau war.« Sie schüttelte den Kopf, während sie gleichzeitig einen verträumten Gesichtsausdruck hatte. »Er wollte wahrscheinlich beweisen, dass er so stark und ausdauernd sein und einen ganzen Tag und eine ganze Nacht im Wasser bleiben kann. 27 Stunden. Dabei lebte er doch damals noch in der Schweiz …« Sie schrieb mir den Namen auf. Einen Namen, der etwas mit dem Kosovo zu tun hatte und hinter dem eine Geschichte versteckt zu sein schien. 27 Stunden im offenen Meer. Am Ende stimmt diese Geschichte vielleicht gar nicht. Und auch die anderen Haradinaj-Geschichten, die so kursieren, stimmen nicht oder nur teilweise. Es sind Geschichten, die die Abgründe zwischen den Welten zu überbrücken versuchen, Geschichten, die zu erklären versuchen, wie Luzern und Priština zusammengehören, das Kung-Fu-Training in den Fitnessstudios und die Jobs als Türsteher in den Nachtclubs, bei denen ein kräftiger junger Mann aus Gllogjan dafür sorgt, dass nicht die falschen Leute hereingelassen werden, um das Schweizer Nachtleben zu genießen. Ein junger Mann, der dafür sorgt, dass man unter sich bleibt. Ein Bouncer, ein Türsteher, der die Orte der Ekstase und der Entgrenzung bewacht, bevor er sechs Jahre später Premierminister wird. »Und bei alledem frage ich mich«, sagte die Ex-Soziologin und Dolmetscherin, während im Engelbecken langsam die Sonne unterging, »in welche Richtung wollte er schwimmen? Und wollte er überhaupt schwimmen? Denn wie kann man 27 Stunden im Wasser bleiben, wenn man kein Ziel vor Augen hat, wenn man nicht irgendwo hinschwimmen will? Oder sehe ich das falsch?« Sie hatte sich wirklich Gedanken gemacht. Sie hatte darüber nachgedacht. Über eine Geschichte, die Haradinaj selbst am Ende gar nicht erlebt oder einfach nur so erzählt hat. Ich werde es ihn nicht fragen können, er sitzt im Gefängnis. Er hat sich selbst gestellt und ist freiwillig nach Den Haag gefahren. Zu einem Zeitpunkt, als er gerade auf dem Höhepunkt seiner Macht angekommen war. Das Tor zu dem Anwesen öffnet sich. Der Fahrer fährt den Wagen vorsichtig auf das Grundstück. Wallmann und ich folgen. Das Haus, das von hohen Mauern umgeben ist, ist ein einstöckiges Gebäude, das weniger wie ein Bauernhaus als wie ein Ferienhaus aussieht. Davor ist ein Tisch mit Stühlen aufgestellt, inmitten einer grünen, wild wuchernden Wiese.

6

Als ich später mit Wallmann wieder im Wagen sitze, und wir zurück nach Priština fahren, merke ich, wie erschöpft er ist. Er bittet mich sogar, ich möge mich vorne neben den Fahrer setzen, während er im Fond ein kleines Nickerchen halte. Er recherchiert, er klappert seine Kontakte ab, besucht die Schlüsselfiguren der jüngeren Geschichte des Landes, führt Hintergrundgespräche. Dieser Sonntag, den ich mit ihm verbringe, ist Teil einer sich schon länger hinziehenden Recherche, und die Natur dieser Recherche, dieses Sammeln von Informationen und Eindrücken, macht es notwendig, dass jemand dabei ist und Zeuge dieses Prozesses wird. Vielleicht liegt es in der Natur des Nebulösen und Unbestimmten, dass Wallmann ab und zu jemanden wie mich mit dabeihaben muss, jemanden, der ihn in seinem Tun bestätigt, wie an diesem Tag, als er den Vater von Ramush Haradinaj aufsucht. Es bleibt unklar, was dabei herauskommen soll. Vielleicht ist es nur ein kleines Puzzleteil oder dient der Kontaktpflege, vielleicht ist es Vorbereitung für einen viel wichtigeren Besuch, dann, wenn Haradinaj eines Tages aus Den Haag wieder zurückkehrt.

Auf der Wiese vor dem schlichten einstöckigen Haus, wo wir wieder nur für eine Viertelstunde einkehren und möglicherweise irgendeinen Informanten, einen *stringer*, irgendeinen Bekannten von Wallmann treffen, kommt er einmal zu mir herüber und sagt: »Sie brauchen sich nicht immer so zurückzuhalten. Stellen Sie selbst ruhig auch Fragen.« Er deutet diskret zu dem auf der gegenüberliegenden Tischseite sitzenden Mann, der mir als UÇK-Kommandant vorgestellt wird, jemand, der hier in der Gegend mit Ramush gekämpft und den Kosovo schließlich befreit hat. Er kommt einfach so dazu. Kommt plötzlich von dem Nachbargrundstück durch ein kleines Gartentürchen herüber, läuft über die Wiese mit einer Flasche Raki in der Hand und gießt uns dann einem nach dem anderen etwas ein. Vielleicht ist es immer so gewesen, er macht die Gartentür auf und verwandelt sich. Die Türe reicht ihm gerade bis zur Hüfte, er öffnet sie, und dann schließt er sie wieder. Wallmann, sein Fahrer und ich haben uns hingesetzt, die beiden anderen Männer, von denen nicht ganz klar ist, welche Funktion sie bei diesem Zusammentreffen haben, stehen etwas abseits und prosten uns zu. In der Mitte des Grundstücks steht ein ausrangierter Mercedes, der allerdings, wie ich später erfahre, sehr wohl noch fahrtauglich ist und möglicherweise irgendwann mal wieder zum Einsatz kommt.

»Fragen Sie ihn«, fordert mich Wallmann auf, während er selbst dem UÇK-Kommandanten, der sich in diesem Moment gesetzt hat, zuprostet. »Dieser Mann«, sagt er, »der hat hier wirklich etwas erlebt. Hier sind Menschen ums Leben gekommen … Hier hat ein schmutziger Krieg getobt, und solche Leute haben dafür ihre Knochen hingehalten.« Er zeigt noch einmal auf den Mann, der durch die Gartentüre gekommen ist, und der in meinen Augen eher wie ein typischer Landwirt aussieht, mit allen Insignien harter körperlicher Arbeit, so wie man es bei Menschen auf dem Land, die ein Leben lang gearbeitet haben, manchmal sehen kann. Gesichtszüge, in denen sich Weisheit und Gleichmut abbilden wie auf einem präraffaelitischen Landschaftsbild, immer an der Grenze zur übertriebenen, zur nicht mehr auszuhaltenden Schönheit und Klarheit.

»Den Krieg, den haben nicht Intellektuelle geführt«, erklärt Wallmann und nimmt sich ein Glas Raki vom Tisch. »Den Krieg haben diese Leute hier gewonnen, diese Männer. Männer wie Ramush. Gut …« Er unterbricht sich für einen Moment. »Sicherlich ist er nicht gerade ein perfektes Beispiel dafür. Ramush ist sicherlich überhaupt kein Beispiel … Aber fragen Sie, stellen Sie ruhig Ihre Fragen.« Er steht auf und geht zu den anderen. Sein Jackett hat er über einen der wackeligen Küchenstühle gehängt, die offensichtlich aus dem Haus stammen, das wir aber nicht betreten und das überhaupt ganz unbewohnt aussieht.

»Prost«, ruft Wallmann und hebt sein Glas, nippt aber nur daran. Es wird nicht der einzige Raki sein, den wir an diesem Tag zu trinken bekommen. Der UÇK-Kommandant grinst. Ihm fehlen einige Zähne, er hebt das Glas, und alle prosten einander zu. Natürlich kann ich nicht irgendetwas fragen und mir auf die Schnelle ausdenken, was ich von ihm wissen will. Ich bin als Zeuge hier. Teilnehmer einer Veranstaltung, die ohne mich genauso ablaufen würde. Alles geht sehr schnell, alle Begegnungen und Treffen leiten schon zur nächsten Begegnung und zur nächsten Verabredung über.

»Wofür sind eigentlich diese Maiskolben gut?«, frage ich Wallmann noch, als wir zum Wagen zurückgehen.

»Maiskolben?«, fragt Wallmann geistesabwesend und bleibt kurz stehen, schaut aber nicht zu den Maiskolben, sondern zu der auf der Wiese stehenden Mercedes-Limousine.

»Sehen Sie«, sagt er. »So einen Wagen hat Thomas Bernhard gefahren. Ich möchte fast wetten, das ist dasselbe Modell.«

Der UÇK-Kommandant, der durch das Gartentürchen gekommen ist, schaut zu uns herüber. Er wird uns zu unserem nächsten

Termin begleiten. Die anderen Männer kümmern sich um die Flasche und die Gläser, die auf dem Tisch stehen, und tragen die Stühle zum Haus. Wallmann betrachtet den Mercedes, der keine Nummernschilder mehr hat.

»Die werden an die Schweine verfüttert«, sagt er und zeigt auf die Maiskolben. »Aber fragen Sie mich nicht warum. Ich bin ein Stadtmensch. Ich weiß, dass diese Leute hier … dass die *trotz allem* unseren Respekt verdienen. Zigarettenschmuggel, Prostitution, Schutzgelderpressung, Menschenraub, Entführungen … Was hier nicht alles in einen Topf geworfen und zusammengerührt wird.«

»Sie meinen den Prozess in Den Haag?«

»Ich meine gar nichts«, sagt Wallmann abwesend und schaut auf den Mercedes. »Ramush ist jetzt Politiker. Sein Vater … Übrigens«, er dreht sich kurz zu mir, »unser Besuch ist natürlich *inoffiziell.*«

»Ich habe nicht vor, ihn irgendetwas zu fragen.«

»Fragen Sie nur«, sagt Wallmann, während er etwas umständlich in sein Jackett schlüpft. »Sie dürfen nur nicht vergessen, dass er in großer Trauer ist. Dass er um seinen Sohn trauert. Und diese Trauer ist mehr als einfache Trauer. Hier finden Prozesse statt …« Er hält kurz inne und signalisiert dem Fahrer, der gerade für den UÇK-Kommandanten die Wagentüre öffnet, dass wir gleich kommen, dann macht er eine Drehung und betrachtet den Holzverschlag, in dem die Maiskolben liegen. Die Männer, die jetzt die Stühle zurück zum Haus bringen, bleiben kurz stehen. Sie schauen zu uns, als wären sie unsicher, was jetzt als Nächstes passiert.

»Wenn bei uns«, sagt Wallmann, »ich meine in Wien oder in Berlin, irgendein Politiker über die Klinge springt, wenn in unseren Machtsphären etwas passiert, wenn da etwas schiefgeht, dann haben wir … na, im schlimmsten Fall einen Karriereknick oder vielleicht einen psychischen Zusammenbruch, und dann ist jemand, wie es in der Presse so schön heißt, über Leichen gegangen. Hier aber …« Er nickt den Männern, die die Stühle hochhalten, kurz zu, als wollte er ihnen bedeuten, dass sie gute Arbeit leisten, obwohl es auf einmal so scheint, als würden wir das Grundstück in den nächsten Minuten doch noch nicht verlassen und uns vielleicht sogar wieder hinsetzen. »Hier aber«, fährt Wallmann fort, »findet derselbe Prozess statt, nur unter anderen Rahmenbedingungen und natürlich auch mit anderen Ergebnissen. Wie unsere amerikanischen Freunde sagen würden, mit anderen Kollateralschäden. Verstehen Sie, was ich meine?«

Ich senke etwas den Kopf, um den Eindruck zu erwecken, ich würde über das Gesagte nachdenken. Ich schaue auf die Wiese, von der jetzt alle Stühle weggetragen worden sind, während der Tisch immer noch dort steht. Wallmann gibt seinem Fahrer wieder ein Zeichen. Es scheint alles sehr genau getaktet zu sein. Der UÇK-Kommandant hält die Wagentür auf, steigt aber noch nicht ein, stattdessen holt er sein Telefon aus der Tasche, das in seinen breiten Händen sehr klein und zerbrechlich aussieht.

»Ramush … Nun gut«, setzt Wallmann seinen Monolog fort, »Ramush ist natürlich in erster Linie ein Freund. Und wie könnte man nicht mit Ramush befreundet sein? Sie werden seinen Vater kennenlernen, und Sie werden erleben, wie sein Vater ist. Ja … Sie werden ihm die Hand geben, und wir werden etwas mit ihm trinken.« Er unterbricht sich kurz und lächelt mir zu. Er gibt mir zu verstehen, dass er den roten Faden verloren hat, aber natürlich hat er ihn absichtlich verloren. Er hebt die Arme, dreht sich zu den Männern, die immer noch die Stühle hochhalten und auf Anweisungen warten, wobei nicht klar ist, ob sie diese von Wallmann oder von dem UÇK-Kommandanten erwarten, und nickt ihnen wieder zu. Er sagt etwas auf Albanisch, macht eine Geste zu seinem Fahrer und läuft dann plötzlich zu dem Haus zurück, als wollte er jetzt eigenhändig die Stühle zurückholen. Ich bleibe stehen, zwischen dem Verschlag mit den Maiskolben und dem stillgelegten Mercedes, der Wallmann an Thomas Bernhard erinnert. Thomas Bernhard, der Großgrundbesitzer, oder wie Wallmann es formuliert hat, Thomas Bernhard, »der größte und brutalste Kapitalist«, den Österreich jemals erlebt habe, und der Österreich, wie kein anderer, in einem fort »getäuscht und ausgetrickst« habe. Die Männer stellen die Stühle ab, aber Wallmann will sich nicht setzen. Er bespricht etwas mit ihnen, schüttelt ihnen dann die Hand und holt sein Telefon aus der Tasche. Wieder muss irgendetwas abgesprochen und geklärt werden. Ich denke an Jeton, an seine Tochter, die zusammengerollt auf dem Rücksitz seines Autos schläft. Der kalte Luftstrom kann ihr nichts anhaben. Sie wacht nicht auf. Auch dann nicht, als Jeton sie durch den plötzlich einsetzenden Regen in sein Haus trägt, auf dem Polster der großzügigen Sitzlandschaft im Wohnzimmer ablegt, sie mit ihrem rosafarbenen Sommerjäckchen bedeckt und wieder herauskommt, um mich zum Kloster Gračanica zu fahren, ohne ahnen zu können, dass die Zufahrtsstraße komplett überflutet ist.

»Ich weiß nicht, ob das Theater den Leuten helfen kann«, sagt Jeton. »Ob man mit den Geschichten den Schmerz der Leute heilen, ob das Theater das schaffen kann.« Das kleine Pappstückchen steckt noch immer im Lüftungsschacht des Corsa. Argwöhnisch betrachte ich es, während Jeton sich auf den Weg zum Kloster macht. »Die Menschen auf dem Land wollen oft gar nicht darüber sprechen. Sie schweigen. Sie leben einfach weiter. Sie leben durch ihren Schmerz hindurch.« Er sagt es auf Englisch. Er sagt: »They are passing through their pain.« Vielleicht brauchen sie gar nicht so viel Hilfe und Unterstützung. Vielleicht brauchen sie noch nicht mal die Geschichten, die Geschichten, die das Theater erzählt, die Geschichten, die heilen können. Vielleicht wollen sie das überhaupt gar nicht. Mit seiner Tochter spreche ich kein Wort. Ich begrüße sie noch nicht mal, denn als ich mit Jeton im Café Rings zusammentreffe, schläft sie schon. Sie schläft auch, als Jeton die Tür zu seinem Haus abschließt und wieder zu seinem Wagen zurückkommt, um mich zum Kloster zu bringen, das wir dann doch nicht erreichen. *Patriotic Hypermarket* heißt das Stück. Es muss eine Komödie oder eine Satire sein, wenn ich Jeton richtig verstanden habe. Er bringt mir einige seiner Bücher mit. Ich nehme mir vor, sie zu lesen, aber es sind so viele, dass ich nicht weiß, ob ich es jemals schaffen werde.

»Im Vertrauen«, sagt Wallmann wenig später, als wir im Wagen sitzen. »Aber das bleibt unter uns … Das dürfen Sie niemandem sonst erzählen.«

»Ich erzähle sowieso niemandem etwas«, sage ich und schaue nach vorne, da wir uns gerade einem massiven Gebäudekomplex nähern, der sich auf einer Anhöhe vor uns erhebt. Er sieht so aus wie eine mittelalterliche Version von Hearst Castle und ist von einer Monumentalität, die gleichzeitig bedrohlich und einschüchternd, aber irgendwie auch etwas lächerlich wirkt.

»Versprechen Sie es?«, sagt Wallmann und grinst in sich hinein.

»Natürlich. Um was geht es denn? Heißt das, Sie haben Thomas Bernhard noch nie gelesen?«, frage ich. Wir fahren im Schritttempo auf eine Auffahrt zu. Unterhalb des Haradinaj-Anwesens, das immer größer und ausufernder wird, befindet sich ein kleiner friedhofsähnlicher Komplex. Eine Art Gedenkstätte mit Turm, die von niedrigen Mauern umgeben ist. Grabsteine sind zu sehen, und überall leuchten rote Blumen. Wallmann holt sein Telefon heraus, um dieses leuchtende Rot zu fotografieren. Es sind Plastikblumen, die die Gräber von UÇK-Kämpfern bedecken.

»Nein«, sagt Wallmann. »Es ist etwas anderes … Obwohl ich manchmal froh wäre, der Kelch wäre an mir vorbeigegangen.« Er betrachtet das rote, strahlende Meer, das in der Sonne fast gierig und aufmerksamkeitsheischend auf uns zuströmt. »Es ist das Land«, sagt er. »Verstehen Sie?« Er richtet sich etwas auf, betrachtet sein Jackett, streicht darüber, als müsste er sich jetzt etwas in Form bringen. »Man kann es nicht anders sagen. Ich liebe es … Ich liebe dieses Land. Es bleibt einem gar keine andere

Wahl. Man *kann* es nur lieben. Und das tue ich. Ich liebe es von ganzem Herzen.« Er fotografiert weiter, ohne sich noch groß um mich zu kümmern. »Aber jetzt müssen wir los«, sagt er plötzlich und bricht auch die nächste Gelegenheit ab, sich mit dieser Gedenkstätte und diesen Gräbern etwas näher zu beschäftigen. Wir steigen die letzten Meter zum Eingang der Festung hoch. Ein paar Männer mit schwarzen Lederjacken stehen dort und erwarten uns schon.

7

Als ich das erste Mal in Den Haag war, war ich noch überrascht, wie gepflegt und schön, wie malerisch die Stadt wirkte, jedenfalls das, was ich auf meinem Weg zum Internationalen Strafgerichtshof von ihr zu sehen bekam. In Peter Handkes Bericht vom Milošević-Prozess erschien mir Den Haag noch als ein Ort grauer Bürokratie, ein Ort der Ignoranz und Dumpfheit, windumtost und von einer Belanglosigkeit, die dem Anlass unangemessen und der Bedeutung des Prozesses nicht gerecht wird. Als hätte man in einer Geste übertriebener Bescheidenheit den Ort eines Prozesses in die Peripherie verlegt, so wie Deutschland nach dem Zweiten Weltkrieg eine Kleinstadt als politisches Zentrum wählte. Niemand sollte auf die Idee kommen, dass es hier um etwas ging. Die malerischen Straßenzüge, auf denen ich in der Mittagspause des ersten Verhandlungstages nach einem Imbiss suchte, waren im frühlingshaften Sonnenlicht von sanfter Nachgiebigkeit, und das höchst charmante kleine Café auf einem Plateau an einer Brücke wirkte mit seinen blau gestrichenen Bistrotischen und dem holzgerahmten Plastikwindschutz so unspektakulär, dass ich das Gefühl hatte, ich sei in einem Kurort. Wozu es passte, dass es unglaublich schwierig war, eine deutschsprachige Zeitung aufzutreiben. Das Mittagsangebot war liebevoll mit Kreide auf eine Tafel gemalt, die hinter dem Tresen im Inneren des Cafés hing, das seinerseits so wirkte wie die Kajüte eines dauerhaft im Hafen liegenden Schiffes. Die Leute, die im Café arbeiteten, waren von lässiger Herzlichkeit, kümmerten sich um die Gäste, als seien es Freunde, die zum Mittagessen vorbeikommen und schon wissen, dass alles ganz ausgezeichnet schmeckt. Man saß an einem der wackeligen Holztische, direkt hinter dem Windschutz, atmete die frische Meeresluft ein und hatte schon im nächsten Moment General Mladić wieder vergessen, der in einem im Gerichtshof vorgeführten Video plötzlich aus einem Hubschrauber steigt und direkt auf die Kamera zuläuft. »Können Sie diese Person identifizieren?«, fragte der Richter. Zdravko Tolimir, ein hochrangiger Geheimdienstmitarbeiter, und Mićo Stanišić, ehemaliger Minister, waren angeklagt, unter anderem wegen Mordes, Folter und Deportation. Das waren die Fälle, die das ICTY, der Internationale Strafgerichtshof für das ehemalige Jugoslawien, an diesem Tag verhandelte. Ich suchte mir schließlich einen Salat aus. Das passte zu dem Eindruck, in einem Kurort oder in einer Ferienanlage zu sein, wo man auch bei der Nahrungsaufnahme das eigene Wohlergehen und die Belange des Körpers im Auge behält. Trotz der geschätzten 8 000 Toten von Srebrenica. Trotz der Ungewissheit, wo sich General Mladić, der zu diesem Zeitpunkt noch frei herumlief, gerade aufhielt. Haradinaj war an diesem Tag nicht im Gerichtssaal. Vielleicht war er an diesem Tag zu Hause, in dieser gigantischen steinernen Anlage, auf die wir jetzt zulaufen und deren gewaltiges Tor sich jetzt vor unseren Augen öffnet. Ein Gebäude, das einer Festung gleicht und sich viel eher dazu eignen würde, über Verschleppung von Zivilisten, Freiheitsberaubung, Mord, Folter und Vergewaltigung zu verhandeln, als das Gebäude des Internationalen Strafgerichtshofs. In Den Haag konnte ich das Menü auf der Kreidetafel kaum entziffern. Ich bestellte einen Wellness-Salat, ich ließ es mir gutgehen. Ich hatte den ganzen Vormittag einem Prozess beigewohnt, zahllose Videos gesehen und die Akribie eines juristischen Apparats miterlebt, der mit wütender Entschlossenheit damit befasst war, Beweise zu finden, die es vielleicht gar nicht gab. Jetzt ist das Gebäude, die Haradinaj-Festung, fertiggestellt. Die Bauarbeiten gerieten etwas ins Stocken, als die Familie Geld für die Anwälte in Den Haag bezahlen musste. Stumm, in sich verschlossen, in sich verpuppt. In theatralischer Kälte lag der Gerichtssaal, als ich nach der Mittagspause zurückkehrte, vor mir. Ein Ort ohne Gerüche, Geräusche und auch nur das geringste Anzeichen für das, was eigentlich verhandelt wurde. Der Zuschauersaal war vom Gerichtssaal durch eine Glasscheibe abgetrennt. Seinen Höhepunkt erreichte diese fast kunstvolle Inszenierung dann, als es plötzlich *Closed Session* hieß, und die Öffentlichkeit, die an diesem Nachmittag nur aus einem Amerikaner und mir bestand, vorübergehend ausgeschlossen wurde. *Closed Session* bedeutete, es würden Zeugen vernommen, denen besonderer Schutz zuteilwerden soll. Ein Schutz, der bei dem Prozess gegen Haradinaj nicht wirklich funktioniert hat, da von zehn Zeugen, die gegen ihn aussagen sollten, am Ende nur noch ein einziger übrig blieb. Mladić sieht man in diesem Video als gleichzeitig mächtige, auratische, aber auch bäuerische Gestalt, die aus dem Hubschrauber steigt und über die Wiese eilig zu seinen Offizieren läuft. »Kennen Sie diesen Mann?«, fragte der Richter den Zeugen. Oder er fragte: »Können Sie diesen Mann identifizieren?« Die Kamera folgte Mladić in ein Gebäude, schaute zu, wie er eine Ansprache hielt und wie einem abdankenden General eine Pistole geschenkt wurde, als Erinnerung an die ausgestandenen Kämpfe. Der Kontext der Verhandlung, in der dieses Video eine Rolle spielte, war nicht einfach herzustellen. Es war aber wohl so, dass das Video Mladić einen Tag vor dem Massaker von Srebrenica zeigte. An diesem Vormittag ging es darum, dass der Zeuge nachweisen sollte, dass er Mladić überhaupt kannte, und als er das bejahte, ging es darum, wie es ihm möglich wäre, auf einem Video Mladić zu identifizieren, wo er ihm doch noch nie persönlich begegnet sei. »Ich kenne ihn aus dem Fernsehen«, sagte der Zeuge, und auf eine weitere Nachfrage, »Haben Sie das Video schon mal gesehen?«, sagte er: »Nein. Das habe ich nicht.« Dann änderte er seine Strategie, oder er fand die Wahrheit in diesem Moment selbst heraus: »Mir wurde es von einer anderen Seite, von jemand anderem bestätigt, dass er es ist. Das ist meine Quelle. Jemand anderes hat es mir erzählt.« Das Video wurde noch ein paarmal vor- und wieder zurückgespult. Alltag in einem Prozess, wie er überall auf der Welt täglich stattfindet, der, wie alle Prozesse, die man verfolgt, aus scheinbar sinnlosen und übergenauen Nachforschungen besteht, die aber letztlich unumgänglich sind. Trotzdem war es in Den Haag anders. Trotzdem *fühlte* es sich in Den Haag anders an. Mladić war an diesem Tag, als ich in Den Haag war, noch auf freiem Fuß. Er hatte Helfershelfer und Mitwisser, er hatte ein Netzwerk, mit dessen Hilfe er sich in seinem Heimatland irgendwo auf einem Bauernhof versteckt hielt. Haradinaj dagegen hat sich selbst gestellt. Er hat seinen Posten als Premierminister aufgegeben und ist freiwillig nach Den Haag gegangen.

»Er ist sehr stark«, sagt Wallmann, während wir die Festung betreten. »Ich meine das nicht in körperlicher Hinsicht, ich meine das in mentaler Hinsicht. Sie werden schon sehen. Er ist ein Berg von einem Mann, ein Gigant … Fragen Sie ihn ruhig. Aber seien Sie etwas vorsichtig.« Er meint Ramush Haradinajs Vater, Hilmi, den alten Patriarchen, den Mann, der jetzt diese Festung für uns hat aufschließen lassen und der uns dort drinnen irgendwo erwartet. Es ist sicher, dass wir keinen Wellness-Salat bekommen, und es ist sicher, dass wir nicht allein mit ihm sein werden. Schon direkt hinter dem Tor steht ein halbes Dutzend Männer, und auch wir sind mittlerweile auf die doppelte Zahl angewachsen. Ein weiterer Wagen ist uns gefolgt, nicht nur der ehemalige UÇK-Kommandant ist mit uns gekommen, sondern erstaunlicherweise auch die Männer, die die Stühle von der Wiese geräumt und uns zum Abschied zugewunken haben.

Der Vater sagt nicht viel. Seine Äußerungen sind von großer Einfachheit, genauso wie seine Erscheinung. Er ist ein weißhaariger, etwas müde wirkender Mann mit einem ernsten Gesicht, der sich sehr vorsichtig und bedächtig bewegt und dahinter vielleicht sogar eine gewisse gedankliche Langsamkeit verbirgt. Seine Intuition, sein Gespür mag ihm aber darüber hinweghelfen, und letztlich spielt es vielleicht auch keine Rolle, da es schließlich sein Sohn ist, der die Macht hat und in dieser Region alles kontrolliert. Ganz im Sinne der Tradition, nach der es nur eine Familie, nur ein Clan ist, der eine bestimmte Gegend beherrscht, und in diesem Fall ist das die Haradinaj-Familie. Von hier wurde er geplant und orchestriert. Der Kampf aus den Verstecken, den Höhlen und Erdlöchern, so wie man sich jedenfalls einen Partisanenkrieg vorstellt. Einen Krieg, bei dem die Kämpfenden auf einem vertrauten Terrain operieren und immer in Kontakt mit ihrer unmittelbaren Umgebung bleiben, dem Erdboden, auf dem sie aufgewachsen sind. Von der Irregularität und Mobilität der Kampfführung, von dem »tellurischen Charakter« des Partisanenkrieges, wie Carl Schmitt es genannt hat, ist jetzt nichts mehr zu sehen. Man kann sich kaum vorstellen, wie Ramush und sein Bruder Luhan in Nacht- und Nebelaktionen Waffen über die albanische Grenze geschmuggelt und die serbische Polizei attackiert haben, und, wie man Haradinaj später in Den Haag vorgeworfen hat, auch andere Gruppierungen und Minderheiten. In dieser Gegend hat es besonders viele Opfer in der Zivilbevölkerung gegeben. An dem Tag vor meinem Ausflug mit Wallmann erfahre ich von den Mitarbeiterinnen der NGO Medica Kosova, die in dem in der Nähe gelegenen Gjakova tätig ist, dass es gerade in dieser Gegend viele Frauen gebe, die misshandelt und von ihren Familien verstoßen worden seien. Medica Kosova ist eine der ganz wenigen nationalen NGOs, die wirklich psychosoziale Arbeit machen und Mitarbeiter ausgebildet haben, die mit den weiblichen Opfern von Gewalttaten zusammenarbeiten. Natürlich frage ich den Vater von Ramush Haradinaj nicht, ob sein

Sohn damit etwas zu tun hat. Der Krieg war, wie Wallmann später sagen wird, schmutzig und brutal. Es war kein Krieg der Nadelstiche und Präzisionsoperationen. »Es ist der Versuch, aus dem Töten ein unglaubliches Chaos zu machen«, erklärt Wallmann, »so dass nachher niemand mehr weiß, wer wen warum und wo getötet hat. So laufen diese Prozesse eben ab. Anders sind Transformationen dieser Art nicht vorstellbar.« Wallmann umarmt Hilmi, den Vater von Ramush, und nimmt zusammen mit den anderen Gästen auf den niedrigen Sitzgelegenheiten Platz. Sie sind mit Kissen ausgestattet, und es lässt sich im Nachhinein unmöglich sagen, ob es sich um Sessel, Sofas oder Holzbänke handelt, so wenig entspannt ist die ganze Atmosphäre und so sehr sind alle bemüht, nicht das Gesicht zu verlieren und nichts Falsches zu sagen. Wie zum Beispiel: »Was ist eigentlich mit den Zeugen passiert, die den Prozess gegen Haradinaj nicht überlebt haben?« Wie könnte man so etwas auch fragen, während ein Halbwüchsiger einem Raki nachschenkt und kleine Teller auf die Tischchen stellt, auf denen sich köstliche Gurkenstücke befinden. Der Junge ist der Sohn von Luhan, dem Bruder vom Ramush, der bei einem Waffentransport damals ums Leben gekommen ist und dessen Statue in dem benachbarten Dečani fast so groß ist wie das Haus, in dem sein Sohn uns jetzt bedient. Ich muss noch einmal hierherkommen, denke ich, und dann muss ich nach Gjakova fahren und mit den Frauen von Medica Kosova sprechen. Bei unserem ersten Treffen haben sie angedeutet, dass das vielleicht möglich sei, aber dass sie zuerst mit ihren Kolleginnen und vielleicht auch mit Medica Mondiale in Köln sprechen müssten, der deutschen NGO, deren Tochterorganisation Medica Kosova ist. Das erste Treffen mit den Medica-Kosova-Mitarbeiterinnen war nur Vorbereitung, eine Art Prüfung, ob ich als Gesprächspartner okay bin, ob ich gut zuhören kann und nicht die falschen Fragen stelle. Eine Prüfung, auf die hier großzügigerweise verzichtet wird. Hier gehöre ich zu den Männern, die mit in der inneren Runde sitzen, eine weitere Runde bilden die an der

Wand sitzenden Männer, die sich überhaupt nicht ins Gespräch einschalten, zu denen auch der UÇK-Kommandant gehört und die Männer, die die Stühle weggeräumt haben. Frauen fehlen an diesem Tag. Frauen sind bei dieser Art von Zusammenkunft nicht zugelassen, deswegen muss sich der Sohn von Luhan allein darum kümmern, dass wir alle versorgt sind. Die Anwesenheit von Frauen hätte das Ganze vielleicht etwas relativiert. Wir sitzen in der großen Empfangshalle, mit Fotocollagen der Familienangehörigen an der Wand, in Kampfmontur und mit dem verklärten Gesichtsausdruck von Märtyrern. »Ich sehe, dass es für Sie nicht einfach ist«, sage ich später zu unserem Gastgeber. »Und dass es eine schwierige Zeit für einen Vater ist. Ich wünsche Ihnen, dass bessere Zeiten für Sie und Ihre Familie kommen.« Zwischen jedem Satz bleibt genug Zeit, um den nächsten, inhaltlich noch belangloseren und noch vorsichtigeren Satz abzuwägen, in Gedanken auszuprobieren, langsam auszuformulieren und ihn dann an den alten Haradinaj zu übergeben wie eine handgeblasene Blumenvase oder ein Porzellanservice, das den Transport in den Kosovo so gerade überlebt hat. Die Reaktion übertrifft dann in ihrer Allgemeingültigkeit sogar noch das, was ich vorher gesagt habe, und danach prosten sich alle wieder zu, und der Sohn von Luhan tritt vorsichtig an die Tische heran, um zu überprüfen, wo er Raki nachschenken und Gurkenscheiben nachlegen muss. Nicht ein einziges Mal finde ich Zeit, mich in eines der Kissen zurückzulehnen, kein einziges Mal ziehe ich eine gedankliche Verbindung mit Den Haag, obschon mir die Vorwürfe gegen Haradinaj in groben Zügen bekannt sind. Kein einziges Mal nutze ich die Gelegenheit, auch nur eine Andeutung zu machen, die die mögliche Inszenierung des Vaters als trauernder Patriarch, der nichts anderes herbeisehnt, als seinen Sohn wieder in die Arme zu schließen, in Frage gestellt hätte, oder das Verschwinden der Zeugen und die Unklarheit über den enormen Reichtum, der hier zur Schau gestellt wird.

»Ich hoffe, Ihr Sohn wird bald wieder bei Ihnen sein«, sage ich bzw. sage ich nicht. Ich sage nicht, dass ich mir wünsche, dass Ramush Haradinaj freigesprochen wird, ich formuliere den Satz, während ich dem Übersetzer zuhöre, der noch den vorangegangenen Satz, wie sehr ich mich darüber gefreut habe, hier Gast zu sein, übersetzt, in Gedanken um und sage: »Ich hoffe, dass alle Angelegenheiten, die Ihre Familie betreffen, in Ihrem Sinn gelöst werden«, was letztlich genau auf dasselbe hinausläuft. Was Wallmann mit dem alten Haradinaj bespricht, wird nicht übersetzt, und ich kann nur mutmaßen, dass er mehr oder weniger dasselbe sagt. In Den Haag ist Haradinaj nur ein kleiner Fisch, nur eine Fußnote, wenn man ihn mit Mladić oder Karadžić vergleicht. Mladić steigt wieder in seinen Hubschrauber und fliegt nach Srebrenica, aber das kann man im Video, das an dem Vormittag in Den Haag gezeigt wurde, nicht sehen. Der Amerikaner, mit dem ich in der Pause Kaffee getrunken habe, stammte aus Serbien. Er war nur zufällig im Strafgerichtshof, wie überhaupt Amerikaner ja, zumindest was ihre Strafbarkeit angeht, in Den Haag nichts zu befürchten haben. Er kam von Utrecht herüber, wo er an einer Tagung teilgenommen hatte, die im weitesten Sinne mit dem Philosophen Gregory Bateson und systemischer Familientherapie zu tun hatte. Was ihn am Prozess interessiere, sagte er, während er den schon leergetrunkenen Kaffeebecher in der Hand hielt, sei die »Geste«, die »Performance«, das »theatralische Setting«, er beobachte den Prozess unter diesem Gesichtspunkt, jedenfalls an diesem Tag. Er beobachtete den Performance-Charakter und den gestischen und rhetorischen Gehalt, so dass er genauso wie ich von den sich in mehreren kleinen Rollwägen auf dieser Bühne befindenden Akten keine Kenntnis zu haben brauchte und nicht verstehen musste, warum das Gericht an diesem Tag das Video mit Mladić zeigte und was der Zeuge am nächsten Tag sagen würde, wenn er überhaupt noch etwas sagte. Der Amerikaner, der aus Serbien stammte, erklärte, dass er den Prozess als künstlerischen Akt gesehen habe, als eine Anordnung von Stimmen, Personen, »eine Darstellung von Hierarchie«, als Versuch einer »Reinigung und Neutralisierung eines Raumes«. Und er sagte, er habe es genossen, den Richter nicht direkt »im Raum« zu hören, sondern auf einem Bildschirm »zu sehen«.

»Finden Sie es nicht erschreckend«, fragte ich, »dass wir die Einzigen hier sind? Ausgerechnet wir?«

Genauso sage ich Wallmann, als wir wieder im Wagen sind, dass ich sehr beeindruckt und auch dankbar für die Einladung sei, und dass ich die große Trauer des Vaters, der seinen Sohn vermisst, gespürt habe, aber dass ich mich doch fragen würde, was denn nun eigentlich »wirklich« passiert sei. Aber auch das ist nur eine rhetorische Frage. Ich habe gesehen, wie Wallmann den Vater von Ramush Haradinaj umarmt hat, als würde er Ramush selbst umarmen, und wie er in einer für mich unverständlichen Sprache auf den Vater einredete. Ich glaubte deutlich die ungeheure Zuneigung und Liebe für den Sohn, die Bewunderung und das Vertrauen zu spüren, so dass ich auf einmal dachte, Wallmann sei vielleicht gar kein österreichischer Journalist, so wie er sich mir vorgestellt hatte, sondern tatsächlich ein Familienangehöriger, Teil des Haradinaj-Clans, Teil des Machtzusammenhangs. Vielleicht stimmt es, dass ohne Haradinaj diese Region »in die Luft geflogen« wäre und es ohne ihn »zahllose Tote« gegeben hätte, wenn er sich nicht freiwillig gestellt und noch dazu seine Anhänger um Mäßigung und Geduld gebeten hätte. Vielleicht gab es auch unabhängig vom Verschwinden der Zeugen keine direkten Beweise, keine wirklich verwertbaren Indizien. Nur Mutmaßungen, Verdachtsmomente, hypothetische Schlussfolgerungen. Am Ende sind es ohnehin nur die kleinen Kriegsverbrecher, die kleinen Despoten und die kleinen Länder, die in Den Haag vor Gericht gestellt werden.

»Wissen Sie denn, um welchen Fall es hier überhaupt geht?«, fragte ich den Amerikaner, der eigentlich Serbe war, aber schon seit 14 Jahren in Minnesota lebte und neben seiner Tätigkeit als

Familientherapeut ein großes Interesse entwickelte für alles, was mit dem Thema »semiotics« zu tun hat. Ich reichte ihm die beiden Informationsblätter des Internationalen Strafgerichtshofs, die ich zu Hause ausgedruckt hatte. Die Beschuldigten kannte er nicht. Er warf einen Blick auf ihre Gesichter. Es waren Schwarzweiß-Ausdrucke, und zudem hatte der Toner nicht mehr genug Reserven gehabt, die Bilder klar und erkennbar auszudrucken.

»Interessant«, sagte er. Als die *Closed Session* beendet war und ich mich nach ihm umdrehte, um ein Zeichen der Erleichterung, dass es jetzt also weiterging, mit ihm auszutauschen, war sein Stuhl leer. Er hatte meine Unterlagen mitgenommen und war gegangen. Der Vater von Ramush Haradinaj gibt mir etwas mit auf den Weg. Ein Geschenk, eine kleine Geste. Ein Geschenk, das mich eigenartigerweise tatsächlich rührt und für ihn einnimmt. Und das ist wahrscheinlich genau die Methode, die er sonst auch anwendet. Vielleicht liegt es auch daran, *wie* er mir dieses Geschenk überreicht. Während er mit seinem massigen Körper neben uns sitzt und mit gleichmütigem Gesicht unsere Fragen anhört und wolkige Antworten in den großen, ausschließlich von Männern bevölkerten Raum in die Luft aufsteigen lässt, erinnert er mich an meinen Stiefgroßvater. Er erinnert mich an einen Vorfall aus meiner Kindheit, der vielleicht auch wegen des Geschenks, das er mir überreicht, aus der Vergessenheit wieder emporsteigt. Wie der zweite Mann meiner Großmutter mich einmal für etwas bestrafte, was ich aus meiner Sicht gar nicht getan hatte. Es war mein eigener kleiner Strafgerichtshof, in dem ich selbst der angeklagte Schurkenstaat war und mein Stiefgroßvater die übermächtige Instanz, die mich zu verurteilen versuchte. Ich erinnere mich später daran, als ich das Geschenk in der Hand halte und darüber nachdenke, warum er es mir wohl gegeben hat. Es ist eine Zigarettenpackung. Eine Packung Marlboro, die er mir einfach so in die Hand drückt und die ich annehme, obwohl ich Nichtraucher bin. Ein Geschenk, das ich in einem anderen Zusammenhang womöglich abgelehnt hätte, hier aber, in Unkenntnis der Regeln und komplizierten Codes der Gastfreundschaft, die im Kosovo eine ähnliche Bedeutung und ähnlich weitreichende Folgen haben wie sonst das politische Asyl für Flüchtlinge (eine Gastfreundschaft, die es beinhaltet, dass der Gastgeber sich unter Umständen sogar in Lebensgefahr begibt, um seinen Gast vor Gefahren zu beschützen), annehme und, da ich keine Jacke und keine Tasche bei mir habe, noch in der Hand halte, als ich wieder im Wagen sitze. Eine Packung Marlboro. Er drückt sie mir einfach so in die Hand. Auch Wallmann bekommt eine Packung, die ich später aber nicht mehr sehe und die er wahrscheinlich sofort an einen der Männer, die uns an diesem Tag geholfen und im Garten die Stühle und den Tisch aufgestellt haben, weiter verschenkt hat.

Es war ein willkürlicher Akt. Genauso wie der Prozess gegen Haradinaj, wenn man Wallmann glauben darf, letztlich »ein Akt der Willkür«, zumindest aber ein rein »politischer Prozess« oder, anders gesagt, »der Egotrip von Carla Del Ponte« gewesen ist. Mein Stiefgroßvater ließ sich nicht beeindrucken. Er ließ sich nicht dadurch beeindrucken, dass ich im höheren Interesse und ganz uneigennützig gehandelt hatte. Er bestrafte mich, ohne dass er in meinen Augen das Recht dazu hatte. Er saß im Wohnzimmer am Fenster, während ich im Garten spielte und meine Großmutter in der Küche das Mittagessen zubereitete. Nachdem ich ein paar Erdbeeren gepflückt hatte, ohne dafür allerdings eine Erlaubnis zu haben, waren meine Schuhe so sehr mit Erde beschmutzt, dass mir der geradezu geniale Einfall kam, den Teppich im Treppenhaus zu schonen und über den vor dem Haus stehenden Pflaumenbaum direkt auf die Veranda im ersten Stock zu klettern, meine Schuhe auszuziehen und barfuß die Küche und das Wohnzimmer zu betreten. Es war ein Akt der Anarchie. Geboren aus der Angst, einen Fehler zu machen und schon wieder den Teppich im Treppenhaus und im Flur zu beschmutzen, und gleichzeitig Ausdruck einer gewissen Faulheit, der Bereitschaft zur Sabotage und Missachtung des sehr autoritär geführten Haushalts meiner Großeltern, letztlich aber ein Ausdruck reiner Opposition gegenüber meinem Stiefgroßvater, der meinen leiblichen Großvater nach dessen Tod nur ersetzt hatte. Mein wirklicher Großvater war ein paar Jahre nach dem Krieg gestorben, und vielleicht hing sein früher Tod auch mit der in unserer Familie kursierenden Angst zusammen, insbesondere der Angst meines Urgroßvaters, die sich auf meine Großmutter und möglicherweise auch auf meinen Großvater übertragen hatte. Der Angst, dass doch irgendwann herauskommen würde, was mein Urgroßvater lange so erfolgreich zu verbergen gewusste hatte, dass er nämlich aus einer jüdischen Familie stammte. In dem Moment, als ich mich anschickte, den Baum im Garten meines verstorbenen Großvaters hochzuklettern und seinen Nachfolger, den in meinen Augen humorlosen und despotischen Verwaltungsjuristen und Haustyrannen, zu brüskieren, wusste ich davon natürlich noch nichts. Bei der Gerichtsverhandlung, die sofort im Anschluss an meinen gescheiterten Versuch, Widerstand gegen dieses übermächtige System zu leisten, stattfand, trug mein Stiefgroßvater eine Sonnenbrille, die er auch schon getragen hatte, als er mich aus dem Fenster des Wohnzimmers in aller Seelenruhe beobachtete. Er schaute zu, wie ich den Baum hochzuklettern versuchte, mehrmals scheiterte, wieder ansetzte und dann schließlich mit Hilfe des Gartenschlauches mein Ziel doch noch erreichte. Er warnte mich nicht, er ließ alles geschehen. Es hätte ein einziger Ausruf genügt, und ich wäre sofort von meiner überängstlichen Großmutter, die sich während der Gerichtsverhandlung nur sehr halbherzig auf meine Seite stellte, gestoppt worden. Aber das tat er nicht. Er wollte vielleicht in seinem Vorurteil bestätigt werden, dass ich tatsächlich das Unglaubliche wagen würde. Einen Baum hochzuklettern und in den ersten Stock einzusteigen wie ein nichtswürdiger kleiner Dieb. Ich hatte Erdbeeren gegessen, heimlich, ich hatte die Erdbeeren gestohlen, aber davon wusste er nichts. Meine Großmutter erklärte ihm, dass ich nur deswegen den Baum hochgeklettert war, weil ich den teuren Teppich nicht beschädigen wollte. Aber er wollte mein Problem, meine Notlage nicht verstehen. Er urteilte, ohne meine Motive abzuwägen und eine Entscheidung zu treffen, die meine Sichtweise berücksichtigt hätte. An die Strafe kann ich mich nicht erinnern. Es war eine harte und ungerechte Strafe, zumindest in meinen Augen. Er setzte noch nicht einmal seine Sonnenbrille ab. Noch heute muss ich manchmal an ihn denken, wenn ich die Fotos von Machthabern sehe, die ihre Macht auf zweifelhafte Weise erworben haben, eine Macht, die ihnen an sich gar nicht zusteht. Mir fällt der Ausdruck seines Gesichtes wieder ein. Ein Ausdruck, der keine Gefühlsregung verriet und der weniger dem unbewegten Gesicht des Richters gleicht, den ich am Prozesstag in Den Haag ein paarmal auf dem Bildschirm gesehen habe, sondern dem Vater von Ramush Haradinaj. Sein Sohn wird später in die Heimat zurückkehren. Vielleicht weil er unschuldig ist oder einflussreiche Freunde hat, die an einer Verurteilung nicht interessiert sind. Ich erzähle die Geschichte am Abend ein paar Irinnen, die ich nach meiner Rückkehr nach Priština im Garten des Irish Pub kennenlerne, wo die internationale Gemeinschaft einen Grillabend veranstaltet. Ich erzähle ihnen die Geschichte, als sie mich fragen, woher ich die Zigaretten habe, die ich noch immer mit mir herumtrage. Irgendetwas scheint mit den Zigaretten zu sein, etwas, das die Aufmerksamkeit auf sie lenkt. Ob es daran liegt, dass sie aus dem Haus von Ramush Haradinaj stammen, aus der mittelalterlichen Trutzburg, in der sich die Familie verschanzt hat? Ob sie am Ende Schmuggelware und auf illegalem Wege ins Land gekommen sind? Ob man ihnen das ansieht? Vielleicht liegt es auch daran, dass ich die Packung demonstrativ auf den Tisch lege.

»Duhani dëmton shëndetin tuaj Pušenje šteti vašem zdravlju«, lese ich vor und frage die Irinnen, ob sie mir das übersetzen können.

»Was meinst du?«, fragt die eine der beiden.

»Wo steht es?«, fragt die andere.

»Na hier«, sage ich und zeige ihnen die Zigarettenpackung.

»Pirja e duhanit vret Pušenje ubija«, lese ich vor. Es steht auf der anderen Seite. Die beiden Irinnen schauen sich interessiert die Packung an. Ich sehe jetzt, dass sie eine Steuerbanderole vom kosovo-albanischen Finanzministerium hat, dass es sich also um legal eingeführte Zigaretten handelt. Vielleicht wollte mir der alte Haradinaj das deutlich machen, vielleicht wollte er mir das gewissermaßen durch die Blume mit Hilfe dieser Packung zu verstehen geben, nämlich, dass sein Sohn unschuldig, dass das, was ich über ihn gelesen und gehört habe, falsch sei und dass diese Packung allein die Wahrheit spreche. Er drückt sie mir einfach so in die Hand. Ohne Worte, wie man Handwerkern, Taxifahrern, Kellnern, Kofferträgern oder wem auch immer etwas in die Hand drückt, worüber man nicht viel Aufhebens machen will. Wallmann kann ich nicht danach fragen. Er ist wortkarg, in sich gekehrt und verabschiedet sich am Ende, ohne meine Einladung anzunehmen, mich noch ins Irish Pub zu begleiten. Er entschuldigt sich und erklärt, er sei vollkommen erschöpft. Unser Ausflug geht aber zuvor noch ein bisschen weiter. Wir treffen ein paar Bürgermeister der Region zum Essen, besuchen das orthodoxe Kloster von Dečani und ein Kula-Museum, wo wir abermals essen und mehrere Raki trinken. Die Zigarettenpackung schleppe ich die ganze Zeit mit mir herum. Ich bringe es nicht über das Herz, sie irgendjemandem zu schenken, sie zu öffnen und vielleicht selbst eine Zigarette zu rauchen.

»Woher hast du sie denn?«, fragt schließlich die mollige Irin, die Forschere von den beiden, mit denen ich draußen vor dem Irish Pub sitze, während ich eigentlich auf Paul warte, einen alten Freund von Carly, dessen Name auch auf der Liste steht.

»Woher ich sie habe?«, frage ich und versuche, Zeit zu gewinnen. Ich will den Irinnen aus irgendeinem Grund nichts von Haradinaj erzählen. Obwohl sie dazu etwas zu sagen hätten. Sie arbeiten beide bei der OSZE. Vielleicht brauche ich noch Zeit, um diesen Ausflug zu verarbeiten und Schlussfolgerungen zu ziehen. Ich lüge sie an. Ich erzähle die Geschichte von meinem Stiefgroßvater, und ich erzähle, dass er sich nach seinem Urteilsspruch (bei dem er mich für schuldig erklärte, ohne mich auch nur ein einziges Mal angehört zu haben und ohne sich darum zu kümmern, dass ich in meiner Panik nach meiner Entdeckung sogar vergaß, die Schuhe auszuziehen, so dass ich den ganzen Dreck, der vom Erdbeerbeet stammte, auf dem viel kostbaren Wohnzimmerteppichboden verteilte) eine Zigarre anzündete und sie ungerührt vor meinen Augen zu rauchen begann. Er hatte die ganze Zeit die Sonnenbrille auf. So erzähle ich es zumindest den Irinnen, obwohl dieser Teil meiner Geschichte möglicherweise gar nicht stimmt. Jedenfalls kann ich mich nicht mehr genau daran erinnern. Mein Stiefgroßvater war viel zu aufgebracht und zu verärgert über meine ungeheuerliche Tat, als dass er sich direkt danach eine Zigarre angezündet hätte.

»Dann kannst du sie ja mir schenken«, sagt die mollige Irin, als sie erfährt, dass ich Nichtraucher bin.

»Oder du kannst sie einem Patienten geben«, schlägt Paul vor, der sich inzwischen zu uns gesellt hat.

»Ja«, sagt die mollige Irin. »Die sind so arm dran. Das haben die wirklich verdient. Aber eine kannst du trotzdem mir geben. Für die Patienten bleibt dann ja noch immer genug übrig …« Aber ich gebe ihr die Packung nicht. Ich sage ihnen, dass mich die Packung an etwas erinnert und dass ich sie deswegen lieber behalten will.

8

Wie werden die Psychiater des Kosovo sein, wie werden sie aussehen? Was werden sie mir erzählen? Eine Woche vor meiner Abreise aus Berlin, nachdem ich die meisten Personen auf der

Liste von Carly schon kontaktiert hatte, aber niemand dabei war, der im Gesundheitsbereich tätig ist, habe ich eine E-Mail an den ehemaligen Direktor der Universitätspsychiatrie geschickt, Dr. Agani, und ihn um Hilfe bei meiner Recherche gebeten. »Vielen Dank für Ihre Mail«, schrieb er zurück. »Ich kann Ihnen gerne helfen, wenn es um Mental Health im Kosovo geht und Sie etwas darüber wissen wollen. Ich bin übrigens der Gesundheitsminister.« Es ist drei Uhr, mitten in der Nacht oder schon früh am Morgen, je nachdem, wie man es sieht. Der Psychiater ist kein Arzt mehr, sondern Minister. Es sind die kurzen, überhitzten Tagträume eines Kosovotouristen, die meinen Aufenthalt am Anfang bestimmen. Tagträume, die mit der Wirklichkeit nichts mehr zu tun haben. Das Paramilitär des Krieges ist verschwunden. Die UÇK längst in der Regierung angekommen. Der jetzige Premierminister Hashim Thaçi war selbst hochrangiges Mitglied der Befreiungsarmee. Nicht einmal Polizisten sehe ich in Priština. Trotzdem bleibt der Eindruck, dass ich kaum etwas über das Land erfahren habe und kaum einen Schritt weitergekommen bin. Ich befinde mich noch an der Oberfläche, habe noch keinen Blick hinter die Kulissen geworfen. Ich kann mir nicht vorstellen, dass es hier keine Psychotherapeuten, Selbsterfahrungsgruppen und nicht an jeder Ecke irgendeinen Coach gibt, einen Berater oder einen Einzelfallhelfer, der einem über die nächste Krise hinweghilft. Vielleicht ist schon alles so normal, dass es gar keine Krisen mehr gibt. Und vielleicht sitzt die Frau des ehemaligen UÇK-Kommandanten, den ich in Gllogjan kennengelernt habe, jetzt auch morgens vor dem Fernseher, wenn Zamira, die Psychologin, ihr Ratschläge gibt, wie sie damit umgehen soll, wenn ihre Kinder die Socken falsch herum anziehen.

»Das ist so etwas von wichtig«, sagt die kleinere, etwas mollige Irin, die frisch aus Sarajevo kommt, wo sie auch für die OSZE gearbeitet hat, »dass sich jemand das mal anschaut, was da so passiert. Schlimme Sachen bestimmt.« Ich erlebe sie immer nur stark alkoholisiert, aber das liegt daran, dass sie unter der Woche so viel und so hart arbeitet, dass sie an den Wochenenden viel trinken muss. Es gibt nur noch wenige internationale NGOs, die im Kosovo operieren. Sie heißen Balkan Sunflowers oder Sport ohne Grenzen. Ärzte ohne Grenzen ist schon weitergezogen. Deren partyfreudige Mitarbeiter sind natürlich ein Verlust für die internationale Szene, die jetzt überwiegend aus EULEX-, UN- und OSZE-Leuten besteht.

»Wirklich cool«, sagt die Irin, »du schaust dir die Psychiatrie an.« Sie nickt hinter ihrem großen Glas Guinness.

»Ja, warum nicht«, sage ich. »Aber zuerst muss ich die Erlaubnis vom Ministerium bekommen.«

Sie kneift die Augen zusammen. »Ich würde nur mit dem Minister sprechen«, empfiehlt sie. »Bloß nicht mit den anderen. Die haben alle nichts zu sagen.«

Der Irish Pub könnte überall auf der Welt sein. Er hat einen kleinen Garten mit Holzbänken, eine Grillecke und einen niedrigen Zaun, der ihn von einem Wohnblock abgrenzt. Ich bin eigentlich mit Paul verabredet, aber dann laufen mir die beiden Irinnen über den Weg, die schon ziemlich früh am Abend in Partylaune sind. Paul ist am Anfang etwas irritiert und braucht eine Weile, bis er sich an sie gewöhnt hat.

»Das finde ich total wichtig. All diese ganzen Traumatisierten«, sagt sie.

»Ja, das kannst du wohl laut sagen«, sagt die andere Irin.

Bei dem Versuch, einen Fußball aus dem Garten des Irish Pub zu den jenseits des Zauns spielenden Kindern zu schießen, bleibe ich an der Verstrebung der Holzbank hängen, auf der ich zusammen mit Paul und den beiden Irinnen sitze, und stürze. Niemand lacht, auch die Kinder nicht, denen ich unterstelle, absichtlich den Ball in den Biergarten geschossen zu haben, in dem ihre Beschützer kaltes Bier trinken und Grillgut verzehren. Sind die Kinder traumatisiert? Oder geht es ihnen einfach nur zu gut?

Das Trauma wird zu einer Vision. Oder: Das Trauma wird zu einer Zwangsvorstellung. Viele Eltern, vor allem aus dem Mittelstand, hätten ihre eigenen Ängste vor einer möglichen Traumatisierung ihrer Kinder auf die Kinder selbst übertragen und damit erst deren psychische Krise ausgelöst, sagt Mimoza Shahini. Sie will mich unbedingt im Grand Hotel treffen. Gibt sie damit einen Kommentar ab zu ihrer sozialistischen Vergangenheit? Das Grand Hotel als Ikone der Tito-Ära? Hotels wie das Grand Hotel in Priština oder das Holiday Inn in Sarajevo sind Orte, an denen sich die Internationalen während der Krisenzeit verbarrikadiert, an denen sie ihre Lagezentren aufgeschlagen haben. Um die Bilder und Geschichten zu bekommen, die ihnen noch fehlten. Jetzt ist davon nichts mehr zu sehen. Jetzt haben diese Orte ihre Aura der Zeitzeugenschaft wieder verloren. Ein Ort, an dem ein ganzer Roman spielen könnte. Ob die Zimmer die Geschichten ausspucken, wenn man sich in ihnen einquartiert? Oder setzt einem die Geschichte einen Widerstand entgegen, den man nicht überwinden kann?

Was denkt diese Frau, die sich als Psychiaterin der Aufgabe verschrieben hat, ihren Landsleuten zu helfen, die zu Opfern geworden sind? Was denkt sie zum Beispiel über die Mitarbeiterinnen der OSZE? Über die Irin, die mir unter dem Deckmantel der Verschwiegenheit erzählt, dass sie manchmal ein bisschen Angst davor habe, »süchtig« zu werden. Süchtig nach ihrer Arbeit. Dass sie dann nicht mehr aufhören kann, wie so viele in der internationalen Szene, und dass sie hängenbleibt und es nicht mehr schafft zurückzukehren. Hängenbleiben im Kosovo und dann weiter zur nächsten Mission, zur nächsten Krise.

»Wir müssen mal darüber sprechen«, sage ich zu ihr und schreibe mir ihre Nummer auf, außerdem die eines deutschen KFOR-Soldaten, den sie kennt. Bernhard. Eine wichtige Informationsquelle, denke ich, denn die deutsche KFOR will mich in Prizren nicht empfangen. Das Einsatzführungskommando in

Potsdam hat mir mitgeteilt, dass es vor Ort leider keine Möglichkeit gibt, das Feldlager der Bundeswehr zu besichtigen, weil man gerade mit einem Kommandowechsel beschäftigt ist. Mimoza Shahini sagt, es seien nicht die Kinder, um die man sich Sorgen machen müsse. Nicht die Kinder seien traumatisiert, sondern die Eltern. Und manche seien allein deswegen traumatisiert, weil sie so viel darüber geredet hätten oder weil sie, wie vor allem die kosovo-albanischen Akademiker, zu viel darüber nachgedacht hätten. Trauma vom Hörensagen, wenn man es salopp formuliert. Trauma by proxy. (Das Trauma, das auf dem Land passiert ist und die Menschen zum Schweigen gebracht hat.) Die eigentlichen Traumafälle, die richtigen PTSD-Fälle, davon habe sie gar nicht so viele gesehen, sagt Shahini und verzieht ihren dunkelrot angemalten Mund zu einem Grinsen. Ob sie sich über mich lustig macht? Meine Fragen ironisiert? Es ist schwer zu sagen. Allein der Ort, den sie für unser Gespräch gewählt hat, lässt diesen Verdacht zu. Das Grand Hotel, die große sozialistische Ikone, wo die Journalisten, die Berichterstattermeute, sich in den Kriegszeiten die Klinke in die Hand gegeben haben. Ein kühler, irgendwie monumentaler und aus der Zeit gefallener Ort, der mit dem heutigen Kosovo gar nichts mehr zu tun hat. Hat Shahini, die elegant gekleidete Psychiaterin, einen Hintergedanken? Sie ist die einzige Kinderpsychiaterin, die der Kosovo hat. Will sie mir irgendetwas zu verstehen geben? Oder ist das Ausdruck einer Überinterpretation? Ausdruck der entzündeten westlichen Nerven?

»Ja«, sagt sie, mit Steffi Graf habe sie indirekt auch schon zu tun gehabt.

»Und wie war das?«, frage ich und zücke den Kugelschreiber.

»Ja«, sagt sie, »es war eine Erfahrung.«

»War es eine gute Erfahrung?« Natürlich möchte ich jetzt etwas über Steffi Graf hören und wie sie sie als Psychiaterin so findet.

»Es war eine lehrreiche Erfahrung«, sagt sie nach einigem

Nachdenken. Sie möchte nichts Schlechtes über Children for Tomorrow sagen, die von Steffi Graf ins Leben gerufene NGO, für die sie eine Weile gearbeitet hat und die unter anderem Psychoedukation angeboten hat. Eine NGO von vielen, die das Land überschwemmt haben wie ein humanitärer Tsunami. Was passiert bei einer Traumatisierung eigentlich? Ein Kind, das es mit exzessiver Gewalt zu tun bekommt, verliert einen Teil seiner selbst, einen Teil seiner Seele, während es körperlich ganz unbeeinträchtigt bleibt. Etwas geht verloren und lässt sich nicht mehr integrieren. Ein Abgrund bleibt zurück, ohne dass das Bewusstsein etwas davon weiß. Das Trauma wird zu einem integralen Bestandteil des Menschen und seiner Identität, und die Jugend des Kosovo muss schnell etwas finden, etwas, das die Ideale und Sehnsüchte der Eltern ersetzt. Shahini sagt, man könne von einer Identitätssuche im Kosovo sprechen, die Jungen versuchten sich zu finden, sie versuchten, sich als »Individuum zu komponieren«. Sie sagt, das Stück, das bei der Komposition herauskomme, solle Europa heißen. Ich unterstelle ihr, dass sie gar nicht so glücklich ist über diese Suche. Ich unterstelle ihr, dass es ein latentes, unausgesprochenes Verlustgefühl gibt. Aber ich kann sie nicht fragen. Wir haben zu wenig Zeit, sie muss zu ihrer Vorlesung und ich muss zum Minister. Auf einmal habe ich nur noch eine Viertelstunde Zeit, um vom Grand Hotel zum Gesundheitsministerium zu kommen.

»Schaffe ich das denn überhaupt?«, frage ich mit angstvollem Unterton. Die Traumaforscherin und Kinderpsychiaterin grinst. Sie ruft ein gelbes London-Taxi, die zuverlässigsten hier, und klärt mich darüber auf, dass die Deutschen sich immer Sorgen darüber machten, ob sie zu spät kommen oder ihren Termin verpassen. Das London-Taxi kommt nicht. Ich mache mir Sorgen. Mimoza Shahini bekommt auf einmal etwas Schrilles, etwas Exzentrisches und Schräges, wie man es weltweit bei fast allen Psychiatern irgendwann entdecken kann, wenn man nur lange genug sucht. Auch bei den Mitarbeitern des Krankenhauses in

Liberia konnte man es finden. Manchmal war es auch nur ein feiner, fast unsichtbarer Riss, eine Deformation, wie zum Beispiel bei Eugene, der inoffizielle Psychiater des Krankenhauses, der sich sein Handwerk über die Jahre selbst beigebracht, aber nie Medizin studiert hatte, und der immer etwas Undurchsichtiges und Unnahbares behielt. Als arbeitete er im Hintergrund an der Erfindung einer geheimnisvollen psychischen Erkrankung, die von Afrika aus die ganze Welt erobern würde. Er hatte diese für einen Psychiater typische Mischung aus Kälte und Anteilnahme, aus Distanz und Vertrautheit regelrecht perfektioniert, und es konnte jederzeit passieren, dass er sich ganz plötzlich zurückzog und nicht mehr ansprechbar war. Dann schwebte er, schwebte davon und zog das gesamte Krankenhaus wie einen Ballon hinter sich her. Mimoza Shahini wirkt dagegen geerdet. Aber man spürt die Affinität zum Chaos, zur Deformation, zur psychischen Unordnung auch bei ihr. Und das ist irgendwie sympathisch.

»Machen Sie sich keine Sorgen«, sagt sie und hält mir die Tür auf. Auf einmal ist das Taxi da. »Es ist ja so«, sagt sie, »die meisten Leute, die über PTSD sprechen, haben mit PTSD gar nichts zu tun und sind ganz weit davon entfernt.«

»Sollen wir noch ins Tingeltangel gehen?«, fragt Paul, als er sich langsam an die quirligen Irinnen gewöhnt hat. Es ist gerade mal halb neun. Aber die Irinnen sagen, es sei noch zu früh. Paul ist Jurist und schon seit zehn Jahren bei der UNO. Aber eigentlich ist die UNO auch schon gar nicht mehr richtig da. Ihre Aufgaben übernimmt jetzt zunehmend EULEX, eine europäische Weiterentwicklung der UNMIK. »Es ist mal ganz gut, wenn ich früh schlafen gehe«, sagt Paul, gleichzeitig bestellt er sich das nächste Bier. Paul bezeichnet sich als jemand, der unstet und launisch ist. Die Frauen könnten davon ein Lied singen, erklärt er. Seine Exfreundin hat zum Beispiel über ihn gesagt, er sei ein Borderline-Kandidat. Damit kokettiert er ein bisschen. Während die beiden

Irinnen kurz auf der Toilette verschwunden sind, sagt er: »Ich würde mich nie trauen, eine von denen einfach anzusprechen.«

»Und warum nicht?«, frage ich.

»Ich hab' Angst vor Frauen.« Er schaut mich an, als würde er es wirklich ernst meinen. Als wäre er froh, dass ich die ganze Zeit dabei bin. Ein Amerikaner gesellt sich auch noch zu uns. Er ist mit einer Gruppe von Österreichern unterwegs, die für das Ministerium für Entwicklungszusammenarbeit tätig sind. Es ist Sonntagabend. Die Termine im Ministerium stehen mir noch bevor, und ich versuche schnell, ein paar Hintergrundinformationen zu bekommen.

»Probier es doch«, sagt der Amerikaner, als ich ihm von den Gerüchten erzähle, die über den Gesundheitsminister kursieren. »Sprich ihn doch einfach darauf an. Provozier ihn ein bisschen. Das hält der schon aus.« Er war gerade im Irak und davor in Afghanistan und davor im Libanon und in Tunesien, oder es ist genau umgekehrt gewesen. Aber: Er arbeitet nicht, er macht hier nur Urlaub und besucht seine Freunde aus der NGO-Szene. Im Kosovo kennt er sich überhaupt nicht aus. Er driftet durch die Krisenregionen. Er bereist seine eigene Traumalandkarte. Ein Geist, der manchmal minutenlang schweigt und auf Autopilot schaltet. Er grinst mich an, er ist noch jetlaggeschädigt, und man hat bei ihm das Gefühl, dass man sich zwar unterhalten, doch nicht wirklich etwas besprochen hat. Schon jetzt drängt sich ein furchtbarer Verdacht auf, eine Art Arbeitshypothese: Wenn hier jemand traumatisiert ist oder zumindest kurz davor steht, traumatisiert zu werden, dann sind es die Internationalen. Dann sind es die, die gekommen sind, um zu helfen. Oder: Sie geben sich zumindest die größte Mühe, so zu erscheinen.

»Also ich würde den Minister so etwas nicht fragen«, sagt Paul. Wir sprechen über die Gerüchte, dass der Gesundheitsminister Homosexualität für eine Krankheit hält.

»Was? Ob er Rammstein mag?«, fragt die mollige Irin.

»Schon allein aus Respekt nicht.«

»Ich habe es auch gar nicht vor«, beruhige ich Paul.

»Was hast du denn vor?«, fragt die mollige Irin, schaut dabei aber Paul an.

»Man muss sie konfrontieren«, sagt der Amerikaner, aber schon mit einem müden Unterton. »Man muss sie darauf aufmerksam machen, wenn sie etwas falsch machen.«

»Wer? Wer macht etwas falsch?«, fragt die andere Irin. »Rammstein?«

»Rammstein, das sind doch keine Nazis. Das ist doch nur ein Spiel, eine Provokation«, erklärt der jetlaggeschädigte Amerikaner, um im nächsten Moment wieder abwesend auf die Straße zu starren.

Der Besitzer der Bar, in der wir sitzen, rollt entspannt in seinem schwarzen Hummer an uns vorbei. Paul, dessen Eltern aus Österreich kommen, glaubt zu wissen, dass der Barbesitzer ein ausgewiesener Sammler von NS-Devotionalien sei, vielleicht sogar irgendwelche SS-Skanderberg-Erinnerungsstücke horte und ansonsten viel Geld mit der ausgehwilligen Jugend des Kosovo verdiene. Viele NGO-Leute sind nicht mehr da. Wir sind an diesem Abend die Einzigen, die unweit des Mutter-Teresa-Boulevards um einen kleinen Tisch herum auf dem Bürgersteig sitzen und darüber nachdenken, ob wir noch ins Tingeltangel gehen sollen.

»Nächste Woche geht's in die Türkei und dann über Tunesien zurück nach Seattle«, sagt der jetlaggeschädigte Amerikaner, der bleich und übernächtigt wie ein Ritter der Mitleidsindustrie durch den Kosovo reitet. Ich verabschiede mich, ich muss mir Notizen machen, einen veralteten Mental-Health-Report durcharbeiten und mich auf das Gespräch mit dem Gesundheitsminister vorbereiten. Falls das gelbe London-Taxi, in dem ich einen Tag später sitze, dort überhaupt hinfinden und nicht doch im Stau steckenbleiben wird.

»Machen Sie sich doch nicht so viel Sorgen«, sagt Mimoza Shahini, die Kinderpsychiaterin mit den bordeauxrot geschminkten Lippen.

9

Natürlich ist der Minister noch in einer Besprechung. Der Assistent bietet mir kosovarischen Tee an, der angeblich im Kosovo erfunden worden ist, dann aber doch aus China stammt. Der Assistent des Ministers, wie der Minister selbst ein Parteigänger der Justice Party, ist eine überaus freundliche, doch absolut skurrile Erscheinung. Er umtänzelt einen wie ein fröhlicher Schelm, der nur zufällig hier gelandet ist. Er strahlt einen großen Optimismus aus, wie es gar nicht so untypisch ist für den Kosovo. Es scheint allerdings sehr schwierig bis unmöglich, Ansprechpartner und Telefonnummern der psychiatrischen Einrichtungen zu finden, die ich aufsuchen will, so dass man jetzt im Gesundheitsministerium darauf verfällt, nach seinen eigenen Krankenhäusern und den dazugehörigen Telefonnummern im Internet zu googeln. Nach einem weiteren Tee und weiterer ergebnisloser Recherche taucht der Minister auf. Der Assistent verkündet feierlich, dass es jetzt losgehe.

»22 Prozent Fälle PTSD«, sage ich zum Minister, »die meisten davon in der Region um Gjakova. Gibt es denn überhaupt Leute, die sich um diese Menschen kümmern können?« Dr. Agani schnurrt sein Programm herunter. Er ist auf dem Weg, sich von einem Psychiater in einen Politiker zu verwandeln, oder er ist immer schon beides gewesen. Vielleicht gibt es Analogien, Überschneidungen zwischen diesen beiden Professionen. Natürlich frage ich ihn nicht nach seiner angeblichen Homophobie und seinen religiösen Tendenzen. Dr. Agani ist weltgewandt, freundlich, bestimmt. Ihn umgibt etwas Monarchisches, Gnädiges. Er gibt sich nicht die geringste Blöße, obwohl er alles zugibt und nichts beschönigt.

»Die Geldströme, die die NGOs gebracht haben, sind seit 2006 versiegt«, erklärt er. »Dieses Geld ist jetzt weg. Und das System ist immer noch viel zu zentralisiert.«

Und Psychotherapie gibt es so gut wie gar nicht. Am Anfang seiner Tätigkeit sind die Patienten zu ihm ins Ministerium gekommen, um sich behandeln zu lassen, also musste er seine private Praxis weiterlaufen lassen. Ein typischer Satz für ihn: »Die Arbeit mit den Patienten, das ist eine Erholung für mich.« Samstags nach einer anstrengenden Woche. Physisch sei das natürlich etwas viel. Er spricht über traditionelle Heiler, parapsychologische Methoden, die sein Ministerium nicht gutheißen würde, genauso wenig wie religiösen Extremismus. Nichts zu machen, ich erfahre nichts von ihm. Es scheint, dass Psychiater, die großen Zauberer und Hütchenspieler in unseren Seelenlandschaften, auch Meister des Versteckspiels sind. Aber vielleicht gibt es ja auch gar nichts zu verbergen.

Der Mental Health Officer, so etwas wie ein Staatssekretär, ergeht sich noch mehr in einer fröhlichen Verschleierungstaktik. Das Budget für Mental-Health-Programme schrumpft. Jedes Jahr gibt es ein bisschen weniger. Eine Million Euro pro Jahr? Ist das weniger als ein Euro für jeden traumatisierten Patienten? Sein Büro ist unter dem Dach. Der Assistent des Ministers bringt mich über eine Wendeltreppe nach oben und wundert sich darüber, dass er auf dieser Etage noch nie gewesen ist.

»Schön, dass ich hier oben auch mal hinkomme«, sagt er. Er lächelt mir mit fröhlicher Neugier zu, fragt mich urplötzlich und übergangslos nach meinen Hobbies und meinem Privatleben und eilt dann mit übertriebenem Schwung gewichtig vor mir her, wie eine Figur aus einem Kafka-Roman. Er scheint sich wirklich zu freuen, dass mal jemand vorbeikommt, der sich für die Büros unter dem Dach interessiert. Von Dr. Shabani, dem Mental

Health Officer, bekomme ich erst mal eine Flasche Wasser geschenkt und vom Assistenten schließlich doch noch ein paar Telefonnummern. Ich bin schon etwas erschöpft von meiner Traumarecherche.

»Habe ich das richtig verstanden?«, frage ich den Mental Health Officer. »Die traditionellen Heiler schreiben etwas auf einen Zettel, und dann trägt der Patient das unter seiner Achselhöhle mit sich herum!?« Die traditionellen Heiler interessieren mich. Die Mitarbeiter des Krankenhauses in Liberia waren ihnen gegenüber immer skeptisch und lehnten sie ab. Aber es gab kaum einen Patienten, der nicht mit ihnen zu tun gehabt hätte oder dessen Angehörige nicht wenigstens einen Versuch gestartet hätten. Sie waren überall, tauchten überall auf, mal als Dämonen und mal als Sozialarbeiter, die im Landesinneren auf eine unsichtbare, kaum merkliche Weise wirkten. Ich habe einen von ihnen kennengelernt, nutzte aber die Gelegenheit nie, um ihn einmal in seiner privaten ›Klinik‹ zu besuchen, einem Ort mit hundertprozentiger Heilungsquote, wie er mir gegenüber stolz erklärte. Falls die Patienten bereit waren, zu kooperieren und mit ihm zu beten. Ich rief ihn nicht an, ich besuchte seine ›Klinik‹ nicht, vielleicht weil ich mich nicht ins Landesinnere traute oder nicht erfahren wollte, dass seine Methoden am Ende doch nicht so schlecht waren, wie man allgemein annahm. Den Mental Health Officer im Gesundheitsministerium interessiert das Thema weiter nicht. Es würde aus seiner Sicht vielleicht auch keinen guten Eindruck machen, wenn er sich mit mir darüber zu lange unterhielte. Viel wichtiger sind die Fragen, wie ich jetzt am schnellsten zum Universitätsklinikum und der psychiatrischen Abteilung komme. Danach will ich nach Shtime. Shtime ist wahrscheinlich noch interessanter als das Universitätsklinikum. Es ist eine halbe Autostunde von Priština entfernt. Der Artikel, der dazu im *Guardian* erschienen ist, ist allerdings schon ein paar Jahre alt. »So schnell werden wir Shtime nicht schließen können«, sagt der Mental Health Officer. »Aber ich freue mich, wenn Sie es sich anschauen wollen.« Die fast familiäre Atmosphäre im Ministerium lässt mich etwas ratlos zurück, und dann ist auch der Direktor des Krankenhauses von Shtime schon am Telefon so freundlich, dass ich fast froh bin, als mich im Universitätsklinikum ein kleines Chaos erwartet und von dem Termin, den ich ausgemacht habe, auf einmal niemand mehr etwas wissen will.

Diesmal habe ich keinen Übersetzer an der Hand, wie noch im Ministerium. Vorsichtig schaue ich mich unter den wartenden Patienten um, ob sich vielleicht jemand als Übersetzer eignet. Jemand, der mir bei den Verhandlungen mit den desorientierten Krankenschwestern am Eingang vielleicht helfen kann. Ob die Krankenschwestern in der Charité in Berlin auch »Entschuldigung« sagen würde, wenn ein Ausländer sie bittet, mit ihm Englisch zu sprechen? Wie aufgescheucht laufen sie herum, um jemanden zu finden, der übersetzen kann. »I am very sorry«, sagt eine. »Very Sorry! No English.« Ihre Kollegin verlässt das überfüllte Wartezimmer, um nach meiner Gesprächspartnerin zu suchen. »I sing the song, but my voice is not going with the song«, sagt die Direktorin des Universitätsklinikums eine Stunde später. Alles hat sich geklärt, auch wenn die beiden Psychiaterinnen, die sich zu einem Gespräch bereit erklären, eigentlich gar keine Zeit haben und etwas ungeduldig sind. »So sagt man bei uns, wenn es etwas nicht gibt, was man gerne haben möchte«, erklärt die Direktorin, die eine auffallend rote Brille trägt. Zum Beispiel Depotmedikation, eine Datenbank, eine Entlassungsliste, anständige Berichte und eine gute Zusammenarbeit mit den anderen Krankenhäusern im Land. Das ist nicht so einfach, bei nur einem einzigen Sozialarbeiter. Die Direktorin ist am Anfang noch etwas zurückhaltend und reserviert. Immerhin gibt es drei verschiedene Übersetzer, die sich abwechseln. Erst ist es eine andere Psychiaterin, wie ihre Kolleginnen fast grell und demonstrativ geschminkt, die aber dann zur Teamsitzung muss und von einem IT-Spezialisten abgelöst wird, dem wiederum der Pflegedienstleiter folgt. Der soll mich eigentlich durchs Gebäude führen, aber zu diesem Zeitpunkt ist die Direktorin aufgetaut und möchte die Unterhaltung gar nicht mehr beenden. Sie braucht jetzt keinen Übersetzer mehr. »Er wird Ihnen alles zeigen«, sagt sie und zeigt auf den Pflegedienstleiter. »Schauen Sie sich nur um.« Es scheint alles ganz normal zu sein. Nur die Hand der Direktorin, die wie eine etwas schrille Boutiquebesitzerin aussieht, zittert verdächtig, als sie mir zum Abschied ein Schokoladenbonbon überreicht. Wir sprechen über die Rückkehrer, Flüchtlinge, die jetzt in Deutschland nicht mehr erwünscht sind. Genaues weiß die Direktorin aber nicht, sie spricht immer wieder nur von einem geheimnisvollen Hotel in der Nähe des Flughafens. Eine Frau, die gleich nach ihrer Ankunft einen Zusammenbruch erlitten habe, sei dort provisorisch untergebracht worden. Ohne Angehörige und jegliche Unterstützung sei sie aus dem Krankenhaus gleich wieder verschwunden und in diesem Hotel gelandet. Das sei kein Einzelfall, behauptet die Direktorin. »Haben Sie vielleicht eine Idee, wie das Hotel heißt?«, frage ich, aber dann gibt sie mir schon das kleine Schokoladenpräsent und lächelt mich freundlich an.

Ich muss an die Schülerin denken, die für mich im Eingangsbereich gedolmetscht hat. Sie kommt aus Mitrovica, der geteilten Stadt, wo die serbische Zone des Kosovo anfängt. Sie hat Kopfschmerzen und will nur so mal in der Psychiatrie vorbeischauen. Nur Kopfschmerzen, die nicht weggehen. Sie spricht sehr gut Englisch und gibt mir ihre Telefonnummer, die ich mit schlechtem Gewissen notiere, weil ich schon weiß, dass ich sie nicht anrufen werde, selbst wenn ich wie geplant doch noch nach Mitrovica aufbrechen werde. Dort gibt es auch eine Psychiatrie, da gehen die Serben hin. Die Verlorenen, die Gepeinigten und Misshandelten, wie es in dem Horrorartikel des *Guardian* heißt, seien alle in Shtime. Die chronischen Fälle, für die es keine Hoffnung mehr gebe. Auch einige Serben seien dabei, wie es heißt. Dort kommen sie auch nicht mehr heraus, gibt selbst Dr. Agani zu, weil es ihnen außerhalb des Krankenhauses wahrscheinlich nicht besser erginge. Von den Serben ist ständig die Rede, auch hier in der Psychiatrie. Einer Krankenschwester mit dreißig Jahren Berufserfahrung haben damals die serbischen Oberärzte gesagt, sie solle einfach gehen und ihren Arbeitsplatz verlassen. Sie sei nicht mehr erwünscht. Aber dann sind sie und die anderen Mitarbeiter doch geblieben, auch während des Krieges. »Wir mussten alle bleiben«, erklärt der Pflegedienstleiter, ein Mann Ende dreißig, der Zigarette mit Spitze raucht, weil er wegen seiner Styropor-Überempfindlichkeit auch die Filter der Zigaretten nicht an seine Lippen heranlassen will. Ein Schrank von einem Mann, der auf dem Land bei seinen Eltern Kühe und Hühner hält und sich an seinem alten 190er Mercedes erfreut. Er führt mich durchs Krankenhaus, das verdächtig aufgeräumt und sauber wirkt. »Ich sehe meine Arbeit als humanitarian work«, sagt er, während wir draußen eine Zigarettenpause machen. Er sagt, er liebe seinen Job. Er liebe die Patienten, es mache unglaublich viel Spaß. Ich frage ihn nicht nach Shtime, nach den Horrorgeschichten, nach den Misshandlungen, die dort unter den Augen von UN-Mitarbeitern stattgefunden haben, den Vergewaltigungen und Übergriffen, unter denen die Patienten, viele von ihnen Serben, zu leiden hatten, manche von ihnen ohne Kleidung in ihren eigenen Exkrementen liegend, ohne psychiatrische Betreuung, im Zustand dauerhafter Apathie. Aber das ist Vergangenheit. Jetzt wird Shtime regelmäßig von NGOs wie Mental Disability Rights International oder dem Kosova Rehabilitation Centre for Torture Victims kontrolliert, und der Direktor bemüht sich auf rührende Weise darum, dass mich der Krankenhausfahrer in Priština von der Psychiatrie abholt und mich zu diesem Ort bringt, vor dem ich mich zu diesem Zeitpunkt noch immer ein bisschen fürchte. Gleichzeitig denke ich, dass von dem Krieg und der Unterdrückung, unter denen das Land gelitten hat, doch irgendwo etwas zu sehen sein muss, und dass ich das wohl oder übel aushalten muss.

10

In Liberia war die Psychiatrie und das Krankenhaus für mich immer eine Art Heimat, ein vertrauter Arbeitsplatz, ein Ort, an dem ich mich mit den Mitarbeitern zu einer verschworenen Gemeinschaft zusammengeschweißt sah. In Priština wird die Psychiatrie dagegen wieder zu dem, was sie immer gewesen ist. Ein Kampfplatz, ein Ort des Zugriffs, ein Seelengefängnis. Habe ich meinen Arbeitsplatz in Liberia idealisiert? Habe ich das Krankenhaus in Liberia überhöht und aus der Realität entrückt? Oder habe ich als Mitarbeiter, als Teil des Systems, eine Perspektive der Idealisierung und Verklärung schon allein aus Selbstschutz eingenommen? »Wir sind alle pathologische Optimisten«, sagt Feride Rushiti, die sich als Leiterin der NGO KRCT mit Folteropfern befasst und mit der ich am Tag zuvor in ihrem Büro kurz gesprochen habe. »Und in Shtime ist die Lage jetzt viel besser. Shtime sieht jetzt ganz anders aus.« Der Fahrer, mit dem ich mich gerne über seinen Arbeitgeber unterhalten würde, spricht kein Englisch, und so verlassen wir schweigend Priština. Es beginnt zu regnen, einige rußgeschwärzte Bauruinen tauchen auf, deren Bauherren die Kraft oder das Geld ausgegangen ist. Kurz nachdem wir das Universitätskrankenhaus verlassen haben, sehe ich zum ersten und einzigen Mal einen Wagen der UNO, einen weißen Nissan Patrol mit dem typisch schlichten und doch so machtvollen UN-Logo an der Tür. Leer und einsam parkt der Wagen auf einer Ausfallstraße, mit einem Lenkradschloss gesichert, als hätte die Weltorganisation ihn hier versehentlich stehengelassen. Die UNO ist aber noch immer da. Die Kontrolleure, die Beobachter, die Berater, sie sitzen überall noch auf ihren Posten. Vielleicht, denke ich, während wir mit quietschenden Scheibenwischern an einer monumental hässlichen VW-Vertretung mit dem Namen Porsche Priština vorbeifahren, fühlen sie sich hier im Kosovo alle immerfort beobachtet. Vielleicht gibt es die Parallelgesellschaft immer noch, wenn sie jetzt auch jeder allein mit sich herumträgt. Es gibt vereinzelt Graffiti auf Mauern und Häuserwänden, die gegen die internationale Präsenz protestieren. EULEX und UNMIK verschmelzen zu etwas, was in den Augen einiger doch wieder nur eine neue Bevormundung darstellt. Dieselbe Bevormundung, wie man sie schon von der serbischen Fremdherrschaft kennt. Ich versuche mit dem Fahrer zu sprechen. Vielleicht spricht er ja doch Englisch. Ich versuche es ein paarmal. Er lächelt freundlich, schaltet ein bisschen die Lüftung ein. Ich telefoniere und beginne, meine Reise zu planen. Ich überlege, wie ich von Shtime nach Prizren komme und wie ich vielleicht etwas über die Rückkehrer aus Deutschland, die zurückgeschickten Kosovoflüchtlinge, erfahren kann. Ich denke an den Pflegedienstleiter im Universitätskrankenhaus. Der allein setzt schon ein Zeichen absoluter Normalität. Ein Psychiatriepfleger, der Zigarette mit Spitze raucht und sich vor Styropor fürchtet. Ein Mann mit einer übertriebenen Wahrnehmung und einer Liebe für alles Abseitige. Ein Mann mit der Liebe für Details. In seiner Anwesenheit, er lässt mich nicht aus den Augen und verliert kein schlechtes Wort über sein Krankenhaus, habe ich vergessen, mit einem Patienten zu sprechen. Allerdings kann ich mich auch nicht erinnern, sehr viele gesehen zu haben. In Shtime, denke ich, wird das anders. In Shtime, nehme ich mir vor, werde ich mit Betroffenen sprechen, mit Patienten, mit Menschen, die etwas erlitten haben, in Shtime, denke ich, werde ich mit Opfern sprechen. Dort werde ich erleben, was es heißt, einen Krieg hinter sich gebracht zu haben.

Allerdings hat der Psychiater, der Direktor von Shtime, nicht besonders viel Zeit. Fast scheint es, als habe er mehr Zeit damit verbracht, mir einen Fahrer zu organisieren, der mich in sein

Krankenhaus bringt. Der erste Eindruck: Es ist gar keins. Der getäfelte, etwas düstere Büroraum, in dem er mich empfängt, wirkt eher wie ein Lagezentrum oder das Büro einer Baustofffirma, er selbst eher wie der Geschäftsführer eines mittelständischen Betriebs. Der Fahrer sitzt auf einmal hinter dem Computer. Der leitende Pfleger, der dazukommt, trägt eine Lederjacke, genau wie sein Vorgesetzter, der leicht stottert und furchtbar in Eile ist. Er rattert die Informationen herunter: 54 Patienten, davon 20 Serben, 17 Pflegehelferinnen, hundert Betten. Zweimal fällt der Strom aus, und die Computer und Drucker im Raum fahren zweimal wieder hoch. Es ist das erste Mal, dass ich im Kosovo einen Stromausfall erlebe. Die Patienten würden Schach spielen, sagt der Direktor. Oder Domino, oder sie machten ein Picknick. Manchmal spielten sie auch Theater. Er wirkt wie ein Getriebener, als hätte er oft Besucher, die mit einem Verdacht kommen und die er so schnell wie möglich wieder loswerden will, und sei es, dass er selbst derjenige ist, der flieht. Karadžić, der Führer der bosnischen Serben, ist auch Psychiater. Dubravka Ugrešić, die kroatische Schriftstellerin, schreibt in ihrem Buch *Die Kultur der Lüge*, die Nationalisten in Jugoslawien hätten ihre neuen Staaten in Irrenhäuser verwandelt und ihre Bürger in Patienten. Sie hätten den »kollektiven Wahnsinn induziert« und das nationale, das kommunistische, das Tito- oder das Jugoslawien-Trauma in die Menschen injiziert. Die Lederjacken der Pfleger und die Lederjacke des Psychiaters machen mich nervös. Er ist schon weg, bevor ich überhaupt angekommen bin. Ob ich etwas vom Haus sehen wolle, fragt er.

Man führt mich herum, aber meine Begleiter können kein Englisch. Shtime wird für mich zu einem Meta-Ort. Ich sehe nichts. Keine Gräuel, keine Elendsbilder, alles ist renoviert, alles ist sauber. Trotzdem erkenne ich etwas, sehe etwas. Wenn auch erst, als ich das Krankenhaus schon wieder verlassen habe. Man führt mich zu einer schachspielenden Gruppe. Einer der Patienten springt auf, begrüßt mich und ist dann auf einmal ein Pfleger. »Es wäre ganz gut, wenn ich mit einem Patienten sprechen könnte«, sage ich zu ihm. Vielleicht mit einem der serbischen Patienten, denen es hier besonders schlecht ergangen ist. Kein Problem. Man führt mich zu einem Raum, in dem eine alte Frau auf einem Feldbett liegt. Sie spricht ein bisschen Deutsch. Ich versuche, mich mit ihr zu unterhalten. Plötzlich merke ich, warum Shtime kein Krankenhaus ist. Hier wird niemand behandelt, geheilt oder auch nur richtig betreut. Hier wird etwas verwaltet. Etwas, das auf den ersten Blick gar nicht zu sehen ist. Die Frau trägt abgerissene Kleider, sie trägt eine Jacke, als hätte sie sich, weil sie Besuch erwartet, nur kurz hingelegt. Es gibt keine persönlichen Spuren im Raum. Nicht ein einziges Anzeichen, dass sie dieses Zimmer in diesem Haus, in dem sie schon seit zehn Jahren lebt, wie mir der schachspielende Pfleger jetzt erklärt, auch wirklich bewohnt. »Ich habe Bohnen geerntet, in der Schweiz, in den fünfziger Jahren«, erzählt sie. In Deutschland war sie auch. Ich versuche herauszufinden, wo sie ihre Kleidungsstücke aufbewahrt. Ich spreche Deutsch mit ihr, in der Hoffnung, sie würde mir etwas erzählen, was meine Begleiter, die im Raum stehen und zuhören, nicht verstehen können. Eine geheime Botschaft. Aber sie schweift ab, sabotiert meine Bemühungen und wechselt zurück ins Albanische, worauf meine Übersetzer mir erklären, ohne mit der Wimper zu zucken, dass sie leider keine andere Kleidung habe, als die, die sie trage. Sie will etwas aufschreiben. Eine wirre, undurchsichtige Notiz, die mich nicht weiterbringt. Die Führung geht weiter. Im Nachhinein kommt es mir so vor, als sei mir eine Immobilie vorgeführt worden, für die ich mich interessiere. Die Bewohner sind zufällig Insassen. Ein paar von ihnen sitzen teilnahmslos und stumm auf Stühlen in kargen Aufenthaltsräumen und schauen Fernsehen. Ob ich genug gesehen habe, fragt der leitende Pfleger. Ich denke an die Bohnenernte in der Schweiz und suche eine Toilette auf. Es gibt kein Handtuch, keine Seife. Mir kommt es auf einmal so vor, als sei ich in einer Kulissenlandschaft. Ich traue mich nicht, den Wasserhahn aufzudrehen, weil es mir scheint, als würde das Abwasserrohr fehlen. Ohne mir die Hände gewaschen zu haben, kehre ich zu meinen Begleitern zurück und verlasse das Haus. Der Fahrer ist nicht mehr da. Der schachspielende Pfleger soll mich zur Busstation bringen, von wo aus ich nach Prizren weiterreisen will. Ich bleibe einen Moment draußen stehen, verzweifelt darum bemüht, irgendetwas zu entdecken, das ich mir noch anschauen könnte. »Da bauen wir Tomaten an«, sagt jemand und zeigt auf ein Treibhaus im Garten. Ein Patient säubert mit einem Schlauch den Wagen, mit dem ich hergekommen bin. Alles erinnert mich auf einmal an die Fotoarbeiten einer Künstlerin, die ein britisches Polizei-Trainingslager fotografiert hat, das auf den Aufnahmen wie eine Stadt aussieht, in der Ausschreitungen stattgefunden haben. Kalte, entmenschlichte urbane Orte, in denen nichts ist, außer Gewaltphantasien, bis man merkt, dass diese Orte gar nicht wirklich existieren, dass sie nur eine Inszenierung sind. Ein Übungsgelände, eine Trainingslandschaft für die Sondereinheiten der britischen Polizei. Ist Shtime ein geheimes UÇK-Trainingslager? Wenn ich mir die Männer anschaue, sehen sie eher wie Kämpfer aus, die Zivil angelegt haben. Nichts Therapeutisches, Sozialarbeiterartiges haftet ihnen an, nicht die geringste Spur von Empathie. Das Büro des Direktors ist das ehemalige Kommandozentrum, in dem der Unabhängigkeitskampf geplant worden ist. Der Patient, der das Auto wäscht, grinst mich an. Ein alter, zahnloser Mann. Ein Serbe? Bin ich hier im Inneren des Konflikts? Ist das der Ort, wo meine Projektionen und Kosovophantasien ad absurdum geführt werden?

Wir fahren rückwärts aus dem Hof heraus. Der Schachspieler steuert den Wagen, aber der Patient will den Wagen nicht hergeben, er hebt den Wasserschlauch und spritzt das Wasser auf die Windschutzscheibe. Sein Gesicht verschwimmt dahinter zu einer schrillen Fratze, das eingefallene zahnlose Gesicht zu einer hämischen Grimasse verzogen. Niemand lacht. Ein Moment der Beklemmung. Überflutungsgefühle in der Leere, in denen ich das Grauen des Krieges suche. Ein Gefühl der Scham ergreift mich. Sind die zwanzig Serben in Shtime verkrüppelte, ruhiggestellte Wracks? Der Mann mit dem eingefallenen Mund verhöhnt mich. Wasser flutet über mich, während der Schachspieler mich wegbringt.

»War das wirklich so schlimm hier, wie die Leute sagen?«, frage ich. Er legt seine Hand auf mein Bein.

»Es tut mir leid«, sagt er. »Ich kann nichts sagen. Ich werde weggehen, ich werde Jura studieren.« Er lächelt. »Es tut mir wirklich leid.«

Er will mir nichts erzählen. Ich schaue mir die Zeichnung der Patientin an, mit der ich gesprochen habe. »JU« steht auf dem Zettel, und eine Jahreszahl. »1962«. Zwei Jahre, bevor ich geboren bin. Steht JU für Jugoslawien? Ich denke an meinen Großvater, von dem es unter der Hand heißt, er sei als Spion für das Dritte Reich in Jugoslawien gewesen. Irgendwo. Im Kosovo? Bin ich deswegen hierhergekommen? Der Moment, als der serbische Greis den Wasserschlauch auf den Wagen richtet, ist der schlimmste meiner gesamten Reise. Auf dem Bildschirm des Fernsehers im Aufenthaltsraum von Shtime ist der Gesundheitsminister zu sehen, Dr. Agani nimmt an einer Talkshow teil.

»Um was geht es denn da?«, frage ich den schachspielenden Pfleger. »Was besprechen die da?«

»Ich weiß es nicht«, sagt er und lächelt.

Die Traumatisierung hält an, auch nachdem die aktive Verfolgung beendet ist, schreibt David Becker. Sie hält an, weil man sich *vorstellt*, was als Nächstes passiert oder was passieren könnte. Haben die Deutschen sich deswegen am Kosovo-Einsatz beteiligt, weil sie ihr eigenes Trauma vor Augen hatten? Joschka Fischer hat in einem Aufruf an seine Parteikollegen um Unterstützung gefleht und daran erinnert, dass man nicht den gleichen Fehler machen dürfe wie die Väter und Großväter und nicht einfach nur abwarten dürfe, was passiert. Ich beschließe von nun an, nur noch zu beobachten und gar nichts mehr zu fragen, oder jedenfalls nichts mehr zu suchen. Ich tappe im Dunkeln. Ich sehe nichts. Den Kosovo, das Land, die Menschen, ich habe nicht die geringste Ahnung.

»Tut mir wirklich leid«, sagt der Schachspieler, der bald kein Pfleger mehr ist, sondern Jurist werden will. »Sorry.« Er spricht Englisch. Er setzt mich an der Bushaltestelle ab. Ich nehme mir vor, mich in einen Touristen zu verwandeln, die Maske der Recherche abzulegen und nur noch das Land zu genießen. Prizren soll einer der schönsten Orte des Kosovo sein. Vorher muss ich nur noch schnell ins Internetcafé, um zu schauen, ob ich eine Mail aus Gjakova bekommen habe. Medica Kosova. Vielleicht gibt es doch noch etwas zu sehen, am übernächsten Tag, wenn ich mich in Prizren ein bisschen erholt habe. Aber die Nachricht aus Gjakova ist die nächste Enttäuschung, die nächste Ernüchterung. »Leider können wir Ihnen das Projekt nicht zeigen«, heißt es. »Wir fahren zu einer Schulung nach Deutschland, und unsere anderen Mitarbeiter haben keine Zeit. Wir bitten um Verständnis.« Ich gehe zum Bus. Während man wartet, ob der Krieg weitergeht oder wie er weitergeht, kommt es zum Prozess der Chronifizierung. Der Terror, den man erlebt hat, entfaltet auf einmal seine »volle psychologische Wirksamkeit«, heißt es bei Becker. Man wartet darauf, dass etwas noch Schlimmeres passiert. Man wartet auf die nächste Katastrophe, die die vorangegangene noch übertrifft.

Der Bus nach Prizren ist halb leer. Es gibt einen Fernseher, auf dem ununterbrochen Balkan-Pop läuft. Durchtrainierte Blondinen räkeln sich zum Beat. Es wird türkisches Gebäck an die Reisenden verteilt. Die alte Frau, die neben mir sitzt, ignoriert den Fernseher, in dem sich die Tänzerinnen lasziv durch eine

Studiolandschaft bewegen. Sie beobachtet mich, die alte Frau schaut zu, wie ich den Fernseher anstarre, während der Bus an einem riesigen UÇK-Denkmal vorbeifährt. Ein UÇK-Denkmal mit in der Abendsonne leuchtenden roten Plastikblumen und dem allgegenwärtigen schwarzen Doppeladler auf rotem Grund. Daneben ist ein Restaurant mit Gartenstühlen und einem Kinderspielbereich. Ich schaue zu der alten Frau und biete ihr meinen Keks an, versuche ein Gespräch anzufangen. Sie versteht kein Wort, nickt freundlich, und dann schaut sie wieder aus dem Fenster. »Gönnen Sie uns die Vorfahrt«, steht auf einem Bus, den wir überholen. Die verblichene Kampagne eines deutschen Verkehrsunternehmens. Nach einer Stunde erreichen wir Prizren. Überall stehen Möbel an der Straße. Ein Rummelplatz am Stadtrand verschmilzt mit einer riesigen Open-Air-Ausstellung von Sesselelementen und Couchtischen. Es ist, als würde sich das ganze Land neu einrichten, während die Jugendlichen Autoscooter fahren oder Achterbahn. Als ich zwei Tage später Prizren verlasse, sind die Möbel weg. Y-20 2386 biegt vor mir ab. Die KFOR. Deutsche Soldaten. Bin ich in Sicherheit oder fängt es jetzt erst richtig an? Noch weiß ich nicht, dass ich in Kürze ein Schlüsselerlebnis, mein eigenes kleines Traumaerlebnis haben und endlich jemanden kennenlernen werde, der etwas Schreckliches erlebt hat und sogar darüber sprechen will. Jemand, der mir näher ist, als mir lieb sein kann. Aber zuerst begebe ich mich zu meinem Nachtlager. Das Gästezimmer im Loyola-Gymnasium. Eine deutsche Eliteschule mitten im Kosovo. Ein Taxifahrer, der in Deutschland gearbeitet hat, fährt mich hin. »Und warum sind Sie nicht in Bonn geblieben?«, frage ich. »Weil sie mich rausgeschmissen haben«, sagt er fröhlich in einem leicht rheinischen Singsang und lässt mich vor dem großen Metalltor des Gymnasiums aussteigen. Meine Suche geht weiter, denke ich, obwohl mir jetzt schon langsam die Luft ausgeht.

11

Dann kommt das Gewitter. Es kommt in der Dämmerung, auf dem Shadervan-Platz, einem der schönsten Plätze des Kosovo, im Zentrum von Prizren, wo sich die Straßencafés an das wild herunterpurzelnde Wasser des Flusses schmiegen. Dahinter das Bergpanorama der albanischen Zweitausender, das zu diesem Zeitpunkt schon in ein bedrohliches Zwielicht getaucht ist. Ich folge jetzt einer Spur, der ich eigentlich gar nicht nachgehen will. Ein Informant will mich im Zentrum treffen. Es ist alles etwas konspirativ. Ob ich denn allein sei, fragt er mich am Telefon. Das müsse er wissen, sagt er, und dann darf ich bei strömendem Regen in seinen Opel Corsa einsteigen. Man bespreche im Kosovo alles lieber eins zu eins, erklärt er mir, ob mir das noch nicht aufgefallen sei. Aber das würde ich noch lernen. Mehrere Jahre hat er zusammen mit einer Deutschen in Prizren eine kleine NGO betrieben, die Roma-Familien geholfen und deren Kinder betreut hat. Die deutsche Gründerin ist jetzt zurück in ihrer Heimat, er hat das ganze Wissen, die Hintergrundinformationen und die Orte noch immer im Kopf. Eine halbe Stunde lang fahren wir durch die apokalyptisch gestimmte, donnernde und blitzende Innenstadt. Er zeigt mir die Stellen, wo die NATO-Bomben heruntergegangen sind. Ein winziges Nadelöhr, wir kommen mit dem Wagen kaum durch. Ein Roma-Haus hat es erwischt, es wurde durch eine amerikanische Bombe zerstört. Ich könne das im Internet nachlesen, sagt er. Das Tragische der Roma seien die Zwangsallianzen gewesen, die sie eingehen mussten. Ihre Kooperation mit den Mächtigen im Land, den Serben. Wir fahren im Kreis herum. Das Einbahnstraßensystem von Prizren ist ein genauso verkehrsautistisches Meisterwerk wie das Einbahnstraßensystem in Köln oder anderen deutschen Innenstädten. Kein Wunder, die deutsche KFOR hat es sich ausgedacht. Wir halten nicht an. Bujar, der wie ein Vertreter aussieht, in den er sich mittlerweile ohnehin verwandelt hat, redet ununterbrochen. Ob ich wüsste, was die Roma erlitten hätten und was sie immer wieder erleiden würden? Den marodierenden paramilitärischen Einheiten seien sie gefolgt und hätten in den Dörfern, die die Serben »gesäubert« haben, die Leichen abtransportiert. Manchmal hätten sie sie zur nächsten Müllhalde gebracht, oder sie hätten gleich den Serben den Weg gewiesen und sich als Kundschafter betätigt. »Ob sie das wohl freiwillig getan haben?«, fragt Bujar. Mir fallen die Lager von Mitrovica ein, wo die UNO die Roma vorübergehend untergebracht hat, bis der Druck der Öffentlichkeit angesichts der bleiverseuchten Unterkünfte zu groß wurde. Wir fahren im Kreis. Bujar hat keine Zeit, aber er zeigt mir trotzdem alles. Roma sehen wir keine. Nur ihre Häuser, die im ersten Moment so aussehen wie die anderen auch. Dort, wo die Flasche an dem Nagel hänge, sagt er, das sei das Haus eines Reichen. Es regnet. Ich bedanke mich bei Bujar für seine Hilfsbereitschaft. Seine Familie wartet schon auf ihn.

»Ich habe es nicht Ihnen zuliebe gemacht«, sagt er, während wir am Fluss anhalten, wo er mich rauslassen will. »Ich habe es Frau Heinen zuliebe getan.«

Mit ihr hat er die kleine NGO betrieben, die fast im Verborgenen tätig gewesen ist. Ich solle mich an die Schweizer Caritas wenden, die kenne die Orte und die Menschen, die könne mir etwas über die psychische Situation der Roma erzählen und über die, die aus Deutschland zurückgekehrt sind. Ich öffne die Tür. Die Innenbeleuchtung des Corsa schaltet sich ein.

»Wie lange sind Sie noch hier?«, fragt er.

»Leider nur noch einen Tag«, sage ich, »dann muss ich wieder nach Priština.«

»Nach Deutschland gehe ich nicht mehr zurück«, sagt Bujar, während er kurz die Handbremse anzieht. »Deutschland steht kurz vor dem Zusammenbruch.«

Ich mache einen erstaunten Gesichtsaudruck.

»Wissen Sie das nicht?«, fragt er. »Das zeichnet sich doch schon ab. Deutschland kollabiert.«

Ich verabschiede mich. Direkt neben mir steht ein Jeep der KFOR. Das Liasion Monitoring Team, das den Kontakt zur Zivilbevölkerung herstellt. Ich schleiche eine Weile um den Jeep herum, in der Hoffnung, dass die LMT-Soldaten auftauchen und mir weiterhelfen. Ich habe Hunger und muss irgendwo etwas essen gehen. Ein Taxifahrer, dessen Bruder für die Bundeswehr arbeitet, erzählt mir, was es bei der KFOR heute zu essen gibt. Schweinegeschnetzeltes für die Christen und Rotbarschfilet für die Moslems. Die Lebensmittelumschlagsstelle heißt LUST, und der kosovo-albanische Mitarbeiter bricht das Gespräch beinahe ab, als ich danach frage, ob die Soldaten eigentlich ihre Kaserne auch verlassen und ausgehen.

»Was machen die Soldaten denn in ihrer Freizeit?«, frage ich den Bruder des Taxifahrers, mit dem ich neben dem Busbahnhof am Rande der Stadt in einem Straßencafé sitze. Der Taxifahrer hat ihn einfach angerufen, einen kleinen Umweg gemacht und mich gleich zu ihm gebracht.

»Ich habe bisher noch keinen gesehen.«

»Aber Sie haben doch jeden Tag mit ihnen zu tun.«

Er schüttelt den Kopf und stellt die kleine Espressotasse auf dem Unterteller ab.

»Nein«, sagt er. Man merkt, dass ihm das Thema nicht behagt. Sein Sohn und sein Bruder, die mit am Tisch sitzen, senken peinlich berührt den Blick.

»Gibt es keine Restaurants oder Bars, wo die hingehen?«

»Es sind Soldaten«, sagt der Bruder des Taxifahrers ernst. »Die gehen nirgendwohin.« Er schaut kurz zu seinem Sohn, als habe der irgendetwas damit zu tun. Aber vielleicht gibt er mir damit auch zu verstehen, dass diese Angelegenheit seine ganze Familie betrifft und damit nicht zu spaßen ist. Es handele sich um eine »militärische Frage«, darüber dürfe er nichts sagen, erklärt er mir, sonst würde er sich »strafbar« machen. Er verwandelt sich plötzlich in einen deutschen Bürokraten, jede weitere Diskussion scheint sinnlos. »Wenn ich auch nur ein Wort sage, bin ich meinen Job los.«

Seine plötzliche Angst überrascht mich. Die Frage, wo die Bundeswehrsoldaten einen Kaffee trinken gehen, löst bei ihm geradezu Panik aus. »Sie müssen das verstehen. Das sind Informationen, die niemanden etwas angehen. Ich darf das eigentlich selbst gar nicht wissen.« Er schaut bedeutungsvoll auf. Ich frage nicht weiter. Ich mache ihm klar, dass ich ihn nicht in Schwierigkeiten bringen will. Seine Einladung, mir die Stadt zu zeigen, lehne ich aber ab. Ich schaue auf den Jeep. Vom Liasion Monitoring Team ist niemand zu sehen. Der Jeep ist abgeschlossen. Das seien militärische Informationen, sagt er. Streng geheim. Der Jeep ähnelt dem Jeep, mit dem ich in Liberia jeden Morgen ins Krankenhaus gefahren bin und den es zu Tausenden in allen Krisengebieten der Welt gibt. Ich frage mich, warum mich die Soldaten und ihr Einsatz jetzt auf einmal interessieren. In Liberia gab es 10 000 Soldaten. Auf unserem Jeep hatten wir einen Aufkleber mit einem rot durchgestrichenen Maschinengewehr, das nichts anderes signalisierte als: Mit euch wollen wir nichts zu tun haben. Es war eine existentielle Angst. Die Angst, seinen gutbezahlten Job zu verlieren. Für mich aber hatte sie auf einmal etwas Reizvolles. Es gab Tage, an denen ich etwas geringschätzig auf die UNMIL-Soldaten herunterschaute, die sich irgendwo verschanzten oder in ihren gesicherten Fahrzeugen vorbeirauschten, ohne dass man ihre Gesichter erkennen konnte. »Was machen die hier schon«, sagte Carly. »Die halten ihre Waffen fest und haben noch viel mehr Angst als wir.« Ich schaue mir den Jeep genauer an, aber im Wageninneren ist nichts weiter Interessantes zu sehen.

Der Regen hat nachgelassen. Ich unternehme einen kleinen Spaziergang. Ich schnappe ein bisschen Luft, bevor ich irgendwo schnell noch etwas esse und dann zurück zu dem stockdunklen nächtlichen Loyola-Gymnasium fahre. Als ich auf der Anhöhe, wo sich der Weg in engen Serpentinen den Berg hochquält, auf ausgebrannte Häuser treffe, bin ich überrascht. Es müssen die Häuser der Serben sein, die letzten von ihnen wurden erst 2004 bei den landesweiten Unruhen zerstört. Ich werde zum ersten Mal ein bisschen nervös, als sich mir eine Gruppe von jungen Männern nähert. Hier wohnt niemand mehr. Auch die Straßenlaternen funktionieren nicht mehr. Ich kehre um, gehe zurück, tue so, als hätte ich in der Stadt unten etwas vergessen. »Movement for the Advancement of Tourism« steht auf einem Schild weiter unten im Zentrum. Der aus Deutschland stammende Albaner Kurti, der als Schweißer in Aachen arbeitet, betreibt diese Bewegung für die Förderung des Tourismus und will seiner Heimat etwas Gutes tun. 5000 Euro hat er investiert und unbezahlten Urlaub genommen, um Prizren auf Vordermann zu bringen, erzählt er. Auch diese Häuser, die zerstörte Serbensiedlung, möchte er wieder aufbauen. Er will alles in Ordnung bringen und die Stadt sauberer machen. Die dunklen Gestalten nähern sich mir. Ich überlege, ob ich nicht besser weglaufen soll. »Für Frau Heinen würde ich alles tun«, sagt Bujar am Ende zu mir: »Ich bewundere diese Frau. Wenn sie mich darum bitten würde, würde ich Sie auch umbringen. Aber das dürfen Sie natürlich nicht falsch verstehen.« Der Jeep und das Liasion Monitoring Team sind weg. Ob der Bruder des Taxifahrers, der jetzt für die Bundeswehr arbeitet und Geheimnisträger ist, damals bei den Unruhen 2004 auch ein Serbenhaus in Brand gesteckt hat? Die KFOR-Soldaten zogen sich nach einer peinlichen Kommunikationspanne mit dem blockierten Handy eines Kommandeurs aufgrund Befehlsnotstands von dem Kloster, das sie bewachen sollten, zurück und überließen es denen, die auch vor architektonischen Denkmälern nicht zurückschreckten, solange sie irgendetwas mit den Serben zu tun hatten. Der Bruder des Taxifahrers hat in Neukölln für eine Spedition Sarotti-Schokolade sortiert. Es waren vier Sorten. Ich will sie alle aufschreiben, aber außer Kokos und Haselnuss fallen ihm keine mehr ein. Ich laufe am Fluss entlang, komme an einem Gittertor vorbei, hinter dem eine riesige Maschine droht, ein Kraftwerk, wie es scheint. Die jungen Männer, meine imaginären Verfolger, sind weg. Man hört den schönen Gesang des Muezzins, der vom Band kommt, aber sich trotzdem authentisch anhört. Ich muss zurück in die Schule. Ich sollte dort nicht später als Mitternacht ankommen, auch wenn der Direktor, der gestrenge Pater Happel, mir freie Hand und einen Schlüssel mitgegeben hat. Das Nachtleben von Prizren ist nicht so aufregend, auch Kurti, der Tourismuspionier, hat sein Büro schon abgeschlossen. »Wir müssen hier unbedingt aufräumen«, sagt er. »Jeder lässt seinen Müll fallen. Ich verstehe das einfach nicht. Was ist bloß los mit meinen Landsleuten? Hier ist alles immer nur politisch, aber Ordnung machen können sie nicht.« Er sollte ins Loyola-Gymnasium fahren. Dort herrscht eine Ordnung, die schon fast gespenstisch ist. Ich nehme mir vor, in meinem Gästezimmer in der Schule noch etwas über diese Rückkehrer zu lesen, die Deportierten, die Abgeschobenen, die in ein Land zurückkehren mussten, in dem sie nicht willkommen sind. Es ist kurz vor Mitternacht. Am nächsten Tag werde ich jemanden treffen, der mir erzählt, wie es ist, wenn man um drei Uhr nachts von der Polizei aus dem Schlaf gerissen wird. Wie sich das anfühlt. »Spricht hier jemand Deutsch?«, frage ich am Taxistand und löse versehentlich einen Wettkampf aus, bei dem es darum geht, wer am besten und deutlichsten »Gute Nacht. Wie geht es Ihnen?« sagen kann. Aber dann ist der, der mich nach Hause bringt, gar nicht aus Deutschland, sondern aus der Schweiz. »Wo haben Sie denn so gut Deutsch gelernt?«, frage ich noch, bevor er mich durch eine kohlrabenschwarze Nacht an den Ortsrand von Prizren bringt. Es ist stockdunkel, nur die Sterne sind zu sehen. Der Gottesdienst, zu dem mich Pater Happel eingeladen hat, fängt um sechs Uhr an.

Am nächsten Tag sitze ich wieder bei einer Psychiaterin im Zimmer. Alle Psychiaterinnen im Kosovo benutzen Lippenstift. Das ist auch eine Erkenntnis. Bei der Leiterin des Community Health Centers entdecke ich ihn am Rand des Plastikbechers, aus dem sie Orangensaft trinkt, den uns der Haustechniker, der komischerweise bei der Besprechung dabei ist, einschenkt. Neben ihr liegt ein Standardwerk der Parapsychologie, ein Thema, mit dem sie sich jetzt beschäftigen will, um die Angehörigen der Patienten besser zu verstehen, die auf dem Land leben und die die Heilungssaussichten ihrer Angehörigen immer noch höher einschätzen, wenn sie etwas aus dem Koran abschreiben, in ein Papier einwickeln und es irgendwo am Körper verstecken, wo es seine Wirkung entfalten kann. Der Gottesdienst mit Pater Happel hat mich müde gemacht. Ich erinnere mich daran, was ich bei dem amerikanischen Autor Robert D. Kaplan gelesen habe. Von der lustvollen Körperlichkeit der byzantinischen Ikonographie und dem Spirituellen und Übernatürlichen, das sich in der katholischen Kirche so nicht finden lässt. »Der Gottesdienst im Osten«, schreibt Kaplan, »entspricht fast einer physischen Nachschöpfung von Himmel und Erde. Selbst der Katholizismus ist, an der östlichen Orthodoxie gemessen, streng und intellektuell.« Happels kleine Kapelle sieht wie eine futuristische Kaufhauskirche oder wie der Gedenkraum eines Jugend- und Freizeithauses aus, was sie ja dann auch irgendwie ist. Die serbisch-orthodoxen Kirchen im Kosovo sind Enklaven, Happels Kirche und seine Schule sind auch eine, wenn auch eine christliche, die westliche Werte vermittelt. Ich kann das der Psychiaterin nicht erklären. Schließlich bin ich nicht ihr Patient. Für das Spirituelle und Übernatürliche ist sie nur bedingt zuständig. Sie nennt sich selbst eine Idealistin, die »dumm genug« sei, keine private Praxis aufzumachen und mehr Geld zu verdienen, wie ihr oberster Dienstherr, der Minister. Psikiatër heißt es auf Albanisch, und wir schauen beide gebannt auf den Stempel, den sie in meinem Notizbuch hinterlässt, in Ermangelung einer Visitenkarte. In den serbisch-orthodoxen Kirchen haben sie die Soldaten gesegnet, die dann später die Dörfer des Kosovo zerstört haben, deswegen erscheint es nachvollziehbar, wenn sich die Wut einiger Menschen auch gegen die Kirchen richtet, gegen die unglaubliche Schönheit byzantinischer Kunstwerke. Das konnte auch die KFOR nicht verhindern. Das Kloster in Dečani wird heute von den Italienern bewacht. Pater Happel hat seine Kirche im zweiten Stock des Internats untergebracht. Seine Schüler nehmen an den frühmorgendlichen Exerzitien nicht teil. Ich sehe sie erst später, wie sie erstaunlich diszipliniert im Pausenhof die Wege ablaufen, die zwischen den Grasflächen und Rosenbeeten angelegt sind, wie ältere Herrschaften, die auf Kururlaub sind. »Das ist die Psychologie der Architektur«, erklärt der Pater. Die Ecken der Rasenflächen sind mit Blumen bepflanzt und überleben so ungestüme Aggression. Falls es so etwas unter den Schülern des Loyola-Gymnasiums überhaupt gibt.

Auch die Krankenschwester des Community Health Centers wirkt in ihrer rosafarbenen Jogginghose überaus friedlich und geduldig, während sie zusieht, wie ich durch ihre Einrichtung laufe. Wie ein Politiker, der alles unglaublich »interessant« und »spannend« findet, schaue ich mal dort- und mal dahin und bin dann doch erstaunt, als ich höre, dass die Patienten ihre Medikamente selbst kaufen müssen, und höre, was das bedeutet, wenn man arm ist und sich die teuren Psychopharmaka nicht leisten kann. Einem der Patienten wird geraten, sich doch morgens lieber nicht um seine Kuh zu kümmern, sondern um seine Tochter. Auch wenn er nur in seiner Phantasie jeden Morgen nach dem Vieh schaut und dabei vergisst, seine Tochter zur Schule zu bringen. Die psychiatrischen Fälle sind Ereignisse am Rand einer Gesellschaft, der Kollaps in der Peripherie. Die Traumatisierten findet man nicht in der Psychiatrie. Nach den Opfern und den Tätern sucht man in der Psychiatrie vergeblich. Auch wenn man vielleicht hofft, insbesondere die Täter seien dort gelandet und von einer höheren Macht auf diese Weise bestraft worden. Aber die Psychiatrie dokumentiert nichts, sie bildet nichts ab. Sie schließt nur ein oder aus. Sie verwaltet. Sie ist ein blinder Spiegel, ein Fenster, das zugehängt worden ist. Die Auswirkungen des Krieges sind in der Psychiatrie auf die Schnelle nicht so ohne weiteres zu finden. Als wäre auch die Psychiatrie eine parallele Welt, die die Wirklichkeit transformiert und in etwas verwandelt, das in meinen Ohren zu der weichen, sonoren Stimme des UNDP-Psychologen wird, der eigens in das Community Health Center gekommen ist, um die Patientengeschichten zu übersetzen. Zum Beispiel die Geschichte einer Zahnlosen, die schon seit Monaten keine Medikamente mehr bekommt und auf ihre Eltern hofft, die jetzt in Deutschland leben. Das Community Health Center ist eine Art Tagesklinik. Das Haus wirkt sehr freundlich, die Atmosphäre entspannt. Ich mache fast keine Notizen, weil alles so normal und freundlich scheint, wenn man die nicht vorhandenen Medikamente ausblendet. Man muss einiges ausblenden. Man muss ausblenden und verdrängen, wenn man in einem Land lebt, in dem Krieg geherrscht hat, und noch mehr muss man es tun, wenn man zu einer Bevölkerung gehört, die immer wieder von fremden Mächten drangsaliert und beherrscht worden ist. Die Roma sind dafür ein gutes Beispiel. Sie sind Meister im Versteckspiel, im Sich-Kleinmachen. Meister der Maskerade. Auch wenn es, wie bei der Familie Kallaba, die ich am Abend kennenlerne, eine Maskerade der Verzweiflung und ein Versteckspiel mit den Waffen der erlernten Hilflosigkeit ist. Ich spüre sie auf, mit Unterstützung der Caritas aus der Schweiz. Wir fahren zu einer lokalen NGO, der Iniciativa 6, die sich um die Roma von Prizren kümmert, und es kostet mich einige Überredungskünste, die Mitarbeiter davon zu überzeugen, dass ich vielleicht doch eine Familie kennenlernen sollte, die aus Deutschland zurückkehren musste. Es werden Listen gewälzt und Telefonnummern gewählt. Der Leiter der Iniciativa 6 nimmt sich sogar Zeit, mich zu der Familie zu begleiten. Es ist die Familie Kallaba, die vor einem Jahr aus Deutschland zurückgekehrt ist. Sie wohnen in einem anderen Stadtteil, und als wir uns am

Abend in der Nähe ihrer Wohnung treffen, nehme ich mir vor, dass der Termin nicht länger als eine Stunde dauern soll und ich freundliche Distanz wahren werde, weil das für alle Beteiligten ohnehin das Beste ist. Zweieinhalb Stunden später werde ich mich jedoch von einem interessierten Zuhörer in eine vielköpfige Hydra, eine Ein-Mann-NGO verwandelt haben, die vor keinem Hilfsangebot zurückschreckt.

Die Familie Kallaba hat eine Odyssee hinter sich. Aus Deutschland erstmalig 2008 ausgewiesen, sind sie im Kosovo nicht klargekommen und zuerst nach Luxemburg, dann in die Schweiz »zurückgeflohen«, nachdem zwischenzeitlich ihre Flucht entdeckt, sie erneut ausgewiesen und zurückgeschickt worden waren. Ihre vierzehnjährige Tochter hat eine dementsprechende Schulkarriere hinter sich. Seit einem Jahr verlässt sie die kleine Zweizimmerwohnung nur sporadisch, und eine Schule besucht sie auch nicht mehr. Meine aktionistischen Hilfsmaßnahmen nehmen zwei Stunden in Anspruch: Ich schreibe auf dem abenteuerlich kaputten Computer der Familie eine Bettelmail an ihre alte Schule, um Dokumente anzufordern, ohne die der Schulbesuch der Tochter in Prizren nicht möglich ist. Ich benutze zwei verschiedene defekte Keyboards und kommuniziere abwechselnd mit der etwas hysterischen und aufs Tiefste verbitterten Mutter, dem absolut überforderten und fast clownesk hilflosen Vater sowie der frühreifen und ihre Eltern immer wieder zur Mäßigung aufrufenden Tochter, die als Einzige in der Wirklichkeit zu leben scheint, vor der sie sich aber genauso fürchtet wie ihre Eltern. Es ist nur die Oberfläche. Die Oberfläche des Chaos und der Überforderung. Für diese Familie ist der Kosovo Feindesland. Ein Land, in dem man nicht leben kann, in dem ihre Tochter dauernd bedroht wird und in dem sie sich selbst als Aussätzige fühlen. Ich mache Schul- und Berufsberatung, Familientherapie und frei flottierende allgemeine Lebensberatung, dazu noch einen kleinen IT-Kurs (»Das ist eine E-Mail-Adresse, hast du so etwas schon mal gesehen?«) und erweise mich am Ende sogar, als sei ich von allen guten Geistern verlassen, als Spendenonkel. Meine Erschütterung erreicht ihren Höhepunkt, als ich mit dem Vater am Schluss Kaffee trinken gehe und nicht verhindern kann, dass zwei Welten aufeinandertreffen, die ich doch eigentlich getrennt halten wollte. Eine Begegnung unter Roma, ein Zusammentreffen zweier Welten, zu dessen Schnittstelle ich mich kurzerhand selbst gemacht habe.

Die Mitarbeiter der Iniciativa 6 haben mir eine Botschaft an die deutsche Regierung mit auf den Weg gegeben, nämlich dass die Deutschen doch endlich erkennen sollten, dass die Roma ganz normale Menschen seien, unter denen es auch Künstler und Intellektuelle gäbe. Die Kunst, das ist auch plötzlich die Verbindung zwischen Jovan Kallaba und Kujtim Pacaku. Zwischen dem Familienvater, der aus Europa rausgeschmissen worden ist, und dem Dichter, der von Europa immer wieder eingeladen wird. Aber es ist weniger die Kunst an sich, sondern die Kunst des Absurden, die große absurde Meisterschaft, mit der wir in Deutschland das Trauma der Menschen im Kosovo verwalten. So wie ich es dann später auch tue, als ich mit dem Roma-Dichter Pacaku und seinem Freund, dem Architekten, leckere Spezialitäten vom Grill einnehme und diese Begegnung wieder zu vergessen versuche. Kallaba ist auf dem Weg nach Hause, mit den zwanzig Euro, die ich ihm gegeben habe, meinen Ermahnungen und Aufmunterungen im Ohr, während Pacaku von der Turnhalle in Düsseldorf erzählt. Und von Goethe. Ich schäme mich ein bisschen für Kallaba, einen Roma aus Schwäbisch Gmünd, der mir in diesem Moment näher ist als der Dichter Pacaku, vor dem ich Kallaba eigentlich, wie einen schäbigen Verwandten, verbergen wollte. Ich gebe ihm die zwanzig Euro, damit er schnell verschwindet, aber er trinkt in Ruhe seinen Kaffee aus, als würde er ahnen, dass es bald zu dieser Begegnung kommt, deren Tragweite ihm gar nicht bewusst ist. Plötzlich sind sie Landsleute, begrüßen sich, geben sich die Hand. Pacaku, der Dichter, der in Düsseldorf vor deutschen Bildungsbürgern eigens in die Sprache der Roma übersetzte Goethe-Gedichte vorträgt, und Kallaba, der kaum lesen und schreiben kann und mal drei Tage bei McDonald's zur Probe arbeiten durfte. Nicht die Düsseldorfer Bildungsbürger kommen zu ihm, sondern die Suchhunde und das Einsatzkommando der Polizei. Nachts um drei Uhr. Seine Frau wird in Handschellen abgeführt, und die ganze Familie landet eine halbe Stunde später in Abschiebehaft. Auf der Treppe zu dem Restaurant, wo ich mit Pacaku essen gehe, steht Charlie Chaplin, auch er mit einer Roma-Vergangenheit, wie mir Pacaku erklärt. Eine kleine Plastikfigur, die sich an den Hut tippt. Wir bestellen Unmengen von Fleischspießen, Raki und Brot. Eine Ersatzhandlung.

»Was hat er Ihnen denn gesagt?«, frage ich Pacaku. »Warum klappt es denn nicht mit der Schulanmeldung für seine Tochter?«

Pacaku, der berühmte Roma-Dichter, der schon mit Oswald Wiener Tee getrunken hat, verzieht das Gesicht.

»Er ist doch noch nie im Schulministerium gewesen«, sagt er mit einem resignativen Unterton. »Er weiß gar nicht, wo das überhaupt ist.«

12

Im Bus zurück nach Priština läuft Bon Jovi. *It's my life*. In dem Video, das auf dem kleinen Bildschirm über dem Kopf des Busfahrers läuft, kämpft sich ein Junge durch einen endlos langen Tunnel, an dessen Ende die Band Bon Jovi spielt und seine Freundin sehnsüchtig auf ihn wartet. *It's my life*. Hätten sie besser was von Goethe einstudieren sollen, denke ich und sehe Kallaba vor mir, wie er sich vor dem Dichter beinahe verbeugt.

Die Verbesserung von Mitteleuropa, das große Meisterwerk von Oswald Wiener. Ob es auch ins Romani übersetzt worden ist? Der Bus gleitet durch die hügelige Landschaft. Die Straßen im Kosovo, mit Hilfe eines türkisch-amerikanischen Konsortiums fertiggestellt, sind ziemlich gut. Feride Rushiti, die Leiterin des KRCT, des Kosova Rehabilitation Centre for Torture Victims, erzählt mir, ein Witz über den Straßenbau im Land mache die Runde. »Es nimmt einfach kein Ende mehr«, sagt sie, »und wenn man nicht aufpasst und nicht rechtzeitig die Tür zumacht, asphaltieren sie dir auch noch die Küche und das Wohnzimmer.« Auch die zerstörten Dörfer sind wieder aufgebaut. Kosovo-Rokoko, nennt das Marek, der Mitarbeiter der Agentur der Österreichischen Entwicklungszusammenarbeit. Neoklassizistische Schauerlichkeiten von der Stange schmücken die Baufragmente. Ich sitze im Bus und bereite mich auf das Treffen mit Paul vor, um meine Reise mit einem Besuch in der geteilten Stadt, in Mitrovica, abzuschließen. Paul hat kein Mitleid mit den Roma. Er ist kein Idealist. Keiner, der von humanitärem Eifer ergriffen ist. Die Emphatiker, die Psychoakrobaten und Seelentröster der NGO-Szene sind abgezogen. Paul ist dageblieben. Schon bei unserem ersten Treffen hat er mir erzählt, dass er längst weg sein müsste und dass es eigentlich keinen Grund dafür gebe, immer noch hier zu sein.

»Vielleicht fahre ich ja auch morgen nach Mitrovica«, sagt Paul. Aber verabreden will er sich lieber nicht.

Er erzählt mir von seiner Freundin. Paul fragt mich, ob das stimmen könnte. Ob sie recht habe mit ihrem Verdacht, er sei ein Borderline-Fall. Es ist wieder einer seiner Versuche, kokett zu sein. Genauso, wie er behauptet, er hätte Angst vor Frauen. Vielleicht beruhigt es ihn, dass eine schwere psychische Erkrankung zwar theoretisch möglich ist, er die Sache aber doch noch ganz gut unter Kontrolle hat. Er wirkt für den Bruchteil einer Sekunde wie von seiner Umwelt abgeschnitten, und man hat das Gefühl, er habe das Land, die Stadt, in der er schon so lange lebt, vollkommen vergessen. Er legt die Hände zusammen und grinst.

»Jetzt brauche ich ein Bier«, sagt er, und dann brechen wir auf. Wir gehen wieder in den Irish Pub. Der Irish Pub, sagt ein deutscher Mitarbeiter von EULEX und Bekannter von Paul, sei auch Traumagebiet. »So eine Art Retraumatisierungszentrum.« Die Internationalen, die jetzt immer noch hier sind, erklärt er, seien ziemlich deformiert und hätten eigentlich Angst vor dem nächsten Krisengebiet. Hier ist es ruhig, angenehm, der Horror ist vorbei. Er sagt: »The party is over.« Auf Englisch, damit es Paul auch versteht. Auch die OSZE-Irinnen sind wieder dabei. Noch betrunkener als beim letzten Mal. Ein österreichischer Polizist erkundigt sich nach meinem Deutsch. »Der Piefke redet so ein komisches Deutsch«, sagt er zu dem EULEX-Mitarbeiter neben ihm. »Da stimmt doch etwas nicht.« Dann prostet er seiner schönen Nachbarin zu. Eine Kosovo-Albanerin, die mit einem Australier ein Kind hat und jetzt auch irgendwie dazugehört. Ihr Freund hat sich von ihr getrennt und arbeitet jetzt in Haiti, aber sie kommt immer noch hierhin, wo sich die Szene trifft, und hofft irgendwie, dass etwas von Australien übriggeblieben ist. Trauma hin oder her. Ich schaue mir die Gäste an. Einige der Gesichter kenne ich schon. Leute, die solche Jobs machten, sagt die Psychologin Inge Missmahl, hätten oft selbst ein großes inneres Chaos, das sie dann durch das äußere Chaos des Krisengebietes zu ersetzen versuchten. An diesem Abend laufen die Erinnerungen an Liberia die ganze Zeit neben mir her, wie bei einer Parallelmontage oder einem doppelt belichteten Bild. Die Leute, auf die ich hier treffe, sind dieselben. Es sind dieselben Rollenangebote, Klischees und Versatzstücke, dieselben dramaturgischen Kniffe und Wendungen. Ich kenne sie schon, nur dass die Schauspieler, die sie spielen, ausgetauscht worden sind. Wir hören U2. Eine Coverband spielt auf, zwei Stunden später, als wir schon längst in einer anderen Bar sind und sich die Irinnen hingebungsvoll an ihre kosovo-albanischen Liebhaber lehnen. »Die Leute, die immer noch hier sind«, sagt der EULEX-Mann, ein gepflegter Zyniker, »sind Ausdauersportler. Eigentlich ist es vorbei im Kosovo.« Das Restglühen des humanitären Ursprungseifers ist bei ihm zu einem jovialen Augenzwinkern verkümmert. Das Trauma, das die Internationalen haben, schieben sie oft ihr ganzes Leben vor sich her, bis es irgendwann zum Ausbruch kommt. Dann, wenn sie eines Tages auf einmal den Fahrscheinautomaten in der U-Bahn nicht mehr verstehen oder im Supermarkt zu lange in der Schlange stehen müssen und draußen kein Fahrer mehr wartet.

»It's a dying mission«, sagt der EULEX-Mann zu Paul, seinem UN-Kollegen. Paul grinst noch nicht mal.

»Mir ist nur aufgefallen, dass hier immer dieselben Leute sind«, sage ich. »Stimmt das?«

Der EULEX-Mann nickt amüsiert.

»Genau das ist es«, sagt er mit todernstem Gesichtsausdruck.

»Der Kosovo«, sagt Paul, »hat sich eingeschlossen. Der Kosovo ist ein Hochsicherheitstrakt, wenn es um Emotionen und Vergangenheitsbewältigung geht. Und wir sind mittendrin.«

Wir ziehen weiter. Paul erzählt mir von seiner zweiten Telefonnummer. Er hat eine für Priština und eine für Mitrovica, genauer gesagt für Nord-Mitrovica, für den serbischen Teil.

»Wir müssen uns unbedingt in Nord-Mitrovica treffen. Es ist wirklich interessant da«, sagt er. Eine juristisch komplizierte Konstruktion, beinahe ein rechtsfreier Raum, in dem die Serben sich so verhalten, als würde der Kosovo gar nicht existieren und als lebten sie im Niemandsland. Und dann erzählt er mir, dass er eigentlich doch lieber nach Den Haag gehen wolle, wenn er hier fertig sei. Zum ICTY, dem International Criminal Tribunal for the former Yugoslavia. Die U2-Coverband hat aufgehört, aber der Abend ist noch nicht zu Ende. Draußen vor der Bar schlägt Paul vor, noch woanders hinzugehen. Wir stehen einen Moment auf der Straße und beraten. Der Asphalt ist aufgerissen, Berge aufgeschichteter herausgerissener Asphaltbruchstücke säumen die Straße. Ich überlege, wie ich von hier am schnellsten zur UÇK Street komme.

»Da kann ich dir jemanden empfehlen«, sagt der EULEX-Mann, als wir auf meine Reise nach Prizren zu sprechen kommen. »Der war mal als Offizier hier.« Er erzählt mir von seinem Bekannten, einem Offizier, der sogar ein Buch geschrieben hat und dessen E-Mail-Adresse er mir geben könnte, falls mich das Thema Bundeswehr noch interessiere.

»Eigentlich nicht«, sage ich.

»Er ist jetzt in Afghanistan«, sagt der EULEX-Mann und schaut auf die aufgerissene Straße. »Da spielt jetzt die Musik. Hier haben sie nichts mehr zu tun. Die kümmern sich um die Termine der Müllabfuhr … Die klären ab, wann hier der Müll abgeholt wird. Das ist dann die Aufklärung, die die Bundeswehr hier macht.«

»Er ist in Afghanistan?«, fragt Paul interessiert. Als würde er jetzt überlegen, ob Afghanistan auch für ihn in Frage komme.

»Die checken die Müllabfuhrtermine …« Der EULEX-Mann schüttelt den Kopf. Für einen Moment schauen wir schweigend auf die im Halbdunkel vor uns liegende Straße. Sie wirkt wie ein Flussbett, das man schnell überqueren sollte, solange es noch kein Wasser führt. Das Treiben in der Bar geht weiter. Hinter den beschlagenen Fensterscheiben müssen irgendwo die Irinnen sein.

»Ich glaube«, sagt der EULEX-Mann nach einer Pause, »dass wir uns das gar nicht vorstellen können. Die Belastungen, denen die da unten ausgesetzt sind. Was da los ist …« Er schreibt mir die E-Mail-Adresse seines Freundes auf, zu dem er den Kontakt aber verloren hat.

»Schlaf gut«, sage ich zu Paul und umarme ihn. Dem EULEX-Mann gebe ich die Hand. Als er ein paar Meter gegangen ist, bleibt er noch einmal stehen und macht mich darauf aufmerksam, dass der Zettel mit der E-Mail-Adresse seines Afghanistan-Freundes heruntergefallen ist. Ich gehe zurück. Aber es ist nur ein zusammengeknülltes Stück Papier, das auf dem Boden liegengeblieben ist.

Ich stolpere über die kleinen aufgeschütteten Asphaltberge, über die aufgerissene Straße, und es scheint, als hätte das wilde Nachtleben hier draußen Spuren hinterlassen, aber in Wirklichkeit sind es nur kosmetische Reparaturen, Verschönerungsarbeiten. Als Expat muss man sich die Nächte um die Ohren schlagen, am Wochenende, das ist ein ungeschriebenes Gesetz. Vielleicht, weil man es anders nicht aushält. Oder: Weil man die eigene Bedeutung auch am Wochenende feiern und selbst beim Sich-Erholen exzessiv und rauschhaft sein muss. »Was willst du denn in Den Haag?«, frage ich Paul noch, aber da hat ihn sein EULEX-Freund schon weitergezogen. Ich kehre zu meiner Wohnung zurück. Meine Wohnung ist mir jetzt der liebste Ort, an dem ich die letzten ein, zwei Stunden, die ich noch wach bin und nicht einschlafen kann, gerne verbringe. Ein Ort, wo ich in aller Ruhe darauf warten kann, müde zu werden. Es ist ein neutraler und leerer Ort, und in seiner Leere und Neutralität übertrifft er sogar ein Hotelzimmer und hilft mir, mich innerlich und äußerlich von meinen Eindrücken zu reinigen und am nächsten Tag von neuem anzufangen. Die Wohnung ist dunkel, die Lederpolstersessel glatt und kalt. Der Eisschrank leer bis auf zwei Paprika, ein Stück Käse und zwei kleine Wasserflaschen, die mir nicht gehören. Das zweite Schlafzimmer habe ich seit meiner Ankunft nicht mehr betreten und das zweite Badezimmer nur ein einziges Mal benutzt. Die Neutralität und Leere verdanke ich vielleicht gar nicht der Sorgfalt des Reinigungspersonals oder der innenarchitektonischen Orientierungslosigkeit meines Vermieters. Ich verdanke sie meinen Vorgängern, wahrscheinlich einem Ehepaar, das ebenfalls für UNMIK oder EULEX in Priština gearbeitet hat und jetzt weitergezogen ist. So wie Carly und irgendwann auch Paul. Sie haben das, was vom Kosovo in dieser Wohnung noch übriggeblieben war, ausgelöscht, oder man könnte sagen, sie haben es überschrieben, so wie vorher ein anderer Internationaler die Geschichte und das Leben seiner Vormieter ausgelöscht und überschrieben hat. Geblieben sind die internationalen Standards und Leitfäden, die genormten Projektanträge, der E-Mail-Verkehr und die Best-Practice-Handbücher, die internationalen Universitätsabschlüsse und das in alle Ecken und Winkel hineinfließende geschmeidige Englisch, das wir hier alle mit so großer Begeisterung sprechen.

Ich stehe vor meiner Wohnung und suche nach den Wohnungsschlüsseln. Ich habe keine Taschenlampe, so wie ich in Liberia eine hatte, in mein Telefon integriert und immer einsetzbar. Ich taste mich vor. Den Namen der kleinen Seitenstraße, die von der UÇK Street hierher führt, kenne ich immer noch nicht. Aber jetzt spielt es keine Rolle mehr, ich fliege sowieso bald wieder zurück. In diesem Moment spüre ich, dass ich den Abend zu früh beendet und vergessen habe, noch einmal mit einer der Irinnen zu sprechen oder sie vielleicht sogar zu interviewen. »Lange halte ich das hier nicht mehr aus«, sagte die eine ganz am Anfang. »Irgendwann kippe ich um, dann breche ich einfach zusammen.« Sie schockierte mich mit dieser Aussage, und ich dachte erst, sie suche jemanden, dem sie sich anvertrauen könnte, und befinde sich vielleicht in einer Krise. Aber es ist etwas anderes. Etwas, das ich schon kenne. Es ist genauso wie in Liberia, genauso wie bei Carly. Es ist ein kleiner Augenblick großer Verzweiflung, den man nicht so ernst nehmen darf. Carly hatte auch solche Momente. Sie musste sich in der UNMIL-Rechtsabteilung die ganze Zeit mit Grenzüberschreitungen ihrer Kollegen abgeben und versuchen, die betroffenen Mitarbeiter vor Schlimmerem zu bewahren. Sie hatten sich in Schwierigkeiten gebracht, weil sie dachten, dass sie in einem Land wie Liberia Immunität genössen und sich eigentlich alles erlaubten dürften. Manchmal hatten sie zu viel getrunken, waren zu schnell gefahren, und manchmal begingen sie auch kapitale Verbrechen, wie ein UNMIL-Mitarbeiter, der schon auf dem Weg zum Flughafen war, als er sich dafür entschied, in Carlys Abteilung anzurufen und um Rat zu fragen. Oder anders gesagt: Um Asyl zu bitten. Ich kann mich nicht mehr genau erinnern, was er sich hat zuschulden kommen lassen, es muss irgendein Missbrauchsfall gewesen sein, etwas, das man lieber schnell wieder vergisst. Carly reflektierte kaltherzig und mit einer gewissen aggressiven Schärfe, die fast etwas Masochistisches hatte, ihren eigenen Zustand, während sie gleichzeitig jeden Tag in ihrem schneeweißen Nissan Patrol zum UN-Hauptquartier fuhr, um ihren Job als Juristin für die UN-Verwaltung zu machen. Sie war darin perfekt. Sie war sehr intelligent, schnell, scharfsinnig und arbeitete wie eine Verrückte, ohne überhaupt zu bemerken, dass sie es tat.

In Liberia waren wir froh, solche Momente zu haben. Momente, in denen wir uns in unserer Dysfunktionalität und Schwäche gegenseitig aufbauten. Abende der inneren Sabotage. Danach konnte ich umso besser ausgehen und bei dem ganzen Treiben, das für mich zu diesem Zeitpunkt noch neu war, mitmachen. In Priština geht das nicht mehr. Ich bekomme noch nicht mal den Wohnungsschlüssel in die Tür. Ich komme in mein Neutralitätsparadies, in meine Reinigung und Vergessen verheißende Wohnung nicht mehr hinein. Zwanzig Meter entfernt von der UÇK Street. Das Nachtleben geht weiter. Aber ich kann nicht daran teilnehmen. Ich lege die Visitenkarten aufeinander, die Telefonnummern und Adressen, die ich bisher gesammelt habe. Es ist nur ein Bruchteil dessen, was ich in Liberia an Kontakten und Bekannten angehäuft habe. Aber für acht Tage ist es gar nicht so schlecht. Den Zettel mit der E-Mail-Adresse lege ich dazu. Mir fällt Bernhard ein, der KFOR-Soldat, den mir die Irin empfohlen hat. Ich habe die Nummer gespeichert, genauso wie ich die Nummer eines hochrangigen UNMIL-Polizisten in Liberia gespeichert hatte, den ich im Notfall hätte kontaktieren können, falls einer der Patienten im Krankenhaus außer Kontrolle geraten wäre. In

Liberia kostete mich das Ausgehen keine Kraft. Es war ein Prozess, der Ausdruck einer sozialen Maschinerie, als deren Teil ich mich bedeutend und stark fühlte. Das Ausgehen lief wie von selbst. Ich trank wie von selbst doppelt so viel und hielt wie von selbst doppelt so lange durch. Als ich Carly das erste Mal sah, wie sie aus ihrem weißen UN-Jeep ausstieg und das Krankenhausgebäude betrat, erschien sie mir geschmeidig, kraftvoll und von unendlicher Zuversicht. »Wusstest du«, schreibt sie mir in einer Mail, »dass in Liberia der Wahlkampf angefangen hat? Ich meine, man sieht noch nichts, aber die Leute reden davon, dass es jetzt bald richtig losgeht.« Sie schreibt mir aus Monrovia, wo sie schon damit beschäftigt ist, ihre Sachen zusammenzupacken, um jetzt doch, wie schon hunderttausend Mal angekündigt, nach Australien zurückzukehren. »Ich bin froh«, schreibt sie, »dass ich mir das nicht auch noch antun muss. Wenn hier sowieso wieder alles den Bach runtergeht.« Sie fürchtet, dass es Unruhen geben wird und sich die Lage dann wieder verschlechtert. Der Junge, der noch nie in seinem Leben Schuhe getragen hatte, ist wieder zurückgekehrt. Was Carly am meisten Sorge machte, waren nicht die Dorfbewohner, die ihn umbringen wollten, sondern die Tatsache, dass er sich von ihr nicht verabschiedet hatte. »Und du?«, fragt sie. »Wann kommst *du* wieder zurück?« Als gehörte ich auch noch dazu und könnte jederzeit einen neuen Job annehmen, weil das Angebot oder das Gehalt so gut oder die Aussicht zurückzukehren so verführerisch ist. Zurück nach Liberia. Zurück nach Monrovia. Zurück in ein Leben, in dem man ausgehen konnte, ohne müde zu werden, in dem man arbeiten konnte, ohne erschöpft zu sein. Der Wahlkampf wäre vielleicht wirklich ein Anlass. Eine Gelegenheit, denke ich auf einmal, während ich den Schlüssel ins Schloss stecke. Die Straße bleibt leer, ich stehe noch einen Moment vor der Tür, in Gedanken vertieft. Es gibt sonst keine Passanten, keine Heimkehrer, keine einzelnen angetrunkenen Gestalten, die wie ich mit dem Schlüssel an ihren Haustüren hantieren und in die Dunkelheit starren. Niemand kommt vorbei. Es müssten hier doch irgendwo noch Kosovo-Albaner sein, Menschen, die hier wohnen und leben. Ich schließe die Tür auf und gehe ins Haus. Ich stehe dann noch einen Moment am Fenster im Wohnzimmer und schaue nach draußen. Ob sie alle schon schlafen? Ob sie von irgendwelchen Träumen heimgesucht werden, von Albträumen, von denen ich natürlich nie etwas erfahren werde? Träume, mit denen sie sich tarnen, in denen sie sich versteckt und ihr Innerstes verborgen halten? Ich warte noch einen Moment, dann drehe ich mich und gehe langsam in das hintere Schlafzimmer. (Das Zimmer mit dem großen schwarzen Schrank und seinen Glasschiebetüren, die sich nicht öffnen lassen.)

13

Ein besonderes Phänomen im Kosovo: Man kommt in zwei, drei Stunden eigentlich überallhin. Das Land ist zu klein. Größere Entfernungen gibt es nicht, bei denen man ins Grübeln kommen und Abstand entwickeln könnte zu dem, was im Zentrum passiert. Mitrovica ist gleich um die Ecke. Meine Gastgeberin Ganimete Musliu ist erstaunt, dass ich so lange gebraucht habe. Sie pendelt fast jeden Tag. Unter der Woche ist sie in Priština im Parlament und am Wochenende in der Nähe von Mitrovica. Sie war acht Monate in Deutschland. Ihre Gastgeber in Wolfsburg waren eine Hebamme und ein Anästhesist. Gebären und Betäuben, Geburt und Amnesie. Themen, über die ich vielleicht mit ihr sprechen könnte, aber dann ist es wie so oft: Wir machen einen Bogen um die schwierigen Themen. Einen Bogen um den Krieg. Die persönlichen Erlebnisse sparen wir aus. Wir reden über die Politik und wie es ist, Abgeordnete der PDK, Partia Demokratike e Kosovës, zu sein, der größten Partei des Landes, zu der auch der Präsident gehört. Ich will mir Nord-Mitrovica anschauen, aber sie ist nicht begeistert davon und schlägt vor, zu einer Bar zu fahren, die im elften Stock eines Bürogebäudes ist, die Bar N°11, von wo aus man gut »herüberschauen« kann. »Das ist doch viel gemütlicher«, sagt sie. Sie versucht, mich noch zu überzeugen hierzubleiben, aber dann vereinbaren wir, dass ich alleine gehe, und verabreden uns für später. Nord-Mitrovica, das ist ein bisschen so wie Ostberlin vor der Wende. Man geht über eine Brücke und ist auf einmal in einer anderen Welt. Ich habe vielleicht eine halbe Stunde Zeit. Es gibt unangenehme Augenblicke, wenn man von serbischen Polizisten, die eigentlich von der kosovarischen Regierung bezahlt werden, kontrolliert wird und sie dann einen Stempel des Kosovo im Pass finden. Bevor ich die Bar im elften Stock verlasse, suche ich noch schnell die Toilette auf. »Get the fuck out of here«, sagt der Amerikaner, der neben mir steht und auch wartet. Vielleicht gibt es im Norden keine Klos, denke ich. Der Amerikaner ist ein kleiner Schock. Ein texanischer Austernfischer, der auch pinkeln muss. Er will hier schnell seine Freundin, seine albanische Eroberung herausholen und nach Texas bringen. Eine Austernflotte von acht Booten wartet auf sie und »ein wirklich spannendes Leben«. »I take the girl and get the fuck out of here.« Es hört sich so an, als würde noch geschossen, als sei die Brücke über den Ibar noch immer umkämpft. 2004 haben die Serben hier das letzte Mal auf die Albaner geschossen, als diese nach drüben wollten, um sich für den Tod von Kindern zu rächen, die die Serben mit Hunden in den Fluss getrieben haben sollen. Gerüchte, die sich nicht bewahrheitet haben. Trotzdem gingen danach Teile des Kosovo in Flammen auf. »Good luck«, sagt der Amerikaner, der nicht gerne zugibt, dass sein Vater auch aus dem Kosovo ist und er gewissermaßen dazugehört.

Man hat das Gefühl, die Zeit steht still. Es sieht so aus wie 1990. Sogar ein leichtes Achtzigerjahre-Gefühl beschleicht mich. Ich rufe Paul an. Paul könnte mir helfen, aber er meldet sich nicht. Er hat, wie sich später herausstellt, seine SIM-Karte ausgetauscht, bevor er rübergefahren ist in den Norden, und ist nicht erreichbar. Auf der Suche nach Eindrücken gerate ich in einen Hinterhof, wo in einem mit Vorhängen abgedunkelten Internetcafé Jugendliche Kriegsspiele spielen. Die Bildschirme leuchten giftgrün. Ich fühle mich, als würde ich in jemandes Privatsphäre eindringen. Die Jugendlichen machen den Eindruck, als würden sie keine Störung akzeptieren. Sie schauen noch nicht mal auf, als ich hereinkomme und den Vorhang zur Seite ziehe. Das Deckenlicht ist ausgeschaltet. Es sieht sehr schön und friedlich aus. Draußen stehen Autos ohne Nummernschilder. Aber sie sind nicht stillgelegt, die Besitzer akzeptieren nur den Kosovo nicht. Sie verweigern sich und fahren ohne Nummernschilder herum. Geisterfahrer des Balkankonflikts. »Das ist der wilde Westen«, sagt ein Graphiker, den ich auf der Straße anspreche, und zeigt stolz auf das Café London und das Café Paris, die einzigen Orte, wo man hier etwas erleben kann. Wir stehen neben einem Wettgeschäft, an dessen Tür ein verblichenes Ballack-Poster aus alten Chelsea-Tagen hängt. Gegen die Deutschen, sagt er, habe er nichts, obwohl sie an dem Bombardement beteiligt waren. »Aber rüber«, erklärt er, »gehe ich nicht. Ich habe Angst.« Dabei schlägt er sich mit der flachen Hand auf den Brustkorb, dahin, wo sein Herz ist.

Als ich wieder zurück über die Brücke gehe, sehe ich einen KFOR-Jeep und werde angesichts der deutschen Soldaten etwas nervös. Werden die mir jetzt noch Schwierigkeiten machen, frage ich mich ohne genaueren Grund. Ganimete Musliu, die Abgeordnete, wartet schon auf mich, in ihrem blauen Golf. »Wie war es?«, fragt sie. Sie ist auf einmal sehr neugierig. Zum ersten Mal kommt ein bisschen Leben in unsere Begegnung. »Sind da viele Leute?« Seit dem Krieg ist sie da nicht mehr gewesen. Sie fragt sich, ob es da »überhaupt noch Leute« gebe, und »was die da so machen«.

»Jetzt müssen wir aufpassen, dass wir die Serben nicht genauso behandeln, wie sie uns damals behandelt haben«, sagt sie, und dann ist sie wieder ganz Politikerin und auf sicherem Terrain. Wir fahren nach Prekaz, den Ort, den sie mir eigentlich zeigen will. Prekaz und das Adem-Jashari-Denkmal. Es ist in der Nähe ihrer Heimatstadt, ein Monument, ein großes Spektakel, in dem sich die ganze UÇK-Verklärung manifestiert hat. Die UÇK ist über alle Zweifel erhaben. Ohne die UÇK, sagen die Leute, wären sie jetzt nicht frei. Die meisten UÇK-Denkmäler, oft provisorische, schnell zusammengemauerte Minimonumente, sind mit knallroten Blumen geschmückt, die in der Sonne mit einer zum Himmel schreienden Grellheit aufleuchten. Wenn man näher herangeht, sieht man auch hier, dass die Blumen aus Plastik sind. Die Jashari-Gedenkstätte geht noch weiter. Von dem Bauernhaus, in dem fast die gesamte Familie des UÇK-Anführers, 56 Menschen, im Kugelhagel der serbischen Polizei starb, führt ein in Marmor eingelassenes dunkelrotes Band herunter und über die Straße zu den Gräbern. Dort halten Soldaten Wache, die bei jedem Besucher schnell aus ihrer Baracke huschen und Haltung annehmen.

»Was soll diese rote Schlangenlinie hier?«, frage ich Musliu.

Sie ist über diese Frage nicht weiter erstaunt.

»Das ist das Blut«, sagt sie. »Das vergossene Blut.« Sie zeigt kurz nach unten auf den Boden. »Es ist wichtig, dass man es nicht vergisst.«

Ich schaue auf das Blut. Es ist in den Stein eingelassen, es fließt von den Gräbern zum Haus und wieder zurück. Der sozialistische Kitsch, die utopistischen Beschwörungsversuche von Brüderlichkeit und Internationalität, würden jetzt vom nationalistischen Kitsch abgelöst, schreibt Dubravka Ugrešić. Obwohl die UÇK-Denkmäler die sozialistischen Denkmäler im Gestus imitieren, sprechen sie eine andere Sprache. Es geht nicht mehr um die Zukunft, es geht um die Vergangenheit, um die 56 Toten. Die Einschusslöcher im Haus der Jasharis werden jetzt konserviert. Das Haus ist von einem Gerüst umgeben, ein paar Meter weiter ist ein neues Gebäude errichtet worden, damit die Überlebenden ein Dach über dem Kopf haben. Disneyland der UÇK. Musliu lädt mich zum Kaffee ein. Sie will mir auch den kleinen Jashari-Katalog kaufen. Später hilft sie mir sogar, einen Kleinbus zu finden, der mich zurück nach Priština bringt. Sie ist eine perfekte Gastgeberin. Das ganze Land besteht aus perfekten Gastgebern.

Die Begeisterung für die UÇK ist mir trotzdem etwas suspekt. Auf der Rückfahrt mache ich keine Notizen mehr. Die Jashari-Gedenkstätte hat mich mundtot gemacht. Schreib bloß nichts Schlechtes über die UÇK, denke ich noch, als ich schon unterwegs in Richtung Priština bin. Plötzlich sind überall Ströme von Jugendlichen, links und rechts laufen sie an uns vorbei, während wir im Stau stehen, nicht unweit der Autobahn. Sie bewegen sich mit einer Selbstvergessenheit und einem Gleichmut, dass man denkt, sie müssten das alles ausblenden und vergessen, sonst könnten sie selbst in dieser Gesellschaft keinen Platz mehr finden. Jemand, dessen Lebensgeschichte, dessen Identität maßgeblich an einen Krieg gebunden ist, muss das vielleicht auch so tun.

»Was heißt denn Dankeschön auf Englisch?«, fragt der Busfahrer.

»Thanks«, sagen die Mitreisenden, die für mich übersetzen.

»Thanks?«, fragt er und steckt sich den Kaugummi, den ich ihm angeboten habe, schnell in den Mund.

Wir kommen am Eingang eines riesigen Geländes vorbei, das wie ein Truppenübungsgebiet aussieht, mit Hindernissen, Erdhaufen und Unterständen. Doch hier wird nicht für den Krieg geübt, es ist der Eingang zu einem Paintball-Areal. Paul schickt mir eine SMS und entschuldigt sich dafür, dass wir uns verpasst haben. Ich sehe ihn nicht mehr wieder. Über Umwege erfahre ich später, warum er eigentlich den Kosovo verlassen will. Seine Freundin aus Holland hat ein Baby bekommen. Und in Den Haag, wenn er beim International Criminal Tribunal for the former Yugoslavia arbeiten würde, wenn er bei den Prozessen gegen Karadžić und Mladić dabei wäre, hätte er mehr Zeit, sich um seinen kleinen Sohn zu kümmern. Der Kosovo müsste dann ohne ihn auskommen. »Hattest du Spaß?«, fragt er. Ich schreibe zurück, dass die Eindrücke »sehr vielfältig« gewesen seien.

Zurück in Priština habe ich kaum Zeit, mich frisch zu machen. In wenigen Minuten fängt in dem Haus gegenüber der deutsche Abend an. Meine letzte große Aktivität und der Versuch, mich ein bisschen zu zerstreuen und abzulenken, bevor ich wieder zurück nach Berlin fliege. Der deutsche Abend ist ein Abend, an dem tatsächlich die deutsche Sprache gefeiert und gewürdigt wird. Der Österreicher, der mich dazu eingeladen hat und der im Erziehungsministerium bei der Ausbildung der Lehrkräfte im Kosovo hilft, kündigt mir eine lockere Veranstaltung an, bei der jeder aufs Podium steigen und etwas in seinem Dialekt vortragen kann. Ich habe noch immer Bilder von der kugeldurchsiebten Fassade des Jashari-Hauses vor mir, von der merkwürdig kontrollierten Zurückhaltung der Abgeordneten Musliu, die mich durch Mitrovica geführt hat und die sich keine Gefühlsäußerung erlaubt. Das in Marmor eingearbeitete rote Band, das für den Freiheitskampf vergossenes Blut symbolisiert, und immer wieder das Gefühl, eigentlich müsste man die Leute in Ruhe lassen und ihnen Zeit geben, sich selbst wieder zu finden. Und dann steht auf einmal der Schweizer Botschafter mit einer Ukulele auf der Bühne und trällert fröhlich zusammen mit seiner Frau schweizerische Fastnachtslieder ins Publikum, das ausnahmslos aus deutschsprachigen Expats besteht. Eine Kölnerin rezitiert einen Liedtext der Gruppe Höhner, die Zuhörer müssen beim Refrain wie in der Kirche laut mitsprechen. Burgenländische Gedichte und Berliner Schmonzetten sind auch dabei. (»Ick stehe uff na Brücke / Und spucke in nen Kahn, / Da freut sich meene Spucke, / Dat se Kahn fahrn kann.«) Die Österreicher verteilen vorbereitete Kopien, und das Publikum freut sich auf das Büfett. »A weng tüterla«, sagt ein fränkischer Mundartspezialist, der vielleicht bei der GIZ arbeitet, aber das spielt jetzt auch keine Rolle mehr. Draußen ist Kosovo. Priština und die ehemalige Schönheitsklinik, die sich früher in dem Haus befand, in dem ich wohne, und die vor kurzem pleitegegangen ist. Sie war im Erdgeschoss, nur zwei Stockwerke unter meiner Wohnung, in deren Küche ich versehentlich das Licht brennen gelassen habe. Die Verschönerungsversuche sind misslungen. Mein Vermieter hat das an sich lukrative Geschäft, das er auf Anregung eines Organtransplantat-Fahrers aus Österreich gegründet hatte, wieder verkauft. Die Ärzte aus Österreich und der Slowakei, die einmal im Monat angereist kamen, praktizieren jetzt woanders. Im Schatten, im Dunkel des Erdgeschosses, in dem jetzt ein Bettengeschäft eröffnet werden soll, geistern die Bilder der Operationen, die Schnitte, das Absaugen, das Auffüllen mit Silikonimplantaten und die feinen, kaum sichtbaren Schönheitsnarben durch meine Erinnerung.

Der deutsche Abend tut einem in der Seele weh. Eine wirklich schmerzvolle Idylle, die ich nur mit Mühe aushalte. Der Philosoph Shkëlzen Maliqi, den ich am darauffolgenden Tag treffe, dem Tag meiner Abreise, sagt: »Vielleicht solltest du Žižek lesen, wenn es dir schlechtgeht.« Er versteht nicht, dass ich eigentlich ihn nach traurigen Geschichten ausfragen will. Er hält einen großen Vortrag über die UÇK, über Vetëvendosje!, die neue Partei des unter Nationalismusverdacht stehenden Albin Kurti, und über *NATO as the left Hand of God*, einen Text von Slavoj Žižek. Maliqi hat damals mitgemacht beim Invisible College, dem Versuch, eine neue intellektuelle Elite heranzuziehen. Das Invisible College sollte denjenigen Wissen vermitteln, die nicht wie ihre Eltern Zugang zu den Universitäten in Belgrad hatten. Ich möchte Maliqi fragen, was er als Philosoph über sein Land denkt. Aber er möchte nicht philosophieren, er möchte lieber über die UÇK reden. Oder über den stalinistischen Anstrich von Vetëvendosje!, der vielleicht ironisch gemeint ist, genauso wie bei Slavoj Žižek. Als es plötzlich zu einem orkanartigen Regenguss kommt und ein Freund Hilfe braucht, seine kleine Tochter zum Auto zu bringen, ist Maliqi sofort zur Stelle. Plötzlich springt er auf und tänzelt durch den Regen, um ein Taxi zu organisieren. Er ist auf einmal kein Philosoph mehr, er ist ein ganz anderer, ein Improvisationskünstler, der seinen Spaß daran hat, dem Chaos zu trotzen. *NATO as the left Hand of God.* Ob Žižek recht damit hat, wenn er der NATO vorwirft, sie habe die Menschenrechte entpolitisiert und sich über Gesetze hinweggesetzt, um ihre Vorstellung von Humanität, die über allem steht, durchzusetzen? Die NATO als göttliche Instanz, die von ihrer hohen Warte Bomben abwirft? Als ich im Flugzeug sitze, darauf wartend, dass wir eine Starterlaubnis bekommen, fallen mir diese Fragen ein, während ich Tetris spiele. Unzählige Eindrücke gehen mir durch den Kopf, und ich fühle mich so überlastet, dass ich für einen Moment an die Bombenangriffe der NATO denke, während ich die roten Rechtecke in dem kleinen Display meines Handys hin- und herrotieren lasse. Am letzten Abend, in letzter Sekunde, treffe ich auch noch Rron, den Künstler, der in Berlin seine Ausstellung hatte und jetzt wieder zurück ist in Priština. Er ist der Einzige, mit dem ich mich nicht wie geplant verabredet habe. Er hatte keine Zeit. Ich treffe ihn zufällig im Tingeltangel, wo ich unbedingt noch einmal hinwollte, nachdem so oft davon die Rede war. Rron ist müde. Eigentlich ist Rron total erschöpft. Überlastet und ausgebrannt. Von allen diesen Eindrücken im Westen, von seiner Ausstellung. Er hat ein paar Bilder verkauft. *Tears of Europe* war nicht dabei. Er grüßt kurz, verschwindet dann aber wieder, froh, dass er mir nichts mehr zeigen muss. Ein vermummtes Sondereinsatzkommando bewacht die Maschine. Der Abflug verzögert sich. Der Kosovo stehe unter dem Schutz der internationalen Gemeinschaft, sagt Žižek, und sei doch ein Opfer geblieben, wenn auch eines, das sich leicht kontrollieren lasse.

Nora Refaeil, Special Adviser on Dealing with the Past im mächtigen International Civilian Office, sagt, dass es Ländern, die in einem Übergangsstadium sind, schwerfalle, sich mit ihrer Vergangenheit zu beschäftigen. Die Traumata zersplitterten die Erinnerung, und oft seien sie dem Bewusstsein gar nicht mehr zugänglich. Ob Refaeil auf dem richtigen Weg ist? Sie ist von ihrer Mission jedenfalls überzeugt. Ich fliege wieder zurück. Zurück nach Hause. Ich fliege weg, mit dem Bild des Philosophen Maliqi, der mit kindlicher Leichtigkeit über den überfluteten Mutter-Teresa-Boulevard läuft, so leichtfüßig, als würde er fliegen. Früher war er mal Fußballer. Jetzt muss er nach Hause, weil seine Frau will, dass er die Wohnung fertig renoviert. »Ich muss beim Anstreichen helfen«, sagt er, kurz bevor das Unwetter losgeht und die Terrasse des Tag-und-Nacht-Cafés überschwemmt. »Aber vorher müssen wir noch einen Kaffee trinken. Ich lade dich ein.« Ich unterbreche mein süchtig machendes Tetris-Spiel und schalte mein Handy aus. Das Sondereinsatzkommando schaut zu mir hoch in die Maschine. Ob ich mich irgendwie verdächtig gemacht habe? Habe ich irgendwelche Informationen, die die Polizei da unten nicht hat? Habe ich irgendwelche Erkenntnisse über den Kosovo gewonnen? Ich hätte gerne noch mehr Kaffee getrunken, und ich hätte noch gerne die Fresken des Klosters Gračanicas gesehen. Aber die sonntägliche Überschwemmung hat mich gestoppt. Mir fehlen diese Fähigkeiten, die sich der Philosoph Maliqi erhalten hat. Das Leichte, das Tänzerische, das Spielerische. Ob er so auch seine Wohnung renovieren wird? Alles schön neu, schick und modern? Oder streicht er nur mal schnell drüber?

»Warte noch einen Moment, erst muss ich dir das mit der UÇK erklären«, raunt er mir zu. »Das ist nämlich gar nicht so, wie du denkst. In Wirklichkeit sieht das nämlich ganz anders aus.«

14

Ein paar Monate später fliege ich nach Liberia. Carly erzähle ich nichts davon. Ich komme gar nicht auf die Idee. Carly verwandelt sich schon auf dem Flug, schon unterwegs verwandelt sie sich wieder zurück in die, die sie ganz am Anfang gewesen ist. Auf einmal ist sie wieder die Repräsentantin, die Mitarbeiterin der Vereinten Nationen, als die ich sie kennengelernt habe. Wie sie ihren schneeweißen Jeep mit der überdimensionalen schwarzen UN-Aufschrift auf den schmuddeligen, mit buckeligen Grasbüscheln übersäten Innenhof des Krankenhauses steuert und in einem Bogen auf das blau gestrichene, beinahe kindlich kleine Bürogebäude zufährt und dann plötzlich stehenbleibt. Der Schwung ihrer Bewegung klingt in der großen Antenne ihres Fahrzeugs noch nach. Sie verwandelt sich. Schon nach meiner Rückkehr aus dem Kosovo scheint sie nicht mehr zu existieren. Sie kann mir nichts mehr erzählen, keine Geschichten oder Erlebnisse, die ich in meiner Wahrnehmung nicht vielleicht ganz anders beurteilen würde. Wie die Geschichte mit dem Jungen, der noch nie in seinem Leben Schuhe getragen hatte, und ihr ständiges Klagen, jemand müsste daran schuld sein, dass es so schiefgegangen war mit ihm. Meiner Ansicht nach war aber niemand schuld daran. Es war ein Problem, das wir zu lösen versucht hatten, aber wir haben es nicht geschafft. Ich hatte meine eigene Sicht der Dinge, die mit ihrer nicht übereinstimmte. Schließlich habe ich selbst ein Jahr in diesem Land verbracht. Ein Land, in dem meine eigene Existenz auf sonderbare Weise ausgedehnt und erweitert, vielleicht bereichert worden ist. Das zweite Schlafzimmer in Priština bleibt leer. Die Vorstellung, dass meine Notizen über den Kosovo irgendeine literarische Dimension annehmen könnten, hat sich schon nach dem ersten Tag verloren. Auf dem Heimflug achte ich nur darauf, dass ich auch die letzten Seiten noch fülle, um einen Vorgang zum Abschluss zu bringen, der mit meiner Ankunft nicht wieder von vorne beginnen soll. Das Nachdenken über den Kosovo, das Nachdenken über das Trauma. Für meine Reise nach Liberia nehme ich ein größeres Notizbuch mit. (In Liberia habe ich nichts geschrieben. In dem Jahr, in dem ich für die Hilfsorganisation Cap Anamur tätig gewesen bin, habe ich mir jegliche literarische Tätigkeit untersagt und wie ein strenger und unerbittlicher Bürokrat auf die Einhaltung dieses Gebotes geachtet.) Carly wusste nicht, dass ich nebenher, gewissermaßen in einer Parallelwelt, weiter existierte, wenn auch nur in meiner Imagination, in einer reinen Gedankenwelt. Ich erwähnte ihr gegenüber nie die Idee der Auszeit, meine unausgesprochene Hoffnung, der Aufenthalt in Liberia könnte meine Situation als Autor verändern. Ich könnte mich von Grund auf erneuern und, ohne eine einzige Zeile zu schreiben, weiterentwickeln und einen unglaublichen Sprung machen. Einen Sprung irgendwohin, einen phantastischen, ungeheuren, nur noch als Quantensprung zu bezeichnenden Fortschritt. Gegenüber Carly trat ich immer so auf wie jemand, der neben seiner beruflichen Tätigkeit, sozusagen im Windschatten seiner eigentlichen Berufung, keine anderen Ziele verfolgt. Ich muss sie nicht mehr anrufen. Der Prozess der Verwandlung und Transformation ist schon weitergegangen, ihre Spuren in Liberia sind durch ihre Nachfolger schon wieder ausgelöscht worden. Ich erinnere mich, wie sie mir von dem hochrangigen UNMIL-Mitarbeiter erzählte, der vom Flughafen aus im UN-Hauptquartier von Monrovia anrief, um sich zu erkundigen, ob er trotz des Verbrechens, das er begangen hatte, sich noch immer auf seine Immunität berufen könne. »Wir haben mit ihm gesprochen«, sagte Carly etwas mitleidig. »Wir haben ihm erklärt, dass es keinen Sinn hätte, einfach abzuhauen, und dass er zurückkommen solle.« Sie sagte *Wir*, sie sagte nicht *Ich*. *Wir* haben mit ihm gesprochen. *Wir* haben es ihm erklärt. Während sie sonst Wert darauf legte, mit allem, was im UN-Hauptquartier geschah, eigentlich gar nichts zu tun zu haben. Sie sagte: »Ich verstehe nicht, was die von mir wollen. *Ich* habe jedenfalls keine Lust, Mitarbeitern, die sich danebenbenehmen, aus der Bredouille zu helfen.« Sie sagte *Ich*, wenn wir uns im Royal Hotel zum Sushi-Essen trafen oder bei ihr zu Hause, in ihrer Wohnung. »*Wir* hatten keine andere Wahl, als ihn darauf aufmerksam zu machen, dass seine Handlungen nicht zu entschuldigen sind … Dass er einfach zu weit gegangen ist.« Der Fall machte in Liberia Schlagzeilen, und Carly verwandelte sich in das *Wir*, als das ich sie kennengelernt hatte. Das *Wir*, zu dem sie zurückkehrte, wann immer sie das siebzehnstöckige Hauptquartier betrat, zu dem ich keinen Zutritt bekam. Auch Carly schien es zu vermeiden, mich dort zu empfangen, und ignorierte meine Andeutungen, ich würde es ganz gerne mal von innen sehen. Es war das höchste Gebäude der Stadt, mit großer Wahrscheinlichkeit das höchste Gebäude des Landes. Vielleicht wollte Carly nicht, dass die Wirklichkeit des *Wir*, übersetzt in eine einfache Bürowirklichkeit mit gesichtslosem Mobiliar, Tisch, Stuhl und Rechner, ihre Aura beschädigte. Eine Aura, die vielleicht nur in meiner Einbildung existierte, in der sie mir als ein leicht laszives und undurchsichtiges Starlet der internationalen Weltgemeinschaft erschien. Ein Wesen, auf das ich alles Mögliche projizierte. Eine Macht, die sie vielleicht gar nicht besaß, eine Aura, die von ihren leicht asiatischen Gesichtszügen wieder verschwand wie eine Maske, die nicht richtig befestigt war. Sie ging ans Telefon und nahm den Anruf des verzweifelten Mitarbeiters entgegen, dessen berufliche Existenz ruiniert war und der trotzdem hoffte, diplomatische Immunität in Anspruch nehmen zu können und noch einmal davonzukommen. »Mein Gott«, sagte sie. »Hat der überhaupt nichts verstanden? Hat der überhaupt nicht kapiert, was *wir* hier machen?« In ihrem weißen Nissan, ihrem höhergelegten Gefährt, das sie sich jeden Tag aufs Neue aus dem Car Park des Hauptquartiers aussuchte, erkundete sie das Terrain. Sie unternahm ihre Exkursionen und Touren, die sie dann auch zu unserem Krankenhaus führten. Manchmal nahm sie mich mit, und dann fuhren wir einfach nur zu einem Restaurant, oder sie holte mich aus dem eher bescheidenen Stadtteil, in dem ich als Mitarbeiter von Cap Anamur wohnte, ab. Ich ließ mich gerne von ihr abholen. Ich fuhr gerne in ihrem Dienstwagen. Natürlich wollte ich auch Mitglied der Weltorganisation und an dem Prozess des Wiederaufbaus beteiligt sein. Als sie unser kleines staubiges Büro im Krankenhaus das erste Mal betrat und sie den Jungen, der noch nie in seinem Leben Schuhe getragen hatte, zum ersten Mal treffen sollte, schwitzte sie leicht und war merklich erstaunt, wie schlicht und einfach alles aussah. Ich sehe sie jetzt noch vor mir, wie sie sich kurz mit einem ängstlichen Blick zu ihrem Auto umdrehte, das im Innenhof des Krankenhauses schutzlos neben dem Outpatient Department parkte.

Der UNMIL-Mitarbeiter, der sich eines Verbrechens schuldig gemacht, der die Grenze des Erlaubten überschritten hatte, kehrte wieder zurück. Er fuhr zurück in sein Haus, das gar nicht weit entfernt war von dem Haus, in dem ich damals wohnte. Es befand sich unweit einer Straßenkreuzung, die dafür bekannt war, dass man dort günstig sein Auto waschen lassen konnte. Die Reinigung geschah per Hand, ohne die geringsten Hilfsinstrumente oder Geräte. Die Männer arbeiteten mit einer so großen Geschwindigkeit, dass man es manchmal nachher nicht glauben wollte, wenn man vor dem glänzenden, innen und außen gesäuberten Wagen stand. Dort in der Nähe hatte der UNMIL-Mitarbeiter gelebt. Viele Jahre. Er hatte mit einer Liberianerin sogar Kinder gezeugt, wie es nachher gerüchteweise hieß. Carly erzählte, dass er seine Rückkehr natürlich später bereut habe und dass er eigentlich das Gefühl gehabt haben müsste, von seinen Kollegen, von Carly und ihrer Abteilung, getäuscht worden zu sein. »*Wir* haben zu ihm gesagt: Komm zurück. Komm zurück, das ist das Beste, was du tun kannst.« Dabei wollten sie ihn natürlich zur Rechenschaft ziehen und nicht ungeschoren davonkommen lassen. Er kehrte zurück, er fuhr zu seinem Haus und wartete.

Vielleicht hoffte er auf ein Wunder und, dass sich alles im Nachhinein als ein böser Albtraum entpuppte. Aber am nächsten Tag oder vielleicht auch schon am gleichen Abend war sein Haus von allen Seiten umstellt. Bei alledem, was danach in dieser Nacht oder am frühen Morgen geschah, habe ich die eigentliche Tat, das Verbrechen, das er begangen hat, vergessen oder einfach verdrängt. In den liberianischen Zeitungen stand jeden Tag etwas anderes, und es gab noch mehr Gerüchte, zum Beispiel, dass er sich unmöglich, nachdem er einen liberianischen Polizeibeamten mit 1000 Dollar zu bestechen versucht hatte, selbst habe umbringen können, da er so viele Stichwunden am Körper aufgewiesen habe, dass es nach menschlichem Ermessen kaum denkbar sei, diese sich selbst zuzufügen. »Es gab keine andere Möglichkeit. Was hätten *wir* denn sonst tun sollen?«, sagte Carly, als ich sie fragte, warum sie den Mann dazu überredet hatte, wieder zurückzukehren, und ihn nicht einfach entkommen ließ. Am nächsten Morgen war er tot. Ich erinnere mich an ihn als jemanden, den ich nie getroffen, den ich nie kennengelernt und den ich trotzdem mehr als alle anderen, als alle furchtbaren und bedrückenden Fälle, mit denen ich in Liberia in Kontakt gekommen bin, bemitleidet habe. Das konnte ich Carly natürlich nicht sagen. Ich konnte nicht zugeben, dass ich einen Mann bemitleidete, der ein Verbrechen begangen hatte und bei seiner Flucht, die er fast erfolgreich abgeschlossen hatte, nur deswegen gescheitert ist, weil er am Flughafen plötzlich auf die Idee kam, Carly und ihre Abteilung anzurufen. Er hätte einfach wegfliegen sollen. So wie ich aus dem Kosovo weggeflogen bin, so wie ich in Priština in eine Maschine gestiegen und nach Hause geflogen bin. Aber er kehrte zurück. Er entschied sich anders. Wollte er Liberia nicht verlassen? Konnte er Liberia nicht verlassen? Hatte er Angst, Liberia zu verlassen?

»Es ist schon komisch, wie viele Leute immer wieder zurückkehren«, schrieb mir Carly in ihrer letzten Mail, »obwohl sie sich doch die ganze Zeit immer über alles beklagen … Ich bin jedenfalls froh, dass ich den Absprung geschafft habe.« Carly ist nach Australien zurückgekehrt. Sie kehrte zurück, kurze Zeit, bevor ich mich auf den Weg nach Liberia mache. Es entsprach ihrer leicht katastrophischen Wahrnehmung, die sie manchmal an den Tag legte, dass sie mir in allen Einzelheiten die Schnittwunden, die inneren und äußeren Verletzungen, an denen der UNMIL-Mitarbeiter in seinem Haus nach seiner Rückkehr gestorben war, schilderte. War es wirklich Selbstmord? Und wo waren die 1000 Dollar, mit denen er sich freizukaufen versucht hatte? Carly fand schon bald einen Job in Melbourne. Sie kehrte zurück, um für einen Bruchteil ihres UN-Gehaltes bei einer linken Bürgerinitiative zu arbeiten. In ihrer letzten Mail, die ich noch immer nicht beantwortet habe, schrieb sie, dass sie zum ersten Mal seit langer Zeit »wieder richtig glücklich« sei. »Ich bin selbst überrascht, dabei dachte ich immer, ich könnte nur glücklich sein, wenn ich bei der UNO bin, wenn ich draußen in der Welt irgendwo im Einsatz bin«, schrieb sie. Ich mache mir ein paar Notizen über sie, lasse aber dann doch die letzte Seite in meinem Kosovo-Notizbuch frei.

Liberia

1

Victoria fällt mir gleich am Anfang auf, schon zu einem Zeitpunkt, als ich ihren Namen noch nicht kenne. Ich sehe Victoria auf die Gangway der kleinen Boeing zulaufen, die uns von Frankfurt nach Casablanca bringen soll, und sie läuft mit einer großen Schwerfälligkeit, sie schlurft über den grauen, windumtosten Flughafenasphalt zur ersten Treppenstufe und zögert, hält inne. Es ist diese Schläfrigkeit ihrer Bewegungen, die mich denken lässt, Victoria könne vielleicht aus Liberia sein. Eine Schläfrigkeit, die aber nichts anderes ist als der Modus, in dem aus einem großen Kraft- und Energiereservoir nur minimale Impulse freigesetzt werden, gerade das Maß an Energie, das ausreicht, sich in den toten Zeiten und leeren, rein funktionalen Räumen moderner Airports fortzubewegen. Energie, die bei anderer Gelegenheit dringend gebraucht wird. Um Kinder zu gebären, Präsidentin zu werden oder einen Bürgerkrieg zu überleben. Victoria ist klein, kräftig, sie hat ein Narben-Tattoo an der rechten Wange, sie trägt einen engen, etwas zu kurzen Rock und eine Handtasche. Und sie sieht aus, als würde sie an Bord gehen, um gleich einen kleinen Rundflug über Frankfurt anzutreten und mit zurückhaltendem Interesse die nähere Umgebung zu mustern. Sie muss aus Liberia sein, denke ich. Anders kann ich es mir nicht erklären. Sie hat kein Buch dabei, keine Zeitung und keinen Mantel. Sie sitzt im Bauch der Maschine von Royal Air Maroc, streift die Sandalen ab, schiebt die nackten Füße unter den Vordersitz und schließt die Augen. Zwei Stunden lang fliegen wir so dahin. Wir fliegen uber Europa, uberqueren die Alpen, erreichen das Mittelmeer. Victoria schläft, ich beschäftige mich mit meiner Reiselektüre, die ich so halte, dass sie den Titel nicht entziffern kann. Michel

Leiris' *Phantom Afrika.* Michel Leiris soll mir helfen, meinen Blick auf Liberia zu erneuern. Ich will das Land so sehen, wie ich es bei meinen vorangegangenen Besuchen noch nicht gesehen habe. Nicht mehr mit dieser »mimosenhaften Nervosität« eines »verwöhnten Kindes«, von der Leiris in seinem Vorwort spricht, das er erst zwanzig Jahre nach seiner Rückkehr geschrieben hat. Im Nachhinein erwies sich der Aufenthalt in Afrika als etwas, das kaum schwerer wog als ein »versunkener Traum«. Etwas, das entstand als Ausdruck einer »immensen Illusion«. Victoria ist auch eine Illusion. Sie ist gar nicht aus Liberia.

»Liberia? Das ist doch wirklich ziemlich hinüber, oder?«, sagt sie mit leicht norddeutschem Akzent, und dann beschwert sie sich weiter über den »grottenschlechten Service« an Bord und darüber, dass man ihr noch immer keine Decke gebracht hat. Sie schaut etwas angestrengt und genervt aus dem Fenster in die langsam verschwindende Nacht hinein, als wolle sie die Airline jetzt auch für die dort herrschende Dunkelheit verantwortlich machen. »Also da kriegen mich keine zehn Pferde hin.« Sie breitet meinen Mantel, den ich ihr geliehen habe, sorgfältig über ihre Beine aus. Sie kennt Michel Leiris nicht, sie weiß nicht, dass er in den 1930er Jahren mit berühmten Ethnologen seiner Zeit auf Raubzüge ging und aus Fetischhütten zwischen Dakar und Djibouti Masken und andere Ritualgegenstände klaute. Den Dorfältesten drückten sie aus schlechtem Gewissen ein paar Dollar in die Hand. Sie verschwendet keinen Blick auf das Buch, obwohl sie, wie sich später erstaunlicherweise herausstellt, selbst Journalistin ist. Sie arbeitet für die *Neue Revue.* Sie ist Gesellschaftsreporterin. (Ich tue so, als sei ich darüber nicht im Geringsten erstaunt.) Sie sei da zufällig hineingeraten, weil sie einer Freundin mal ausgeholfen hat, Horoskoptexte zu verfassen. Später will sie auch mal ein Buch schreiben. »Über diese ganzen traumatischen Sachen, weißt du? Ich glaube, dass das viele lesen werden. Na ja …« Sie lächelt etwas. Mädchenhaft, leicht verschämt, aber dann eigentlich doch nicht verschämt. Sie gibt mir den Mantel zurück. Sie bedankt sich. Wir verlieren uns aus den Augen, als wir in Casablanca umsteigen. Sie muss weiter nach Ghana, ich nach Liberia. Im Food-Court des Flughafens treffe ich sie noch einmal kurz, während sie im fast menschenleeren Sitzbereich einer Fastfoodkette vor ihrem Computer hockt und Patience spielt. Wir tauschen E-Mail-Adressen aus. Mehr aus Höflichkeit denn aus einem wirklichen Bedürfnis. Sie spielt Patience, und auf einmal sehe ich meine Großmutter vor mir, wie sie an einem kleinen, wackeligen Tisch auf der Veranda in der Eifel sitzt oder im Wintergarten ihres großbürgerlichen Hauses in Trier, mit Blick auf die Kaiserthermen. Sie spielt Patience, sie übt sich in Geduld, während sie gleichzeitig die Kontrolle über ihre direkte Umwelt behält und ihre Fingerspitzen über das kleine Kartenuniversum gleiten lässt, das sich vor ihren Augen entfaltet. Die Karten in schmalen Reihen vor ihr aufgefächert. Es sind die Bewegungen, die Gesten, die somnambule und doch kapriziöse Seinsvergessenheit des Kolonialismus. Meine Großmutter ist nie in Afrika gewesen, aber sie legt die Patience wie eine selbst in ihrer Langeweile noch feierliche und um Würde bedachte Ehefrau eines mittleren Kolonialbeamten, während das Personal sich draußen in der Hitze mit der Hausarbeit abquält. Auf dem Computer von Victoria sieht das anders aus. Es sieht aus, als sei diese Erinnerung, noch bevor ich sie auf ihre Richtigkeit (hat das Patiencelegen wirklich etwas mit Kolonialismus zu tun?) überprüfen kann, schon wieder vollständig ausgelöscht und zum Verschwinden gebracht worden.

»Wir müssen uns unbedingt wiedersehen«, sagt Victoria und nippt an ihrer Cola. »Es hat wahnsinnig Spaß gemacht, mit dir zu sprechen.«

Ich frage sie nicht, was es mit der Narbe auf sich hat. Ich frage sie nicht nach ihren traumatischen Erlebnissen. Ich mache vorsichtige Andeutungen, dass ich glaube, es sei gar nicht so einfach, ein Buch über das Trauma zu schreiben, und dass dazu bestimmt viel Mut gehört. Und dann versuche ich zu erklären, dass Liberia ja auch gute Zeiten hatte und mal als die Schweiz Afrikas galt.

»Ja, klar«, sagt sie und lächelt wieder. Sie hat von der True Whig Party noch nie etwas gehört, obwohl der Vater ihres Sohnes, von dem sie mir erzählt hat, wahrscheinlich zu einer Zeit in Liberia gelebt hat, als die True Whig Party und ihr letzter Präsident Tolbert noch an der Macht gewesen sind. Aber es interessiert sie nicht, sie hat in Deutschland genug zu tun. Mit der *Neuen Revue*, den Horoskoptexten, ihrem Leben und dem Trauma, über das sie schreiben will. Sie fängt jetzt, wie sie sagt, in Berlin ganz neu an. Ich verabschiede mich und gehe zum Gate. Ihre E-Mail-Adresse geht schon kurze Zeit später verloren, zusammen mit dem Notizbuch, in dem ich kaum die ersten zwei Seiten gefüllt habe. Auch die Seitenzahlen gehen verloren, mit deren Hilfe ich später in *Phantom Afrika* zu den Passagen zurückkehren möchte, die mir interessant erscheinen, insbesondere solche, in denen Leiris von Augenblicken der Ekstase und körperlicher Entäußerung berichtet.

»Ich bin froh, dass ich *nicht* nach Liberia muss. Aber ich wünsche dir alles Gute«, sagt Victoria. Und es klingt so, als habe sie damit ihren Teil zu der Geschichte beigetragen. Sie hat einen Sohn geboren, dessen Vater das Land, das ich jetzt wieder aufsuche, nie mehr betreten hat und für den Rest seines Lebens ignoriert.

»Und wieso denn auch? Was soll er denn da?«, erklärt sie und schließt eine Reihe in ihrem Patiencespiel ab. »Er hat ja mich.«

Die Reisegruppe ist zusammengeschrumpft. Es sind nur noch ein paar übriggeblieben, die um diese Zeit, es ist vielleicht kurz vor Mitternacht, nach Liberia wollen. Sie sitzen entspannt und beinahe lässig auf den Kunststoffsitzen in der Wartehalle, deren riesige Glasfront jetzt nur noch einen Blick in die Dunkelheit zulässt. Jeder hat Einkaufstüten, Taschen und viel Handgepäck dabei. Als stünde eine Expedition bevor, in eine Welt, in der man mit dem Konsum eine Weile aussetzen und sich auf härtere Bedingungen einstellen muss. Noch nie habe ich Liberia bei Tag erreicht, ich bin immer bei Nacht angekommen. Es scheint immer die Nacht zu sein, durch die ich hindurchmuss, die quälenden Stunden, während denen die Maschine, wie es scheint, endlos lang über das in der Phantasie so kleine Afrika kreist. Die Reisenden breiten sich auf den leeren Sitzplätzen aus. Kopfkissen und Decken werden aus den Folien gerissen, Socken übergestreift, Schlafpositionen ausprobiert. Und in dem nicht enden wollenden Dröhnen der Düsenmaschine wächst Afrika langsam, aber sicher zu einem bedrohlichen Kontinent heran. Auch jetzt, beim dritten, vierten oder fünften Mal. In dem Gefühl der Routine, die sich vielleicht nie einstellen wird, und in dem Gefühl, aller Macht und Energie beraubt zu sein, mit der man sich noch am Tag zuvor siegesgewiss auf den Weg gemacht hat.

2

Es gibt jetzt sogar ein Gepäcktransportband in Monrovia. Einige der Gepäckstücke sind in Folie eingepackt. Ich habe mich beim Abflug in Berlin-Tegel danach erkundigt, ob man das mit meinem Gepäckstück nicht auch tun könnte. Immer noch bilde ich mir ein, spätestens in Monrovia würde sich irgendjemand den Inhalt meiner Tasche genauer ansehen. Und mit einer Folie ließe sich das verhindern. Mit einer Folie ließen sich die Absichten verschleiern, und man wäre gegen sämtliche Bedrohungen immun. Es ist fünf Uhr morgens. Und es ist noch dunkel. Jemand hat mir erzählt, dass die Fluglinie einen Shuttle bereithält, aber die Männer, mit denen ich vor der Passkontrolle warte, wissen davon nichts. Einer von ihnen, ein irisch aussehender Mann in mittleren Jahren, der sich dann als Russe entpuppt, sagt: »Wir wissen gar nichts. Jemand hat das hier alles für uns organisiert.«

Jemand hat sie ins Land geholt. Internationale Leiharbeiter oder Glücksritter, die für einen Holzexporteur arbeiten oder nach Diamanten suchen. Im Auftrag irgendeiner irrlichternden russischen Existenz. Die Russen treffe ich später wieder. Jetzt aber versuche ich mit einem liberianischen Geschäftsmann zu vereinbaren, dass wir uns ein Taxi teilen. Doch inmitten mehrerer folienverschweißter unidentifizierbarer Gepäckstücke verschwindet er und taucht nicht mehr auf. Als ich das Flughafengebäude verlasse und die schwere feuchte Luft sich gegen mich presst, mache ich mich noch auf alles Mögliche gefasst. Ich mache mich darauf gefasst, in Schwierigkeiten zu geraten. Es ist nicht einfach, jemanden zu finden um diese Zeit. Der Flughafen ist klein, fast dörflich und wirkt vor allem nachts wie eine hektisch aufgebaute Kulisse, deren Zweck noch unklar zu sein scheint, die aber, sobald man nach draußen kommt, genauso gut zu einem gefährlichen Hinterhalt werden kann, in dem sich jemand verborgen hält. So wie die drei schattigen Gestalten in hellen T-Shirts, die sich plötzlich auf mein Gepäck stürzen. Beinahe weise ich ihr Angebot schroff zurück, bis ich merke, dass meine Befürchtungen falsch sind. Es ist Kepi. Er ist mit zwei Freunden da, von denen sich einer als Taxifahrer erweist, während der andere nur mitgekommen ist, um auf uns aufzupassen. Er heißt Flomo, trägt eine Wollmütze und sagt außer zur Begrüßung kaum mehr ein Wort. Wir fahren mit offenen Fenstern. Kepi sitzt hinten, zusammen mit Flomo, und ich sitze vorne, obwohl ich lieber neben Kepi sitzen würde, um mich mit ihm zu unterhalten.

»Das ist phantastisch, dass du gekommen bist«, rufe ich, als wir vom Flughafen auf die Überlandstraße abbiegen.

»Was sagst du?«, fragt Kepi. Der Fahrtwind schneidet die Hälfte der Wörter ab.

»Es ist phantastisch«, rufe ich noch einmal. Kepi, das Wunder aus Loyalität und Energie. Das Wunder aus Zuversicht und Lebenskraft. Ich bin auf eine überschwängliche Weise dankbar dafür, dass er gekommen ist. Er ist der einzige Liberianer, den ich wirklich kenne und mit dem ich ein bisschen befreundet bin. Vielleicht hat Evelyn, meine Gastgeberin, ihn informiert. Für einen Europäer ist der Transport eine immer wieder erhellende Lehrstunde, eine Übung in Demut und Geduld. Letztendlich eine endlose Meditation. Kepi bringt mir den ungeheuer warmen und weichen liberianischen Wind, der in das Taxi hineinweht, das sich mit hoher Geschwindigkeit der Hauptstadt nähert. Kepi hat das alles für mich organisiert. Flomo, der Bodyguard, sei eigentlich Fußballspieler, erklärt Kepi, und trainiere gerade für den Marathon, der Ende der Woche erstmals in Liberia veranstaltet wird. Aber heute Nacht ist er mitgekommen, um uns alle in dem kleinen, klapprigen Nissan Sunny vor möglichen Überfällen zu beschützen. Man kann sich natürlich fragen, wie ein Fußballspieler einen Überfall verhindern soll, und so ist es nicht verwunderlich, dass Limen, der nigerianische Taxifahrer, lieber darauf setzt, dass sich uns niemand in den Weg stellen wird, wenn wir einfach nur schnell genug sind. Wir rasen in die Nacht hinein. Der Wind, die warme tropische Luft, nachgiebig und großzügig, die schwarz verhüllte Natur, unsichtbar, ahnungsvoll am Straßenrand lauernd, begleiten uns, während Kepi sich vom Rücksitz nach vorne beugt, um mir von dem Referendum zu erzählen, das an diesem Tag stattfindet. Zwei Monate vor der geplanten Wahl stimmt Liberia darüber ab, ob man die Verfassung kurzfristig ändern will. Nach der langen Reise bin ich nur bedingt aufnahmebereit, außerdem ist es im Auto so laut und windig, dass ich Kepi ohnehin kaum verstehen kann.

»Was meinst du?«, frage ich wieder, als er es mir zum zweiten Mal zu erklären versucht.

»Es ist deswegen wichtig, weil die Regierung …«

»Und was ist mit der Opposition?«

»Jeder soll mindestens zehn Jahre im Land gewesen sein, bevor er sich für ein Amt bewirbt, aber dann dürfte die Präsidentin strenggenommen auch …«

»Und der CDC ist dagegen?«

»Sie wollen alles boykottieren.«

Vielleicht sollte man die Fenster hochkurbeln, aber das würde die Atmosphäre beeinträchtigen, und die plötzliche Stille wäre mir jetzt nicht geheuer. Außerdem hat das Fenster der Beifahrertür keine Kurbel. Für gewöhnlich bewahren sie die Taxifahrer an einem sicheren Ort auf, ich müsste erst um Erlaubnis fragen.

»Und die Richter«, ruft Kepi, »die sollen jetzt doch nicht mit 72 Jahren in Rente gehen, weil …«

»Weil was?«

»Weil sie nicht genug haben. Nicht genug Richter …«

Der Wind flattert um uns herum, als würde ich noch immer fliegen. Limen blickt seelenruhig geradeaus, während er mit 120 Stundenkilometern Richtung Monrovia rast. Die Stadt selbst wartet ab, müde, schwach beleuchtet, fast apathisch.

»Und das Studium?«, frage ich. »Wie läuft es mit dem Studium?«

Kepi antwortet etwas.

»Was?«, rufe ich. Der Wind flattert, jagt, dröhnt durch das Auto. Immer wieder drehe ich mich nach Kepi um. Immer wieder versuche ich ihm durch Zeichen zu verstehen zu geben, wie sehr ich mich freue, ihn so unerwartet zu sehen. Und ich denke mir: Kepi ist der Garant dafür, dass jetzt nichts mehr schiefgehen kann.

Es ist halb sieben, als wir in der 9. Straße ankommen, wo sich das Domizil meiner Gastgeberin Evelyn befindet, in einem ockerfarbenen, vierstöckigen Gebäude, das rundherum von einer Mauer umgeben ist. Die Nacht ist vorbei, spurlos verschwunden. Als der Wagen zurücksetzt, aus dem Hof herausfährt und Flomo und Kepi offensichtlich ihrem Schicksal überlässt, merke ich, dass ich einen Fehler gemacht und nur dem Taxifahrer Geld gegeben habe. Ich habe Kepi und dem Bodyguard gar nichts gegeben. Während ich erschöpft das großzügige Appartement meiner Gastgeberin betrete, hat Kepi zusammen mit dem Fußballer, der für den Marathon trainiert, den Rückweg angetreten. Zu Fuß. Ein Taxi kann er sich nämlich nicht leisten. Wie ich später erfahre, haben sie sich gegenseitig nachts um zwei geweckt, damit sie um drei Uhr am Flughafen sein konnten, wo sie zwei Stunden auf mich gewartet haben. »Kepi«, sagt meine Gastgeberin, die sich mühsam aus dem Bett quält, »ist große Klasse. Auf Kepi kann man sich wirklich verlassen. Ich würde Kepi 1000 Dollar anvertrauen, und ich wäre sicher, dass er sich nicht aus dem Staub macht.«

Die 1000-Dollar-Phantasie. Eine typisch europäische Phantasie, mit der man dann die liberianischen Mitarbeiter in dieser großen Vertrauenssehnsucht geradezu erdrückt. Als wären 1000 Dollar nicht unglaublich verführerisch. Eine Summe, bei der das Vertrauen endet und die nackte Existenz anfängt.

Wir sitzen draußen. Die Sonne kommt heraus. Evelyn kocht Kaffee. Wir sitzen auf ihrem Balkon in dem ockerfarbenen Haus im Stadtteil Sinkor, in dem die meisten NGO-Mitarbeiter wohnen. Den zweiten Stock hat Evelyn zusammen mit Sandy gemietet. Sie sind beide Mitarbeiterinnen des Zivilen Friedensdienstes. Die letzten Stunden meines Fluges haben sich in vollkommener Dunkelheit abgespielt, deswegen ist das Licht auf einmal so grell und unwirklich.

»Wenn du den Wahlkampf anschauen willst, bring ich dich mit Augustine zusammen«, sagt Evelyn. »Augustine. Der wird dir bestimmt weiterhelfen. Der arbeitet bei der National Elections Commission … Warte mal. Wo ist denn die Telefonnummer?« Sie springt auf und sucht nach ihrem Handy. Es ist kurz nach sieben. Ihre Müdigkeit ist verschwunden, falls sie jemals existiert hat. Sie ist in ihrem Element. Sie verbindet mich, sie speist mich in ihr liberianisches Netzwerk ein.

»Weißt du was?«, sagt Evelyn. »Augustine wird sich bestimmt freuen, wenn du ihn anrufst.« Sie durchsucht ihr Handy. Es ist ein billiges Nokia-Handy, das in Liberia sehr populär ist, weil es robust ist und sogar eine kleine Taschenlampe hat. Es ist das gleiche, das ich auch hatte und das ich im Kosovo vor der verschlossenen Tür in der UÇK Street so schmerzlich vermisst habe.

»Am besten, du rufst gleich morgen an. Dann würde ich dir auch raten, mit Sandy zu sprechen. Und du musst unbedingt den Direktor vom Kofi-Annan-Institut kennenlernen.« Ich schreibe mir die Nummer von Augustine auf und schaue zu, wie Evelyn ein paar SMS beantwortet, die sie über Nacht bekommen hat.

Die Sonne steigt höher. Es wird wärmer. Evelyn erzählt mir von ihrer Arbeit. Sie erzählt von ihrem Engagement in der Early Warning Group, einer lokalen Organisation, die sich gegründet hat, um Informationen über Gewalttätigkeit und Konfliktsituationen zu sammeln und per E-Mail und SMS weiterzugeben. Evelyn erzählt ohne Punkt und Komma. Sie erzählt von ihrer Arbeit bei der Catholic Justice and Peace Commission. Sie erzählt in dem ihr eigenen Rhythmus aus Euphorie und Erschöpfung, die ununterscheidbar ineinander übergehen, so dass man bei ihr nie weiß, ob sie kurz vor dem Zusammenbruch steht oder gerade erst richtig loslegt. Wir sprechen über Kepi. Sie hat ihm von meiner Ankunft nichts erzählt, er muss von jemand anderem gehört haben, dass ich komme. Evelyn geht in die Küche, um noch mehr Kaffee zu kochen. Obwohl sie nur drei Stunden geschlafen hat, zeigt sie nicht die geringste Müdigkeit. Ich müsste viel wacher und energetischer sein. Schließlich ist es mein erster Tag. Während Evelyn in der Küche ist, schaue ich nach draußen auf den Garten hinter dem Haus, ich schaue auf die Sumpflandschaft Monrovias, die sich hinter dem Gebäude erstreckt. Ich gehe in Gedanken eine Liste der Leute durch, die ich treffen muss. Kepi, den ich unbedingt zum Essen einladen muss, den stellvertretenden deutschen Botschafter, Jenny, eine deutsche Psychologin, die für Medica Mondiale arbeitet, und Max, den Inhaber des Garden Cafés, und, nicht zu vergessen, Augustine. Augustine, der für die National Elections Commission tätig ist.

»Das geht schon in Ordnung«, sagt Evelyn, als ich sie noch einmal wegen Kepi frage, und gießt mir Kaffee ein. »Du gibst ihm einfach später etwas.« Sie geht ins Wohnzimmer. Es hat die gleiche gesichtslose Gemütlichkeit wie alle Unterkünfte hier. Wie alle diese temporären Wohnwelten, die bald wieder abgebaut werden müssen. »Wenn du ihm zwanzig Dollar gibst, ist alles okay. Zehn für jeden«, sagt sie und setzt sich in den großen Sessel direkt unter die an der Wand angebrachte Air Condition, die tagsüber meist ausgeschaltet ist, weil es keinen Strom gibt, und schaltet den Computer ein. Ich warte darauf, dass ich müde werde und schlafen kann, obwohl es mir absurd vorkommt, dass ich nicht so euphorisiert bin wie Evelyn. Dabei bin ich es doch, der gerade angekommen ist. Und diesmal muss ich hier nichts in Bewegung setzen und nichts in Gang bringen. Ich bin nicht zum Arbeiten hier, sondern nur als Beobachter. Ich bin Voyeur, Zuschauer. Eine Tätigkeit, die einem eigentlich keine Kraft abverlangt.

»Lass dir nur Zeit«, sage ich zu Evelyn, als sie mir anbietet, ich könne schnell meine Mails lesen. »Ich habe es nicht eilig.« Ich habe zehn Tage Zeit. Zehn Tage, um zu verstehen, wie die politische Landschaft in Liberia funktioniert, Freunde und Bekannte zu treffen und vielleicht noch einmal das Krankenhaus zu besuchen. Evelyn tippt. Sie beantwortet Mails, liest die Nachrichten. Ihre Bewegungen sind beinahe ekstatisch. Selbst im Sitzen wirkt sie noch hyperaktiv. Ich schaue auf die Pinnwand über dem Esstisch, wo jeder Gast, der hier übernachtet hat, eine Nachricht hinterlassen soll. Einen Gruß, ein Motto, irgendeine Weisheit. Etwas, mit dem sich die liberianische Wirklichkeit in einem Satz zusammenfassen lässt. Ich nehme an, dass ich später auch etwas schreiben soll. »I got up in the morning and I realized I was not tired anymore«, heißt es an einer Stelle, und auf einem knallgelben rundgeschnittenen Zettel steht: »Congratulations! This is YOUR project!«

3

Ich treffe Kepi später in der Nähe des Café Boulevard gegenüber der St. Peter's Lutheran High School, die in ihrem Wappen eine Giraffe hat, die über eine Mauer zu springen versucht, aber mit ihren Vorderbeinen hängenbleibt. Die Schüler haben das Wahrzeichen in Gips vor der Einfahrt der Schule nachgebaut, wie mir Kepi erklärt. Wir sprechen über das Referendum und unseren kurzen Besuch des Wahlbüros in der Schule, das wir dann doch nicht betreten konnten, weil ich keinen Presseausweis habe. Kepi ist etwas verärgert, dass ich das kleine Tintenfass jetzt nicht gesehen habe, in das alle Wahlberechtigten, die die Wahl schon absolviert haben, ihren Finger hineintunken müssen. Aber eigentlich gibt es so etwas wie Verärgerung oder Wut bei Kepi überhaupt nicht. So einfach und schlicht er auch wirkt, so unspektakulär mit T-Shirt, Hose und Flipflops, ist er doch ein Großmeister der Würde und der Selbstbeherrschung. Es ist seine Schule und auch die Schule seiner Schwester. Im ersten Moment ist er noch unschlüssig, ob er mit mir hineingehen will, dann folgt er mir doch. Natürlich sind an diesem Tag keine Schüler da, sondern Wähler und die Mitarbeiter und angeleiteten Hilfskräfte der National Elections Commission. Sie tragen blaue Leibchen, wie Sportler, die ein kleines Trainingsspiel machen. Ich ärgere mich, dass ich nicht entschiedener auftrete und in das Innere des Wahlbüros vordringen kann, es hätte mir einen Vorgeschmack auf die eigentliche Wahl gegeben, bei der sich entscheiden wird, ob die amtierende Präsidentin Ellen Johnson Sirleaf wiedergewählt wird. Die Umfunktionierung der Schule zu einem Wahllokal gibt dem Ganzen etwas sehr Vertrauenswürdiges. Orte, die eigentlich einen pädagogischen Auftrag verfolgen und Minderjährige auf ihren Eintritt in die Gesellschaft vorbereiten, werden plötzlich zu Orten der Meinungsbildung und Bürgerpflicht, so wie man das auch aus Deutschland kennt. Man kommt nicht umhin, das ganze Prozedere als eine Übung aufzufassen, bei der es darum geht, seine demokratischen Pflichten zu trainieren, und die Stimmabgabe ist dabei ein rein symbolischer und eigentlich überflüssiger Prozess. Ich erzähle all das Kepi, während wir versuchen, über die Straße zu kommen, die in diesem Augenblick stark befahren ist, und ich merke, dass Kepi mich nicht versteht und ich die Geschichte nur deswegen zu Ende erzähle, weil wir in diesem Moment ohnehin nichts Besseres zu tun haben.

Im Café Boulevard suche ich nach einem freien Tisch am Fenster, alle anderen Tische liegen im Halbdunkel des Raumes. Für einen Moment ergreift mich wieder dieses beklemmende Gefühl, wie ich es hier am Ende meines Aufenthalts immer hatte, als ich im Zustand völliger Überarbeitung vor meinem Computer saß und auf einmal nicht mehr ertragen konnte, dass die Internetverbindung so langsam war.

»Du musst mir erst mal erzählen, wie es dir geht«, sage ich, während ich einen der schweren, hässlichen Metallstühle unter dem Tisch hervorziehe und mich nach der Bedienung umsehe. Das Café Boulevard ist eine Institution. Es ist ein Ort für einen schnellen Drink, ein kurzes Mittagessen, ein Ort für eine kleine Runde am Abend oder sogar ein Ort für den Auftritt eines Solokünstlers, wie zum Beispiel den des englischen Ehemanns einer deutschen Psychologin, der hier einmal einen Abend lang Pogues-Lieder auf der Gitarre zum Besten gab. Das Café Boulevard ist ein multifunktionaler Schauplatz der internationalen Szene, ohne allerdings dabei irgendeinen Glanz zu entfalten, und eigentlich ist es, wie ich jetzt merke, ein furchtbar hässlicher und deprimierender Ort, um den ich normalerweise einen großen Bogen machen würde.

»Da ist Wayne«, ruft Kepi. »Und Sam!« Er dreht sich um und steuert sofort auf einen Tisch in der hinteren Ecke zu, wo eine Gruppe von Leuten sitzt, der ich erst keine Aufmerksamkeit geschenkt habe. Früher habe ich das Boulevard deswegen immer wieder aufgesucht. Der Ort hat seine besonderen Weihen dadurch erhalten, dass sein Besitzer, ein provokant phlegmatischer, aber gewitzter und nicht uncharmanter Libanese namens Jarmal überall so beliebt ist. Man kann hier hinkommen, wann man will, und man kann eigentlich sicher sein, dass man jemanden trifft, den man kennt.

Wayne ist umgeben von Kollegen und Freunden, keiner von ihnen aus Liberia. Aber Kepi, von dem ich nicht gedacht hätte, er könne mit Wayne befreundet sein, kennt jeden Einzelnen von ihnen. Das Erste, was ich mache, ist, mein Notizbuch in die Tasche zu stecken und zu überlegen, ob es nicht irgendeinen Trick gibt, Kepi von dem Tisch wieder wegzulotsen.

»He, Mann. Du bist *zurück*!«, ruft Wayne. Es ist hier die typische Begrüßung für jemanden, den man lange nicht mehr gesehen hat. »Zurück« kann in diesem Zusammenhang alles heißen. Zurück von einer kleinen Unpässlichkeit, einer Malariaerkrankung, einer mehrtägigen Exkursion ins Landesinnere oder einem etwas längeren Heimaturlaub. Zurück kann aber auch heißen: Man war, so wie ich, fast zwei Jahre weg und wird dann so begrüßt, als sei man nur übers Wochenende nach Robertsport gefahren, eines der liberianischen Naherholungsgebiete.

»Schau dir das an«, sagt Wayne. Er ist mit seiner Kamera beschäftigt und zeigt uns jetzt allen Fotos, die er bei einem besonders exzessiven Wochenende gemacht hat. »Es ist vielleicht besser, wenn ich eine Weile das Dejavu nicht mehr betrete«, sagt er. Er habe sich den Fuß verknackst, als er dort am letzten Wochenende von der Treppe zu dem abgesenkt liegenden Dancefloor gelangen wollte, und er habe regelrecht zusehen können, wie sein Knöchel angeschwollen sei »wie ein großer blauer Pilz«.

»Und, wie geht's dem Krankenhaus?«, fragt er beiläufig, während er nach einem Bild sucht, auf dem man seinen Knöchel sehen kann. Aufgenommen im teuersten Nachtclub Liberias, dessen Klimaanlage so phänomenal ist, dass mir die dort zugebrachte Zeit im Nachhinein erscheint wie Nächte in einem verdunkelten Eispalast, in dem sich die Tänzer vor den großen Spiegeln an ihren eigenen Bewegungen berauschen.

»Alles bestens«, sage ich und schaue auf Waynes Kamera. »Es ist jetzt vom JFK übernommen worden.«

»Toll«, sagt Wayne. Wayne begutachtet seine Ausbeute, als hätte er die Bilder gerade eben erst geschossen. Er hat einen Job beim World Food Programme, wie er mir erzählt. Er arbeite jetzt bei der UN und habe der NGO-Szene den Rücken gekehrt. Das ist eine kleine Sensation, wenn man bedenkt, wie jung Wayne ist, und dass er noch vorletztes Jahr Praktikant bei Landmine Action gewesen ist. Er ist allerdings erschüttert über die Inkompetenz der UN, die ohne ein richtiges Monitoring-System Lebensmittel nach Liberia bringt, die wenig später illegal in Redlight, auf den Märkten Liberias, unter die Leute gebracht und zu Geld gemacht werden. Wayne findet die UN schwerfällig, bürokratisch und träge und nutzt sein üppiges Gehalt, um kleinere oder vielleicht bald größere Deals abzuwickeln, die dazu führen könnten, dass er irgendwann hier »nur noch Geschäfte« macht, was in Liberia natürlich leicht möglich ist.

»Besser, wenn die nicht bei Facebook landen«, erklärt er, während er uns noch ein paar andere Fotos zeigt. Die Parallelwelten glühen in ihm, strahlen aus ihm heraus, aus seinen strohgelben, wuscheligen Popstar-Haaren. Wayne probiert es aus. Er probiert aus, in Parallelwelten zu leben. Er übertritt Regeln und riskiert Abmahnungen, wie er fröhlich zugibt.

»Ich habe 'ne ganze Menge Regeln übertreten«, erklärt er. »Hier schau dir das an.« Er klickt ein paar Bilder weiter. »Das ist jedes Mal so, wenn ich mit Evelyn und Sandy unterwegs bin. Guck dir das an …« Er grinst und klickt auf seiner Kamera zum nächsten Bild. »Nach zwei Uhr nachts noch ausgegangen. In einem Wagen gefahren, in dem ich nicht hätte fahren dürfen. Und in einem Club gewesen, der auf der schwarzen Liste steht. He, und das«, er dreht sich zu Kepi, »das bist doch *du*!« Er hält seine Kamera hoch und dreht den winzigen Bildausschnitt zu Kepi, der auf der gegenüberliegenden Tischseite sitzt und sich mit zusammengekniffenen Augen herüberbeugt.

Ich spüre einen gewissen Drang, die Runde wieder zu verlassen, obwohl ich noch gar nicht mit Sam gesprochen habe, einem alten Bekannten, der neben Kepi sitzt. Ich bin Wayne dankbar, dass er nicht weiter nachbohrt und sich mit meinen spärlichen Informationen zufriedengibt. Womöglich nimmt er auch an, ich sei immer noch im E. S. Grant Mental Health Hospital und würde mich um Schizophrenie-, Bipolar- und Epilepsie-Patienten kümmern. Kepi wirkt etwas distanziert. Er unterhält sich mit Sam, der halb Liberianer und halb Libanese ist und jetzt einen UN-Job in Sierra Leone hat. Kepi macht ein ernstes Gesicht. Vielleicht gefällt es ihm nicht, dass Wayne ein Bild von ihm und seiner Schwester gemacht hat und es jetzt überall hier herumzeigt.

»Wo ist deine Schwester eigentlich?«, fragt Sam. »Ich habe sie schon eine Ewigkeit nicht mehr gesehen.«

»Es ist alles in Ordnung«, sagt Kepi und schüttelt den Kopf. Und dann hört er weiter Sams Monolog zu, bei dem es darum geht, welche Frauen Sam kennengelernt und welche Aussichten er bei ihnen jetzt hat. Kepi scheint das aber nicht besonders zu interessieren. Es ist nicht wie sonst. Seine Stimmung verschlechtert sich zunehmend, und ich bin froh, dass er, als ich mich verabschiede, um die Runde zu verlassen, erklärt, er würde mitkommen und mich noch ein Stück begleiten.

»Weißt du«, sage ich zu ihm, als wir auf der Straße nebeneinander laufen, »du kannst einfach mal schauen, was so los ist in der Stadt. Wenn irgendeine Wahlkampfveranstaltung ist, wenn einer der Kandidaten irgendwas macht, dann kannst du mir doch Bescheid sagen.«

»Natürlich kann ich dir Bescheid sagen«, sagt Kepi, der neben mir hergeht und offensichtlich keinen richtigen Plan hat, wo er als Nächstes hingehen soll, was mir in diesem Moment aber gar nicht weiter auffällt. »Das kann ich natürlich tun«, sagt er, »dir Bescheid geben.« Auf eine diskrete, fast unmerkliche Art wahrt er Abstand. Zum Beispiel will er mir nicht verraten, welche politische Partei er bevorzugt oder wie er überhaupt die politischen Parteien beurteilt.

»Also der CDC? Findest du die jetzt gut oder nicht?«, frage ich.

»George Weah ist der Kandidat für den Vizepräsidenten«, sagt er. »Der Frontrunner ist jetzt Tubman.«

Wir laufen auf dem Tubman-Boulevard Richtung 9. Straße. Der Verkehr hat wieder nachgelassen. Es ist früher Abend und, wie sich später herausstellt, haben sich nur wenige Liberianer am Referendum beteiligt. Schließlich stehen kurze Zeit später die eigentlichen Wahlen an. Und vielleicht wollen die Leute mit ihren Stimmen nicht so verschwenderisch umgehen.

»Ja«, sage ich, »das weiß ich. Aber wie findest du denn den CDC? Wie findest du Weah zum Beispiel?«

»Also George Weah«, er bleibt einen Moment stehen und dreht sich bedächtig um seine eigene Achse, als müsse er sicherstellen, dass niemand in der Nähe ist und ihm zuhört, »der ist ein wirklich guter Fußballspieler. Der CDC ist wirklich eine sehr große Partei.« Er nickt, als wäre das eine wichtige Erkenntnis.

Ich gebe ihm das Geld erst später, als wir das Café Boulevard schon weit hinter uns gelassen haben. Ich unterschätze ein bisschen das Ausmaß seiner schlechten Stimmung. Vielleicht hat es wirklich mit den Fotos zu tun, die Wayne von ihm gemacht hat und die ihn zusammen mit seiner Schwester im Garden Café zeigen. Wir gehen zu Fuß zur 9. Straße, wo sich die National Elections Commission befindet. Es ist ein Neubau, der erst kürzlich fertiggestellt worden ist. Kepi weist mich darauf hin, dass das der Ort ist, wo ich bald Augustine treffen soll, den er natürlich auch kennt. Die Temperaturen sind jetzt sehr angenehm. Der Himmel ist leicht verhangen, aber es sieht nicht nach Regen aus.

Ich mache es so beiläufig wie möglich, als würde ich ihm nur Geld zurückgeben, das er mir geliehen hat. Kepi freut sich, aber es lässt sich nicht sagen, ob er die zehn Dollar für angemessen hält. Was sind schon zehn Dollar, wenn man sich die Nacht um die Ohren schlägt? Wir sind noch ein gutes Stück von der 9. Straße entfernt, als wir aufgehalten werden. Michael, ein Bekannter aus alten Zeiten, stellt sich uns in den Weg. In Höhe des UN-Drive-Supermarkts, wo die Bettler mit ihren Krücken und zusammengebastelten Rollstühlen nach ihren Opfern Ausschau halten. Michael hat seinen Rucksack dabei. Er will mir ein Schachspiel verkaufen, und zwar eins, dessen Figuren aus Patronenhülsen hergestellt sind. Ein Bürgerkriegsnostalgie-Geschenk sozusagen. Eine tolle Idee, sage ich und erkläre ihm, ich sei sicher, dass es gerade bei den etwas wohlhabenderen UN-Mitarbeitern reißenden Absatz finden könne. Siebzig Dollar sei ganz schön viel. Ich kann unmöglich ein aus Patronenhülsen hergestelltes Schachspiel für siebzig Dollar kaufen, nachdem ich Kepi für seine Dienstleistung, die ja eigentlich ein Freundschaftsdienst war, nur zehn Dollar gegeben habe. Michael hat jetzt ein Motorrad. Seine Geschäfte mit den Patronenfiguren, den Engeln, Kreuzen, Landarbeitern und Cowboys, die er aus platt gewalzten Patronenhülsen herausschneidet, läuft also nicht so schlecht. Allerdings hat er kein Benzin. Fahren kann er also sein Motorrad nicht. Wir erreichen die 9. Straße, ich verabschiede mich von Kepi, der, wie sich jetzt herausgestellt hat, nur deswegen mitgekommen ist, um sicherzugehen, dass ich die 9. Straße auch wirklich erreiche.

»Um Gottes willen«, sage ich, »bist du verrückt? Wie kommst du denn jetzt nach Hause?«

»Ich laufe«, sagt er.

»Aber du musst doch den ganzen Weg wieder zurück. Ich dachte, du müsstest auch in diese Richtung.«

»Nein«, sagt er ganz gelassen. »Ich bin nur mitgekommen, damit du die 9. Straße sicher findest. Ich wohne nicht mehr in der 24. Straße.«

»Wo wohnst du denn?«

»Woanders.« Er zeigt Richtung Innenstadt. Erst jetzt, wo er direkt vor mir steht, fällt mir auf, dass wirklich etwas mit ihm nicht stimmt. Ich überlege, ob ich ihm Geld für ein Taxi geben soll. Aber ich habe nur US-Dollar dabei, sorgsam zusammengefaltete Zwanziger, die allesamt gezählt und für ihren jeweiligen Bedarf eingeplant sind. Früher, als ich immer einen Haufen liberianischer Geldscheine mit mir herumgeschleppt habe, brauchte ich nur in die Tasche zu greifen, um ein paar Fünfer, Zehner oder Zwanziger herauszuziehen.

»Geht es dir nicht gut?«, frage ich.

Kepi schaut Richtung Innenstadt, als würde er sich am liebsten dort hinbeamen, um mir und meinen neugierigen Fragen zu entgehen.

»Oh. Es geht mir gut«, sagt er tonlos.

»Und deine Schwester ist weggefahren, hat Sam gesagt?«

»Sie ist in Accra.«

»In Accra?« Ich bin erstaunt, dass Kepis Schwester, die meines Wissens Liberia noch nie verlassen hat, auf einmal in Accra sein soll. »Was macht sie denn da?«, frage ich noch. Aber in diesem Moment hat Kepi schon ein Motorrad herangewunken und sich schnell zu dem Fahrer auf den Rücksitz gesetzt.

»Warte«, sage ich. »Ich gebe dir Geld. Fahr besser mit dem Taxi. Das ist sicherer.«

Kepi schüttelt den Kopf und lacht.

»Ich fahre *immer* mit dem Motorrad«, sagt er, tippt dem Fahrer leicht auf die Schulter, und die Maschine setzt sich in Bewegung. Er winkt mir zu. Aber ich bin für einen Moment so überrascht, dass ich nicht zurückwinke. Irgendetwas stimmt nicht mit ihm, denke ich. Seine Leichtigkeit und Lebensfreude wirken aufgesetzt und künstlich. Natürlich hat weder er noch der Fahrer einen Helm auf. Im Fahrtwind bleiben ihre Haare starr und unbewegt, als seien sie die eigentlichen Schutzzonen.

Ich gehe ins Haus und lege mich in mein Zimmer, um ein wenig zu schlafen. Am Abend sind wir mit Freunden verabredet. Und ich werde Wayne wiedersehen, der mittlerweile sogar noch hyperaktiver und umtriebiger ist als Evelyn, die sich in diesem Moment auch ausruht. Die Liberianer beschließen währenddessen den Tag, indem sie abstimmen gehen. Sie tunken ihre Finger in Tintenfässer, äußern ihre Meinung zum Referendum. Und was sie sonst so von der Demokratie halten. Kepi ist noch nichts anzumerken, als wir nach der Besichtigung des Wahllokals aus der Lutheran High School wieder herausgekommen sind, in der schreckliche Dinge passiert sind während des Krieges.

»Aber du könntest doch wenigstens einen *Engel* nehmen«, bittet Michael immer wieder und streckt mir seine Hand entgegen, eine improvisierte Verkaufsfläche, die er schnell aus seinem Rucksack hervorzieht.

»Two for one«, sagt er.

»Nein«, sage ich, »ich habe dir damals doch schon über 20 abgekauft. Weißt du das nicht mehr?«

Michael nickt, packt alles wieder ein und schiebt seine Maschine mühsam Richtung John-F.-Kennedy-Krankenhaus. Ich sehe ihn vor mir, bevor ich einschlafe. Es ist nicht weit von der Highschool entfernt, wo die Giraffe über die Mauer zu springen versucht und wo während des Krieges in einer einzigen Nacht 800 Menschen umgebracht worden sind. Und während Michael immer neue plattgeschlagene Engel aus seinem Rucksack holt und auf seine Hand legt, ein Dollar das Stück, schaut Kepi zu der Schule, in der er und seine Schwester damals ihr Abitur gemacht haben. Es ist ihm nicht anzumerken, was er denkt, und wie immer bei Kepi ist es besser, dass ich das respektiere und ihn in Ruhe lasse. Aber am nächsten Tag erzählt mir Evelyn beim Frühstück, dass seine Schwester in Accra festsitzt, weil sie vergeblich versucht hat, ein Visum für Europa zu kriegen.

4

Der Sitz der National Elections Commission liegt nur ein paar Meter von der 9. Straße entfernt, auf dem Tubman-Boulevard. Der Tubman-Boulevard, benannt nach dem Präsidenten William S. Tubman, der zwischen 1944 und 1971 mit seiner True Whig Party über das Land geherrscht hat, ist neben der Broad Street und dem UN Drive die einzige Straße in Liberia, die diese Bezeichnung verdient. Gefühlt hängen sie alle drei zusammen und bilden eine endlose Straße, von der alle Ausfallstraßen abgehen, die die größeren Orte miteinander verbinden, die aber mit ihren zahllosen Schlaglöchern eher den Eindruck von Hindernisparcours erwecken, während der Tubman-Boulevard dank der Chinesen das längste zusammenhängende Stück Asphalt des Landes ist, das keine Hindernisse aufweist. Zur National Elections Commission gehe ich zu Fuß. Augustine, mein Kontaktmann bei der NEC, erwartet mich am Hintereingang, wo der Parkplatz ist. Augustine wird jetzt auf einmal zu einer Schlüsselfigur, nachdem ich anfänglich alles darauf gesetzt habe, ich könnte Zugang zur UNMIL bekommen. Die United Nations Mission in Liberia, für die auch Carly gearbeitet hat. Augustine erscheint deswegen als eine Notlösung. Er empfängt mich in seinem kleinen, mit Papier- und Aktenstapeln vollgepackten Büro, und eine Weile sprechen wir über Evelyn, und woher sie sich kennen. Sie haben beide in einem Jugendprojekt in West Point gearbeitet, und Augustine war eine Weile auch Mitglied der Early Warning Group.

»Evelyn ist toll«, sagt Augustine, während er sich schon wieder hingesetzt hat.

»Ja«, sage ich. »Das finde ich auch. Und ihr kennt euch schon lange?«

»Von Anfang an«, sagt er und schaut auf seinen Computer. Ich drehe mich zu seinem Kollegen um, der vor einem Computer sitzt, der noch älter aussieht als der von Augustine, und ich sage noch einmal, wie froh ich bin, dass er sich Zeit für mich genommen hat.

»Ich nehme mir für alle Zeit, die Evelyn kennen«, sagt Augustine und lächelt mich an. Beinahe automatisch verfalle ich in meine Angewohnheit, gegenüber liberianischen Behördenmitarbeitern besonders freundlich zu sein, als ginge von ihnen eine gewisse Gefahr aus, dabei versuche ich vor allem den Eindruck zu vermeiden, ich erwartete als Ausländer eine bevorzugte Behandlung, obwohl es genau das ist, was ich mir insgeheim von ihnen erhoffe.

»Also, was kann ich für dich tun?«, fragt Augustine schließlich ganz forsch und professionell, als hätte er mich durchschaut, als würden wir eine kurze Filmszene spielen und ich sei irgendeine Art Ermittler und er vielleicht irgendeine Art Staatsanwalt, in einem Film, der, allerdings vollkommen unrealistisch, ausgerechnet in Liberia spielt. Er ist umgeben von den typischen kanariengelben Aktenordnern, die in der Trockenzeit eine staubige Grundierung annehmen, die sie dann in der Regenzeit als schimmelige Glanzoberfläche wieder ausschwitzen, um somit innerhalb kürzester Zeit unbrauchbar zu werden. Und dann erzählt er mir ganz nebenbei, dass am folgenden Samstag Prince Johnson seinen Wahlkampf eröffnet. In New Kru Town, auf der anderen Seite der Stadt. Eine Neuigkeit, die mich sofort elektrisiert. Prince Johnson. Eine der schillernden Figuren des Landes. Jemand, an den man normalerweise nicht so leicht herankommt. Augustine hat mir schon bei unseren vorbereitenden Telefonaten angekündigt, er selbst könne mir gar nicht viel helfen und müsse mich mit höherrangigen Mitarbeitern in Kontakt bringen. Und jetzt macht er mir dieses verlockende Angebot. Er selbst scheint es gar nicht als solches zu empfinden. Für ihn ist Johnson nur einer von vielen, ein Kandidat, der keine besondere Aufmerksamkeit verdient. Ich versuche, nicht zu begeistert zu wirken und mein Interesse an der Sache vor ihm zu verbergen.

»Vielleicht fahre ich da mal hin«, sage ich leichthin.

»Ja«, sagt er, etwas gelangweilt. »Wenn es dir weiterhilft.« Er ordnet ein paar Aktenstücke und schaut auf den Computer. »Diesmal bist du ja nur da, damit wir uns kennenlernen. Aber jetzt weiß ich, was ich meinen Vorgesetzten über dich erzählen kann.« Doch seine Vorgesetzten erscheinen mir in diesem Moment nicht mehr so wichtig. Ich denke an Prince Johnson. Ich denke daran, wie mir Leute mit einem düsteren Unterton von ihm erzählt haben. Und was in den liberianischen Zeitungen stand, als die Ergebnisse der Wahrheits- und Versöhnungskommission bekannt wurden. Plötzlich tauchte sein Name wieder auf. Der Reisebann, mit dem man ihn belegen wollte, solle genauso für die Präsidentin gelten, forderte er. Schließlich habe sie Charles Taylor damals auch unterstützt. Allerdings waren die Empfehlungen der Kommission ohnehin alle rein theoretischer Natur, und Johnson kann sich nach wie vor frei bewegen. Er ist Senator in Nimba County, und jetzt will er also auch noch Präsident werden.

»Wann geht es denn da genau los?«, frage ich Augustine.

»Willst du denn wirklich hin?«, fragt er. Er blättert in seinen Unterlagen. Er weiß nicht, wann genau die Veranstaltung mit Prince Johnson beginnt. Ob um 9, 12 oder doch erst um 14 Uhr. Aber man kann einfach so hingehen und zuschauen? Nach einer Presse-Akkreditierung frage ich erst gar nicht. Prince Johnson eröffnet seinen Wahlkampf. Mit dieser Neuigkeit fahre ich sofort zu meinem nächsten Termin. Vielleicht kennt man in der deutschen Botschaft jemanden, der etwas über Prince Johnson weiß. Etwas, das über die Klischees und die berühmte Hinrichtungsszene hinausgeht.

Die deutsche Botschaft ist ein eigentümlich entleerter und gleichzeitig unglaublich friedlicher Ort. Der Strom ist ausgefallen, und ich gehe mit dem stellvertretenden Botschafter in den nagelneuen Konferenzraum. Wir sitzen an einem ovalförmigen Tisch, der in seiner Form an den Kommune-1-Tisch erinnert, vom Design her aber ganz der glanzlose, biedere Behördentisch ist, der einen bloß auf keine falschen Gedanken bringen und das traditionelle Understatement der deutschen Botschaft, wie es in Liberia seit Jahren gepflegt wird, nicht unterlaufen soll. Deutschland und die Deutschen spielen in Liberia keine Rolle mehr. Aus den 3000 Arbeitern in den Bong Mines, die in den 1970ern für Thyssen Eisenerz gefördert haben, sind über die Jahre 69 geworden, die der jeweilige Botschafter alle von Angesicht zu Angesicht kennt. Touristen gibt es keine. Liberia kennt das Phänomen des Tourismus nicht. Die Touristen kennen auch Liberia nicht. Der Tag, an dem der erste Tourist in Liberia ankommen wird, wird ein historischer sein. Obwohl die Angehörigen der Internationalen in gewisser Hinsicht Touristen sind, jedenfalls diejenigen, die kommen, um die Karrierefortschritte ihrer Kinder oder deren noch immer nicht versiegenden Idealismus zu bewundern. Dass der Strom ausgefallen ist, ist nicht weiter problematisch. Es ist mitten am Tag, und man ist so etwas gewöhnt. Während ich mit dem stellvertretenden Botschafter spreche, erstaunt über die Ereignislosigkeit und Friedlichkeit unseres Gesprächs, die ich allein der ungeheuren Sterilität der Botschaftsräume zuschreibe, summt im Hintergrund eine Alarmanlage. Ich denke an Wayne. Ich denke daran, wie Wayne, den ich immer nur als Praktikanten von Landmine Action wahrgenommen habe, der sich auf allen Partys volllaufen lässt, jetzt zu einem Repräsentanten des Establishments geworden ist. Weil er jetzt für die UN arbeitet, für das World Food Programme, bekommen seine Exzesse auf einmal den Anschein von Würde, von Schmerz und Überlastung. Der stellvertretende Botschafter scheint die Alarmanlage nicht zu hören. Ich überlege, ob ich ihn darauf aufmerksam machen soll. Es hört sich wie eine fortwährende Bedrohung an, die man besser für immer ignoriert, wie es der stellvertretende Botschafter dann auch tut, um mir schließlich, als ich ihn endlich, nach einer gefühlten Ewigkeit, doch darauf anspreche, zu erklären, dass es gar kein Alarmsignal ist, sondern der elektronische Protest der Stabilisatoren, die auf die Rückkehr der Energie warten, die der ausgefallene Generator sonst so reichhaltig produziert. Zu Prince Johnson fällt ihm nichts ein. Er gibt mir eine Telefonnummer, die sich aber schon kurze Zeit später als falsch und deswegen wertlos erweist.

»Da können Sie es mal versuchen. Richten Sie einen schönen Gruß von mir aus. Ansonsten würde ich Ihnen raten, mit jemandem von UNMIL zu sprechen. Die sind, was die Wahlen angeht, ganz gut informiert.«

»Ich dachte, ich spreche zuerst mit Ihnen«, sage ich.

»Es freut mich, dass Sie gekommen sind. Eigentlich ist es ja im Moment ziemlich ruhig.« Er faltet die Hände zusammen, und ich schaue auf mein Notizbuch. Meine Hoffnung, die Botschaft könne mich mit der Präsidentin zusammenbringen, erfüllt sich nicht. Ich mache ein paar lobende Bemerkungen über die neue Einrichtung, und wir unterhalten uns darüber, wie auffallend ruhig es im Land ist. Sonst passiert weiter nichts. Ein paar Minuten ergehen wir uns noch im Austausch von Höflichkeiten und harmlosen Anekdoten über Monrovia, wobei der stellvertretende Botschafter genau darauf bedacht zu sein scheint, weder zu persönlich noch zu offiziell zu erscheinen. Er bewegt sich in einem Niemandsland der Kommunikation.

»Jetzt merke ich das ja erst«, sagt er auf einmal. »Ich habe Ihnen gar nichts angeboten.«

»Vielen Dank«, sage ich. »Das ist nicht nötig.« Wir sind uns einig, dass unsere Besprechung langsam dem Ende entgegengeht. Er wartet noch auf den Polizeipräsidenten, dessen Ankunft sich aber immer wieder verzögert.

»Der kommt wahrscheinlich sowieso nicht mehr«, sagt er schließlich und steht auf. »Willkommen jedenfalls in Liberia.« Wir geben uns die Hand. Im Hintergrund lehnt die deutsche Flagge neben der europäischen und der liberianischen an der Wand. Zusammengerollt und ohne Wind sieht sie wie ein übermäßig großer, bunter Regenschirm aus, den man in einem Land mit solch hoher Niederschlagsmenge ganz gut gebrauchen kann.

In gewisser Hinsicht, zumindest kommt es einem auf den ersten Blick so vor, gibt es sie gar nicht. Die deutsche Botschaft. Niemand kommt, niemand beantragt irgendetwas. Die große Leere, die Abwesenheit jeglichen Publikumsverkehrs, das Fehlen der Wartenden, Hoffenden und Sehnsüchtigen, das Fehlen der Ausreisewilligen macht die Botschaft, die ihrerseits auf dem ehemals pompösen Grundstück mit eigenem Pool und Tennisplatz zu einem Untermieter ihrer selbst zusammengeschrumpft ist, zu einer Geisterbotschaft in einer Geisterstadt, zu einem Stützpunkt des Nichts. Denn wenn sie ein Visum haben wollen, müssen die Liberianer nach Ghana fliegen, genauer gesagt nach Accra. Dort ist die europäische Festung, das europäische Hochsicherheitsgefängnis, in dem die verdächtigen Seelen, die es auf eine Einreise abgesehen haben, prophylaktisch als Verbrecher, die ihr Verbrechen gedanklich schon geplant, aber noch nicht ausgeführt haben, so lange in Beugehaft genommen werden, bis sie gestanden haben. Und dann wollen die meisten sowieso nicht mehr nach Europa. Kepis Schwester ist in Accra, weil eine Freundin, mit der sie früher im liberianischen Justizministerium zusammengearbeitet hat, sie zu ihrer Hochzeit nach London eingeladen hat. Seit zwei Wochen sitzt sie jetzt in Accra fest und wartet darauf, dass sie ihren Pass zurückkriegt. Ob Kepi böse auf uns ist, weil wir indirekt für die Visa-Bestimmungen verantwortlich sind?

Die Stabilisatoren singen, und der stellvertretende Botschafter zieht sich zurück. Ich rufe die Nummer an, die er mir gegeben hat, während ich allein im Konferenzraum auf mein Taxi warte. »The number is either switched off or out of coverage area«, höre ich, und ich höre noch andere, noch irritierendere Ansagen und Töne. Ich verlasse die Botschaft, einen Ort des Friedens und der bilateralen Leere. Die Sekretärin hat sich schon freigenommen, und außer meinem Gesprächspartner ist an diesem Nachmittag ohnehin niemand mehr da. Ich benutze noch einmal die Toilette, die tatsächlich, dank der deutschen Handwerkskunst, zu den besten und luxuriösesten im ganzen Land gehört, und muss daran denken, wie damals, bei dem Besuch der Bundeskanzlerin, die Toilettenfrage als eine besonders delikate schon vorab ausführlich durchdiskutiert wurde. Rückzugsorte, Orte für die Wahrung der Intimsphäre, so etwas ist in Liberia nicht vorgesehen. Ich verlasse das Gelände und laufe nach draußen zu Limen, meinem nigerianischen Taxifahrer, der mich zu einem Mittagessen mit Max bringen soll. Max ist der Inhaber des Garden Cafés, der Bar, in der Wayne Kepi und seine Schwester fotografiert hat. Wayne sieht auf diesen Fotos aus wie immer. Kepi erkenne ich dagegen kaum wieder. Jenseits der Wirklichkeit, außerhalb der Realität, in einem Film, der schnell und hart geschnitten ist, erscheint Kepi in seiner eigenen afrikanischen Wirklichkeit, die alles wieder verlangsamt, in seinem eigenen Land neben Wayne plötzlich wie eine Randexistenz, wie ein Schauspieler. Ein Schauspieler, der sich selbst spielt. Ein Leben, das in Zeitlupe läuft und plötzlich, wenn das der anderen weitergeht, stehenbleibt. Ich überlege, ob ich Kepi noch einmal anrufen soll. Ich mache mir Sorgen um seine Schwester. Ich mache mir Sorgen, dass etwas mit ihr in Accra passiert.

Am Eingang des Botschaftsgeländes ist von meinem Taxi noch nichts zu sehen, ich muss draußen an der Straße warten. Ich setze mich auf einen Mauervorsprung. Vor mir ist eine sumpfige Stelle, die ich im Auge behalten muss, damit ich später, wenn das Taxi kommt, einen anderen Weg gehe. Für diese Augenblicke, für solche Wartezeiten, in denen ich nichts tue, habe ich mich mit Lektüre versorgt. Noch leichter und angenehmer zu transportieren als Leiris' *Phantom Afrika* ist Byung-Chul Hans *Was ist Macht?*. Vielleicht habe ich dieses Buch, das eigentlich gar kein Buch, sondern nur ein Heft ist, auch nur deswegen dabei, weil Reclam-Hefte für solche Reisen ideal sind. Sie sind wie Notizbücher, man kann sie überall hineinstecken und überall wieder hervorholen. Zu jeder Zeit und zu jeder Gelegenheit. »Die Macht entspringt dem Zwischen«, steht auf Seite 104. »Macht besitzt eigentlich niemand, sie entsteht zwischen Menschen, wenn sie zusammen handeln, und sie verschwindet, sobald sie sich wieder zerstreuen.« Es ist ein Hannah-Arendt-Zitat, und ich überlege, ob ich die Passage in mein Notizbuch schreiben soll, aber dann höre ich das Hupen des Taxis.

5

»Wusstest du das?«, frage ich Max im P. A's Ribhouse eine Stunde später, während wir uns über die bestellten Chicken Wings beugen. Max ist etwas genervt, dass die Portionen so lächerlich klein sind und dass der Service an diesem Tag so schlecht ist. »Die Engländer zwingen die Liberianer einfach in der Stadt zu bleiben, wenn sie ein Visum beantragen. Und während des ganzen Prozesses darf sie Accra noch nicht mal verlassen. Sie ist eine Gefangene des Visa-Verfahrens.« Max nickt, während er die Hähnchenknochen abnagt. Er kennt Kepis Schwester gar nicht so genau. Er gibt sich nicht besonders viel Mühe, die Gäste seines Clubs kennenzulernen, obwohl das fürs Geschäft wahrscheinlich besser wäre. Wir essen Chicken Wings und trinken Diet Coke. Was anderes haben sie nicht da. Der Kellner ist eine Katastrophe. Wie so oft in Liberia. Immer hat man das Gefühl, man würde sie bei etwas stören und würde sie aus ihrem anderen Leben, das sie jenseits ihrer Dienstleistung führen, herausreißen. Aus ihrer sorgsam gehüteten Parallelexistenz, die sie in Tagträumen hinter der Bar, am Tresen oder in der Küche, wo es die Speisen, die auf der Karte stehen, dann auf einmal gar nicht mehr gibt, heimlich inszenieren und aus denen sie dann mit müden und oft mürrischen Gesichtsausdrücken wieder zurückkehren. Aber vielleicht liegt es auch daran, dass sie, um ihre Familie zu versorgen, noch einen zweiten Job machen müssen und unter einem ständigen Schlafdefizit leiden. Dann fällt Max doch jemand ein. Jemand, der Prince Johnson kennt. »Den solltest du sowieso mal treffen«, sagt er. »Das ist ein interessanter Mann.« Max putzt sich die fettigen Finger an der Serviette ab. »Warte«, sagt er, »ich rufe ihn gleich an. Dann fahren wir hin.« So ist es in Liberia. Plötzlich kommt Schwung in die ganze Sache, plötzlich weitet sich die Mittagspause aus, unser harmloser kleiner Wiedersehens-Lunch. Ich denke nicht mehr an Kepi, und auch die Probleme des liberianischen Gaststättengewerbes erscheinen hinfällig. Sie sind ohnehin neurotische Projektionen westlicher Gehirne, die es wütend macht, dass die Liberianer, die man doch so reichhaltig mit Entwicklungsgeldern beschenkt, sich nicht ein bisschen mehr anstrengen können, wenn sie einem eine Cola servieren oder einem verschweigen, dass es die Hälfte der Speisen auf der Karte heute gar nicht gibt.

»Und ihr habt wirklich keine normale Cola?«, fragt Max.

»Nein«, sagt der Kellner, ohne etwas anderes anzubieten.

»Was habt ihr denn?«

»Keine Cola«, sagt der Kellner schroff.

»Keine?«

»Nein.«

»Dann bring mir eine Sprite. Du auch?«, fragt Max und wendet sich zu mir. Ich nicke. »Also zwei.«

»Ich habe nur noch eine«, erwidert der Kellner.

»Was hast du denn?«

»Eine Fanta.«

»Dann bring eine Fanta.« Max grinst. Nach einer Pause kommt der Kellner wieder. Aber er hat keine Sprite, sondern nur Diet Coke und erklärt uns, es gäbe keine Fanta mehr. Wir nehmen das alles hin, bezahlen und fahren zu dem Mann, der vielleicht Prince Johnson kennt. Auf dem Weg dorthin erzählt mir Max, wie es in der Schweiz war und wie er dort versucht hat, das neue iPad zu kaufen. Er schaltet das Autoradio an, und zu meiner großen

Überraschung kommt Yes aus den Boxen. Und zu dem sphärischen Gesang des fast schon totgeglaubten Jon Anderson schaukeln wir jetzt über die Schlaglöcher Liberias hinweg zu Steiner, einem Schweizer Tierpräparator, der in den achtziger Jahren in Liberia einen Zoo betrieben hat.

»Du meinst, wir können ihn jetzt einfach so stören?«, frage ich.

Max ist in Gedanken noch in der Schweiz und bei dem verpatzten Kauf seines iPads.

»Kein Problem«, murmelt er. »Der ist froh, wenn mal jemand vorbeikommt.« Ein paar Stunden später weiß ich, was Max damit gemeint hat. Ein paar Stunden später hat mich selbst eine große Einsamkeit erfasst, inmitten dieser wuselnden, überbevölkerten und pulsierenden Stadt, in der es gar nicht so einfach ist, seine Einsamkeit zu zelebrieren. Ausgerechnet dieser Song läuft: *Parallels.* Ich habe ihn das letzte Mal als Teenager gehört. »I've been all around the world and seen so many faces«, singt Jon Andersen. »No hesitation when we're all about to build a shining tower … When we are winning we can stop and shout.«

Max möchte nicht gerne über Prince Johnson sprechen, und das hat auch einen guten Grund. Als Johnson zusammen mit Charles Taylor in den Neunzigern den Krieg nach Liberia gebracht hat, der anfänglich noch ein Freiheitskrieg zu sein schien, hat Max selbst noch in Monrovia gelebt. Er ist Sohn einer Liberianerin und eines Haitianers. Seine Mutter heiratete in Liberia den Gründer der Club-Beer-Brauerei. Max wuchs in der Schweiz auf, kam aber dann zum Studieren vorübergehend wieder nach Liberia, gerade in dem Moment, als Taylor und Johnson in Monrovia einmarschierten. In Europa wurde Max zu einem typischen Schweizer. Höflich, im Wesen zurückhaltend, auf sympathische Weise umständlich, seine zerdehnten deutschen Sprachgirlanden über alles ausbreitend, was gerade der Erörterung bedarf. Charles Taylor wollte er umbringen. Er erzählt es mir noch in

P. A's Ribhouse. Zumindest erwog er es. Aber beim Einmarsch standen auf den Ladeflächen der »Toyota Technicals«, wie die zu Militärfahrzeugen umgerüsteten Land Cruiser mit ihren abgesägten Dächern genannt werden, schwerbewaffnete Kämpfer mit Kalaschnikows, und Max kam von seinem Plan wieder ab. Es war ohnehin nur eine Phantasie. Meine Faszination für solche Persönlichkeiten wie Prince Johnson deckt sich nicht mit Max' Erlebnissen, wie sie sich überhaupt nicht mit der liberianischen Wirklichkeit deckt. Genauso wie man in Deutschland gegenüber NS-Verbrechern auf Abstand geht und sie als Gegenstand einer literarischen ›Verarbeitung‹ zunächst einmal für suspekt hält, so ist es auch in Liberia mit Charles Taylor oder Prince Johnson. Sie besitzen für die Liberianer ein ungleich größeres Ausmaß an Komplexität als für einen neugierigen Beobachter, der sich ein bisschen eingelesen hat. Taylor marschiert in Monrovia ein, es war noch relativ am Anfang des epischen vierzehnjährigen Bürgerkriegs, und Max tut nichts. Er tötet ihn nicht, opfert sich nicht auf.

»Da sind Sachen passiert, die ich selbst noch nicht richtig aufgearbeitet habe«, sagt Max. »Ich hab' mal alles aufgeschrieben vor Jahren, aber weiter bin ich noch nicht gekommen.«

Wir suchen nach dem Haus des Schweizer Tierpräparators. Es liegt etwas abseits der Hauptstraße in einer Gegend, die von zahllosen Seiten- und Querstraßen durchzogen ist, die allesamt nicht beschildert, nicht asphaltiert und zum Teil mit einem Wagen gar nicht befahrbar sind. Max spricht nicht gerne über den Krieg. Er erzählt lieber von St. Gallen, von der Schweiz, die ihm so eigentümlich leer erschienen ist. Er wollte mal wieder Freunde besuchen und sich mit der neuesten Elektronik eindecken, aber es kam ihm so vor, als stünde die Schweiz kurz vor dem Untergang, so leer sei es überall gewesen. »Richtig verlassen«, murmelt er, während er nach der richtigen Abzweigung Ausschau hält. »Ob das mit der Finanzkrise zu tun hat? Vielleicht sind alle abgehauen.« Er grinst. Ein leichtes Hippietum umweht ihn jetzt, er wirkt plötzlich somnambul, driftet unter den Palmen und Bambushütten hinweg auf der Suche nach diesem alten Landsmann, der sich hierher geflüchtet hat. Ein iPad hat sich Max nicht gekauft. Man spürt, dass er darüber etwas traurig ist. Man braucht nur ein Jahr in Liberia zu verbringen, schon weiß man, wie wichtig es sein kann, an diesem technologischen Fortschritt irgendwie teilzuhaben und sich einzudecken mit den mystischen Instrumenten des Kapitalismus, seien sie auch noch so klein und vor allem in Liberia zum Teil überflüssig. Der technische Vorsprung, den man in Händen halten kann, kann einen vor den diversen Heimsuchungen und den Dämonen bewahren. (Wie der Film, den Steiner mir später vorführen wird, den er damals über seine Tiere gedreht und auf seinem Laptop gespeichert hat. Das düstere maschinelle oder animalische Kreischen im Hintergrund ist ein nicht zu entschlüsselnder Kommentar zu dem, was passiert ist.) Aber noch sind wir gar nicht da. Noch haben wir Steiner nicht erreicht. Wir kurven in der Gegend herum, und Max fragt sich, was eigentlich mit ihm los ist. Wir fahren zweimal in dieselbe Straße hinein. Yes ist etwas leiser gestellt. Von Max fällt sein melancholischer Schutzpanzer ab, mit dem er sich gegen die Enttäuschungen des liberianischen Alltags zu wappnen versteht. Zum Beispiel, dass man sein Lokal, das Garden Café, auf die Liste der von UNMIL geächteten Orte aufgenommen hat. Genauso wie das Dejavu, in dem Wayne eine Nacht mit Kepi und seiner Schwester verbracht hat. Dass das Garden Café auf der Liste aufgetaucht ist, erscheint mir wie ein Anschlag auf Max' Integrität. Ein Akt der Willkür, der vielleicht, wie Max vermutet, mit persönlichen Animositäten zu tun hat. Mittlerweile ist das Garden Café von der Liste wieder herunter, aber Max leidet noch immer darunter, genauso wie unter seiner müden und lustlosen Belegschaft, denen auch ein ausgedehnter Motivationsworkshop nicht geholfen hat. »Da kommt dieses Mädchen heulend auf die Arbeit, weil ihr Freund sie verlassen hat, und sagt, sie kann nicht arbeiten«, erklärt er. »Aber ich lasse doch so etwas zu Hause, das bleibt doch im Privatleben, oder?«, fragt er. Er vergewissert sich. Schließlich ist er ja auch Liberianer. »Ich trenne doch das Private und das Berufliche. Aber hier macht man das nicht.« Er ist erstaunt, überrascht. Er findet die Straße nicht. Sein Personal weint. Die UN verdächtigt ihn, nicht entschieden genug gegen die Prostituierten vorzugehen, die das Garden Café jeden Freitag bevölkern. »Es ist hier, oder?«, fragt Max und setzt wieder zurück. Er driftet ab, verirrt sich. Es dauert noch zehn Minuten, bis wir das Haus von Steiner endlich gefunden haben. Es liegt in einem Viertel, in dem sonst kaum Ausländer wohnen. »Ich verstehe nicht, was mit dem Dollar los ist«, sagt er. »Der ist überhaupt nichts mehr wert. Es war alles wahnsinnig teuer. Und die Schweizer. Wo waren sie? Wenn das so ist, kann ich mir das iPad auch hier kaufen, oder?« Er schüttelt den Kopf, hupt und wartet darauf, dass uns jemand das Tor aufmacht. »Ist hier jemand?«, ruft er, als wir schließlich hereingekommen sind und um das Haus herumlaufen. »Wo ist denn jetzt euer Eingang?«, ruft er. Als würde sich der Eingang alle paar Tage ändern. Keine Antwort. Wir laufen um das Haus herum bis zur Terrasse. Vor uns das Panorama des Mesurado River. Ein wunderschönes, etwas elegisches Bild breitet sich aus. Überwucherte Steinfragmente. Das schwere, ölig wirkende Wasser des Flusses. Bäume, die ihren Schatten auf die Uferböschung werfen. Das Flüstern der Blätter im Wind. Von den Tieren, die es hier gegeben haben soll, keine Spur. Nach einer Weile hören wir ein Schlurfen, vom Kachelboden aus dem Inneren des Hauses. Steiner kommt zu uns heraus. Max flüstert mir etwas zu, aber ich verstehe nicht, was er sagt. Er winkt Steiner zu. Im Nu hat er sich verwandelt. Im Nu ist aus dem zweifelnden, melancholischen Europäer ein zupackender und fröhlicher liberianischer Entrepreneur geworden.

»Guck mal«, ruft Max, »ich hab' jemand mitgebracht.«

Steiner blinzelt. Es ist ein alter, gebeugt gehender Mann. Er trägt ein T-Shirt und ausgebeulte, beigefarbene Hosen. Er stutzt. Bleibt für einen Moment stehen. Er traut der Sache nicht so ganz über den Weg. Dann kommt er langsam und zögernd auf uns zu.

6

Steiner ist Mitte sechzig. Er hat schon einiges hinter sich. Aber das scheint jetzt keine Rolle mehr zu spielen. Sein Haus, seine Existenz, sein Status. Alles ist im Entwurfszustand. Sein Leben fängt gerade wieder von vorne an. Hier auf diesem idyllisch gelegenen Grundstück direkt am Fluss. Das Wasser sieht, wenn man genauer hinschaut, schlammig und unsauber aus, die Bäume merkwürdig mager und schwach. Steiner zittert. Er bietet uns Sitzplätze an. Max plaudert ein bisschen mit Steiners Frau und verabschiedet sich dann. Ob er von Anfang an geplant hat, mich hier meinem Schicksal zu überlassen? Ich verbringe den ganzen Nachmittag bei den Steiners, obwohl ich mir viele andere Sachen vorgenommen habe. »Er kann dir alles erzählen«, sagt Max. »Wenn sich jemand mit Liberia auskennt, dann er.« Er zeigt auf Steiner, als hätte ich das große Los gezogen, und dann ist er weg. Und mit ihm das Auto, das mich hier wieder herausbringen könnte.

Wir sitzen auf der Terrasse. Steiner zeigt mir Fotos. Seine Frau sitzt etwas abseits auf einem Stuhl, immer auf dem Sprung, in das Gespräch einzugreifen, etwas richtigzustellen oder nach Bedarf die Erzählung zu verlangsamen oder zu beschleunigen. Sie ist auch für die Dramatisierung zuständig, für die Emotionen. Das Haus ist ein einfacher Flachbau ohne Keller mit nur einem Geschoss. Die Einrichtung ist karg. Der Garten verwildert, und nirgendwo sind Anzeichen von bürgerlicher Gemütlichkeit, wie man es bei einem älteren Paar erwarten würde. Das Haus sieht kaum anders aus, als wenn Evelyn und Sandy hier ihr Lager aufgeschlagen hätten. Aber das liegt daran, dass die Steiners Rückkehrer sind. Und ich brauche schon allein deswegen den ganzen Nachmittag, weil sie mir ihr ganzes gemeinsames Leben erklären, das in zwei Hälften zerfällt. Zwanzig Jahre Liberia und zwanzig Jahre Schweiz. Der Wendepunkt liegt dazwischen. Es ist der Moment, als alles, was sie sich aufgebaut hatten, zugrunde gegangen ist. Es ist der Moment, als ihr Zoo zerstört wurde. Steiner spricht davon, beiläufig und in seinem etwas nuscheligen Tonfall, der jegliches Drama ausspart, seine Frau kommt ihm zu Hilfe. Sie kann nicht mit anhören, wie ihr Mann dieses traumatische Erlebnis einfach so umgeht. Als wäre er eine Katze, die um einen Gefahrenherd herumschleicht.

»Können Sie sich das überhaupt vorstellen?«, fragt sie und schaut mich fast wütend an. Steiner winkt ab. Er kennt die Geschichte. Er hat sie erlebt, und seine Frau hat sie schon hundertmal erzählt. Es ist auch später noch seine Frau, die mich auf seine kleinen Erfindungen hinweist, die sich überall im Haus und auf dem Grundstück befinden. Die leeren Flaschen, die kopfüber von der Decke im Wohnzimmer hängen und als Lampenschirme dienen, oder die massigen Buchstaben aus Beton, die im Garten stehen und die er dem Nachtleben von Monrovia gewidmet hat. »Ich muss Ihnen das alles noch mal erzählen«, sagt sie. »Sonst können Sie es ja nicht verstehen.«

»Denn dann«, fährt sie fort, »kamen sie eben, ohne Vorwarnung, die Soldaten …« Ich schaue auf den Fluss, auf das Grundstück. Die Erinnerung ist zwanzig Jahre alt, und ich schaue in ihr Gesicht, auf die Zahnlücke, die ihr etwas Verwegenes gibt. Steiner nickt, blättert in dem akribisch geführten Fotoalbum, in dem seine Tiere weiterleben, und zeigt auf eine Goldkatze, die sich um die beigefarbene Hose schlängelt, die Steiner in den achtziger Jahren mal getragen hat. Tausende von Menschen sind in Liberia umgekommen, aber so ausführlich hat mir noch niemand erzählt, wie sich ein solcher Schicksalsschlag anfühlt. Auch wenn es nur Tiere gewesen sind. »Sie kamen«, sagt Frau Steiner. »Die Soldaten kamen. Sie waren nur zehn Minuten hier«, erzählt sie und schaut auf den Fluss. »Dann waren sie alle tot. Sie haben sie alle erschossen. Alle.« Sie schaut mich an, als wäre dieses Verbrechen unermesslich und als wäre es tatsächlich das größte denkbare, das in Liberia geschehen ist. Ich verstehe nicht, wieso es Soldaten von Samuel K. Doe, dem damaligen Präsidenten, gewesen sind, und wie es sein konnte, dass man die Steiners verdächtigte, Rebellen in ihrem Boot von der anderen Flussseite herüberzubringen und bei sich zu verstecken. (Und zu diesem Zeitpunkt, Anfang der Neunziger, war die Lage auch noch nicht so dramatisch, der Hunger noch nicht so groß, dass man deswegen Tiere umbringen musste.) In der Erzählung der Steiners endet genau in diesem Moment ihr Leben. Jedenfalls ihr Leben in Liberia. Frau Steiner lächelt. Das Ende hat seinen Schrecken jetzt etwas verloren. Dann kommen die zwanzig Jahre, die sie in der Schweiz verbrachten. Sie machte Catering im Profifußball und er sortierte Post. Sie hatten eine Weile sogar ein eigenes Restaurant. Es hieß *Der afrikanische Abend*. Sie hatten es sich mühsam erarbeitet, dieses Leben, nachdem sie jahrelang das Catering im Stade de Suisse, dem Fußballstadion von Bern, mitzuverantworten hatte, im VIP-Bereich, wo afrikanische Küche nichts zählt. Sie bauten sich ein neues Leben auf, in der Schweiz. Aber dann mussten sie wieder zurück. Sie sind tatsächlich, wie sie mir an diesem Nachmittag auf ihrer idyllischen Terrasse erzählen, gezwungen worden, die alte Heimat wieder zu verlassen und in ihre neue Heimat zurückzukehren, die aber doch eigentlich immer ihre wahre Heimat geblieben ist. Wie sich später herausstellt. Aber bis dahin träumen wir uns durch ihren Zoo, durch die untergegangene Herberge für Pinselohrschweine, Tiger, Löwen und Zwergflusspferde. Wir schauen uns die Fotos an. Wir träumen uns durch ein Leben, von dem kaum etwas übriggeblieben ist. Bei der Bergung eines seltenen Zwergflusspferdes im Landesinneren haben sich Steiner und seine Frau kennengelernt. Irgendwann in den Sechzigern. Er war junger Wissenschaftler und sie die Tochter eines liberianischen Farmers. Beide machen sie Witze darüber, dass er sich angeblich gar nicht mehr erinnern konnte, welche der schönen Töchter des Farmers er nun ausgewählt hatte, als er bei ihrem Vater um ihre Hand anhielt. Seitdem sind sie zusammengeblieben. Sie hat ein paar Zähne verloren, sonst sieht sie noch immer so aus wie vor vierzig Jahren. Am Ende bekam Steiner in der Schweiz nur eine mickrige Pension, nachdem er fast zwanzig Jahre in der Poststelle eines Radiosenders gearbeitet hatte. Die Zeit, die er in Liberia als Tierpräparator, Wissenschaftler und Zoodirektor tätig war, wurde ihm nicht angerechnet. In London und New York scheiterten die Steiners damit, ihre Karriere als Zoobetreiber fortzusetzen, nachdem die Soldaten von Präsident Doe sie vertrieben hatten. Nirgendwo erkannte man ihre Qualifikation an. Ihre Erfahrungen zählten nichts. Dabei hatten sie sogar in den Achtzigern in einem Vogelpark im Schwarzwald und später in London Fortbildungen gemacht. Der Bürgerkrieg beendete alles, löschte alles aus. Auf dem Computer von Steiner läuft ein vierzigminütiges Video, in dem sämtliche Tiere nacheinander auftreten. Das enervierende Kreischen im Hintergrund stammt vielleicht doch nicht aus dem Weltraum und ist nicht der Gesang der Dämonen, sondern am Ende nur ein Zeichen von Übersteuerung oder das Gezwitscher der Vögel, die damals oben in den Bäumen saßen und überlebt haben. Ihr sieht man die Zeit, die vergangen ist, nicht an. Ihm aber schon, sein Gesicht ist grau, und die Wangen sind eingefallen. »Prince Johnson haben Sie aber nicht gekannt, oder?« Diese Frage liegt mir auf der Zunge, während ich mich mit den Besonderheiten der Goldkatze und der afrikanischen Eidechse vertraut mache. Steiner blättert durch das Fotoalbum. Die meisten Bilder zeigen die Bewohner des Zoos. Die Kinder sind in der Schweiz zurückgeblieben. Ihre gesamte Existenz ist jetzt in einem Container, der direkt neben ihrem Haus steht und darauf wartet, ausgeräumt zu werden. Ein anderer Container steht auf der Straße, ein paar Meter entfernt, und dient als Getränkeladen. Dort verkaufen sie Cola, Sprite und Club Beer.

»Sie haben sie einfach erschossen«, sagt Frau Steiner noch einmal und schaut wieder zum Fluss, als wäre es gerade eben passiert. Irgendwo gibt es bei Byung-Chul Han eine Passage, in der der Zusammenhang zwischen der Metaphysik der Macht, dem Kontinuum des Seins und den Tieren erklärt wird. Die Tiere leben in einem unauflösbaren Zusammenhang mit ihrer Umgebung, ununterscheidbar von ihr, wie das Wasser im Wasser. In einer solchen Welt wäre es absurd, einen alten Kahn zu versenken, der die Besucher von einer Flussseite zur anderen bringt. In einer solchen Welt erscheint es absurd, auf die Tiere zu schießen, aus denen diese Welt besteht, und ihre Existenz auszulöschen. Steiner wird mir das später erklären, bei einem Rundgang durch die postapokalyptische Erinnerungslandschaft seines untergegangenen Reichs. Seine Melancholie wird die von Max noch um ein Vielfaches übertreffen. Schon am Anfang, als Max noch dabei ist und mit Frau Steiner über die Logistik des Getränkeverkaufs spricht, ist die Verbitterung zu spüren und die Enttäuschung, an einen Ort zurückkehren zu müssen, den man eigentlich schon für immer verlassen hat. Ob das auch eine Art Trauma ist?

Ich bin schon etwas müde und denke an meine nächste Verabredung im Golden Beach, als Steiner vorschlägt, dass wir uns, nachdem wir schon den ganzen Nachmittag darüber gesprochen haben, jetzt endlich den Zoo anschauen sollen. Ich bin erstaunt, dass es ihn überhaupt noch gibt. Von unserem Platz auf der Terrasse des Hauses ist nichts zu sehen. In den leeren, von der tropischen Natur überwucherten Käfigen ist nur die Erinnerung an die exotischen Bewohner geblieben. Die Behausungen sind nur noch Fragmente, kaum zu erkennen, an einigen Stellen nur noch zu erahnen. In einem aufgerissenen Käfig, der verrostet und altersschwach an einem Avocadobaum lehnt, sehe ich plötzlich die

Trugbilder meiner liberianischen Bekannten aufblitzen. Ich sehe plötzlich Wayne, wie er vor zwei Jahren noch als Praktikant von Landmine Action im Moulin Rouge mit einer pakistanischen Rotes-Kreuz-Mitarbeiterin tanzt, eng an eng, nachdem er im Wagen einen Joint geraucht und mal wieder eines seiner Gebote übertreten hat. Wayne als wildes Tier. Oder Sam, die liberianisch-libanesische Doppelexistenz als scheues Reh auf einer Lichtung. Die Soldaten haben sie einfach erschossen, sagt Frau Steiner. Er nickt immer nur. Er wirkt traurig und gebrochen. Mir graut ein bisschen vor der langen Autofahrt mit diesem alten und traurigen Mann, der lieber Englisch spricht als Deutsch.

»Du kannst ihn doch mitnehmen«, schlägt seine Frau vor. »Du musst doch sowieso in die Stadt.« Er muss eine neue Gasflasche holen.

»Wo müssen Sie denn hin?«, fragt er.

»Ins Golden Beach«, sage ich. Ich schäme mich, als wäre das Golden Beach ein Puff. Es ist der Ort, wo die Gewinner ausgehen, die Reichen und Schönen der Stadt, die UN-Gehälter überwiesen bekommen oder unglaublich coole Jobs machen, bei denen die Zukunft des Landes auf dem Spiel steht. Ich werde Club Beer trinken und das Meer genießen. Aber davon sage ich Steiner lieber nichts. »Na, dann steigen Sie mal ein«, sagt er und hält mir die Tür seines alten, klapprigen Nissan auf.

7

Das Golden Beach ist der ideale Ort für ein Feierabendbier. Es ist eine der wenigen wirklich rundum gelungenen Attraktionen Monrovias, vielleicht gerade deswegen, weil es so verlogen ist. Auf den üblichen weißen Plastikstühlen sitzt man direkt am Strand und genießt den Sonnenuntergang, während sich im Hintergrund der wahnwitzige Feierabendverkehr über den Tubman-Boulevard quält. Das Personal läuft in seiner quietschbunten, traditionell afrikanischen Arbeitskleidung rein und raus, um kaltes Club Beer oder gebratenen Reis mit Shrimps zu holen und an den Strand zu bringen. Spätestens hier, im Golden Beach, fällt einem wieder ein, dass Monrovia ja am Meer liegt, eine Tatsache, über die die Stadt sich selbst nicht im Klaren zu sein scheint. Und man kann sich glücklich schätzen, dass man sich den wunderbaren Atlantischen Ozean als Abendverabredung geangelt hat, der den ganzen Tag genau hier auf einen gewartet hat und jetzt, schon etwas müde und ungeduldig geworden, die letzten weißschäumenden Wellenberge auf einen zurollen lässt. Prost, könnte ich zu Steiner sagen, auf Ihre Gesundheit, auf Liberia. Aber ich lade ihn nicht ein. Ich habe genug von seiner traurigen Geschichte, die sich erst am Ende, kurz bevor er mich am Golden Beach absetzt, etwas aufhellt, aber da ist es schon zu spät.

Steiner ist einer der Menschen, die aufgebrochen sind, um in Afrika ihr Glück zu machen, oder besser gesagt, die in Afrika hängengeblieben sind, um ihr Glück zu suchen, von dem sie eigentlich zuerst nicht dachten, dass sie es ausgerechnet hier finden würden. Steiner ist der typische Fall eines Gestrandeten, der typische Fall eines Europäers, der nicht bedacht hat, dass man es als Weißer in Afrika auf Dauer doch nicht so leicht hat. Zumindest ist das meine These, während wir auf dem Tubman-Boulevard im Stau stehen und ich ein schlechtes Gewissen habe, dass er extra für mich einen so langen Umweg fährt. Als junger Wissenschaftler mit Ambitionen gestartet, verzettelte er sich schon ein bisschen als Zoodirektor. (Wieso, könnte man denken, braucht Liberia eigentlich einen Zoo? Steiner und seine Frau wollen ihn jetzt auch unbedingt wieder aufbauen und neu erstehen lassen.) Und verlor sich dann in einer langen Talfahrt, die mit seiner gescheiterten Pensionierung in der alten Heimat vielleicht noch gar nicht an ihrem Tiefpunkt angekommen ist. Denn jetzt droht der nächste Schritt. Armut und Elend in Liberia. Als Steiner mit seinem Nissan kurz an einer Tankstelle haltmacht, wird mir das klar. Er hatte gerade mal genug dabei, um sich ein halbes Einmachglas Benzin, wie es hier an den örtlichen Kleintankstellen verkauft wird, in seinen Tank füllen zu lassen. Für den Sprit von Total reicht es nicht, obwohl Total die einzig verlässliche Tankstelle ist, die ihr Benzin nicht illegal mit Wasser vermischt. Das Leben in seiner Reinheit, in seinem ganzen unbeeinträchtigten Glanz ist verlorengegangen. Auf einer eigens für ihn asphaltierten und angelegten Zufahrtsstraße besuchte damals sogar Präsident Tolbert, der Nachfolger von Tubman, den Zoo und die Tiere, um ihnen seine Aufwartung zu machen. Die deutsche Botschaft spendierte einen Begrüßungspavillon. Das alte Metallschild hängt heute schief und rostig an einem Holzbalken in dem traurigen, apokalyptischen Park, durch den mich Steiner führt, bevor er ein Stück Rinde von einem Zimtbaum abkratzt, eine kleine Lehrstunde in Botanik abhält und mir von der Heilkraft der Pflanzen erzählt.

Ich schaue zu einem der Nachbartische, das kalte Bier in der Hand. Dort sitzt ein französisch-deutsches Paar, ein Mitarbeiter von Ärzte ohne Grenzen und eine Mitarbeiterin von Médecines du Monde, und flirtet so selbstverloren und gleichzeitig uninspiriert, dass ich auf einmal ein Déjà-vu-Erlebnis habe und für einen Moment meine Golden-Beach-Seligkeit in Mitleidenschaft gezogen wird. Vielleicht, denke ich auf einmal, ist Steiner doch nicht der bemitleidenswerte verarmte Rentner, der sich ins geschundene Liberia geflüchtet hat, um hier günstiges Benzin aus Einmachgläsern und billiges Obst und Gemüse zu konsumieren. Auf der Fahrt, je länger sie dauert, blüht er zunehmend auf. Er weigert sich zuzugeben, dass er unglücklich ist und Angst hat vor der Altersarmut und der schlechten Gesundheitsversorgung. Je mehr ich nach einer Bestätigung dafür suche, dass man als alter Mann in Afrika mehr oder weniger in der Hölle lebt, desto fröhlicher und entspannter wird er. Der Stau kann ihm nichts anhaben. Darin ist er schon ganz liberianisch. Er ist gelassen und von einer Heiterkeit, die mich von meinem Plan, ihn auf keinen Fall noch zu einem Bier einzuladen, fast wieder abkommen lässt. Während ich das eiskalte Club Beer trinke und auf die gewaltigen, geradezu wollüstigen Wellen schaue, die vor mir in den Sand klatschen, denke ich, dass Steiner vielleicht schon einen Schritt weiter ist. Die Liberianer nennen ihn »the liberian man«, weil er das gleiche Englisch spricht wie sie. Wenn er sich entschuldigt, hängt er auch ein »o« hintendran. »Sorry-o«, sagt er, als ich mir beim Aussteigen den Kopf stoße. Er mag die Liberianer, er kann sie wirklich gut leiden, vielleicht liebt er sie sogar, ihre Mentalität, ihre Gelassenheit und die Unvoreingenommenheit, mit der sie ihren Mitmenschen begegnen. Sie entwickeln keine These. Sie stellen keine Berechnungen über den Verlauf des Lebens an, ergehen sich nicht in strategischen Manövern. Vielleicht erträgt es Kepi einfach, dass seine Schwester in Accra festsitzt und gedemütigt wird. Und vielleicht hat er einfach nicht daran gedacht, mir eine E-Mail zu schreiben und mir davon zu erzählen. Es wäre interessant zu untersuchen, wie man eigentlich in Liberia Politiker wird und wie man sich bei solchen Rahmenbedingungen an der Macht hält. Steiner will keine Macht mehr. Er hat sie vielleicht gehabt. Macht über die Tiere. Die Tiere aber sind geopfert worden, und dieses Opfer, bilde ich mir jetzt ein, von dem dröhnenden Rauschen des Atlantiks besänftigt, hat ihn demütig gemacht. Ich bestelle mir noch ein Bier. Vielleicht bin ich schon ein bisschen betrunken. Die Zeilen in meinem gelben Reclam-Heftchen, wo es um Hegels Machtverständnis geht, verschwimmen. Die Macht wandert weiter, von den Tieren zu den Menschen und von einem Menschen zum anderen, und irgendwann verliert sie sich, wenn man nicht aufpasst, und löst sich in ihre Bestandteile auf. Eine feine Salzschicht hat sich auf meine Brillengläser gelegt, und ich warte auf Evelyn, meine Gastgeberin, deren Wohnungsschlüssel ich habe und die ich hier treffen werde, um dann gemeinsam mit ihr zur 9. Straße zu fahren. Sie hat mich angerufen, sie macht ein wenig früher Schluss, als sie geplant hat. Am Freitag wird sie im Garden Café auftreten. Es ist ein Termin, der schon fest eingeplant ist. Sie wird mit einer liberianischen Band spielen und einen ihrer Songs singen, den sie der Band, die seit Jahren immer das Gleiche spielt, mühsam beigebracht hat. Evelyn wird bald alles, was ich über Steiner und über Liberia gedacht habe, vom Tisch wischen. Sie hat andere Sorgen oder sie hat gar keine Sorgen. Sie muss den INTERNATIONAL PEACE DAY vorbereiten und ist noch auf der Suche nach einem Sponsor. Ich gebe dem Kellner ein Zeichen und zahle. Evelyn möchte bestimmt sofort los. Sie lebt jetzt ein anderes Leben, ein schnelles und intensives. Ein Leben, das ich schon kenne, und ich überlege, ob ich sie nicht mit den Steiners bekanntmachen und die Steiners zu dem Abend im Garden Café einladen soll. »Das Wichtigste in Liberia ist«, sagt Evelyn, als wir Richtung 9. Straße fahren, »dass man die richtigen Leute kennt. Dann geht alles wie von alleine.« Am nächsten Tag werde ich Prince Johnson treffen, und ich werde herausfinden, welche Lebensphilosophie und welche Vorstellung von Macht er hat, und ob es stimmt, dass er während des Krieges eine Gruppe von Hare-Krishna-Jüngern umgebracht hat.

8

»Ich war schon ewig nicht mehr eine ganze Nacht unterwegs«, sagt Evelyn, als sie mich am nächsten Morgen ein Stück mitnimmt zu einem Hotel, wo man auch tagsüber ins Internet kann. Ich versuche, mich auf meinen Termin vorzubreiten und E-Mails zu beantworten. »Natürlich gehe ich schon noch aus«, sagt sie, »nur eben nicht mehr so oft.« Manchmal würde sie jetzt auch zu Hause bleiben und die Partyeinladungen einfach ignorieren. Aber das nehme ich ihr nicht ab. Sie sagt es nur, um mich zu beruhigen. Ohne Partyeinladung ist man in Monrovia verloren, und wenn sie ausbleiben, kann man sicher sein, dass man etwas falsch gemacht hat. Es ist ihr drittes Jahr in Liberia. Sie ist jetzt Ende zwanzig. Von der großen Erschöpfung, die hier manche befällt, ist sie noch ein gutes Stück entfernt. Sie geht nicht zu den Parties in die Coconut Plantation oder zum Nokia Compound. Sie überspringt eine Nacht im Dejavu. Sie lässt das Red Lion ausfallen. Nur damit sie am nächsten Wochenende umso ausgeruhter ist. Erst allmählich erschöpft sich die Kraft, die es kostet, alle sechs Monate seinen Bekanntenkreis umzubauen und ihn alle zwölf Monate komplett zu erneuern. Das sind ungefähr die Zyklen, in denen Mitarbeiter kommen und gehen, in denen die Verträge beginnen und enden. Als ich Evelyn kennengelernt habe, war sie beinahe genau dort, wo Steiner jetzt angekommen ist. Ganz unten. Sie wohnte bei einer liberianischen Familie, teilte sich mit der Mutter einen Schlafplatz auf dem Fußboden, arbeitete umsonst bei einer kleinen lokalen NGO und war außerdem pleite. Aber sie liebte Liberia. Sie liebte es abgöttisch. Sie liebte es, am Old Road Market mit Dutzenden Liberianern morgens um einen Platz in einem *shared taxi* zu kämpfen, und sie liebte es, nachts alleine nach Hause zu kommen, manchmal sogar, was wirklich nicht ungefährlich war, zu Fuß. Nachts zu Fuß durch Monrovia. Ich werde es ein paar Tage später selbst ausprobieren. Es ist eine Art Selbstversuch, bei dem ich mich in Gefahr zu bringen versuche.

Wir nähern uns dem Royal Hotel. Evelyn fährt sehr langsam. Man sieht, dass sie vorsichtiger geworden ist. Vielleicht fängt ihre Reise gerade an, die lange Reise ins Land der Erschöpfung. Sie wundert sich selbst manchmal darüber, dass sie vor etwas Angst hat, was ihr früher noch Spaß gemacht hat. Sie wird später sagen: »Bist du denn vollkommen verrückt geworden? Du bist zu Fuß nach Hause gegangen?« Wir haben den Parkplatz noch gar nicht erreicht, als es auf einmal in Strömen zu regnen anfängt. Evelyn ist es jetzt zu heikel, auf dem Parkplatz zu manövrieren und wieder rückwärts herauszufahren. Ich komme auf die Idee, meinen Taxifahrer anzurufen, der vielleicht schon auf dem Parkplatz auf mich wartet, damit er mich das kurze Stück zum Hotel mitnehmen kann. Es sind nur ein paar Meter. Aber der Regen ist so stark, dass ich mit meinem Laptop kein Risiko eingehen will. Ich versuche es so einzurichten, dass die beiden Autos vielleicht nebeneinander halten und ich von einem Wagen in den anderen umsteigen kann, um den Zeitraum, in dem ich dem Regen ausgesetzt bin, auf ein Minimum zu beschränken. Ich werde später auch trotz strömenden Regens nach New Kru Town fahren und Prince Johnsons Wahlkampf miterleben. Evelyn ist nicht besonders beeindruckt. Oder: Sie tut so, als sei sie nicht besonders beeindruckt.

»Ich kann mir wirklich keinen besseren Job vorstellen«, sagt sie. »Und deswegen glaube ich wirklich, dass es ein Fehler gewesen ist, dass du nach einem Jahr schon wieder aufgehört hast.« Sie nickt. Sie meint es ernst. Limen, der nigerianische Taxifahrer, ruft an, um mir zu sagen, dass er unterwegs ist. Evelyn hat den nachfolgenden Verkehr im Auge. Sie wirkt etwas nervös. Plötzlich habe ich die Idee, dass ich an dem Marathon teilnehmen sollte. Es ist eine etwas unausgegorene Idee. Ich habe mich noch gar nicht an das tropische Klima gewöhnt, und Laufschuhe habe ich sowieso nicht dabei. Ich schaue zu, wie Limen rückwärts vom Parkplatz des Royal Hotels herausfährt, um sich in zweiter Spur neben den Land Cruiser von Evelyn zu stellen. Der Verkehr ist an diesem Samstagmorgen nicht so stark. Trotzdem ist das Manöver nicht ganz unkompliziert. Die Registrierung für den Marathon endet nachmittags um 16 Uhr. Ich müsste also die Wahlkampfparty von Prince Johnson spätestens um 15 Uhr wieder verlassen, um mit dem Taxi zum SKD-Stadion zu fahren, wo man sich anmelden kann.

»Es war von Anfang an so geplant, dass ich nur ein Jahr bleibe«, gebe ich Evelyn zur Antwort. Als wäre das ein gutes Argument.

»Aber warum denn? Man hat doch gesehen, dass du dich hier wohl gefühlt hast«, sagt sie. Sie schaut etwas angespannt durch die überflutete Windschutzscheibe zu Limen, der unglaublich langsam und vorsichtig rückwärtszufahren versucht. Ich habe vergessen, dass die Liberianer nicht gerne rückwärtsfahren und schon gar nicht bei strömendem Regen.

»Ich glaube, dass ein Jahr genug ist«, sage ich und bin froh, dass ich gleich aussteigen muss. Es klappt nicht ganz, dem Unwetter zu entgehen, das an diesem Morgen gnadenlos tobt. Limen ist doch nicht bereit, seinen Wagen parallel neben dem von Evelyn zu parken, und stellt sich stattdessen direkt vor uns. Es sind zwei Meter Luftlinie, die Autos halten ganz nah hintereinander, aber es reicht trotzdem nicht. Ich werde klatschnass und meine Schuhe sind halb durchweicht. Es sind die Schuhe, mit denen ich am nächsten Morgen den Marathon bzw. den 10-km-Lauf absolvieren möchte. Ich weiß nicht, wie ich sie wieder trocken bekommen soll.

»Du hättest eben bleiben sollen«, sagt Evelyn. »Es hat bei mir genau ein Jahr gedauert, bis ich das Gefühl hatte, dass ich endlich angekommen bin.« Ich öffne die Tür des Land Cruisers, um mich dem Regen auszusetzen.

»Und dann geht es doch erst richtig los«, fährt Evelyn fort. »Dann versteht man doch das Land erst richtig.«

Ich erinnere sie nicht daran, dass sie schon seit drei Jahren da ist. Ich klettere aus dem Jeep und renne los. Wenn ich den Computer nicht in der Tasche hätte, würde ich vielleicht für einen Moment stehenbleiben und die Augen zumachen. Schon allein aus Protest. Mitten im Regen. Auf der Suche nach einem Moment der Entgrenzung, einem Augenblick, in dem das absolute Chaos regiert.

»Ein Jahr ist wirklich genug«, sage ich zu Evelyn. Oder ich

sage: »Ein Jahr muss genug sein.« Limen stößt mit einem Ruck die Beifahrertür auf. Und dann brauche ich nur noch ein paar Sekunden, um ins Trockene zu kommen.

9

Prince Johnson hat seinen Vizepräsidentschaftskandidaten Abel Massaley gefeuert, lese ich kurze Zeit später im Internet. Abel Massaley hat offensichtlich nicht verstanden, worum es hier geht. Abel Massaley, der im Fall eines erfolgreichen Wahlkampfs, dann, wenn es wirklich gut läuft, zweitmächtigster Mann von Liberia werden könnte, hat sich unsichtbar gemacht. Er hat sich vor Prince Johnson versteckt. Er hat seine SIM-Karte aus seinem Telefon genommen und eine andere reingesteckt. Und dann war er auf einmal nicht mehr erreichbar, er war unsichtbar geworden. So etwas passiert in Liberia, wo man manchmal in den frühen Morgenstunden aus dem Bett geklingelt wird, weil das die billigste Zeit ist, um Telefonate zu führen. In einem Land, in dem es kein Festnetz und keinen Anrufbeantworter gibt, stattdessen sogenannte *scratch cards*, Prepaidkarten, mit denen man sich Guthaben aufs Telefon laden kann. Prince Johnson konnte seinen Vizepräsidenten einfach nicht mehr erreichen, er wollte auch nicht vorbeikommen und Johnson in seinem mit Wachleuten gut gesicherten Domizil in Paynesville am Stadtrand von Monrovia besuchen. Er verschwand einfach. Er tauchte unter. Vielleicht hat er die Aussichtslosigkeit des ganzen Unterfangens vorausgesehen, oder er hatte Angst. Angst vor seinem Präsidenten. Natürlich hat man als Beobachter keine Angst. Als Beobachter ist man nur neugierig. Oder, wie Evelyn mir später durch die Blume zu verstehen gibt: Man kann der Versuchung nicht widerstehen. Prince Johnson eröffnet seinen Wahlkampf, und ich kann der Versuchung nicht widerstehen. Ich habe das berühmte Hinrichtungsvideo vor Augen, obwohl ich es noch nie gesehen habe. Prince Johnson, wie er Samuel K. Doe umbringt. Alle kennen es in Liberia. Alle haben es irgendwo schon mal gesehen, obwohl ich mir nicht erklären kann, wie das bei der langsamen Internetverbindung in Liberia überhaupt möglich ist. Das Internet in Liberia ist so langsam wie eine Echse, die aus dem Schatten in die Sonne zu kriechen versucht und auf halbem Wege aufgibt. Nach einer Stunde verlasse ich das Royal Hotel wieder mit ein paar spärlichen Informationen und Erkenntnissen, die zum Teil schon Monate alt sind, wie zum Beispiel die Story über den Vizepräsidenten, der kein Vizepräsident mehr sein wollte.

»Wo geht's denn hin?«, fragt mich Limen, der Taxifahrer, nachdem ich das Hotel wieder verlassen habe, um mich schließlich auf den Weg zur Kundgebung zu machen. »Ach«, sage ich, »ich muss auf die andere Seite. Über die Brücke …« Genauer gesagt, ich muss nach New Kru Town, ein etwas zwielichtiges Viertel, das vor noch gar nicht allzu langer Zeit für einige NGOs als verbotene Zone galt. Jedenfalls hieß die Devise: Fenster hoch und Autotüren verriegeln. Limen weist mich darauf hin, dass ich mich besser nicht aus dem Beifahrerfenster lehne. Wir fahren zur D. Tweh Memorial High School, wo die Auftaktkundgebung stattfinden soll. Die Fahrt dauert so lange, dass ich zwischendurch überlege umzukehren, um doch noch zum SKD-Stadion und zur Registrierung für den Marathon zu fahren. Aber Limen deutet an, dass das bei dem Verkehr, der sich jetzt hinter uns staut, reiner Selbstmord wäre. Der Regen nimmt noch einmal zu. Der tropische Regen ist von einer Gewalt, die einen demütig werden lässt und gleichzeitig etwas Berauschendes und Elektrisierendes hat, wenn man sich nicht gerade unter freiem Himmel aufhalten muss. Wir erreichen die Highschool. Der Kundgebungsplatz ist verlassen und hat sich innerhalb von Sekunden in eine Schlammwüste verwandelt. Ein martialisch aussehender Security Officer im Ledermantel will meinen Presseausweis sehen. Keine Frage, dass er einer der Ex-Kämpfer von Prince Johnson ist, ein Kindersoldat, wie ich vermute, während ich nach meinem nicht vorhandenen Presseausweis suche. Das ist einer der Vorteile Liberias. Ausweise aus Deutschland haben hier eine multifunktionale Bedeutung. Ich entscheide mich für eine Techniker-Krankenkassen-Karte, die mit ihrer gerasterten Weltkugel und dem »Gesund in die Zukunft«-Logo irgendwie repräsentativ aussieht. Der Ex-Kämpfer lupft noch nicht mal seine Sonnenbrille. Er spricht mit der Stimme eines Kastraten und erweist sich als außerordentlich höflich. Er steht im strömenden Regen neben dem Wagen, während er meine Krankenkassenkarte in der Hand hält. Dann zeigt er auf die spärlich besetzte Zuschauertribüne auf der gegenüberliegenden Seite, die immerhin überdacht ist. »International Press«, sagt er und nickt anerkennend, während er meine Versichertennummer vorliest. Ich sollte lieber zurück zur 9. Straße fahren, bei Evelyn und Sandy im Trockenen sitzen und mit Sandy über das Kofi-Annan-Institut sprechen, anstatt ehemalige Rebellenführer auf einem verschlammten Sportplatz zu suchen. »Stell dich unter«, sagt der Ex-Kämpfer mit krächzender Stimme. »Da ist es trocken.« Limen fährt rückwärts zur Tribüne, und vor Hunderten vor sich hin dämmernder Prince-Johnson-Supporter steige ich mit allen möglichen Verrenkungen aus dem Taxi aus, um ja nicht von dem tropischen Regenguss erfasst zu werden. Ich bin hier der einzige Weiße, der einzige Journalist, der einzige Mensch mit einer computerlesbaren Krankenkassenkarte, und wenig später bin ich auch der Einzige, der es nicht aushält, vier Stunden zu warten, bis der Senator kommt. Aber immerhin gibt mir Moses, der Wahlkampfmanager, den ich kennenlerne, einen Tipp, wie ich an eine gute Geschichte rankomme. »Du musst zum Hafen«, sagt Moses, der damit beschäftigt ist, mit Hilfe seines Telefons Arbeiter zu dirigieren, die mühsam und wie in Zeitlupe ein Zelt aufbauen, damit der Präsidentschaftskandidat nachher im Trockenen steht. »Vom Hafen kommt er nämlich hierher, zusammen mit seiner Frau«, sagt Moses. »Zu Fuß. Du kannst mit ihm gehen, und dann hast du auch schon dein Interview.« Moses tippt meine Nummer in sein Handy, während ich ins Taxi zurückklettere und überlege, wie das gehen soll. Ein tropischer Regensturm und ein Wahlkampfspaziergang. »Ich ruf dich an, wenn es losgeht«, ruft Moses mir hinterher. Das klingt verdächtig, und wenig später weiß ich auch warum.

Limen will jetzt von dem vereinbarten Pauschalpreis nichts mehr wissen und lieber in die Stadt zurück, anstatt auf mich zu warten. Ich habe kein Auto mehr, und der Präsidentschaftskandidat ist noch nicht da. »Welcome to West Africa«, ruft mir jemand zu, als ich orientierungslos im strömenden Regen in der Nähe des Hafens meinen halb kaputten 3,50-Euro-Regenschirm von Rossmann aufzuspannen versuche. Auf der anderen Straßenseite stehen Prince Johnsons Anhänger. Sie sind, genauso wie die des konkurrierenden CDC, alle noch sehr jung. Liberia ist überhaupt sehr jung. Alte Menschen sieht man nur selten. Auf dem Mittelstreifen hat sich eine besonders lebendige Menge versammelt, die, von einem Trommler angeführt, den Verkehr aufhält, der sich hier ohnehin schon mühsam durch die Schlaglöcher quält. Schief aufliegende Container werden von kraftlos wirkenden, alten LKWs gezogen, die durch die Menschenansammlung hindurchbrechen, während links und rechts bemitleidenswerte Kleinunternehmer ihre vollgepackten Schubkarren schieben. Obwohl ich mich hier sogar in einem gut gesicherten Jeep unwohl fühlen würde, überlege ich doch, ob ich nicht einfach auf den Mittelstreifen gehen und mit Prince Johnsons Anhängern sprechen soll. Sie sehen sehr kräftig aus, beinahe ein bisschen wild. Ein Mittelstreifen, die sogenannte Querungshilfe, das ist etwas, was es in Liberia sonst kaum gibt. Ein GIZ-Mitarbeiter hat mir einmal von den Vorzügen dieser Straßeneinrichtung vorgeschwärmt, und wie er sie auf der Hauptstraße der Stadt, dem Tubman-Boulevard, flächendeckend einführen wolle, um den Menschen das Überqueren zu erleichtern, in einem Land, in dem es keine Verkehrsampeln, keine Fußgängerüberwege und eigentlich auch keine Verkehrsschilder gibt. Die Prince-Johnson-Anhänger legen sich mit den Container-LKWs an, die vom Hafen kommen, und stellen sich den Taxis und Motorradfahrern in den Weg. Bevor ich den Mittelstreifen erreiche, hält mich eine Frau mit einem orangefarbenen Waschlappen auf dem Kopf an. Sie steht halb auf der Straße und ignoriert einen Schubkarrenhändler, der eine Ladung Schnecken anbietet. Die Schnecken bewegen sich nicht mehr, aber das heißt nicht, dass sie tot sind. »Willst du mich nicht interviewen?«, fragt die Frau und hält mich fest. »Ich bin Prince Johnsons Mutter.« Sie nimmt den Waschlappen herunter, wringt ihn kurz aus und legt ihn sich dann wieder zurück auf den Kopf. Es regnet noch immer. Prince Johnsons Mutter würde wohl kaum hier auf der Straße stehen, denke ich, und darauf warten, dass sich ihr Sohn aus dem Hafen herausbewegt, wo er sich angeblich aufhält. Ich gehe weiter und mische mich unter die jungen Männer mit der Trommel. Aber die alte Frau folgt mir. Der Hafen ist historisches Territorium. Hier hatten 1990 die Truppen der ECOWAS ihr Hauptquartier, als Prince Johnson, der zu den Belagerern Monrovias gehörte, am helllichten Tag einmarschierte, die Präsidentengarde niederschoss und den dort anwesenden liberianischen Präsidenten Samuel K. Doe einfach kidnappte. Seine Mutter oder jedenfalls die, die sich dafür hält, zeigt auf mein Notizbuch. »Schreib, dass er ein großer Held ist«, sagt sie. »A great warrior.« Sie hält ihren Waschlappen fest. Ich überlege, ob ich mit ihr sprechen soll, sie hat bestimmt einiges zu erzählen, als mir einfällt, dass die Mutter von Prince Johnson tot ist. Charles Taylor hat sie damals ermorden lassen, weil er sie verdächtigte, seine eigenen Machtambitionen durch Juju, eine Art westafrikanischer Voodoo, zu hintertreiben. Die Männer auf dem Mittelstreifen, die ihre Enkelkinder sein könnten, nähern sich mir. Ich hätte das Notizbuch verstecken sollen, denn wenig später werde ich von einer ständig anwachsenden Masse von Männern umringt, die sich verhalten, als stünden sie kurz davor, in den Krieg zu ziehen. Jemand stellt mir den »Chairman« der Partei vor, vielleicht ist es auch nur der Chairman eines bestimmten County, und, ohne dass ich Zeit habe zu antworten, wird bestimmt, dass ich ihn hier und jetzt auf dem Mittelstreifen, vom gefährlich unberechenbaren Verkehr umtost, interviewen soll. Ich habe keine Ahnung, was ich ihn fragen könnte. Er baut sich vor mir auf, als stünde ein Boxkampf bevor. Im Verlauf des Interviews, das der enorm stimmgewaltige Chairman mehr oder weniger schreiend absolviert, schwillt die Menge so sehr an, dass ich mich kaum noch bewegen, geschweige denn mitschreiben kann. Ich fürchte ein bisschen um mein Leben, als die Stimmung immer aggressiver und mein Interviewpartner immer lauter wird. Düstere Gestalten mit kurz geschorenen Haaren starren mich an und halten mein Notizbuch im Auge, in das ich kryptische Zeichen notiere, damit bloß keiner etwas entziffern und auf falsche Ideen kommen kann. »Wir wollen Transparenz«, schreit der Chairman. »Wir wollen Dezentralisierung!« Und dann ruft er: »Wir werden siegen! Die NUDP wird siegen! The Old Ma«, damit meint er die amtierende Präsidentin, »muss gehen.« Die Stimmung ist so aufgeheizt, dass man nicht sagen kann, ob die Wassertropfen auf den Köpfen der Männer Schweiß oder Regen sind. Der Mann mit der Trommel wird immer wieder gestoppt, damit jeder zuhören kann. Die Begeisterung darüber, dass der Chairman sich in einen Rausch steigert und immer leidenschaftlicher und wuchtiger spricht, wirkt plötzlich rührend. Er ruft: »Mehr Disziplin, mehr Ordnung! Wir wollen nicht mehr alles abschließen und zuschließen müssen. Wir wollen den Klang der Schlösser nicht mehr hören«, ruft er in Anspielung darauf, dass Liberia ein Land der Stahltüren, Vorhängeschlösser und Sicherheitsfirmen ist, die die Menschen vor den Macheten der *armed robbers* zu schützen versuchen. Die Menge verfällt in einen Chor und beginnt, ihn lautmalerisch zu unterstützen, imitiert das Geräusch des Auf- und Zuschließens von Türen. »Klickklackklack«, machen sie. Es klingt nicht besonders bedrohlich, sondern eher spielerisch und heiter. »Wir wollen unser Land zurück«, ruft der Chairman und spuckt mich ein bisschen an in seinem Furor. Ein Jeep poltert vorbei. Der Vorderreifen knallt in ein Schlagloch, und ein Affe, der auf dem Dach herumturnt, gerät aus dem Gleichgewicht. Die Menge grölt. Mehrere Köpfe strecken sich nach mir aus, ich schreibe hektisch ein paar sinnlose Worte auf.

Vielleicht sollte ich doch nicht hier sein. Vor ein paar Wochen, hat Evelyn erzählt, sei ein Journalist vor dem Hauptquartier des CDC, dem Congress for Democratic Change, verprügelt worden. Vielleicht hat er irgendetwas Falsches gesagt. CDC, das ist die Partei von George Weah, dem ehemaligen Fußballprofi vom AC Mailand, der sich zusammen mit Winston Tubman auch um das höchste Amt bewirbt. Johnson und Weah, das wäre in den Augen mancher das Dreamteam gewesen, aber jetzt sind sie Konkurrenten. Der Jeep mit dem Affen muss anhalten. Es stehen zu viele Menschen auf der Straße. Während des Krieges waren das die wohl schlimmsten Augenblicke. Momente, in denen die Straße blockiert war und die Liberianer auf einen Checkpoint trafen. Meist ein mit einem Seil abgetrenntes Straßenstück, das von Teenager-Soldaten kontrolliert wurde. Das »God bless you«-Gate war besonders berüchtigt dafür, dass dort ein Affe darüber entschied, wer durchkam und wer nicht. Die besonders verhassten Angehörigen der Krahn-Ethnie wurden angeblich von dem Affen identifiziert und dann auf der Stelle erschossen. Krahn, das waren die Stammesleute des damaligen Präsidenten Samuel K. Doe. Prince Johnson ist Gio und aus Nimba. »The Old Ma ist doch halb Deutsche«, ruft einer. »Das ist mixed blood. Sie ist gar keine richtige Liberianerin.« Ich sage lieber nichts und akzeptiere, dass man mich für einen BBC-Radioreporter hält, der jeden Moment sein Mikrophon rausholt. Schon bald wird klar, dass alles im Grunde ganz harmlos und meine Angst vollkommen unbegründet ist. Prince Johnsons Anhänger sind geradezu rührend darum bemüht, dass ich nach dem Interview die Straße sicher überqueren kann und meinen nächsten Interviewpartner finde. Die angebliche Mutter des Kandidaten winkt mir mit ihrem orangefarbenen Waschlappen zu, ein weiterer Bus fährt vor und bringt eine neue Ladung Unterstützer. Hier trägt niemand Frauenperücken oder hat rot lackierte Fingernägel wie die Soldaten der Checkpoints der frühen Kriegsjahre. »Wir wollen mehr Transparenz«, erklärt mir der Chairman am Ende des Interviews. »Die Korruption soll aufhören.« Ich bitte ihn, mir seinen Namen in mein Notizbuch zu schreiben. Aber was als Akt der Höflichkeit gemeint ist, erweist sich als problematisch. »Nein. Schreib du meinen Namen auf«, sagt er, als ich ihm mein Notizbuch hinhalte. Ich will nur höflich sein und seinen Namen nicht falsch aufschreiben. »Nein«, sagt er immer wieder. »Das machst du! Schreib du ihn auf.« Ob ich seinen Stolz verletzt habe, weil ich den Namen nicht kenne? Oder ob er am Ende vielleicht gar nicht schreiben kann? Alle schauen gespannt zu, was jetzt passiert. Schließlich buchstabiert er mir den Namen. Zwei Jungs mit wie Peitschen über die Schultern geschlungenen Cinchkabeln laufen vorbei. »Wir werden gewinnen«, erklärt er. »Vergiss das nicht. Wir haben keine Lust mehr auf die *Congo people.*« Die amerikoliberianische Elite, die das Land insgeheim noch immer beherrscht.

Ich flüchte zur Polizeidienststelle, um eine Toilette zu finden. Mehrere Autowracks sind neben dem flachen Gebäude aufgebaut. Überbleibsel von Verkehrsunfällen, die hier zwischengelagert werden. Eine Frau hockt neben dem Reifen einer zertrümmerten Zugmaschine und stillt ihr Baby. »Mehr Ordnung, mehr Disziplin«, hallt es mir durch den Kopf, während ich unter Vortäuschung eines journalistischen Interesses versuche, Zugang zu den Toiletten der Polizeidienststelle zu bekommen. Der Abort ist sehr schlicht und das Fenster so niedrig, dass ich, um mich nicht von der gesammelten Anhängerschaft von Prince Johnson zu entblößen, vor das Becken hinknie, während draußen ein Lastwagen mit der Aufschrift »Musikpark Unterhofen. 1 Jahr Musikpark Unterhofen. Wir danken euch und feiern weiter« vorbeidröhnt. Fundstücke aus Europa. Autos, die nicht mehr durch den TÜV gekommen sind und hier weiterexistieren können, wie es ihnen als Gebrauchsgegenstand in Europa nicht vergönnt wäre. Reparaturen werden hier manchmal improvisiert, als seien die Fahrzeuge Jazzstücke, die unendlich gedehnt, neu durchgespielt und immer wieder aufs Neue intoniert und variiert werden können. Geister aus Unterhofen. 1 Jahr Musikpark Unterhofen. Wo wohl Unterhofen liegt, überlege ich, während ich uriniere und mir ein paar Fragen für Prince Johnson zurechtlege, für den Fall, dass ich ihn überhaupt zu Gesicht bekomme. Der Regen lässt etwas nach. Immer kommen neue Busse. Von Moses habe ich seit zwei Stunden nichts mehr gehört. Ob ich ihn anrufen soll? Wie funktioniert das in Liberia? Wie bekommt man Macht und Einfluss, wie wird man Präsident? Ob mir Prince Johnson darüber etwas sagen kann? Ob ich ihn fragen kann, was er jetzt von Charles Taylor hält, der in Den Haag, wenn nicht gerade Naomi Campbell vorbeischaut, unter Ausschluss der Öffentlichkeit der schaurigsten Kriegsverbrechen angeklagt wird, und ob er ihm noch immer übelnimmt, dass er damals seine Mutter hat umbringen lassen? Falls das überhaupt stimmt. Die Sonne kommt raus. Der Zug der Anhänger setzt sich in Bewegung. Von der einen auf die andere Sekunde geht es plötzlich los. Von dem Kandidaten, von Prince Johnson, seiner Frau und dem Vizepräsidenten in spe ist nichts zu sehen. Ob wir einfach ohne sie anfangen?

Jemand macht mir das Angebot aufzuspringen, auf das Dach eines alten Ford Expedition, der zu der Wagenkolonne gehört, die sich jetzt im Schritttempo nach New Kru Town aufmacht. Ein Weißer, der läuft. Das ist ungewöhnlich. Das Angebot wird noch ein paarmal wiederholt, aber ich habe das Gefühl, dass ich als Fußgänger mehr mitbekomme. Von den Fahrzeugen werden wir, das einfache Fußvolk, das die begeisterten Massen spielen soll, immer wieder rücksichtslos auf die Seite gedrückt, um dann panisch wie eine gegen einen Damm schlagende Flutwelle in die knietiefen Seen und Schlammpfützen am Straßenrand hineinzuflüchten. Prince Johnson geht jetzt doch nicht zu Fuß. Von einem Kordon aus schwarzgekleideten und sonnenbebrillten Sicherheitsleuten umgeben, sitzt er, ganz lässig mit Baseballkappe auf dem Kopf, auf dem heruntergelassenen Fenster der Beifahrertür und winkt. Eine zweistündige Odyssee beginnt, in deren Folge ich einen Sonnenstich bekomme und leicht dehydriere. Wie Kreuzwegstationen tauchen Bilder auf, die sich mir ins Gedächtnis brennen: Die alte Frau, die kaum stehen kann und sich dann mühsam auf ihr mit Büstenhaltern bedecktes Verkaufsbrett hinkniet, um dem Senator zurückzuwinken. Der hagere Leiter einer kleinen lokalen NGO, die gegen Drogenmissbrauch kämpft, wie er mir ganz begeistert zuruft, er habe mir deswegen auf meine aus Deutschland geschickten E-Mails nicht geantwortet, weil er sein Passwort vergessen habe und seit zwei Monaten seine E-Mails nicht mehr lesen könne. Dabei sieht er ganz glücklich und entspannt aus. Eine Frau mit zwei silbernen Schneidezähnen und riesigen Brüsten, die mir einfach so die Hand schüttelt und sich bedankt, dass ich gekommen bin und hier mitlaufe, und sagt, dass ich »der Welt bestimmt die Wahrheit sagen« werde, wenn ich wieder zu Hause bin. Nach zwei Stunden bin ich so erschöpft, dass ich aufgeben will, aber dann denke ich, ich muss aus Respekt gegenüber diesen Menschen weiterlaufen, ich muss die Highschool, das Kundgebungsgelände erreichen und mir Johnsons Rede anhören. Den ganzen langen Weg durch die glühende Hitze, durch Schlamm und Pfützen an den winkenden Menschen vorbei. Am Schluss bin ich so durchgeschwitzt und zerzaust, dass ich mir wie ein Obdachloser vorkomme, der sich in Afrika verirrt hat. Die Hälfte der Anhänger haben wir unterwegs verloren, und als wir den Sportplatz der Highschool erreicht haben, ist der noch nicht einmal halbvoll. Erst mal funktioniert der kleine

Generator namens »Marco Polo« nicht, der unter der Bühne steht. Der Sicherheitsmann im Ledermantel dreht das Megaphon um und schaut hinein. Es kommt kein Ton heraus. Die versammelten Journalisten hören geduldig zu, was von der Bühne tonlos verkündet wird. Es ist kein Wort zu verstehen. Moses hat mich im Publikum entdeckt und mich nach vorne gezerrt, von hinten durch die gesamte Zuschauermenge bis nach ganz vorne an die Bühne, und da stellt er mich hin, gleich neben den Reporter von *The Heritage*, der nebenbei als Schreiner arbeitet, weil man als Journalist in Liberia nicht genug Geld verdient. »Nimm deine Kamera raus«, sagt Moses. »Nimm alles auf!« Ich lächele und bringe das Notizbuch in Stellung. Auf meinem T-Shirt haben sich die Schweißspuren in Salzflecken verwandelt. Ich müsste dringend etwas trinken und habe außerdem Angst, dass sich schon bald jemand um die Wertgegenstände in meiner Tasche kümmern wird. »Die internationale Presse ist da«, erklärt Prince Johnson, der das mit dem Marco-Polo-Generator verbundene Mikrophon fest in der Hand hält. Es ist kaum etwas zu verstehen. Die Leute auf der Tribüne, die schon seit vier Stunden warten, bekommen ohnehin nichts mit. Prince Johnson ist ganz in Weiß gekleidet. Er gibt sich leger. Er sieht wie ein älterer Geschäftsmann aus, der gerade vom Golfplatz kommt und in seinen späten Jahren alles ein bisschen lockerer nimmt. »We are sorry«, sagt er, als er auf Präsident Doe zu sprechen kommt, ihn als den einzigen »wahren Präsidenten« des Landes präsentiert. »It was a mistake.« Er hat ihn umbringen lassen, aber das hat er jetzt in einer jahrelangen religiösen Reinigung in Nigeria aufgearbeitet, mal abgesehen davon, dass er seinen Leichnam wieder ausgegraben hat, um herauszufinden, ob sich in dem Bauchraum seines Feindes ein geheimnisvoller Ring befindet, der die Geschicke des Landes spirituell ungünstig beeinflusst. Ich überlege, ob ich ihn fragen kann, ob das stimme. Moses hat mir einen Interviewtermin in Aussicht gestellt, aber natürlich nicht bei der Wahlkampfveranstaltung. Die Kundgebung ist ein wenig enttäuschend nach all den Anstrengungen. Die technischen Schwierigkeiten sind geradezu abenteuerlich. Im Hintergrund übertönen die Trommler die Rede des Kandidaten, und zwei vereinsamte Maskenträger balancieren auf Stelzen um das Publikum herum. Es gibt keine Plakate oder Fahnen. Auf einem Holzbrett steht mit Kreide geschrieben: »We deserve better.« Nach der Rede laufe ich über den Kundgebungsplatz, um Eindrücke zu sammeln, schaue in die Gesichter der Frauen, von denen einige Kreidezeichnungen unter ihren Augen haben, was auf beklemmende Weise an den Bürgerkrieg denken lässt, vielleicht aber in diesem Zusammenhang etwas anderes bedeutet. »He«, ruft Moses, er hat mich auf einmal in der Menge entdeckt. »Ich habe ihm von dir erzählt. Das geht klar mit dem Interview.« Er hält mir seine Hand hin. »Ich regele das schon. Du kannst dich auf mich verlassen. Hab nur noch etwas Geduld …« Kurze Zeit später treffe ich einen Journalisten der Agentur Reuters, der mir erzählt, dass es nach der Veranstaltung in Prince Johnsons Haus noch eine »kleine Pressekonferenz« gebe, und fragt, ob ich nicht mitkommen wolle. Ich fühle mich gar nicht gut, dass ich Moses und sein ›Vorzimmer‹ einfach so übergehe, aber der Reuters-Journalist, ein geradezu prototypischer Korrespondent, der das große Abenteuer, das er erlebt, so ganz lässig nebenbei mitinszeniert, als habe er das Stück dazu selbst geschrieben, ist da anderer Meinung. Er hat seinen Platz schließlich schon gebucht, er sitzt mit im Konvoi des Kandidaten und muss sich über Transportprobleme keine Sorgen machen.

Um schneller wegzukommen und Kosten zu sparen, beschließe ich, ausnahmsweise mit einem Motorradtaxi zu fahren. Das ist nicht ganz ungefährlich in Liberia. Aber der Junge, der das Motorrad steuert, hat sogar einen Helm, was hier selten ist. Als ich aufsteige, nimmt er ihn ab und gibt ihn mir. Für einen Moment weiß ich nicht, was ich tun soll. Soll ich das großzügige Angebot annehmen? Ist mein Kopf wertvoller als der meines Chauffeurs, der vielleicht halb so alt ist wie ich? Ich muss zu Prince Johnson. Ich muss zur Pressekonferenz eines Kriegsverbrechers. »Liberia ist zu einem Laboratorium geworden«, heißt es in Stephen Ellis' *The Mask of Anarchy.* Die NGOs und die Internationalen kommen hierhin und sehen sich an, wie so ein kaputtes Land wieder aufgebaut wird, man probiert einfach alles Mögliche aus und schaut, wie es funktioniert. In dem mobilen »Friedenskoffer«, der im Wohnzimmer von Evelyn und Sandy steht, ist in dem Innendeckel ein Teebeutel, eine Lupe und ein Pflaster eingeklebt. Symbole, die einen erinnern sollen, wie man am besten vorgeht, in einem Land, das so viel Horror und Elend erlebt hat. Der Teebeutel steht für Geduld. Die Lupe für Genauigkeit. Beides kann ich mir nicht leisten. Ich bin nur noch eine Woche im Land. Ich setze den Helm auf, den mir der Junge angeboten hat, und feilsche mit ihm. Fünf Dollar erscheint mir zu viel, obwohl es ein weiter Weg ist. Ich fühle mich etwas komisch, wie ich da auf dem Rücksitz der alten zusammengeflickten Maschine sitze und den Fahrtwind genieße. Ist Macht nicht in erster Linie ein komplexer sozialer Prozess, möchte ich Johnson fragen. Was macht er, wenn der wirkliche Dämon, die liberianische Überfigur, der »pape«, wie die Leute ihn hier nennen, in Den Haag freigesprochen wird und wieder zurückkommt? Charles Taylors ehemaliger Anwalt James Supuwood soll jetzt Prince Johnsons Vizepräsident werden. Ein Human Rights Activist, wie Johnson bei seiner Kundgebung stolz erklärt hat. Stephen Ellis beschreibt die Nacht, in der Johnson Doe hingerichtet hat, in seinem Buch über fast zwanzig Seiten. Wie sie Doe das Ohr abgeschnitten haben und das Blut über seine Wangen herunterläuft, wie der Präsident denkt, es wäre kein Blut, sondern Schweiß, und dann die Lippen spitzt und in die Luft bläst. Ellis versucht mit allen Mitteln diese Gewalt zu analysieren, er versucht den spirituellen Bodensatz zu finden, in dem Religion und Politik in Liberia in autistischen Endlosschleifen auf eine selbstzerstörerische Weise miteinander verbunden sind. Ich muss daran denken, als mehrere SUVs nach der Kundgebung an mir vorbeirasen, während ich mich mit meinem Motorradtaxifahrer durch den Stau schlängele. In einem von ihnen sitzt Johnson, unsichtbar hinter den getönten Scheiben. Ein Geist, der nicht zu fassen ist. Er rast an mir vorbei. Seine Patina fällt von ihm ab, platzt von seinem Gesicht herunter. Man müsse sich einfach ein Auto ohne Fahrer vorstellen, erklärt Ellis in seinem Buch, wenn man an einen Menschen denkt, der von einem Geist ergriffen wird. Der Mensch ist dann das Auto, in das der Geist einsteigt, sonst setzt sich das Fahrzeug nicht in Bewegung. Der Geist ist der Fahrer. Prince Johnson rast an mir vorbei. Es ist wie immer in Liberia. Es ist der Wahnsinn. Er und seine Kolonne, sie sind Geisterfahrer, sie fahren in einem Wahnsinnstempo in den Gegenverkehr rein. Der Gegenverkehr rettet sich auf die Seitenstreifen, die Motorradfahrer geraten ins Schlingern. Auf der eigentlichen Fahrspur ist kein Vorankommen möglich. Prince Johnson hat keine Zeit. Er will Präsident werden. Ich rücke den Helm etwas zurecht. Er sitzt nicht richtig. »Aber fahr vorsichtig«, rufe ich dem Jungen zu, dessen Haare im Wind wild herumwirbeln. »Fahr bloß nicht zu schnell.« Er hört mich nicht, oder er will mich nicht hören. Er spürt vielleicht, dass ich es eilig habe, und das Einzige, was ich tun kann, um meiner Angst Herr zu werden, ist, die Augen zu schließen. Als wir an der Stahltür vor dem idyllisch gelegenen Haus des Senators ankommen, sind wir trotzdem zu spät. Prince Johnson ist weg.

10

Das ist jetzt eine weitere Erkenntnis meines Aufenthalts. Motorradfahren ist auch eine Option, wenn auch mit dem süßen Beigeschmack der Gefahr. Die meisten NGOs haben ihre eigenen Fahrzeuge, gut gewartet und bewegt von Fahrern, die ihrerseits oft besser ausgebildet sind, als es für ihre eigentlich schlichte

Tätigkeit notwendig ist. Fahrer haben Macht, sie haben Wissen. Fahrer sind oft besser informiert, als man es sich wünscht. Vor allem die Fahrer in den internationalen Krisengebieten. Sie werden zu Zeugen aller Bewegungen, Wünsche und Begierden, die die Internationalen bei ihrer aufopferungsvollen Tätigkeit entwickeln und in deren Fangarme sie manchmal geraten. Und aus denen sie dann nicht wieder rauskommen. Dann, wenn sie nicht widerstehen und sich nicht beherrschen können. Ohne Auto verschwindet die Macht, der Bewegungsspielraum, der Status. Dann ist man allem schutzlos ausgeliefert. Deswegen erzähle ich Limen nichts von meinen Erlebnissen an diesem Tag, sondern frage ihn stattdessen, wie es ihm ergangen ist, nachdem er mich bei Prince Johnsons Domizil in Paynesville abgeholt und zurück nach Sinkor gefahren hat. Limen hat sich zusammen mit anderen Taxifahrern ein regelrechtes Netzwerk aufgebaut, indem sie sich gegenseitig über Aufträge informieren, und sein Geschäft läuft gut. Er ist bei Evelyn und Sandy erste Wahl, und nur, wenn er wirklich nicht zu erreichen ist, wählen sie eine andere Nummer. Weil Limen so lange vor dem Exclusive-Supermarkt warten muss, wo ich für das Abendessen mit Evelyn und Sandy noch etwas einkaufe, lade ich ihn zu einem Softdrink ein, und wir unterhalten uns eine Weile darüber, wie es eigentlich dazu gekommen ist, dass er als Nigerianer jetzt in Liberia lebt. Er ist schon ein paar Jahre hier, und erstaunlicherweise hat er Liberia deswegen ausgewählt, weil er gehört hat, das Land sei so ähnlich wie Amerika. Limen lacht, während er die Coladose mit einem Zischen aufreißt und den Wagen eine Weile mit einer Hand steuert. »Und dann komme ich hierher, und es ist gar nicht wie in Amerika. Alles ist total unterentwickelt.« Er trinkt einen Schluck und sagt: »Peinliche Geschichte. Aber jetzt ist es zu spät.« Jemand hat ihm diesen Floh ins Ohr gesetzt, und es ist kaum zu glauben, dass er nicht noch andere Informationsquellen gehabt hat. »Ich dachte wirklich, jetzt bin ich in Amerika.« Er zeigt aus dem Fenster. »Und jetzt … Schau dir das an.«

Das Abendessen findet auf dem Balkon statt. Evelyn und Sandy haben noch einen Freund eingeladen, einen holländischen Juristen, der im Justizministerium arbeitet. Es stehen Kerzen auf dem Tisch, das Fliegengitter ist geschlossen, und in der Abenddämmerung, nach dem langen Marsch mit den Anhängern von Prince Johnson, ist die Angst vor den Moskitos verschwunden. Evelyn hat Hühnchen, Püree und Erbsen gekocht. Unser Besucher ist Berater der liberianischen Regierung, sieht aber wie ein Jurastudent aus. Es ist normal, dass Leute, die hier die Regierung beraten, jung und unverbraucht sind. Gewissermaßen unschuldig. Und vielleicht ist das auch ein Eintrittskriterium. Das gilt besonders für die amerikanischen Berater. Es könnte aber auch sein, dass man gerade in den USA die Philosophie verfolgt, junge Talente in ein so kleines und ihrer Ansicht nach bedeutungsloses Land wie Liberia zu schicken. Damit sie sich ausprobieren und dazulernen können, bevor man sie dann den wirklichen Prüfungen unterzieht. Der holländische Jurist ist vielleicht auch so ein Fall. Wir essen und unterhalten uns. Die Themen werden schnell gewechselt. Von der Frage der Evakuierung, falls es bei den Wahlen zu Unruhen kommt, wechseln wir zur Malariaprophylaxe. Eine Weile geht es um Mefloquin-Träume und darum, wie sie sich von normalen Träumen unterscheiden. Evelyn und Sandy, die gar keine Malariaprophylaxe mehr nehmen, beharren darauf, dass diese Träume genauso seien wie die normalen. Der holländische Jurist dagegen erklärt, alle seine Träume hätten, wenn er seine Malariaprophylaxe einnimmt, eine paranoide Grundstruktur. Wir ergehen uns in schaurig schönen Geschichten darüber, welche Langzeiteffekte die Prophylaxe auslöst, und ich schockiere den holländischen Juristen damit, dass ich behaupte, Lariam-Tabletten würden, über einen längeren Zeitraum eingenommen, zur Blindheit führen, während Sandy erzählt, es gebe tatsächlich Fälle von Netzhautablösung, und das sei ja wohl noch schlimmer als Albträume mit paranoider Grundstruktur. Der eigene Körper wird in den Einsatzgebieten gleichzeitig überfürsorglich beäugt und auf fast lüsterne Weise den unglaublichsten Gefahren ausgesetzt. So, als drohe einem schon allein aus moralischen Gründen (man arbeitet ja für eine gute Sache) keine wirkliche Gefahr.

»Haben sie nicht nackt gekämpft im Krieg?«, fragt der holländische Jurist.

»Wer?«

»Na, die Liberianer, jedenfalls einige von ihnen. Weil sie geglaubt haben, dass ihnen dann nichts passiert.«

»Von was redet ihr denn?«, fragt Evelyn. Sie hört nicht richtig zu. Sie steht mit Wayne in Kontakt. Es werden SMS hin- und hergeschickt, um zu klären, wie der weitere Verlauf des Abends aussehen soll.

»Wenn man nackt ist«, sagt Sandy, »hat man eine direktere Verbindung zur Natur. Man fühlt sich auf eine besondere Art und Weise mit dem Boden und der Erde verbunden.«

»Die alte Mutter Erde«, sagt der holländische Jurist, »und das ist die Erklärung dafür?«

»Man stellt sich vielleicht vor«, sagt Sandy, »man befände sich in einem Schutzraum, in dem direkten Kontakt mit etwas, was einem Sicherheit gibt.«

»Wir holen ihn in der Broad Street ab«, unterbricht Evelyn die Unterhaltung. »Er isst gerade.«

Es ist der Abend nach der Kundgebung. Ich bin noch immer unentschlossen, ob ich am nächsten Tag nicht ausschlafen und auf den Marathon verzichten soll. Das Restaurant liegt am Ende der steil ansteigenden Broad Street, des ehemaligen Prachtboulevards von Monrovia, der, von verkohlt aussehenden Häuserruinen und bröckelnden Bordsteinkanten gesäumt, bis zu den Überresten des Ducor-Hotels führt, von dessen verwaister Dachterrasse man einen wunderschönen Blick über die Stadt hat. Es gibt das Gerücht, dass die Familie Gaddafi, der das Hotel angeblich gehört, plant, es wieder in seinen alten Zustand zurückzuversetzen. Wir sprechen über die neuesten Entwicklungen bei

Kepi und darüber, wie es sein kann, dass Kepis Schwester jetzt keinen Pass mehr hat, wo sie doch genau den braucht, um überhaupt nach England zu kommen.

»Aber dann kommt sie doch bestimmt bald wieder zurück«, sagt Sandy.

»Nein«, erklärt Evelyn, »jetzt kommt sie erst recht nicht mehr weg.«

Ihr Pass ist, wie sich herausstellt, in London, wo das ganze Verfahren entschieden wird, während sie selbst in Accra darauf wartet.

»Und wer zahlt die Hotelkosten?«, frage ich. Keiner weiß eine Antwort. Vielleicht kümmert sich ja ihre Freundin in England darum. Wir beschließen, bei Kepi vorbeizufahren, aber in dem Haus, in dem er jetzt wohnt, ist es stockdunkel, und die Nachbarn behaupten, sie hätten ihn seit Tagen nicht mehr gesehen.

Wayne isst gebratenen Fisch. Er sitzt mit Sam, einem anderen UNMIL-Mitarbeiter, an einem Tisch auf der Straße und tauscht die SIM-Karten seiner beiden Telefone aus. Wayne ist sicherlich einer der lässigsten UNMIL-Mitarbeiter, die es in Liberia so gibt. Als wir kurze Zeit später zu Fuß zum Moulin Rouge gehen, Evelyn und Sandy und der holländische Jurist sind im Wagen vorausgefahren, kommt alle fünf Meter jemand, grüßt oder klatscht Wayne ab. Er hat hier früher mal gewohnt. Mitten in der Stadt, in einer Seitenstraße der Broad Street, damals, als er noch Praktikant bei Landmine Action war. Er läuft, hager, fast zwei Meter groß, weiß wie ein Albino mit blondem Strohhaar, federnd und Kaugummi kauend, die Center Street hoch. Der Wind treibt den Müll in den Rinnstein und an den zahllosen Nischen, Eingängen, Vordächern und Ausbuchtungen vorbei, die tagsüber als Geschäfte genutzt werden, jetzt aber verlassen sind. Wayne gibt sich konspirativ, während Sam ein paar Meter hinter uns läuft, weil er mit einem Telefonat beschäftigt ist. Dass ich mit zwei UNMIL-Mitarbeitern nach Einbruch der Dunkelheit durch die

Innenstadt von Monrovia gehe, erscheint mir bizarr, es ist aber vielleicht Ausdruck einer zunehmenden Normalisierung oder liegt einfach daran, dass Wayne ein bisschen verrückt ist. An einer unübersichtlichen Straßenecke bleibt er stehen. Es ist kaum noch Verkehr. Wir warten einen Moment auf Sam, der ein paar Meter zurückgeblieben ist.

»Monrovia ist toll, oder?«, flüstert Wayne mir zu. Er hebt die Arme. Er macht eine Geste, als würde ihm hier alles gehören. Als würde er aber jetzt noch keinen Anspruch auf seinen Besitz erheben. Und alles könnte so weiterlaufen wie bisher.

Nach einem Intermezzo im Moulin Rouge fahren wir ins Groovies, wo nichts mehr los ist, um dann den Abend in der Bar 42 mit Billard ausklingen zu lassen. Sam versucht genauso cool zu sein wie Wayne. Doch das ist er natürlich nicht. Allerdings ist sein soziales Netzwerk bestimmt doppelt so groß. Sam ist in Liberia geboren, hat im Libanon studiert und arbeitet jetzt in Sierra Leone, woher er aber regelmäßig zu kleinen Trips nach Liberia zurückkommt. Er hat eine doppelte Haushaltsführung und Fixkosten von über 2000 Dollar, wie er mir beiläufig erklärt.

»Das ist ein Drecksloch hier«, flüstert er mir zu, als wir das Moulin Rouge verlassen, dessen neuer Besitzer an den Erfolg seiner Vorgänger nicht anknüpfen kann. Sam kann so etwas sagen. Sam ist halb Liberianer, halb Libanese, aber zu hundert Prozent ist er ein Konstrukt, eine hybride Zusammensetzung aus allen Menschen, denen er sein ganzes Leben lang hinterherjagt. Und dann sind es vor allem die jungen Frauen, die bei den Hilfsorganisationen arbeiten. Hinter jeden neuen Kontakt, den er in sein Handy eingibt, macht er sich in Klammern eine Erinnerungsnotiz.

»Was soll ich denn jetzt bei dir schreiben?«, fragt er, als ich ihm erkläre, dass ich nur kurz zu Besuch bin. »Zu Besuch? Soll ich ZU BESUCH schreiben?« Ein paar Tage später im Garden Café hat er meinen Namen schon wieder vergessen.

Wir spielen in der Bar 42 zu sechst gegen einen jungen Liberianer, der uns keine Chance lässt und uns mit derartiger Leichtigkeit besiegt, dass wir alle ganz starr und unbeweglich werden und versuchen, die Schmach durch übertriebene Freundlichkeit gegenüber dem Gewinner zu überspielen. Beobachtet wird das Ganze von ein paar Frauen, die offensichtlich in der Bar arbeiten, aber nichts weiter zu tun haben, als an der Wand zu lehnen, darauf zu warten, dass wir fertig sind, und die Billardkugeln wieder aus den Löchern zu holen, die wir bei unserem Spiel dort versenkt haben. Sie sind offensichtlich vom Besitzer des Ladens dazu angestellt worden, genau das zu tun. Aber dann stellen sie diese Tätigkeit ganz plötzlich wieder ein. Und schauen nur noch zu, wie wir ein Spiel nach dem anderen verlieren. Kurze Zeit später zerstreut sich die kleine Gesellschaft, und ich breche mit Evelyn und Sandy nach Hause auf. Vor der Bar steht ein Mann. Er kommt ganz selbstverständlich zu mir herüber und begrüßt mich. Er behauptet, er warte schon die ganze Zeit auf mich und sei froh, dass er mich jetzt endlich sprechen könne. Schon beim Reingehen hätte er mich gleich »wiedererkannt«, obwohl ich mir sicher bin, dass der Eingang vor einer Stunde noch vollkommen leer war. Ich unterhalte mich ein bisschen mit ihm, während die anderen im Wagen warten. Er sei doch der »Security Officer«, der immer das Krankenhaus bewacht habe, erzählt er. Er behauptet, er würde mich kennen, verwechselt mich aber offensichtlich mit meinem Vorgänger. Vielleicht hat er, wie es oft vorkommt, meine Identität mit der meiner Organisation in eins fallen lassen und hält mich jetzt, egal, wer vorher da gewesen ist oder nachher kommt, in einer ewigen Erinnerung fest.

»Ja doch, das bist du.«

»Ich?«

»Ja.«

»Wieso? Du weißt doch gar nicht, wie ich heiße.«

»So heißt du.«

»Wie?«

»Wie du sagst … Ich kenne dich. Du kannst mir helfen.«

»Und du hast wirklich für uns gearbeitet?«, frage ich.

»Ja, ich arbeite für euch, und ich muss dir unbedingt was erzählen.«

Ohne ihn ausreden zu lassen, drücke ich ihm hundert liberianische Dollar in die Hand. Er erzählt die immer gleiche Geschichte, wie er mich damals zum ersten Mal gesehen habe. »Ich weiß noch genau, du hast damals diesen Aufkleber mit dem Baum vorne drauf gehabt auf deinem Wagen.« Das Gespenstische an der Situation ist, dass er über Detailwissen verfügt und Namen von Mitarbeitern kennt, die mir selbst nur vom Hörensagen bekannt sind. Irgendjemand hat ihn mit diesen Informationen versorgt. So, als seien wir hier alle Schauspieler, die über Jahre dieselbe Rolle spielen. Wie in Oberammergau oder bei den Wagner-Festspielen in Bayreuth. Hundert liberianische Dollar ist dann nur der nachträgliche Eintrittspreis dafür, dass ich weiterhin mitspielen darf. Ich frage Evelyn, ob sie Kepis Telefonnummer hat und ihn anrufen kann. »Ja«, sagt sie. »Aber er geht nicht ran.«

11

Als ich am frühen Morgen aufstehe, um mich für den Marathon bereitzumachen, muss ich daran denken, was Wayne zu mir gesagt hat, als wir uns vor der Bar 42 verabschiedeten: »Es ist ja ganz klar, dass du das tun musst. Wenn du dir das vorgenommen hast, musst du das auch machen. Das sehe ich ganz genauso. Und du kannst dir sicher sein, dass ich auf deiner Seite bin.« Er selbst hat sich allerdings keine Registrierung besorgt, wie sich später herausstellt, und bleibt den ganzen Tag zu Hause und schläft seinen Rausch aus. Es ist Sonntagmorgen, fünf Uhr und noch dunkel, als ich aufstehe. Ich versuche den gefährlich tiefen Löchern links und rechts neben der Straße auszuweichen, während ich den

Tubman-Boulevard herunterlaufe, um zum John-F.-Kennedy-Krankenhaus zu kommen, wo die Startnummern ausgegeben werden. Geblendet von den sporadisch ins Zentrum rasenden Autos und Motorrädern, geblendet von meinem mir absurd erscheinenden Vorhaben. Mittlerweile glaube ich, es hat gar nichts mit meiner Recherche, sondern mit etwas ganz anderem zu tun. Vielleicht mit der Suche nach körperlicher Entsagung und der gleichzeitigen Sehnsucht nach einem Rauschzustand. An diesem grausam frühen Sonntagmorgen, einen Tag nachdem ich den martialischen Fußmarsch mit den Unterstützern der NUDP gerade so verkraftet habe. Es ist eine spontane Entscheidung, ich folge einem Impuls. Vielleicht eine Entgeisterung, eine Entzaubерung. Das Haus von Prince Johnson befand sich ganz in der Nähe des SKD-Stadions. Ich hätte mit dem Motorrad einen kleinen Schlenker machen müssen, und schon hätte ich die Registrierung gehabt. Nicht weit von Prince Johnsons Wohnhaus befindet sich auch das Krankenhaus, in dem ich gearbeitet habe, aber der Gedanke, dort unangekündigt vorbeizuschauen, hat etwas Bedrohliches. Die Frist für die Registrierung ist abgelaufen. Endgültig. Am Abend zuvor habe ich noch versucht, mich online zu registrieren, aber es hat nicht funktioniert.

Ich mache mich trotzdem auf den Weg. Als Evelyn am Abend zuvor mit Kepi telefoniert, erzählt er ihr, dass er beim Marathon als ehrenamtlicher Helfer tätig ist und das Organisationskomitee unterstützt. Wenn alle Stricke reißen, meint Evelyn, könne ich mich an ihn wenden. Der holländische Jurist rät mir dazu, wenn überhaupt, nur an dem 10-km-Lauf teilzunehmen. Die meisten, sagt er, liefen ohnehin zehn Kilometer. »Ten K«, wie es hier heißt. Ten K heißt die Losung. Und natürlich hat sich das alles nicht etwa ein Liberianer ausgedacht. Man hört das Gerücht, dass der Repräsentant des Milchgetränkvertriebs Fan Milk, ein umtriebiger Däne, der Liberia schon wieder verlassen hat, dahinterstecke. Ten K. Das ist der Code für die Normalität. Die Idee, dass Liberia jetzt so langsam, nach Trauma, Bürgerkrieg und Kindersoldaten, einen Marathon verdient hat. Ich gehe zu Fuß. Auf dem Weg zum John-F.-Kennedy-Krankenhaus, wo sich die Läufer sammeln. Geblendet, übermüdet und unsicher. Unsicher, ob ich mir das antun soll. Ein Ten K, ein Lauf in der gleißenden Sonne, die, wenn es hell wird, die Läufer auf ihrem qualvollen Weg ins Samuel-K.-Doe-Stadion begleiten wird. Unsicher schließlich, ob ich überhaupt teilnehmen darf. Ich habe keine Registrierung, ich habe keine Startnummer und keine richtigen Schuhe. »Tut mir leid«, sagt Wayne in seiner unbekümmerten fröhlichen Jungenhaftigkeit, als ich ihn anrufe und frage, ob er vielleicht ein Paar Sportschuhe hätte. »Ja«, sagt er. »Aber ich brauche sie wahrscheinlich selber. Und ein zweites Paar hab' ich nicht. Aber selbst wenn, meine werden dir wohl zu klein sein, schätze ich.« Doch ich kann nicht widerstehen. Vielleicht ein afrikanisches Phänomen. Ich muss mich den Qualen aussetzen. Ein unausgegorenes Schuldgefühl. Noch immer nicht habe ich die Kraft gefunden, im Krankenhaus anzurufen und einen Termin zu vereinbaren, obwohl ich dort über ein Jahr gearbeitet habe. Werde ich wirklich die Leute, die dort vielleicht jetzt in Schwierigkeiten sind, ihre Jobs verloren haben und ihre Familie nicht mehr ernähren können, im Stich lassen? Ich laufe beim Marathon mit. Ich quäle mich, opfere mich auf. Übersetzt heißt das: Ich bin Teilnehmer des Ten K. Der Regen nimmt etwas zu, es ist windig, sogar ein bisschen kühl für liberianische Verhältnisse. Ich erreiche das JFK. Es ist dunkel. Hunderte von Läufern sind schon da. Die überwiegende Anzahl ist weiß. Ich bin bereit, die 25 Dollar zu zahlen, die die Internationalen aufbringen müssen. Liberianer zahlen nur einen Dollar bzw. 60 liberianische Dollar. Das ehemalige Gelände der JFK-Cafeteria, die sich direkt neben einer großen Wiese befindet, auf der man manchmal eine kleine Prozession beobachten kann, die einen verstorbenen Angehörigen betrauert, ist jetzt den Läufern vorbehalten. In der Cafeteria habe ich früher oft zu Mittag gegessen und zugeschaut, wie die

Angehörigen auf der Wiese saßen und manche von ihnen in einen leisen Trauergesang verfielen. Manchmal schrien sie auch. Jetzt ist die Wiese pechschwarz und liegt wie ein Stein unter dem Nieselregen. Ein ungutes Gefühl beschleicht mich, als ich das amerikanische Organisationsteam sehe, das die Ankommenden den Warteschlangen zuweist und den ganzen morgendlichen Trubel organisiert. Es ist ein gedämpfter und verhuschter Trubel. Alle versuchen ihre Kräfte einzuteilen und eine frühzeitige Verausgabung zu vermeiden.

»Hi«, sage ich zu der pummeligen Blondine, die mit leichtem texanischen Akzent spricht. »Es ist total wichtig, dass ich mitlaufe.« Sie schaut mich mit einer ernsten Miene an. Absolut humorlos und ohne die geringste Neigung, flexibel und großzügig zu sein. Bloß keine liberianischen Verhältnisse. »Vielleicht kann man das irgendwie regeln.« Ich wünschte, ich könnte ihr irgendetwas zeigen, ein Empfehlungsschreiben oder einen Presseausweis. Ich habe noch nicht mal Sportschuhe an.

»Du«, sagt sie. »Das ist genau das, worum es hier geht. Dass wir das eben nicht irgendwie machen. Wenn wir das irgendwie machen, dann haben wir nämlich ein Problem.«

Ich unterbreche sie, um es ihr leichter zu machen.

»Ich muss etwas darüber schreiben«, sage ich, als wäre schreiben wichtiger als laufen und beides untrennbar miteinander verbunden.

»Klar«, sagt sie leichthin und bekommt Oberwasser. Ich habe die falsche Strategie gewählt. »Das kannst du ja auch gerne. Da freuen wir uns. Fahr doch einfach zum Stadion und schau zu, wie die Läufer ankommen und ins Ziel laufen. Die Präsidentin kommt auch und hält eine Rede.«

Ich frage mich, wen sie mit dem »wir« meint. Liberia? Die internationale Gemeinschaft? Das Organisationskomitee oder die amerikanische Community, deren Wichtigkeit sie jetzt unter Beweis stellt?

»Aber …«, versuche ich mit letzter Kraft.

»Sorry«, sagt sie schnell, nimmt ihr Clipboard und zieht sich in den Schatten des Cafeteriagebäudes zurück, wo die Läufer sich sammeln, die schon registriert sind. Sie wirft mir noch ein letztes »Viel Glück« zu und läuft auf ihren strammen Waden zu einer Gruppe gutgelaunter Ärzte ohne Grenzen, von denen ich einige vom Sehen kenne und die allesamt, in Erwartung der schmerzhaften körperlichen Herausforderung, in ein fröhliches Gekicher verfallen sind.

12

Vielleicht ist das, was ich jetzt tue, auch ein religiöser Akt. Ich stehe mit großer Demut in einer Schlange, die sich vor einem der freiwilligen Helfer gebildet hat. Es ist auch eine Art von Korruption, wie sie die Internationalen in Liberia immer wieder betreiben. Sie überschreiten Grenzen, die die Liberianer einhalten müssen. Als Mitarbeiter einer NGO geht man eben einfach in ein Ministerium, um sich über einen Missstand innerhalb des Zuständigkeitsbereichs des Ministeriums zu beschweren und anzudeuten, dass damit der Erfolg des Projekts gefährdet ist. Man geht einfach hin. Ohne Anmeldung, ohne Ankündigung, ohne aufgehalten zu werden. Es ist eine Korruption, bei der kein Geld über den Tisch wandert, bei der nichts ausgetauscht wird, bei der man aber seine Kompetenzen mit Hilfe der Organisation, für die man tätig ist, einfach ausweitet. So wie ich jetzt in der Schlange stehe. In der Erwartung, ich komme schon irgendwie durch und erhalte eine Startnummer. Nachdem die strenge amerikanische Organisatorin aus meinem Sichtfeld verschwunden ist, nutze ich die erstbeste Gelegenheit, um es noch einmal zu versuchen, und schleiche mich an. Kepi ist nirgendwo zu sehen. Jetzt wäre es mir peinlich, wenn er mich hier sehen würde. In diesem Moment bin ich sogar bereit, noch mehr Geld auszugeben und dem Helfer, der die Schlange abfertigt, einfach das Doppelte in die Hand zu drücken. Schnell, unauffällig und beiläufig. Als würde ich ihm einen Notizzettel überreichen, auf dem meine Telefonnummer steht, »damit wir in Kontakt bleiben können«. Korruption ist natürlich unter den Internationalen verpönt. Offiziell macht man es nicht, bekämpft es, kritisiert es. Aber diejenigen, die vor Ort tätig sind, die »im Feld« arbeiten, tun es dann doch. Ich halte die 25 Dollar bereit. Schließlich muss ich etwas über die Präsidentin schreiben, ich muss einen Bericht abliefern. Ich muss etwas darüber schreiben, wie in Afrika Macht vom Himmel fällt. Oder: Wie in Afrika Macht aus der Erde wächst. Oder: Wie in Afrika Macht vergeudet und verschenkt wird. Wo sonst die Tische und Stühle der Cafeteria stehen, werden jetzt Sportler abgefertigt. Ich erinnere mich an die abwaschbaren Tischdecken, die im Wind leicht flatterten, und die Plastikdosen mit den Zahnstochern, die auf jedem Tisch standen. Wenig später bekomme ich vier Sicherheitsnadeln und die Nummer 1049. Der liberianische Helfer fragt mich nicht, warum ich in der Schlange stehe und ob ich mich angemeldet habe. Er reicht mir einfach meine Startnummer, die ich auf der Rückseite beschriften muss, um sie dann in einer anderen Warteschlange vorzulegen, woraufhin mein Name offiziell zu der Teilnehmerliste hinzugefügt wird. Ich bin der Empfänger einer Leistung, die mir nicht zusteht. Im Gegensatz zu den Liberianern zahle ich noch nicht mal den symbolischen Preis von 60 liberianischen Dollar. Ich tue nichts. Ich bekomme es einfach so geschenkt. Ich bin ein demütiger Empfänger und tue nichts anderes, als in der Schlange zu stehen, meine Adresse und meinen Namen anzugeben, dann die Geschenke in Empfang zu nehmen und mich so schnell wie möglich aus dem Staub zu machen. Zurück in die Nacht, in die Dunkelheit, zurück nach Hause, um meine Wettkampfausrüstung anzulegen und mich mental vorzubereiten. Ten K. Die Präsidentin hält eine Rede. Im Samuel-K.-Doe-Stadion, das mir in diesem Moment wie ein großes Mausoleum vorkommt, in dem die sterblichen Überreste, die Prince Johnson von Präsident Doe übriggelassen hat, aufgebahrt und zur imaginären Besichtigung freigegeben sind. Das ist unser Ziel, falls wir das Stadion jemals erreichen.

Der Regen beschreibt an diesem Morgen eine sanft ansteigende Kurve, als wäre das eine Inszenierung, ein Kommentar der Tropen zu der Idee, unter diesen Bedingungen Extremsport zu betreiben. Es ist nicht gerade leicht, ein Taxi zu finden. Der einzige Motorradfahrer, den ich sehe, steht im Regen an der Kreuzung und stützt sich auf seinem Lenker ab. Er sieht etwas bedrohlich aus in seinem schwarzgrauen Regenmantel, der ihm fast bis zu den Knöcheln reicht. Er hat kantige Gesichtszüge und ist doch blutjung. Aus irgendeinem Grund schließt sich der frühe Morgen mit der feierlichen Assoziation ab, ich würde mit einem jungen Soldaten zur Front fahren. Später, als ich mit einer viel zu weiten, knallgelben Turnhose, einem alten, dunkelblauen T-Shirt und meinen Straßenschuhen bekleidet, die nur von weitem wie Sportschuhe aussehen, wieder aus dem Haus trete, kommt es mir so vor, als sei ich jetzt auf alles vorbereitet. Als sei ich jetzt auch in physischer Hinsicht auf alles gefasst. Es dämmert langsam, aus dem Schwarz der Nacht kriecht graues, schimmerndes Licht hervor, und der Wind, der einem den Regen ins Gesicht drückt, fühlt sich feindlich und gebieterisch an. Wie ein kleiner Junge sitze ich auf dem Motorrad, der Mann im Regenmantel fährt, umkurvt die Schlaglöcher und Wasserlachen, und ich habe auf einmal das Gefühl, dass es sich so ungefähr anfühlen muss, wenn man in eine Schlacht aufbricht. Das Gefühl grauer, kalter und uneindeutiger Gefahr. Eine nicht richtig zu greifende Angst. Der Junge auf dem Motorrad in seinem Regenmantel, der (eine weitere fast hilflose Assoziation) wie ein SS-Mantel aussieht, löst sie aus. Vielleicht mit seinem Blick, den er mir schenkt, als ich ihm erkläre, er möge vor dem Tor von Evelyns bonbonfarbenem Haus auf mich warten, ich müsse mich »umziehen«, käme aber »mit Sicherheit« zurück. Sein unsicheres, etwas ängstliches Gesicht.

Und meine fast grausame Entschlossenheit, ihm zur Sicherheit kein Geld anzubieten, sondern ihn als erzieherische Maßnahme zu einer vertrauensbildenden Wartezeit zu zwingen, die ich dann umso fürstlicher zu entlohnen gedenke. Ich muss also nach Afrika, nach Liberia fahren, um mich so zu fühlen wie mein Vater im Zweiten Weltkrieg. Ein Gefühl, zu dem ich in Deutschland nicht vorgestoßen bin. Der Junge mit seiner Ledermantelverkleidung ist der Auslöser. Natürlich versteht er nicht, worum es hier geht und wieso ich wie ein Junge, der zum Turnunterricht fährt, mit der auf der Brust befestigten Nr. 1049 auf seinem Motorrad sitze und ihn antreibe.

»Kannst du dich bitte etwas beeilen?«, rufe ich. Ich peitsche mit Worten auf ihn ein.

»Kannst du nicht einen anderen Weg fahren? Auf der Hauptstraße?«, rufe ich ihm vom Rücksitz aus zu, während ich darauf achte, dass ich mich mit meinem nackten Unterschenkel nicht am Auspuff verbrenne. »Sonst verpasse ich den Startschuss.« Aber er fährt weiter auf der Parallelstraße, wo es von Hindernissen nur so wimmelt. Das größte Hindernis jedoch bin ich selbst. Meine eigenen Sehnsüchte und Ängste, die ich hier in Afrika, in Liberia abzuladen versuche. Ich weiß schon, dass es diesmal, wo ich doch nur gut zehn Tage hier sein werde, nicht klappen wird. Diesmal wird es mir nicht gelingen. Diesmal muss ich den ganzen Müll wieder mit zurücknehmen. Und ich bin sicher, es kommt noch etwas dazu. Nur was genau, weiß ich noch nicht.

13

Dem Regen lässt sich jetzt nichts mehr entgegensetzen. Es schüttet, gießt und flutet. Aber alle tun so, als würde ihnen das nicht das Geringste ausmachen. Sie dehnen und strecken ihre Muskeln, trippeln in ihren Nike-, Adidas- und Puma-Schuhen vor sich hin, lassen den Kopf kreisen, lockern die Waden, sortieren die Gelenke und bringen den Puls auf Vordermann. Die internationale Gemeinschaft bereitet sich auf ihren Einsatz vor. Noch weiß keiner genau, wann es losgeht. Die Startlinie ist in Bewegung. Einen Startschuss gibt es nicht. Vielleicht ist der auch im Budget nicht vorgesehen. Oder: Die Präsidentin selbst hat ihn sich verbeten, damit die alten Kriegswunden nicht wieder aufbrechen. Weiter vorne rollt ein dunkelbrauner Jeep im Schritttempo Richtung Ziel. Gerüchte machen die Runde, es sei die Präsidentin selbst, die auf den ersten Metern eine Art Tempomacherin spielen soll, eine Art Hase, wie es im Fachjargon heißt, obwohl die fast Fünfundsiebzigjährige kaum eine harte Gangart an den Tag legen wird und, wie es gerüchteweise heißt, ohnehin nur bis zu ihrem zweihundert Meter entfernten Haus »mitlaufen« will. Nur: Sollen wir sie dann alle auf dem Weg dorthin überholen? Oder sollen wir höflich Abstand halten und sie vorauslaufen oder -gehen lassen? Ellen Johnson Sirleaf ist nicht besonders groß. Deswegen kann man nicht sagen, was da vorne passiert. Zuschauer gibt es keine. Nicht einen einzigen. Die Zuschauer, könnte man vielleicht sagen, das sind wir selbst. Wir, die Teilnehmer des ersten internationalen, von BHP Billiton gesponserten Marathons von Liberia. Wir sind gekommen, um uns dabei zuzuschauen, wie wir an unsere Grenzen gehen und uns verausgaben. Kepi wird vielleicht irgendwo an der Strecke stehen und Getränke verteilen. Ich denke an seine Schwester, die in einem Hotel in Accra festsitzt und darauf wartet, dass man in England über ihr Visum entscheidet, während ihr die Freundin aus London, die sie zur Hochzeit eingeladen hat, anscheinend Geld schickt, damit sie das Hotel bezahlen kann. Die Hochzeit, haben Sandy und Evelyn erklärt, werde sie auf jeden Fall verpassen. Wenn die Entscheidung über das Visum fallen wird, ist die Hochzeit längst vorbei. Da aber ihr Pass noch in England ist, kann sie Accra nicht verlassen und nicht nach Liberia zurückkehren. Ich frage mich, was Kepi darüber denkt. Ich bin nicht sicher, ob er in der Absurdität dieser Situation eine gewisse Komik entdecken und seine Verärgerung ohne weiteres verbergen kann. »Ich bin froh, wenn sie wieder zurück ist«, soll er angeblich zu Evelyn gesagt haben. Und dass seine Schwester »ein anderes Mal fahren wird«.

Auf einmal geht ein dramatischer Ruck durch uns. Wir laufen los. Auf einmal. Die Präsidentin muss irgendwo vorne sein. Obwohl sie in diesem Moment, wie ich zu erkennen glaube, schon längst wieder in ihren Wagen eingestiegen ist, um sich aus dem ganzen Trubel, den die Weltgemeinschaft hier anrichtet, wieder zurückzuziehen. »Ich hab' sie überholt«, ruft mir der Ehemann einer Mitarbeiterin des Diakonischen Hilfswerks zu, während er an mir vorbeiläuft. »Kannst du dir das vorstellen? Ich habe die liberianische Präsidentin überholt. Das immerhin habe ich geschafft. Und das kann ich später noch meinen Enkeln erzählen«, sagt er. Aber das ist natürlich nur als Scherz gemeint. Ein Treppenwitz der Geschichte sozusagen.

Ich habe das Telefon mitgenommen. Es ist eine Sicherheitsmaßnahme. Ich stelle mir vor, dass ich vom Ziel aus im Notfall ein Taxi rufen kann, um wieder zurückzukommen. Das Telefon mal in der rechten, mal in der linken Hand haltend, taste ich mich auf dem Mittelstreifen des Tubman-Boulevards, der neuen Errungenschaft des liberianischen Verkehrsministeriums, durch den Regen. Anfänglich laufe ich, halte Schritt mit dem vorderen Abschnitt des Feldes, später falle ich zurück und werde immer langsamer. Vorbei an den liberianischen Geschichtsdenkmälern, von denen wir einige aber umgehen, als wir in Congo Town die Abkürzung zum Stadion nehmen, am Charles-Taylor-Haus und an dem neuen Gesundheitsministerium vorbei. Wie das misshandelte Riesenskelett eines Betondinosauriers steht es da, nicht über den Rohbau hinausgekommen. Wie eine größenwahnsinnige Ruine, rußgeschwärzt und von einer Gruppe Verzweifelter behaust, die im obersten Stockwerk ihre Kleidungsstücke in den Rohbau hängen, wo sie dann wie bunte Fetzen des Bürgerkrieges im Wind taumeln, wartete es eine Ewigkeit darauf, endlich eingeweiht zu werden. Aber wir kommen nicht daran vorbei. Wir laufen einen anderen Weg, der an der chinesischen Botschaft und der Tuberkulose-Abteilung des John-F.-Kennedy-Krankenhauses vorbeiführt. Das Gesundheitsministerium ist mittlerweile weiß gestrichen, und seine Bewohner, Flüchtlinge und Obdachlose, sind vertrieben worden. Hinter der chinesischen Botschaft liegt das ehemalige Wohnhaus von Chuckie Taylor, der als Kriegsverbrecher für 97 Jahre in Miami einsitzt. Ein Teenager aus Florida, aus Orlando, der früher gerne Hiphop gehört hat und in den Ferien nach Liberia gefahren ist. Als Leiter der Antiterroreinheit in Gtala soll er mit Duldung seines Vaters unzählige Menschen gefoltert haben. Er ist eine der großen mythischen Horrorgestalten des Bürgerkriegs, von dem die Liberianer sagen, er habe die Gewaltbereitschaft seines Vaters noch übertroffen. Taylor, Vater und Sohn, das ist das Herz der Finsternis Liberias.

Im Grunde fühlt sich meine Ten-K-Erfahrung, die ich noch im Notizbuch als eine gute Möglichkeit gesehen habe, die historischen Schauplätze Monrovias, an denen wir vorbeikommen, im Lichte meiner eigenen Verausgabung und körperlichen Katharsis in ihrer ganzen Düsternis und Grausamkeit zu beschreiben, wie der reine Überlebenskampf an. Schon nach der Hälfte denke ich nur: Durchhalten und nicht aufgeben. NICHT STEHENBLEIBEN. Ich schaue auf meine wüstenbraunen Straßenschuhe und beobachte, wie sie sich voll Wasser saugen und immer schwerer werden. Ich denke nicht an die mit Nagellack, Perücken und Frauenunterwäsche posierenden Kämpfer, die sich nach US-Popstars benannt haben, ihren Feinden die Innereien herausnahmen und zu Kannibalen wurden. Ich denke nicht an den Krieg. Ich achte nur noch darauf, dass dieser übergewichtige, kahlköpfige Programmkoordinator von Oxfam mich nicht auch noch überholt und dass ich den Kontakt zu der hageren Save-the-Children-Mitarbeiterin nicht verliere. Ich will die Verbindung nicht abreißen lassen, muss aber erkennen, dass ich bei dem Klima, dem Tempo und meiner Ausrüstung nicht mithalten kann. Die Schuhe werden nass und schwer wie Steine. Ich klammere mich an meinem Handy fest, während in Zeitlupe eine Ärztin von Médecins du Monde an mir vorbeitrabt und jemand, von dem ich glaube, ich hätte ihn schon mal im Gesundheitsministerium bei einer Powerpoint-Präsentation von Mentor Initiative gesehen, mit zwei Kniebandagen trotzdem einen Tick schneller ist als ich. Und dann kommen die ersten Liberianer. Ich denke an Kepi. Kepi würde hier nicht mitlaufen. Kepi treibt keinen Sport. Kepi arbeitet und studiert. Kepi lebt. Er hilft dem Organisationskomitee und erweitert sein Netzwerk. Er hat keine Zeit für Sport. Er würde die 60 liberianischen Dollar, mit denen man hier gut und gerne einen ganzen Tag überleben kann, nicht für das Startgeld aus dem Fenster werfen, für ein Spektakel, das noch nicht mal mit einem Schuss eröffnet wird und jetzt immer mehr in den Fluten des tropischen Sonntagsregens versinkt. Das Feld dehnt und streckt sich. Die Läufer bilden einen langen, immer fragiler werdenden Strom, der schon bald mit Gegenverkehr zu kämpfen hat und sich schließlich in einem dünnen, sich dahinschleppenden Rinnsal verliert. Läufer, die mehr stehen als gehen, mehr taumeln als laufen. Ich habe keine Kraft, meine SMS zu lesen. Eine SMS, die mir, wie sich herausstellt, der Korrespondent von Reuters, der natürlich Besseres zu tun hat, als sich hier mit der humanitären Elite zu messen, schickt. Ich wechsele das Handy von links nach rechts, kämpfe mich einen Anstieg kurz vor der chinesischen Botschaft hoch und denke nicht daran, dass es hier gewesen sein muss, wo Chuckie Taylor seinen Fahrer hat erschießen lassen, weil der seinen Hund angefahren hat, und ich denke nicht daran, dass Chuckie Taylor auf den Genitalien seiner Opfer Plastik zum Schmelzen gebracht hat. Ich versuche die SMS zu lesen, aber es geht nicht. Ich muss mich durch den tropischen

Regen kämpfen. Zwei Liberianer, die mit mir laufen, bleiben immer wieder stehen und holen Luft, um dann weiterzulaufen und wieder stehenzubleiben. Sie sind mit dieser unökonomischen Methode genauso schnell wie ich. Ich habe immerhin als Ausrede meine nassen Schuhe, die ich wie Fußfesseln mit mir schleife. Wir nähern uns dem Stadion. Jemand reicht mir eine rote Fahne, auf der »Star Condoms« steht. Ich bekomme sie wahrscheinlich, damit jeder sehen kann, dass ich mich hier nicht so einfach hineingeschmuggelt habe. Vor mir sind meine Mitläufer in einen gemütlichen Trab verfallen. Auch die Liberianer. Es ist ja jetzt fast geschafft. Ich spüre die Blicke der verstreut herumstehenden Beobachter. Zuschauer kann man sie nicht nennen, dazu wirken sie zu unbeteiligt. Ich sehe ein zunehmendes Interesse, als das Stadion in Sichtweite ist, und die verloren geglaubte Kraft kehrt wieder zu mir zurück. Im Angesicht der Zuschauer, frierend, dösend, unter Regenschirmen und mit befremdetem Blick ob der Verausgabungs- und Selbstfesselungskunst, die ihnen hier vorgeführt wird, entwickele ich auf einmal einen besonderen Ehrgeiz. Es ist Stolz und das Bewusstsein davon, was hier eigentlich passiert. Ich bin hier mit meinen westlichen Werten unterwegs, die ich großzügig mit meinem Schweiß und meinem keuchenden Atem unter den Zeugen und Anteilnehmenden verteile. Seht her, so schwer kann es sein, westliche Standards einzuhalten. Ich führe hier vor, wie das so geht. Dass es sich lohnt, um etwas zu kämpfen, etwas zu erreichen und sich dabei auch zu quälen. Man muss mir nur dabei zuschauen, wie ich mein abgekämpftes Gesicht anhebe und das Letzte aus mir heraushole und im Nu sechs, sieben Liberianer stehenlasse. »Der ist total irre«, höre ich jemanden sagen. Ein anderer ruft: »Gracious God. Good God … It's hell. This is hell.« Aber es ist nicht ganz klar, wer oder was damit überhaupt gemeint ist.

Im Stadion gibt es sogar eine Leinwand, auf der man dann später sehen kann, wie eine ältere Frau, die allerdings irgendwo ihre

Startnummer verloren oder niemals eine besessen hat, auf Krücken ins Stadion humpelt. Unter dem Applaus der schon ins Ziel eingelaufenen Läufer. Das Stadion ist leer, bis auf ein paar in Regenumhänge gehüllte Gestalten. Die Ränge liegen grau im Regendunst, und das gesamte Gebäude wirkt wie eine antike Ausgrabungsstätte. Über die Stufen läuft das Regenwasser. Aber ich bleibe nicht stehen. Ich laufe weiter. Das Zentrum der liberianischen Macht aber, für das eigens eine Bühne neben der Zielgeraden aufgebaut worden ist, bleibt abwesend. Die Präsidentin kommt erst später. Wenn alles vorbei ist? Wenn es aufgehört hat zu regnen? Auf einmal sehe ich Kepi. Er verteilt etwas. Ich sehe ihn unter einem Zelt. Ich schaue zu ihm herüber, aber er reagiert nicht. Ob er zu diskret ist, mich in meinem Zustand zu begrüßen oder überhaupt zur Kenntnis zu nehmen? Ich bekomme eine fröhlich bunte Stofftasche mit afrikanischen Mustern in die Hand gedrückt. Darin Kakaopulver, ein Bounty, eine Medaille und ein T-Shirt, das ich später als Schlafhemd benutze, weil es mir viel zu klein ist. Die Erschöpfung kennt keine Grenzen, meine Füße glühen, der Regen peitscht mir ins Gesicht, und ich schaue auf mein Handy, dessen Botschaft ich mit Mühe und Not ins Ziel gebracht habe, obwohl es einen ganzen Tag lang nicht mehr richtig funktioniert und die Stimmen, die aus seinem winzigen Lautsprecher kommen, nur wie ein fernes Echo klingen, so dass ich kaum verstehen kann, was Evelyn später auf meine Bitte antwortet, sie solle mir die Tür aufmachen, nachdem mich der Land Cruiser ihrer Kollegin abgesetzt hat. Die SMS ist dagegen deutlich und klar zu erkennen: »Morgen. Pressekonferenz bei Prince Johnson. Es hat einen Unfall gegeben. Wird bestimmt interessant. Viele Grüße.« Und dann abgekürzt, der Vorname des Reuters-Korrespondenten. Toll, denke ich, während ich mir gierig das Bounty in den Mund stecke und wieder zu mir zu kommen versuche.

»Krass … Echt irre«, sagt der holländische Jurist.

»Seid ihr okay?«

»Klar …«

»Ich habe keine Beine mehr, und ihr?«

»Ich sterbe«, sagt jemand, »aber sonst geht's mir gut.«

»Immerhin gibt es genug Wasser.« Die junge Ärztin von Médicins du monde, die ich schon im Golden Beach gesehen habe, lächelt und nimmt einen tiefen Schluck aus ihrer Colaflasche.

Ich überlege, ob ich nicht zu der Gruppe mutmaßlicher Kriegsopfer und ehemaliger Kindersoldaten herübergehen soll, die ein paar Meter weiter mit ihren Krücken und Prothesen in der Kurve der Laufstrecke stehen und sich ausruhen. Vielleicht könnte ich sie interviewen. Sie sind vor mir angekommen. Aber obwohl ich das demütigend finden könnte, beglückwünsche ich sie innerlich natürlich dazu. Wie könnte ich auch anders? Vielleicht ist einer von ihnen dabei, der Chuckie Taylor kennt und etwas von ihm erzählen kann. Und natürlich hoffe ich darauf, dass die Geschichte des Mannes, der nur noch ein Bein hat, vielleicht etwas mit dem Bürgerkrieg zu tun hat, aber dann erfahre ich nur, dass er mal einen Verkehrsunfall hatte und dass sie alle bald nach Ghana geschickt werden, zur Weltmeisterschaft. Das ist ungefähr der Moment, als die Frau mit den Krücken und ohne Startnummer ins Stadion humpelt und wir ihr alle begeistert unseren Applaus spenden. Mir fällt ein, dass ich den Beinamputierten, die vor dem UN-Drive-Supermarkt standen und bettelten, damals immer versprochen habe, ich würde irgendwann mal zu ihrem Training kommen. Es fand auf dem Airfield statt, gleich gegenüber vom Grundstück der Präsidentin. Dort spielten sie mittwochs, gut sichtbar für alle, die vorbeikamen oder im Stau standen. »Ja«, sagte ich jedes Mal am Schluss, nachdem ich meine Einkäufe erledigt hatte und wieder in den Wagen steigen wollte. »Dann bringe ich euch auch einen Fußball mit. Versprochen. Aber dass ich euch jetzt schon 20 Dollar gebe …« Ich wechselte den Tonfall, als sei ich ein Geschäftsmann, der sich nicht so leicht austricksen lässt. »Wer gibt mir denn die Garantie, dass ihr mit dem Geld nicht was ganz anderes macht?« In Wirklichkeit, dachte ich nämlich immer, war es doch eine ganz schön clever ausgedachte Geschichte, um den Mitleidsbereiten das Geld aus der Tasche zu ziehen. »Weißt du?«, sagte einer von ihnen dann immer. »Wir wollen ja gar kein Geld. Nein … Bring einfach einen Ball mit, einen Fußball. Weißt du? Damit hilfst du uns viel mehr.« Damit war natürlich gemeint, dass ich ihnen das Geld für den Ball vorstrecke und mir irgendwann mal anschaue, was daraus geworden war. Eine glatte Lüge, dachte ich amüsiert und vertröstete meine Gesprächspartner. Jetzt könnte es sogar sein, dass einer von ihnen vor mir steht. Vielleicht der mit dem Dreitagebart und dem Haarband, das er um die Stirn gebunden hat. Mir fällt auf, dass er gar nicht erschöpft aussieht.

»Wie habt ihr das bloß geschafft?«, frage ich und schaue auf die Krücken. Ich denke an die zurückliegende Anstrengung. Die zehn Kilometer. Ten K. »Wie habt ihr das bloß durchgehalten? Das ist ja der Wahnsinn.« Sie nicken beiläufig und heben dabei etwas ihre Krücken an. Einer von ihnen grinst mich an, als wolle er sagen: Wir haben es ja auch gar nicht geschafft. Wir haben dich, wie immer, angelogen.

14

Kepi sehe ich erst wieder, als wir schon auf dem Rückweg sind. Er sitzt, mit einer digitalen Spiegelreflexkamera in der Hand, die ihm jemand geliehen hat, damit er Fotos macht, mit im Wagen und ignoriert mich oder tut zumindest so. Als wäre ich tatsächlich ein Journalist auf Recherchereise, den er genauso freundlich behandelt wie alle anderen auch. Die anderen, das sind die vom Wettkampf erschöpften Läufer, die sich im Land Cruiser von Evelyns Freundin und Arbeitskollegin stapeln. Kepi hat als Einziger noch Energie und Kraft. Er ist nicht gelaufen, hat sich nicht verausgabt, sondern hat sich stattdessen ein paar Dollar dazuverdient oder zumindest sein Netzwerk gepflegt. Als ich ihn am nächsten Morgen anrufe, bietet er mir einen Termin am Nachmittag an. Ein gemeinsames Kaffeetrinken, ein kurzes Treffen zwischen seinen Verpflichtungen. Die Verhältnisse haben sich umgekehrt. Nicht ich bin einer der für Kepi interessanten Internationalen, mit denen man Freundschaft schließt, sondern Kepi ist für mich ein wichtiger Kontakt, ein Informant, ein Garant für Authentizität. Außerdem habe ich noch etwas anderes mit ihm vor. Ich habe ein Geschenk, das ich ihm überreichen will und das ich in letzter Sekunde vor meiner Abreise noch gekauft habe. Unterwegs mit Limen, dem nigerianischen Taxifahrer, der mich zur Pressekonferenz von Prince Johnson bringt, telefoniere ich mit Kepi, der sich an einem unbekannten Ort aufhält.

»Ich habe gedacht, du willst gar nicht mit mir sprechen. Ist es dir peinlich, dass du mich kennst?«

»He«, sagt Kepi. »bist du verrückt …? Ich denke schon die ganze Zeit darüber nach, wann wir uns treffen können. Was macht Sarah? Wie geht's Sarah?«

Sarah ist eine gemeinsame Freundin, die für Ärzte ohne Grenzen in Liberia gearbeitet hat und auch aus Deutschland stammt, jetzt aber in einem Kinderkrankenhaus in der Schweiz arbeitet. Kepi denkt immer, ich würde Sarah dauernd treffen. Als wäre Europa so klein, dass man sich ab und zu über den Weg läuft.

»Gut, glaube ich … bestimmt sehr gut. Aber ich habe nichts von ihr gehört.«

»Natürlich treffen wir uns«, ruft Kepi ins Telefon. Im Hintergrund ist ein infernalischer Verkehrslärm zu hören, der in großem Kontrast steht zu der fast meditativen Stille in Limens Taxi. Ich spüre einen leichten Windzug, der durch den Fensterspalt hereinkommt, während wir schon die ELWA Junction erreicht haben und man rechts noch einmal das SKD-Stadion sehen kann, wo ich am Tag zuvor meine Ten-K-Medaille bekommen habe. Es ist schon sehr warm, die Sonne scheint, aber da, wo

Kepi ist, dröhnt und klingelt es, hupen und schreien aufgeregte Menschen in der Gegend herum.

»Ich lade dich zum Essen ein«, schlage ich vor.

Kepis Stimme vermischt sich mit den Hintergrundgeräuschen und verliert sich im Dröhnen der Innenstadt, wo er sich mutmaßlich befindet.

»Bist du noch da?«

Kepi ist noch da, aber er ist dabei, aus meinem Leben zu verschwinden. Das Projekt Kepi, das ich mit Evelyn und anderen Freunden eine Weile mit großer Leidenschaft betrieben habe, scheint zu Ende zu gehen. Kepi. Das ist das Lieblingsprojekt der NGO-Szene, jedenfalls eines Teils von ihr. Evelyn erklärte das einmal mit den Worten: »Wenn wir nicht dafür sorgen, dass so jemand wie Kepi hier ganz groß rauskommt und es schafft, dann weiß ich nicht, was wir hier überhaupt zu suchen haben.«

Ich überrede ihn schließlich, dass wir uns wenigstens kurz treffen. Später am Nachmittag vielleicht.

»Ich rufe dich noch mal an«, sage ich. Der Verkehrslärm in meinem Ohr nimmt etwas ab, und Limen verlangsamt die Geschwindigkeit. Hinter der Kreuzung verläuft die Straße einspurig, und wir kommen nur noch im Schritttempo vorwärts.

»Wo bist du eigentlich?«, frage ich, während Limen den Wagen hinter einem großen, mit Reissäcken vollgeladenen Lastwagen zum Stehen bringt. Ich höre jetzt, wie Kepi atmet. Offensichtlich läuft er irgendwo eine Straße entlang.

»Ich bin unterwegs, mein Lieber«, sagt er. »Ruf mich an.«

»Ich rufe dich an«, sage ich. Es beginnt zu regnen. Ich habe Kepi noch vor Augen, wie er am Tag zuvor im Wagen von Evelyns Freundin saß und die letzten Nachzügler des Marathons fotografierte. Einzelne ausgemergelte Existenzen, die am Straßenrand kaum noch zu erkennen waren, wie sie sich Richtung Ziel quälten. Kepi turnte im Wagen herum und fotografierte sie. Er war vollkommen begeistert und ausgelassen. Er hatte einen Auftrag, er lichtete seine Landsleute ab. Die, die sich auf das Wagnis eingelassen hatten und jetzt den Preis dafür zahlen mussten. »Kepi«, rief jemand, »hier ist noch einer.« Und schon stürzte er sich mit seiner geliehenen Kamera auf einen älteren Mann, der sich nur noch langsam voranschleppte. Ich erinnere mich, dass Kepi einmal im Krankenhaus war, um mich zu besuchen. Ich hatte ihn eingeladen, sich das Krankenhaus anzuschauen und sich zu überlegen, ob der Beruf des Krankenpflegers für ihn in Frage käme. Ich erinnere mich daran, während ich auf dem Weg zu Prince Johnson bin, der in demselben Stadtteil wohnt. Das Krankenhaus ist nur einen Steinwurf von seinem Haus entfernt. Der Regen hört wieder auf, und die Sonne kommt heraus. Limen stellt das Radio lauter. Ich blättere in meinen Aufzeichnungen über die Karriere von Prince Johnson, seinen Werdegang, wie er als Militärpolizist in North Carolina anfing, im Exil in Nigeria ein theologisches College besuchte und dann Senator von Nimba County wurde. Dazwischen haben sich die anderen Dinge ereignet, die unsagbaren, die monumentalen Dinge, über die man wohl besser nicht mit ihm sprechen sollte. Ich würde Kepi gerne fragen, was er von ihm denkt. Aber Kepi fotografiert die erschöpften Männer, die das Ziel aus den Augen verloren haben. Kepi lebt in der Gegenwart.

»Willst du dich nicht zum Essen einladen lassen?«, frage ich. »Sonst lädst du eben mich ein.« Er lacht. Man kann es trotz des Lärms in der Innenstadt gut hören. Er schüttet sich aus vor lachen.

»Willst du mir drohen?«, fragt er noch. Prince Johnson ist keine Bedrohung mehr, jedenfalls nicht für Kepi. Ich allerdings nehme diese Bedrohung immer noch wahr, oder ich will sie wahrnehmen. Vor allem möchte ich wissen, was Prince Johnson jetzt über Charles Taylor sagt, seinen alten Weggefährten. Ich vervollständige meinen skizzenhaften Fragebogen und streiche die Hälfte der Fragen weg. Vielleicht hat er nach der Pressekonferenz noch Zeit. Vielleicht gelingt es mir, in die liberianische Vergangenheit einzutauchen, etwas, das mir während meiner

Zeit im Krankenhaus kaum gelungen ist. Einzutauchen in diese blutige und grausame Geschichte, die irgendwo im tropischen Regenwald beginnt. Limen biegt von der Hauptstraße ab und fährt eine unbefestigte Straße, die zu dem Wohngebiet führt, in dem der Senator wohnt.

»Warte«, sage ich. »Ich gehe zu Fuß.«

Limen hält an, und ich steige aus.

»Wie du willst«, sagt er und steckt die zehn Dollar ein, die ich ihm gebe. Er ist überbezahlt. Zehn Dollar für eine Strecke, die vor zwei Jahren die Hälfte gekostet hat. Ich wäre lieber wieder mit dem Motorrad gefahren, aber der Junge, der mich zum Marathon gebracht hat, taucht an diesem Morgen nicht wieder auf, obwohl ich mit ihm vereinbart habe, dass er mich abholen soll. Er sollte ein Stunde früher da sein, so dass ich im Notfall noch immer Limen hätte anrufen können. Auf einen Zettel schreibe ich ihm meine Nummer. Aber er meldet sich nicht. Vielleicht hat er nicht genug Geld zum Telefonieren, oder er hat mich nicht verstanden, oder er traut mir nicht. Er starrte mich gleichmütig an, der Regen bildete sich in Tausenden linsenförmigen Augen auf der glatten Haut seines Regenschutzes ab. Wir sind zusammen an die Front gefahren, ich habe mit ihm eine besondere Erfahrung gemacht, die ich fortsetzen will. Genauso wie ich mit Kepi in Kontakt bleiben und sehen will, welche schillernde und sagenhafte Zukunft ihm bevorsteht. »Immer wenn ich an ihn denke«, sagt Evelyn, »dann sage ich mir: Kepi … Das wird der nächste Präsident. Irgendwann einmal. Verstehst du?« »Ja, klar. Wer sonst?«, antwortet ihr jemand. Oder jemand sagt: »Aber klar. Kepi natürlich. Kepi muss Präsident werden.« Der Junge im Regenmantel ratterte davon. Er umkurvte die überfluteten Schlaglöcher und die riesigen Wasserpfützen, die sich auf der Straße gebildet hatten, er legte sich gefährlich in die Kurve. Der Krieg ist zu Ende. Mein Lauf mit der Präsidentin ist vorbei. Wie sich wenig später herausstellt, hat sie einen von Prince Johnsons Unterstützern angefahren. Ihr Konvoi ist mit dem von Johnson kollidiert. Die Pressekonferenz ist auf einmal zu einer großen Sache geworden. Es ist ein Unfall auf der höchsten politischen Ebene und, wie Prince Johnson wenig später uns allen, die zu seinem Haus gekommen sind, geschickt zu verstehen gibt, eigentlich eine Kriegserklärung.

15

Ich bin zu früh. Oder Prince Johnson lässt uns einfach noch ein bisschen warten. Der Reuters-Korrespondent ist auch noch nicht da. In einer kreisrunden sogenannten Palaverhütte, die in der hinteren Ecke des von hohen Mauern umgebenen Anwesens steht, sitzen drei, vier Liberianer auf weißen Plastikstühlen und warten. Zwei der Männer, die ich schon ein paar Tage zuvor bei der Wahlkampfkampagne gesehen habe, bewachen den Eingang und die Hütte. Es sind Prince Johnsons persönliche Wachmänner. Jetzt ist die Begeisterung des Marsches, des Wahlkampfauftakts, in dessen Verlauf sich Frauen mit weißer Kreide eingeschmiert haben und Männer mit freiem Oberkörper auf Jeeps geklettert sind, ihm zugejubelt oder sich selbst Mut gemacht haben, auf diese Hütte und die mit müden Gesichtern im Garten herumstehenden Männer zusammengeschrumpft. Die beiden Securityleute tragen große Sonnenbrillen, die nicht nur ihre Augen, sondern ihr halbes Gesicht verdecken und ihnen den Anschein geben, als litten sie unter einer kollektiven Migräne. Ob Prince Johnson eine Migräne-Persönlichkeit ist? Jemand, der sich hinter zugezogenen Vorhängen über eine geringfügige Abweichung in seinem auf Perfektion ausgerichteten Lebensalltag so sehr aufregt, dass es in seinem Gehirn kleine, kaum merkliche Explosionen gibt? Joan Didion hat einmal ihre eigene Migräneerkrankung als Ergebnis eines Guerillakrieges bezeichnet, bei dem sie die Auseinandersetzung mit den kleinen Herausforderungen des Lebens verliert und der Versuch scheitert, die Banalität des Alltags in den Griff zu kriegen. Kaum vorstellbar, dass Prince Johnson von ähnlichen Dämonen heimgesucht wird. Seine beiden Securityleute halten erst mal ihre Gesichter hin. Große, glatte Gesichter von Männern, die ihre Sonnenbrille an diesem regnerischen Tag mit einer gewissen Düsternis tragen. Migräne als Guerillakrieg. Das ist eine Verschiebung der Energie, wie sie eher auf der nördlichen Halbkugel der Erde stattfindet. Und nicht hier, in dieser fast prototypischen afrikanischen Idylle. So hat Johnson sich und sein Haus nämlich inszeniert. Es ist ein sorgfältig gepflegtes und fast liebevoll angelegtes Ensemble. Ein paar Tiere, eine Kuh, eine Ziege, ein paar Hühner, ein bisschen Landwirtschaft, die umgeben von turmhohen Mauern aufblüht, beschützt von diesen grobschlächtigen Männern, die jederzeit Krieg in die Außenwelt tragen könnten. In der Palaverhütte hängen Fotos von Prince Johnson und seiner Frau, und eins von dem nigerianischen Theologen, zu dessen Gefolge Johnson in seiner Exilzeit gehört hat. Ich suche mir einen Plastikstuhl etwas am Rand. Die Stühle sind in einer eigentümlich erratischen Ordnung aufgestellt. Eine Stuhlreihe bildet einen Kreis, eine weitere steht als fragile Linie direkt vor dem Tisch, an dem Prince Johnson wenig später Platz nehmen wird. Drei weitere Stuhlreihen sind wahllos im Raum verteilt, dort sitzen die liberianischen Journalisten. Die Presse, wie es später heißt. »Ich heiße die internationale Presse willkommen«, wird Prince Johnson sagen. Aber die einzig wirkliche internationale Presse, in Gestalt des Reuters-Journalisten, ist noch gar nicht da.

»Es wird noch einen Moment dauern, oder?«, frage ich, während ich aufstehe und mich neben den Securitymann stelle, der den Tisch bewacht, an dem der Senator kurze Zeit später sitzen wird.

»Der Senator kommt gleich«, antwortet der Securitymann, in seinem eingeübt neutralen Tonfall, mit dem er alles abzuwehren versucht, was nicht mit dem Senator, sondern vielleicht mit ihm selbst, seinem Bewacher und Schutzengel, zu tun haben könnte.

»Toll«, sage ich. »Wir warten.« Ich schaue zusammen mit ihm zu dem zweistöckigen, nicht übermäßig mondänen Wohnhaus hinüber, das einen ausladenden Balkon hat, auf dem aber niemand steht.

»Ich habe dich doch neulich gesehen«, fange ich an und drehe mich wieder zu dem Mann mit der Sonnenbrille und den schneidigen Gesichtszügen. »Du warst es doch, der das Fahrzeug des Senators bewacht hat. Und das bei dieser Hitze. War bestimmt anstrengend, oder?« Ich lächele ihn an. Der Securitymann, der vielleicht doch nicht so gut ausgebildet ist im Abwehren von ungebetener Kommunikation, lächelt sofort zurück.

»Ja, Mann«, sagt er und nimmt die Sonnenbrille ab. Das Gesicht eines Mannes Anfang dreißig kommt zum Vorschein. »Du hast mich gesehen. Ja?«

»Und diese Hitze, nicht wahr?«

»Wir mussten aufpassen.«

»Das habt ihr gut gemacht. Ja, wirklich.«

»Danke«, sagt er.

»Wie habt ihr das geschafft? Das war bestimmt nicht einfach.«

Ich erinnere mich an den Kordon, den sie gebildet haben. Eine Gruppe von Männern hielt sich an den Händen und schloss sich um den im Schritttempo vorwärtsschleichenden Jeep des Präsidentschaftskandidaten zu einer menschlichen Schutzhülle zusammen, die jederzeit reißen und aufplatzen konnte. Unter der schwelenden Sonne Liberias.

»Ja«, sagt er. »Das haben wir gemacht. Das ist unser Job.«

Er nickt, auch jetzt treten ihm kleine Schweißperlen auf die Stirn. Er hält die Sonnenbrille in der linken Hand, wie einen Fremdkörper, den er gerade aus seinem Gesicht entfernt hat. Er schaut die Sonnenbrille an.

»Wie lange bist du schon dabei? Ich meine, wie lange arbeitest du schon für den Senator?«

Und so fängt eine harmlose Unterhaltung über seinen Werdegang an. Über sein Leben, das er bereitwillig vor mir ausbreitet. Mit einer fast rührenden Unschuld, die auf einmal vor nichts haltmacht. Er war eine Weile bei der Präsidentengarde, dem berüchtigten Special Security Service, und hat in dieser Funktion auch für Charles Taylor gearbeitet. Er hantiert mit seiner Sonnenbrille herum, während er mir auf meine Fragen antwortet. Er kommt nicht auf die Idee, dass ich ihn ausfrage und Informationen aus ihm herauslocke. Ich habe nicht genug Zeit, um die Chronologie zu entwirren. Er ist älter, als ich gedacht habe, und zumindest theoretisch ist es möglich, dass er zu der von Prince Johnson gebildeten Elitetruppe Black Scorpions gehört hat, die dieser später von der NPFL abtrennte, nachdem er sich mit Taylor überworfen hatte. Taylor und Johnson müssten eigentlich Feinde sein, aber dazu passt nicht, dass Johnson den ehemaligen Anwalt von Taylor zu seinem neuen Vizekandidaten ernannt hat. Sie müssten eigentlich große Feinde sein, wenn es wirklich stimmt, dass Taylor Johnsons Mutter hat umbringen lassen, weil er fürchtete, ihr Einfluss würde zu groß und Johnson würde mit Hilfe ihrer spirituellen Kraft zu einer Bedrohung für ihn werden. Der Securitymann, der jetzt den Garten des Senators bewacht, seine Kuh, seine Hühner und seine Palaverhütte, kann dazu natürlich nichts sagen. Als Taylor seinerseits das Land verlassen musste, das er bis heute nicht wieder betreten hat, kehrte er zu seinem alten Arbeitgeber zurück und bewachte von nun an ihn. Es ist eine fast natürliche Entwicklung, eine Geschichte der Kontinuität. Die Geschichte eines Mannes, der niemals die Mittel und die Ambitionen hatte, sein Land zu verlassen, sondern einfach dablieb. Er ist allein dem treu, was er für die Macht hält, und schützt, bewacht und kümmert sich um sie. Er liefert sich der Sonne aus, er setzt sich der Hitze und dem Regen aus. Er lächelt. Ich kann ihn nicht weiter befragen, bekomme nicht heraus, ob seine Lebensgeschichte in allen Details auch wirklich stimmt. Ich werde es nicht erfahren, weil jetzt der Reuters-

Journalist hereinkommt. Instinktiv mache ich einen Schritt zurück. Meine Rechercheergebnisse, seien sie auch noch so vage, behalte ich lieber für mich.

Der Reuters-Journalist heißt Thomas. Er gibt mir noch einmal seine Visitenkarte, wodurch sein Auftritt etwas von seiner Jungenhaftigkeit verliert. Er ist schrecklich nett. So wie alle Korrespondenten immer schrecklich nett sind. Schließlich müsse man sich doch hier draußen gegenseitig helfen, sagt er, als sei ich auch Korrespondent, dabei habe ich mich schon deutlich als Amateur, als befangen und parteiisch zu erkennen gegeben.

»Ich weiß noch nicht genau, ob ich was schreibe«, sage ich, als sei ich ein Privatier, der keinen Broterwerb nötig hat und sich jederzeit die Freiheit nimmt, eine Reportage in ein Gedicht und ein Gedicht in ein Nichts, einen Gedanken, einen Zeitvertreib zu verwandeln.

»Klar«, sagt Thomas. »Ich schaue mir das auch erst mal an.« Er will Prince Johnson porträtieren, eine größere Sache. Er will ein paar Wochen hierbleiben, sich seinen Wahlkampf anschauen und überall mit ihm hinfahren, auch ins Landesinnere. Er wartet ab, bis die Termine feststehen, und wohnt in Monrovia in einem Hotel. Wir unterhalten uns eine Weile, und ich erzähle ihm ein bisschen von dem Land, das ich besser kenne als er. Aber so richtig viel will er nicht hören, er scheint sich die Strategie angewöhnt zu haben, nicht zu viel Informationen aufzunehmen. Unser Gespräch ebbt ab. Ich nehme Kontakt zu Moses auf, dem Wahlkampfmanager, und überlege, ihn zu interviewen und auf die Schnelle seine Lebensgeschichte in Erfahrung zu bringen, als Thomas nach seiner Tasche greift und ein Buch herausholt. Es ist *Krieg und Frieden*. Thomas schlägt es wie selbstverständlich auf und vertieft sich ins vierte oder fünfte Kapitel. Jedenfalls ist er noch ganz am Anfang, als hätte er es sich erst zu Beginn seiner Reise gekauft. Natürlich liest er es nicht einfach so, wie ich kurze Zeit später erfahre. Er liest es mit einer gewissen künstlerischen

Attitüde. Beinahe wie ein Konzeptkünstler, der für seine Reise in den tropischen Regenwald bestimmte Maßnahmen trifft, die ihn zwingen, sich als Künstler gerade in einem Modus der Beschränkung an seinen Eindrücken und Wahrnehmungen zu bereichern. So wie es eine Art Konzeptkunst sein mag, eine westliche Zivilisationskonzeptkunst sozusagen, wenn man eine Reise, trotz anderer Transportmöglichkeiten, zu Fuß unternimmt und auf alle Annehmlichkeiten bewusst verzichtet. Der Reuters-Korrespondent liest Tolstoi. Er bewaffnet sich, er stattet sich aus. Ist das eine Art homöopathische Maßnahme gegen die Horrorbilder der Kindersoldaten, der Small Boys Unit von Charles Taylor, gegen die wütenden Bestrafungsaktionen von Prince Johnson, der manche seiner Kämpfer erschießen ließ, wenn sie sich undiszipliniert verhielten? Wenn es das wäre, wäre es eine hoch potenzierte Homöopathie. Ich frage Thomas, ob es ihm etwas ausmachen würde, wenn ich mir das aufschreibe. Wenn ich darüber schreibe, was er liest.

»Klar«, sagt er, »das kannst du gerne schreiben.« Er blättert die Seite um und liest weiter. Ich stehe auf, präge mir das Bild ein. *Krieg und Frieden* auf dem Schoß dieses leicht rothaarigen Engländers, den es hierhin verschlagen hat und der jetzt ein bisschen aussieht wie ein ehrgeiziger Student, der seine Ziele sanft, aber entschieden verfolgt und mit seinem Ehrgeiz niemanden belästigen will.

»Sie haben mir noch nicht gesagt, wann sie aufbrechen«, sagt er. Er meint Johnson und seine Leute. Der Wahlkampf findet auch im Landesinneren statt, im Busch, in Nimba County. Tolstoi wird dabei sein. Ich gehe zu Moses, der im Gespräch mit einem liberianischen Journalisten ist. Er gibt mir die Hand, er erkennt mich wieder und wirkt nicht im Geringsten darüber erstaunt, dass ich hier bin. Von dem Termin hat er mir nichts gesagt. Ich weiß nicht, was das zu bedeuten hat. Ob ich den innersten Kreis der internationalen Berichterstatter, die über Prince Johnson schreiben dürfen, noch nicht erreicht habe? Doch es scheint nicht so, als gäbe es einen solchen Kreis überhaupt. Moses ist an diesem Morgen wortkarg. Er kennt Johnson seit seiner Jugend und hat, wie er sagt, immer an seiner Seite gekämpft. Als General, als Assistent, als Freund.

»Also bist du im Krieg bei ihm gewesen?«, frage ich.

Er neigt etwas den Kopf. »Ich war immer bei ihm. Auch als General.« Er weicht mir aus, und im nächsten Moment habe ich seine Aufmerksamkeit ganz verloren. Sein Freund, sein Chef, sein Arbeitgeber tritt aus dem Haus. Prince Johnson kommt. Gemessenen Schrittes. Er verlässt sein Domizil und geht die wenigen Meter zu der Palaverhütte herüber, wo die internationale Presse schon auf ihn wartet. Ich gehe zurück zu meinem Platz. Thomas liest noch einen Satz zu Ende. Die liberianischen Journalisten erheben sich, aber ohne besonderen Eifer. Überhaupt wirkt die ganze Szenerie relativ unaufgeregt. Es gibt keine Kameraleute, keine Fotografen. Überhaupt niemand fotografiert. Nicht ein einziges Bild wird gemacht. Thomas klappt Tolstoi zu, legt das Buch unter seinen Stuhl und holt das Notizbuch heraus, in das er jetzt selbst etwas über den Krieg schreibt. Wenn auch über diesen düsteren, absurden, durchgeknallten Kindersoldatenkrieg der Afrikaner, von dem wir alle annehmen, dass wir mit ihm garantiert nichts zu tun haben. (Ein infantiler, infernalischer Krieg, über den wir, als kriegserfahrene Europäer, nur den Kopf schütteln können.) Das Buch liegt mit der Vorderseite auf dem rauen Betonfußboden der Palaverhütte, so dass es unser Gastgeber nicht sehen kann. Thomas wird es dabeihaben, wenn er Prince Johnson auf seiner Kampagne ins Landesinnere begleitet. In den tropischen Regenwald, zu den Dörfern und den spirituellen Rückzugsgebieten, zu den »indigenous people«, von denen Johnson immer spricht, wenn er die ameriko-liberianische Elite attackiert.

»Setzt euch hierhin. Kommt«, sagt Johnson mit einer einladenden Bewegung. Er trägt einen eleganten Strohhut, zwei goldene

Ringe an den Fingern und höchst elegante braune Lederschuhe. Er macht einen gutgelaunten Eindruck, weit entfernt von jedem Anflug von Migräne oder nur der geringsten Erschütterung darüber, dass einer seiner Männer bei dem Unfall mit der Präsidentin schwerverletzt worden ist. Er betritt die Hütte, seine Hütte, seinen erweiterten Wirkungskreis. Ein Gastgeber, der in seinen Garten geladen hat und uns jetzt in einer Mischung aus Arroganz und väterlicher Milde begegnet. Aber die gute Stimmung verfliegt schnell. Wir sind nicht genug. Wir sind nicht zahlreich genug erschienen.

»Wo sind die anderen?«, fragt er auf einmal, aber nicht uns, sondern Moses, der sich sofort zu ihm stellt. Seine Gesichtszüge entgleisen. Er gerät für einen Moment außer Kontrolle. Er hat mit mehr Interesse gerechnet. Wir sind zehn, höchstens zwölf, wenn man Moses und die Securityleute mit einrechnet. Thomas und ich rücken mit unseren Stühlen vor, auf die liberianischen Journalisten zu, die auch vorgerückt sind. Schon im nächsten Moment beginnt die Pressekonferenz, oder besser gesagt: Der Monolog des Präsidentschaftskandidaten und Senators Prince Johnson.

»Es ist ihre Schuld«, erklärt er, während er den Unfall in seinen verwirrenden Einzelheiten schildert. »Die Schuld der Präsidentin.« Sie ist ihm mit ihrem Konvoi in die Quere gekommen, und dabei ist einer seiner Anhänger vom Wagen gestürzt. Er hat sich beide Beine gebrochen. Der genaue Hergang des Unfalls bleibt im Nebel.

»Wir sind doch alle müde von dem langem Krieg«, sagt er. »Niemand möchte, dass es noch einmal Gewalt gibt.« Er sagt es auffallend oft, während die versammelten Journalisten in den weißen Plastikstühlen mit der »God Bless You«-Aufschrift auf den Rückenlehnen um ihn herumsitzen. Johnson kommt in Fahrt. Man sieht, dass er äußerst charmant sein kann, wenn er will. Schon im nächsten Moment kann er aber auf eine ganz uncharmante Weise mit seinen Generälen drohen, um dann in einem Nebensatz zu erwähnen, dass sein Wagen »bullet proof« sei und keine einzige Kugel ihn jemals treffen könne. Das hat Präsident Doe damals auch gesagt, bevor ihm Johnsons Leute das Ohr abgeschnitten haben. Prince Johnson kritisiert die Präsidentin, die einen seiner Unterstützer umfährt und ihm nicht mal Zugang zu dessen Krankenbett gewährt. Er selbst habe ihn im John-F.-Kennedy-Krankenhaus besuchen wollen, nur um zu erfahren, dass die Präsidentin ihm den Zutritt verbietet.

»Ich frage mich, warum sie das macht. Gibt es etwas zu verheimlichen? Hat sie so etwas nötig?«

Prince Johnson spielt abwechselnd den treuen Sohn, der die alte Mutter lobt für das, was sie für das Land getan hat, und dann spielt er den untreuen Sohn, der seine eigene Mutter opfern muss, weil er jetzt selbst an die Macht will.

»Warum will sie die Generäle an der Regierung beteiligen, was soll das?«, fragt er. »Wenn ich meine Generäle zusammenrufe, dann stehen hier morgen eine halbe Million Leute herum. Das will doch niemand, oder?«

Er droht der Regierung. Er will die Massen mobilisieren, seine ehemaligen Kämpfer. Auch George Weah, der berühmte Fußballstar und geheime Konkurrent von Präsidentin Johnson Sirleaf, Kandidat des CDC und in der Gunst der Wähler wohl noch weit vor Prince Johnson, hat angeblich mit dubiosen Leuten verhandelt, die Liberia gezielt ins Chaos stürzen könnten, wenn Sirleaf die Wahlen diesmal wieder gewinnt. Leute, die einen Massenauflauf inszenieren könnten, um ähnlich instabile Verhältnisse zu verursachen wie in der Elfenbeinküste. Die Sorge, dass Liberia wieder im Chaos versinkt, macht auch die internationale Gemeinschaft nervös. Evelyn hat deswegen schon an einem Evakuierungstraining teilgenommen, einem sogenannten »Grab the bag«-Training, bei dem die Mitarbeiter einüben, wie sie so schnell wie möglich ein abermals zusammenbrechendes Liberia verlassen können. Trotz 10 000 UNMIL-Soldaten. Einige haben sich schon prophylaktisch ein Sierra-Leone-Visum in den Pass stempeln lassen. Aber Prince Johnson will keinen Krieg, sagt er. Er will Frieden. Und er will das Ende der Korruption.

»Warum hat sie immer noch ihren Pass?«, fragt er. »Sie hat immer noch ihren amerikanischen Pass. Ich habe meinen schon längst abgegeben. Aber sie will sich die Möglichkeit offenhalten, uns hier alle im Stich zu lassen.«

Er faltet die Hände zusammen.

»Und die ganze Korruption«, er schüttelt den Kopf und presst die Lippen zusammen. »Das Land versinkt in der Korruption.«

Eine Kuh stöhnt auf, wir sind schließlich im Garten. Hühner melden sich auch zu Wort, und die liberianischen Journalisten halten für einen Moment bei ihren Notizen inne. Vielleicht müssen sie nicht weiter mitschreiben. Diesen Teil seiner Rede kennen sie schon. Der Reuters-Journalist und ich dagegen schreiben jedes einzelne Wort mit. Wir fliegen mit unseren Kugelschreibern über die Seiten, euphorisiert von dem liberianischen Wirklichkeitsrausch, der sich hier vor unseren Augen ereignet.

»Und sie lässt mich nicht zu ihm. Zu meinem eigenen Mann! Zu diesem Jungen, der jetzt ein Krüppel ist. Beide Beine gebrochen.« Er schüttelt den Kopf. »Und sie geht da hin und kümmert sich darum. Als wäre es einer von ihren Leuten. Nein … Es gibt keine Gesetze mehr. Das Recht zählt nichts mehr. Ich darf nicht zu ihm, und sie fährt zu dem Haus seiner Familie. Sie fährt zu dem Haus der Opfer und gibt ihnen *chicken change.*« Er schaut kurz um sich, ob wir ihm folgen, obwohl er keinen von uns direkt ansieht. Er lässt seinen Blick eher über unsere Köpfe schweifen. Als seien wir elektronische Empfänger, Aufnahmegeräte, und das Publikum befände sich dahinter, in der Ferne, außerhalb des Anwesens hinter den Mauern, wo es strenggenommen ja auch ist.

»Nein«, sagt er. »Das ist nicht das Gesetz. So sieht das nicht aus. Wir haben so ein reiches, wundervolles Land, aber unsere Studenten, die haben noch nicht mal eine richtige Bibliothek.

Und dieser Flughafen. Das Land ist am Ende. Es ist Zeit für sie zu gehen.« Er hebt seinen Arm und macht eine kryptische Bewegung mit seiner linken Hand. Er ist ein eleganter Herr, ein guter Redner, ein Charmeur, wenn man ihm die Gelegenheit dazu gibt.

Ein Journalist, der im Hintergrund an einer der Säulen der Hütte lehnt, fragt ihn, ob er beim Referendum abgestimmt habe. Mit dem Referendum sollten einige Dinge in der Verfassung geändert werden, zum Beispiel die Altersgrenze der Richter oder auch der Wahltermin, der nach Meinung einiger Leute von der Regenzeit in die Trockenzeit verschoben werden sollte, was eigentlich sinnvoll wäre. Aber Prince Johnson und die meisten Oppositionsparteien sind dagegen.

Er lächelt. »Das ist ein Rezept für die totale Konfusion«, sagt er. Und dann kehrt er wieder zu dem Unfall zurück.

»Sie lebt dank der Hilfe Gottes. Sie ist immer noch da. Und ja, wir haben ihr viel zu verdanken. Aber warum fährt sie an diesem Tag mit ihrem Konvoi in der Gegend herum. Sie wollte uns treffen, sie wollte uns das antun. Der Special Security Service ist dafür verantwortlich. Es ist ein Akt des Terrors.«

Im Hintergrund machen sich wieder die Hühner bemerkbar, aber Johnson lässt sich nicht aus der Ruhe bringen. Er spricht weiter, kaum von irgendwelchen Fragen unterbrochen. Irgendwann richtet einer der liberianischen Journalisten das Wort an ihn. Die meisten von ihnen wirken wie Schüler, die eine Unterrichtsstunde über sich ergehen lassen, und am Ende ist es genau das, was hier passiert. Die Euphorie, mit der Thomas und ich unsere Seiten füllen, wirkt dagegen fast hysterisch.

»Wir danken Ihnen«, sagt der liberianische Journalist. »Vielen Dank, dass Sie uns hier heute empfangen haben.«

Johnson nickt, schenkt dem Journalisten kurz einen Blick, und dann ist die Pressekonferenz zu Ende. Ganz plötzlich erheben sich alle. Johnson lächelt, schaut kurz zu uns herüber und steht auf. Ich nutze jetzt die Gelegenheit, um mich gleichfalls zu erheben, zu ihm zu gehen und nach einem Interviewtermin zu fragen. Er neigt leicht den Kopf. Gibt sich jetzt als älterer Herr, der nicht so ohne weiteres alles versteht. Vielleicht will er Moses Zeit geben, die Sache in die Hand zu nehmen. Er kommt auch sofort herüber und stellt sich zu uns.

»Das klappt mit dem Interview«, sagt Moses.

»Das sprichst du mit ihm ab«, sagt Prince Johnson zu mir.

Ich sage: »Vielen Dank, Herr Senator«, und dann schlage ich mein Notizbuch zu. Moses begleitet Johnson aus der Palaverhütte heraus zu seinem Haus, kehrt aber kurze Zeit später wieder zurück. Wir sollen noch einen Moment hierbleiben, erklärt er uns. Wir sollen noch warten, bis alle weg sind. Ob wir ein Exklusivinterview bekommen? Mit schlechtem Gewissen verfolge ich, wie die ersten Journalisten gehen. Thomas unterhält sich mit einem Kollegen. Es ist der Mann, der später gekommen ist und nach dem Referendum gefragt hat. Thomas unterhält sich mit ihm über den Wahlkampf. Er arbeitet auch bei Reuters, aber die genauen Umstände bleiben im Dunkeln. Zu meinem Erstaunen hat sich Thomas nicht besonders gut vorbereitet. Er schreibt sich jetzt auf einen kleinen Zettel, wer überhaupt kandidiert, und lässt sich von seinem Reuters-Kollegen und mir die Unterschiede zwischen CDC, NUDP und UP erklären und wer von den Kandidaten die besten Aussichten hat. Natürlich Ellen Johnson Sirleaf, aber dann kommen schon Winston Tubman und George Weah, auch Charles Brumskine werden mehr Chancen zugerechnet als Prince Johnson. Ein Gerücht macht die Runde, dass es kurze Zeit später noch eine Pressekonferenz geben soll, und zwar bei der Präsidentin. Angeblich werde auch sie sich noch zu dem Vorfall äußern. Jetzt wird die Sache interessant. Thomas schreibt sich die Nummer des Pressesprechers auf, und wir beschließen, zusammen in die Innenstadt zu fahren und der Sache nachzugehen. Zwar ist der Pressesprecher erst mal nicht zu erreichen, aber die Frau, die uns informiert, die einzige weibliche Journalistin, die anwesend ist, wirkt vertrauenserweckend. Jetzt kommt Moses auf uns zu. Er führt uns an den Rand der Palaverhütte zu einer Tür, die zu einem weiteren kleinen Raum oder einem Schrank führt. Moses gibt sich ein bisschen konspirativ.

»Das hier sind vierhundert Dollar«, sagt er leise und hält uns einen Briefumschlag hin. Wir zögern einen Moment. Keiner von uns reagiert. Wir sind ganz allein mit Moses, niemand beobachtet uns, und Moses macht nicht den Eindruck, als wäre das eine große Sache.

»Das ist für uns?«, fragt Thomas.

»Für euch. Vom alten Herrn.« Moses streckt uns den Briefumschlag entgegen. Thomas schüttelt den Kopf.

»Vielen Dank«, sagt er.

Ich sage auch: »Vielen Dank.«

»Das ist nett vom Senator«, sage ich, »aber das ist nicht nötig.«

»Es ist für den Transport«, erklärt Moses. Wir nicken wieder, aber keiner von uns nimmt den Umschlag entgegen. Schnell verschwindet er wieder, und Moses gibt uns die Hand. Wir schütteln ihm jetzt auch die Hand, mit einer etwas übertriebenen Herzlichkeit, als könnten wir die Zurückweisung des Geschenks damit kompensieren. Vierhundert Dollar. Im Briefumschlag. Ist das ein Akt der Großzügigkeit oder einfach nur Bestechung? Wir lächeln freundlich, mit der Arroganz derjenigen, die sich hier ohnehin alles leisten können, und lehnen ab.

Als wir eine Stunde später den riesigen Betonturm des UNMIL-Headquarters erreichen, in dessen Nachbarschaft sich das vergleichsweise beschauliche Außenministerium befindet, wo die Präsidentin residiert, sind wir trotzdem zu spät. Der Pressesprecher und die Präsidentin sind schon weg.

»Eine Pressekonferenz hat es heute hier sowieso nicht gegeben«, sagt der Security Officer am Eingang. Es klingt so, als würde er sagen, der Unfall sei gar nicht passiert. Wir stehen etwas orientierungslos vor den Wachtposten. Das Außenministerium wird von dem berühmten indischen Kontingent der UNMIL-

Schutztruppe bewacht, das nur aus Frauen besteht. Sie tragen hellblaue Uniformen und stehen neben einem kleinen Schützenpanzer am Eingang. Die Gewehre gesenkt, die Haare hochgebunden. In der Nähe ist der Unfall passiert. Capitol Hill. Aber es ist das liberianische Capitol Hill, nicht das amerikanische.

»Vierhundert Dollar«, sagt Thomas und grinst.

»Glaubst du, dass er uns bestechen wollte?«, frage ich.

Thomas zuckt mit den Schultern. Es könnte genauso gut wirklich ein Geschenk, eine Geste gewesen sein, denn in Liberia gibt es zwei verschiedene Dollar-Währungen, die amerikanische und die liberianische. Vierhundert liberianische Dollar, das wäre für jeden von uns gerade mal drei US-Dollar gewesen, ungefähr eine U-Bahn-Fahrkarte in Berlin. Und dann wäre es keine Bestechung, sondern eine Geste, eine freundliche Hilfestellung, wie es hier gegenüber Journalisten, die kaum etwas verdienen, üblich ist, ein harmloses kleines Geschenk.

»Ich hab' keine Ahnung«, sagt Thomas und stellt sich zu den Liberianern, die auf ein Taxi warten. Vielleicht wollte uns Moses einer Prüfung unterziehen, vielleicht wollte er uns ein Zeichen geben, uns zum Nachdenken bringen. Das ist die Schizophrenie der Verhältnisse. Liberia ist ein kompliziertes Land. Es gibt immer zwei Wahrheiten.

»Ich fahre zurück ins Hotel«, sagt Thomas. »Kommst du mit?«

Ich schüttele den Kopf. Mit einem Mal wünsche ich mir, er würde für seine Haltung, die er dem Land gegenüber an den Tag legt, bestraft. Unterwegs zum Außenministerium sagt er: »Das ist doch wirklich zum Kotzen, wie die hier das Geld verjubeln und zum Fenster rausschmeißen. Die haben nichts gelernt.« Er gibt Liberia keine Chance. Er glaubt nicht daran, dass das Land alleine mit seiner Krise klarkommt.

»Aber«, entgegne ich, »ist diese Krise nicht irgendwie schon wieder vorbei? Ich meine … Schau dir das an. Es verändert sich doch etwas.«

»Das macht alles keinen Sinn«, sagt er. »Die verjubeln hier nur das Geld. Jemand muss denen auf die Finger schauen, sonst wird das nichts.« Er macht eine abwehrende Handbewegung. Ich habe schon viele Gespräche mit Leuten geführt, die in Liberia all ihre Illusionen verloren haben. Mit vielen Leuten habe ich das Klagelied darüber angestimmt, wie schwierig die Liberianer sind, wie eigensinnig, übermäßig stolz und gleichzeitig auf unerhörte Weise undankbar, und in ihrer phlegmatischen Zurückgenommenheit manchmal nur schwer zu ertragen. Aber in diesem Moment bin ich auf der liberianischen Seite. Es ist, als würde einer etwas Schlechtes über einen Angehörigen sagen, über jemanden, der einem nahesteht, über den man schon selbst die schlimmsten Dinge gesagt und gedacht hat, es aber niemals ertragen könnte, wenn ein anderer, ein Außenstehender, dasselbe sagen würde. Ich kann nicht ertragen, wie Thomas über Liberia redet. Er hat sein Urteil schon gefällt, bevor er nach Liberia gekommen ist. Er soll alleine ins Hotel fahren.

»Danke«, sage ich, »ich habe noch was vor. Vielen Dank.« Ich winke ihm zu, als er in den gelben Nissan Sunny, auf dessen Stoßstange »God comes first« steht, einsteigt und verschwindet. Ich weiß nicht, was ich tun soll. Ich könnte Kepi anrufen, fühle mich ihm aber in diesem Moment nicht gewachsen. Tatsächlich würde ich am liebsten jemanden treffen, der meine eigene Ambivalenz teilt. Jemanden, der Liberia zugleich liebt und hasst, jemanden, der dieses Land zugleich bewundert und verachtet. Jemanden, der Afrika großartig und im nächsten Moment unerträglich findet. James ist nicht so jemand. James, der seit fünf Jahren in Liberia ist und seit drei Jahren für UNICEF arbeitet, ist noch undurchsichtiger und noch kryptischer als Liberia und ganz Afrika zusammen. Aber dann rufe ich ihn trotzdem an. James ist der kultivierteste und feinfühligste Freund, den ich in Liberia habe. Es scheint zumindest so. Denn in Wirklichkeit ist James, wie so viele, etwas anderes. Ein Großmeister der Simulation. Eine wahrlich schillernde Existenz unter der Oberfläche scheinbarer Berechenbarkeit und Verlässlichkeit. Seine Mailbox klingt wie ein Frühlingswind. Leicht, heiter. Man möchte einen Moment verweilen. Er wohnt schräg gegenüber vom Crystal Ocean View Hotel, in einem der schönsten Appartements der Stadt. Von seinem Balkon blickt man aufs Meer, das einem aus zweihundert Metern Entfernung entgegensieht wie ein Gast, der sich nicht näher herantraut, ein Gast, der einem nachts, wenn James in aufgeschnittenen Kokosnüssen Cocktails serviert, mit düsterem Grummeln und lichtem Schaum etwas zuflüstert. Ich spreche ein paar belanglose Sätze auf seine Mailbox. Dass ich ihn gerne treffen würde, am liebsten zu einem spontanen Mittagessen, bei einem der Libanesen in der Innenstadt oder am frühen Abend auf der Terrasse des Cape Hotels. Ich möchte mit ihm meine Bedenken austauschen, meine Sorgen. Ich erhoffe mir weitere Einsichten von ihm. Antworten auf die Frage, warum wir hier sind. Warum ich zurückgekommen bin und er noch immer hier ist. Selbst wenn er betrunken war, behielt er die Fassung. Er wich nur minimal von seinem Kurs ab. Ihm selbst waren kaum irgendwelche Leidenschaften zu entlocken, wenn man von seinen sportlichen Ambitionen und seiner Vorliebe für die Ornithologie absah, die er aber auch mit einer sehr gemäßigten Begeisterung auslebte. Ich spreche auf seine Mailbox, warte auf seinen Rückruf, während ich minutenlang am Straßenrand stehe und über meine nächsten Schritte nachdenke. Er wird in Kürze zurückrufen. Er wird mich in seinem melodischen englischen Singsang herzlich willkommen heißen. Er hat fünf Jahre Liberia auf dem Buckel, aber man merkt es ihm nicht an. Als ich später am Nachmittag eine SMS von ihm bekomme, dass er mich nicht treffen kann, weil er Malaria hat, bin ich erstaunt. Ich kann mir ihn nicht krank vorstellen. »Es tut mir furchtbar leid«, schreibt er in seiner SMS. »Ich habe Malaria und bin zu Hause. Können wir uns an einem der anderen Tage sehen?« Ich gehe ein paar Meter den Tubman-Boulevard hoch, Richtung Capitol Hill, ich bin in der Gegend, wo der Unfall passiert ist, von dem ich mittlerweile gar nicht mehr sicher bin, ob er sich wirklich ereignet hat. Hundert Meter von mir entfernt ist ein Wartehäuschen aus Stein. Es stammt noch aus der Zeit, als Liberia über ein funktionierendes öffentliches Nahverkehrssystem verfügt hat, von dem jetzt nur noch Fragmente existieren. Beispielsweise hat die spanische Regierung Liberia zehn Busse geschenkt, die aber dann nach wenigen Monaten wieder von der Bildfläche verschwunden sind, weil niemand da war, der sie reparieren konnte. Ich setze mich in dieses Wartehäuschen, in den Schatten dieses gemauerten Gebäudes, um mein Sandwich zu verzehren. Ich nehme auf der fleckigen Steinbank Platz und warte. Ich warte auf nichts. Oder: Ich warte darauf, dass sich meine beiden Nachbarn, die ebenfalls in dem Wartehäuschen sitzen, verziehen. Unter ihrer Aufsicht kann ich mein Sandwich nicht essen. Es ist eine eigentümliche Situation. Die beiden Männer, mutmaßlich Obdachlose oder zumindest sehr arme Menschen, wirken nicht hungrig oder bedürftig, jedenfalls nicht in diesem Moment. Der eine hält eine schäbige Plastiktüte vor sich auf den Knien, der andere kaut etwas. Beide wirken zufrieden, obwohl vielleicht gar kein Anlass besteht, beide wirken mit sich im Reinen, nur ich, der ich zwischen ihnen sitze, vorgebeugt, unruhig auf die Straße blickend, von einem plötzlich bohrenden Hungergefühl erfasst, weil ich seit zwanzig Stunden nichts mehr gegessen habe, bin nicht mit mir im Reinen. Das Sandwich ist in meiner Tasche. Weißbrot mit Thunfisch und Mayonnaise. Kein verlockendes Mittagessen, aber in diesem Moment erscheint es köstlich und verführerisch. Doch ich kann mich nicht dazu durchringen, es zu essen. Dabei haben die beiden liberianischen Männer sich schon längst an meine Anwesenheit gewöhnt. Nur für einen kurzen Moment wirken sie irritiert, weil ein Weißer sich ausgerechnet hier hinsetzt, direkt neben sie, wo es doch hier überhaupt nichts zu sehen gibt. Schon längst sind sie aber wieder ganz mit sich selbst beschäftigt und würdigen mich keines Blickes. Ich fange allerdings noch immer nicht an zu essen. Das Hungergefühl ist schon fast wieder weg.

Für einen Moment spiele ich mit dem Gedanken aufzustehen, mein Mittagessen aufzugeben und zu Fuß irgendwo hinzugehen. In diesem Moment klingelt das Telefon. Es ist Kepi.

»He, wo bist du? Du hast mich versucht anzurufen. Ist alles okay?«

»Warte«, sage ich und presse das Telefon ans Ohr, weil in diesem Moment mehrere gepanzerte UNMIL-Fahrzeuge auf dem Weg zum Hauptquartier vorbeifahren und ich mein eigenes Wort nicht mehr verstehe. »Kannst du mich verstehen?«, rufe ich, obwohl ich selbst kaum etwas von dem verstehe, was ich sage.

»Ich versteh' dich gut«, höre ich Kepi sagen. »Wir sind alle im Boulevard. Willst du nicht auch kommen?«

Der Konvoi der UNMIL-Panzer nimmt kein Ende. Nach den Panzerfahrzeugen folgen mehrere Mannschaftswagen. Es ist eine Machtdemonstration. Ein Versuch, unter Beweis zu stellen, dass man die Lage im Griff hat. Schnell mache ich meine Tasche auf und hole mein Sandwich heraus.

»Ich dachte, wir wären zum Abendessen verabredet«, sage ich. »Wer ist denn alles da?« Ich versuche mit der rechten Hand mein Sandwich auszupacken, während ich Kepi zuhöre, der mir erklärt, wer im Boulevard ist und dass ich unbedingt kommen soll.

»Wir sind alle hier«, sagt er.

»Wer ist wir?«, frage ich, aber dann bricht die Verbindung ab. Wahrscheinlich hat Kepi nicht mehr genug Guthaben. Die beiden Liberianer, die neben mir gesessen haben, sind in der Zwischenzeit aufgestanden und gegangen. Einen sehe ich noch, wie er der Fahrzeugkolonne, die gerade in die langgezogene Kurve vor dem weiß aufragenden Hauptquartier fährt, hinterherläuft. Er scheint keine besondere Eile zu haben. Er hat offensichtlich nicht das Gefühl, dass seine Sicherheit oder die Sicherheit von irgendjemandem hier bedroht ist. Für einen Moment ist es ruhig, der Verkehrslärm ebbt ab. Die größte Straße Liberias liegt jetzt ganz leer und verlassen vor mir. Niemand beobachtet mich, niemand schaut mir zu. Ich nehme das Sandwich in die Hand und fange an zu essen.

16

»Keeping the promise for Liberia to rise and shine again«, steht auf einem Plakat an der Kreuzung, an der es zur Duport Road abgeht. Ich vergesse, mir den Urheber und Auftraggeber des Plakats zu notieren, und so, aus dem Zusammenhang gerissen, wirkt das Plakat wie eine göttliche Prophezeiung, die hier an diese Stelle, wo die Straße zum Krankenhaus abzweigt, vom Himmel gefallen und zu einem wirklichen Versprechen geworden ist. Aus dem Zusammenhang gerissen, wirkt sie kraftvoll, schön und überzeugend. Es spielt keine Rolle mehr, wer sich das wirklich ausgedacht hat. Es entfaltet seine Kraft auch ohne den, der sich dahinter verbirgt. Die Regierung, ein Konzern, eine NGO? Kepi sagt auch solche Dinge. Er benutzt auch solche Verallgemeinerungen, die gerade deswegen ihren besonderen Charme entfalten, weil man ahnt, dass er sich in Wahrheit keine Blöße geben und unantastbar bleiben will. Er gibt mir keine Antwort auf meine Frage, was er von Prince Johnson denkt, als wir kurz inmitten unserer achtköpfigen Freundesgruppe darüber reden. Kepi ähnelt darin allen ehrgeizigen und zum Ruhm strebenden Autodidakten, die sich hinter Verallgemeinerungen und Generalisierungen verbergen, sobald es brenzlig für sie wird. An sich ist Kepi natürlich kein Autodidakt. Er studiert, er hat eine Schulbildung, er liest, wenn auch sporadisch und ziellos, aber wenn er mit uns, seinen internationalen Freunden zusammensitzt, muss er ständig Lücken, Leerstellen und kulturelle Abgründe überspringen, und jedes Mal tut er das mit so großem Geschick, einer Chuzpe, die geradezu bewundernswert ist. Wie dieses Plakat, was sich dort vor mir aufbaut, während ich die Straße zu überqueren und trockenen Fußes auf die andere Seite zu kommen versuche.

»Ich glaube, es sieht überall gleich aus, oder?«, sagt Kepi, als wir im Café Boulevard sitzen. »Das ist eben die Globalisierung.« Wir sprechen über seine Schwester und darüber, dass sie in Accra noch immer festsitzt. Niemand glaubt, dass sich ihre Situation noch verbessert.

»Immerhin sieht sie mal Accra«, sagt jemand, und Kepi, der noch nie außerhalb seines Heimatlandes gewesen ist, erklärt uns, die wir schon alles gesehen haben, schon überall irgendwie gelandet, angekommen und wieder weitergefahren sind, wie es sich verhält.

»Die Hotels sehen doch überall gleich aus«, sagt er. »Ich habe noch nie ein Hotel gesehen, wo man sich richtig wohl fühlen und wie zu Hause fühlen kann … Ihr vielleicht?« Er schaut in die Runde. »Also ich würde den ganzen Tag im Zimmer sitzen und Filme gucken«, ruft er. »Und ihr?«

»Du würdest *Lost* gucken«, ruft jemand. »Du würdest dir 10 000 Stunden *Lost* anschauen.«

»Ich würde mir 10 000 Stunden *Lost* anschauen«, ruft Kepi begeistert. Er möchte nicht, dass wir seine Schwester bemitleiden. Er überlässt uns das Wehklagen und beinahe autoaggressive Wüten gegen unser eigenes menschenunwürdiges System. Eine Diskussion entbrennt, die wir alle nur führen, weil Kepi dabei ist. Wir überbieten uns gegenseitig darin Beispiele anzuführen, wie schlecht die Menschen behandelt werden, die es wagen, ein Visum für Europa zu beantragen.

»Diese Desinformation hat natürlich Methode«, sagt jemand, »dass sie ihr das nicht vorher gesagt haben.«

»Die Botschaften vor Ort, die spielen nämlich ihr eigenes Spiel, die machen ihre eigenen Gesetze, und wenn ich als deutscher Staatsbürger zum Beispiel in Berlin beim Auswärtigen Amt anrufe, erzählen sie mir etwas ganz anderes als in Accra.«

»Und erst mal die Engländer.«

»Sie ist in die Hände der Engländer geraten.«

»Ja, die Engländer sind noch schlimmer.«

»Ich glaube, ehrlich gesagt, dass sie genauso schlimm sind.«

»Wisst ihr was?«, erklärt jemand, von dem ich gar nicht weiß, aus welchem Land er stammt. »Es ist doch so. Europa fängt in Wirklichkeit schon in Afrika an. Wir halten uns die Afrikaner schon hier vom Leibe, wir grenzen sie schon hier aus. Und wir behandeln sie schon hier, in ihrem eigenen Land, entschuldigt, wenn ich das sage, wie den letzten Dreck.«

In diesem Moment zwinkert mir Kepi zu. Obwohl seine Schwester in gewisser Hinsicht tatsächlich eine Gefangene dieses undurchsichtigen Systems ist, scheint er unsere Diskussion lustig zu finden.

»Und jetzt fangen sie nämlich mit diesen ganzen Fingerabdruckverfahren an«, sagt der, dessen Nationalität mir unbekannt ist. »Sie entwickeln ein Risikoprofil für jeden potentiellen Einreisekandidaten. Denn sie wollen ein für alle Mal verhindern, dass es so viele *overstayer* gibt.«

»Wahrscheinlich machen sie genau das. Sie erstellen ein Risikoprofil für sie.«

»In England?«

»Ich finde es einfach nur schrecklich. Und jetzt sitzt sie da in diesem Hotel wie eine Gefangene, dabei wollte sie nur …«

»Und mit dieser ausgefeilten Technik ist es dann bald möglich, jeden Afrikaner, der es noch wagt, seinen Blick nach Europa zu wenden, so zu bewerten und zu vermessen, wie es früher die Rassenforscher gemacht haben. Nur damit er nicht auf die Idee kommt, ein paar Tage länger zu bleiben.«

»Willkommen in Europa«, ruft jemand.

»Es tut mir so furchtbar leid für sie«, sagt jemand leise und legt seine Hand auf Kepis Arm.

»Ich würde sowieso die ganze Zeit im Hotel bleiben und Filme schauen«, sagt Kepi. »Ich würde mir *Lost* anschauen.« Kepi lacht. Aber er lacht etwas zu laut. Er lacht oft und gerne. Aber in diesem Moment klingt sein Lachen nicht glaubwürdig. Er flüchtet sich in ein gewohntes Territorium. Er kehrt nach Monrovia, zum Tubman-Boulevard und zu dem Café zurück, in dem wir gerade sitzen.

Über Prince Johnson schweigt Kepi. Vielleicht ist ihm dieses Thema nicht geheuer, oder er weiß am Ende viel weniger über ihn, als ich denke. Seine Schwester, die im Justizministerium arbeitet, sitzt jetzt in Accra fest. Ihres Passes und ihrer Würde beraubt. Gedemütigt und desillusioniert. Bei der Hochzeit ihrer Freundin und Arbeitskollegin in London dabei zu sein, ist zu einem unerreichbaren Traum geworden. Kepi rettet sich in Verallgemeinerungen und Weisheiten, die man ihm wegen seines jungen Alters zwar nicht abnimmt, die man aber niemals in Frage stellen würde. Ich habe keine Gelegenheit, ein paar persönliche Worte mit ihm zu wechseln. Er muss sich behaupten, will sich keine Blöße geben und unter Beweis stellen, dass er hier als einziger Liberianer nicht fehl am Platz ist. Manchmal verfällt er für eine halbe Stunde in ein Schweigen, das fast besorgniserregend ist. Dann wieder unterhält er die ganze Runde mit seinen Geschichten, und alle hängen an seinen Lippen, als seien sie nur nach Liberia gekommen, um ihm zuzuhören. Wir sind mitten in seinem Leben, wir befinden uns im Zentrum. »Keeping the promise for Liberia to rise and shine again.« Er hält uns sein vor Energie strahlendes Gesicht hin, als sei *er* das Plakat. Als sei er die Prophezeiung, der es deswegen manchmal die Sprache verschlägt, weil sie so kräftig und machtvoll erscheint.

Wir essen Pizza mit Meeresfrüchten und trinken Unmengen von Club Beer. Zweimal verlasse ich das Boulevard, um zu telefonieren. Einmal spreche ich mit Max, der vorschlägt, spontan etwas trinken zu gehen, dem ich aber erkläre, dass ich viele Termine habe und noch nicht sagen kann, wann ich ungefähr Zeit habe. Aber vielleicht würde es ja noch am Abend vor meiner Abreise gehen. Und dann rufe ich noch einmal den Pflegedienstleiter des

Krankenhauses an, um mit ihm abzusprechen, wann ich zu Besuch kommen kann. Kepi fährt mit einer Gruppe von Médecins-sans-Frontières-Mitarbeitern zurück in die Innenstadt. »Wir sehen uns«, sagt er, als wäre ich noch länger hier, aber in diesem Moment habe ich schon beschlossen, dass ich Liberia nicht verlassen werde, ohne ihn noch einmal gesehen zu haben. Ich muss herausfinden, ob es irgendeinen gangbaren Weg gibt, ihn in seinen Bemühungen zu unterstützen, einen Platz zu finden in seinem Land. Einen Platz, der ihm nicht mehr streitig gemacht werden kann.

Prince Johnsons Haus liegt etwas abseits der Hauptstraße, und nachdem ich erfahren habe, dass der Termin für das Interview verschoben worden ist, laufe ich durch einen schmalen, mit einem Auto nur schwer zu befahrenden Weg zurück zur Duport Road. Es sind Wege, die abgesunken sind, deren Böschung abgerutscht ist, die sich zwischen bizarr verrenkten Bäumen und Häusern hindurchschlängeln und immer wieder aufs Neue vom Wasser ausgespült und verformt werden, so dass die Häuser selbst zwischen ihnen, zwischen den hervorquellenden Wurzeln, den aufklaffenden Erdspalten und dem abrutschenden Erdreich wie Inseln wirken. Inseln, die nach oben wachsen oder, je nachdem wie man es sieht, nach unten gezogen werden. Dazwischen liegt Müll, liegen aufgeschlagene Kokosnüsse, Fetzen von Plastiktüten und einzeln verlorengegangene Schuhe. Immer wieder sehe ich solche einzelnen Schuhe, die nicht mehr zu gebrauchen sind. Plastiktüten findet man nur, wenn sie völlig zerfetzt sind und aussehen wie eine Haut, die sich ein Wesen abgestreift hat, das weitergezogen ist oder in einer dieser scheinbar im Rausch zusammengeklopften Behausungen verschwunden ist. In einer der schwankenden Hütten mit ihren improvisierten Wellblechdächern und Wänden, die oft nur aus Pappe und Bastmatten bestehen. Skizzen, Entwürfe, die verträumte Architekten aus Alltagsmüll komponiert haben. Wäsche liegt zum Trocknen auf den feucht glänzenden Wurzeln aus und saugt sich wenig später wieder mit Wasser voll, es sei denn, jemand lauert hinter dieser Wand aus Pappe und springt hervor, wenn es wieder anfängt zu regnen. An diesem Tag regnet es in Schüben. Als ich das Haus von Prince Johnson verlasse, nachdem ich eine Weile vergeblich in der Palaverhütte gesessen und auf meinen Gesprächspartner gewartet habe, hört der Regen auf und ermöglicht mir den Spaziergang, der mich zurück zur Duport Raod führt. Hier mussten wir, als Mitarbeiter von Cap Anamur, rechts abbiegen, und dann war es nur noch ein Katzensprung bis zum Krankenhaus. Als ich jetzt die Kreuzung erreiche, fängt es wieder zu regnen an. Aber nicht einfach so, sondern mit einer geradezu wütenden Fanfare, die den gesamten Platz innerhalb von Sekunden leerräumt. Ich muss mich unterstellen und nutze die Gelegenheit, im Krankenhaus anzurufen, um sicherzugehen, dass ich auch wirklich erwartet werde. Schließlich chartere ich ein klappriges Taxi, dessen Windschutzscheibe von zwei breiten, schwarzen Streifen zu einem relativ schmalen Sichtfenster verengt ist, durch das man hindurchschaut, als würde man einen 35-mm-Kinofilm sehen. Der Wagen ist so alterschwach, dass ich befürchte, er könnte die ebenfalls ausgespülte und sich wie ein ausgetrocknetes Flussbett bis zum Krankenhaus erstreckende Seitenstraße nicht bewältigen. Die offizielle Besuchsgenehmigung hat mir das John-F.-Kennedy-Krankenhaus noch nicht erteilt. Der Pflegedienstleiter erklärt das damit, dass der zuständige Mitarbeiter krank sei und niemand sonst diese Genehmigung ausstellen könne. An diesem Morgen ist auch der Pflegedienstleiter nicht im Krankenhaus, und als ich Eugene, einem anderen Mitarbeiter, vorschlage, wir könnten uns auch außerhalb des Krankenhauses treffen, erklärt er mir, ich solle kommen, er fände schon einen Weg, mich reinzubringen. Ich solle bis zum Tor fahren, und dann würde er mich abholen. Das Taxi mit der schwarz abgeblendeten Windschutzscheibe tastet sich die Straße herunter, die eigentlich keine Straße, sondern eine Schlucht ist, ein zerklüftetes Tal, und den Wagen zwingt, weniger zu rollen als zu schaukeln. Es ist der Weg, den alle zurücklegen müssen, die hier eingeliefert werden. Psychisch kranke Menschen, die ein letztes Mal das Schaukeln, Schwanken und den ganzen Irrsinn der liberianischen Infrastruktur, die ganze Unberechenbarkeit der Fortbewegung erleben dürfen, bevor sie fürs Erste weggesperrt und interniert werden. Wenn auch in ihrem eigenen Interesse, wie wir zu sagen pflegten, wenn sie kurz nach ihrer Ankunft zu einem kamen und riefen: »Ich bin hier gegen meinen Willen hingebracht worden! Sie müssen mir helfen. Ich muss hier wieder raus!« Der Taxifahrer lehnt mein Angebot, vor dem Tor des Krankenhauses zu warten, ab. Er würde nicht in die Innenstadt fahren, erklärt er, er fahre nur hier in diesem Stadtteil, nicht im Zentrum. Ich biete ihm zehn Dollar, dass er mich wieder zurückbringt, aber er lehnt ab. Der schmale Schlitz zwischen den beiden Sichtblenden verengt sich. Als ich aussteige, habe ich keine Möglichkeit mehr zurückzukehren. Eugene lässt das Tor öffnen und empfängt mich. Ich steige aus dem Wagen, der, als ich mich umdrehe und ihm hinterherschaue, wie ein glorioses Wrack aus einem Abenteuerspielfilm aussieht.

»Willkommen«, sagt Eugene. Die Securitymänner schieben das schwere Eisentor zur Seite. Sofort wird mir klar, dass ich diesen Besuch, diesen Aufenthalt hier, unterschätze und mich darauf nicht richtig vorbereitet habe. Im Irrglauben, ich könnte hierher zurückkehren und »Hallo« sagen, und alles wäre wie früher. Der Regen jagt in ungeheurer Wut vom Himmel herunter. Es hat keinen Sinn, den kleinen Regenschirm aufzuklappen und darunter Schutz zu suchen. Ich folge Eugene. Er läuft aufrecht vor mir und bringt mich zu dem Trakt, in dem die Patienten untergebracht sind. Vorerst scheint mir am besten zu sein, seinen Anweisungen Folge zu leisten, meine Umwelt, die in der Gestalt von Dutzenden Patienten- und Mitarbeitergesichtern auf mich einstürzt, auszublenden und in einem Tunnelblick nur auf das Trockenheit verheißende Hauptgebäude zu schauen.

»Lange nicht gesehen«, sagt Eugene noch, während er sich zu

mir herumdreht, so als sei ich ein Patient, der jetzt zu seinem Ausgangspunkt wieder zurückgekehrt ist. So wie man eben ehemalige Patienten begrüßt, die einen Rückfall erlitten haben, immer in einer Mischung aus Wehmut darüber, dass sie es doch nicht geschafft haben, und Freude darüber, dass man sich also endlich wiedersieht und wieder eine Weile zusammenarbeiten kann. Ich mache einen großen Sprung, um einem überfluteten Areal kurz vor der zum Patiententrakt führenden Treppe auszuweichen. Ich winke zwei Pflegern zu, die ich aus dem Augenwinkel sehe, denen ich aber angesichts des Unwetters nicht die Hand schütteln kann. Im nächsten Moment bin ich zurück. Im nächsten Moment bin ich in das Leben zurückgekehrt, von dem ich mich vor knapp zwei Jahren scheinbar für immer verabschiedet habe.

Der eigentliche Grund, warum ich mich überhaupt gemeldet habe, war schließlich die Vermutung, dass mir die Mitarbeiter des E. S. Grant Mental Health Hospitals bei meiner Recherche behilflich sein könnten. Lange Zeit dachte ich, ich sollte lieber nicht vorbeischauen und mir das nicht antun. Um nicht die Erfahrung zu machen, dass das Projekt, in das ich zwischen November 2008 und November 2009 alle Kraft und Leidenschaft eingebracht habe, zu der ich fähig war, gescheitert ist. Um nicht feststellen zu müssen, dass die Kooperation mit dem John-F.-Kennedy-Krankenhaus nicht so funktioniert, wie ich gehofft habe, und dass die Mitarbeiter unglücklich sind oder, noch schlimmer, ein großer Teil der Mitarbeiter ihre Jobs verloren hat. Oder, am allerschlimmsten, dass die Patienten bei alledem auf der Strecke geblieben sind. Denn Cap Anamur ist nicht mehr im Land, die Übergabe an das John-F.-Kennedy-Krankenhaus längst abgeschlossen. Es gibt keine Möglichkeit, irgendetwas, und sei es auch nur der kleinste Irrtum, jetzt noch zu korrigieren. Jetzt müssen sie eben allein klarkommen, sagte ich mir, so wie man letztlich den Rückzug von Hilfsprojekten immer damit rechtfertigen kann, dass man die Sache den Hilfsbedürftigen selbst überlässt und dass das letztlich das Ziel war.

»Wir gehen gleich in mein Büro«, sagt Eugene, während er mitleidig auf meinen eingeknickten Regenschirm schaut, den ich jetzt doch noch aufgespannt habe.

»Ja«, sage ich, »lass uns in dein Büro gehen.« Das Büro, das ich als Mitarbeiter von Cap Anamur benutzt habe, ist jetzt verbotene Zone und nicht mehr zugänglich für mich. Denn, das stellt sich schon nach kurzer Zeit heraus, ich darf hier wirklich, wie Eugene mir erklärt, gar nicht sein.

»Weißt du«, sagt Eugene, als wir sein Büro betreten, »offiziell bist du nämlich gar nicht da. Du besuchst nur mich. Wenn du nämlich mich besuchst, dann ist es etwas anderes. Dann ist es in Ordnung.«

»Ja, klar«, sage ich, während ich tief durchatme und gegen den donnernden Regen anreden muss, der wie immer durch das Fenster hereindröhnt, da die verstellbaren Lamellen keine Glaseinfassungen mehr haben.

»Wenn du mein Besucher bist, ist es okay.«

»Vielen Dank, dass du mich eingeladen hast«, sage ich schnell, froh, wieder im Trockenen zu sein.

»Deswegen bleiben wir besser auch hier im Büro. Denn hier herumzulaufen und überall Guten Tag zu sagen, das wäre zu offiziell.«

»Natürlich«, sage ich. »Das kann ich gut verstehen.«

Im Büro von Eugene, das eigentlich das des Pflegedienstleiters ist, fällt mir auf, dass mein Arbeitsplatz, der Ort, der meinem Aufenthalt in Liberia Sinn gegeben hat, nicht mehr existiert. Und in den nachfolgenden knapp dreißig Minuten, die ich mich im Krankenhaus aufhalte und jeden Mitarbeiter, der mich noch kennt, in dem winzigen Büro begrüße, zieht das Jahr, das ich hier verbracht habe, wie ein absurdes Puppenspiel noch einmal an mir vorbei. In dem winzigen Büro, in dem gerade mal zwei Menschen, in der Regel Eugene und ein Patient, sich gegenübersitzen können, spielen wir das jetzt noch einmal durch. Wie ich also zurückgekehrt bin, weniger der Kollege als der ehemalige Arbeitgeber, der man automatisch als Mitarbeiter der NGO wurde, die hier die Gehälter auszahlt. Noch einmal versichern wir uns der gegenseitigen Zuneigung und des gegenseitigen Respekts, der natürlich nie ganz frei war von unterschiedlichen Interessen und Weltanschauungen. Aber wir mögen uns, wir sind Freunde geworden. Wir spüren die alte Verbundenheit. Ich umarme Mitarbeiter, für die ich mich verausgabt habe, für die ich alles gegeben habe und von denen ich glaube, dass sie mir dafür wirklich dankbar sind. Ein schöner Gedanke, der jetzt bei dieser bescheidenen kleinen Aufführung auf der Bühne des acht Quadratmeter großen Büros etwas in Mitleidenschaft gezogen wird. Und natürlich frage ich die Mitarbeiter nicht nach ihren politischen Ansichten, danach, wen sie vielleicht wählen, wer ihnen jetzt als Präsident am angenehmsten wäre. George Weah? Ellen Johnson Sirleaf oder am Ende Prince Johnson? Aber dafür ist auch keine Zeit. Wenn sich wieder die Tür öffnet und ein Sozialarbeiter oder eine Krankenschwester hereinkommt, zu einem schmerzhaft kurzen, lächerlich abgehackten Wiedersehensgespräch bin ich für einen Moment doch wieder Mitarbeiter der NGO und Psychologe. Niemals Autor oder Journalist. Ich umarme einen ehemaligen Kollegen, einen Ergotherapeuten, der beklagt, dass ich mich unter meiner deutschen Telefonnummer nie melde und dass die Ansage auf meiner Mailbox so verwirrend sei. Oder ich umarme einen Mann, der als Reinigungskraft arbeitet und der wie immer in Gummistiefeln durch den Patiententrakt läuft und einer der ganz wenigen ist, der sich auch vor den gewalttätigsten Patienten nicht fürchtet. Keiner von diesen Menschen hat auch nur die geringste Ahnung, was ich vor diesem Jahr gemacht habe und was danach. Ich laufe durch eine Schleuse, einen Zeittunnel, der nur vier mal zwei Meter groß ist, an dem vergitterten Fenster endet und an der Tür, die man, wenn noch jemand hereinkommt, kaum wieder zumachen kann.

Ich flüchte mich in vage Andeutungen, als man mich fragt, wie es mir in Deutschland geht. Alle hier sind viel zu diskret und höflich, um wirklich nachzufragen, was ich tue. Einige denken, ich würde natürlich auch in Deutschland für eine NGO arbeiten. Einige denken, dass Cap Anamur eine große Firma sei, die in Deutschland noch viel mehr Mitarbeiter habe als in dem kleinen Liberia. Das stimmt natürlich nicht, Cap Anamur beschränkt sich sorgsam auf ein Minimum an Verwaltungsaufgaben. Das Prinzip der Selbststeuerung schließt das Vorhandensein von Mitarbeitern beinahe aus. Erst hier, in diesem nur acht Quadratmeter großen Zimmer, erweitert sich Cap Anamur, dehnt sich aus, wird in den Augen der Mitarbeiter sogar zu einem riesigen Unternehmen, das hierhergekommen ist, um Gewinn zu machen und Geld zu verdienen. Dass es eigentlich genau umgekehrt ist, lässt sich trotz größter Bemühungen einigen Mitarbeitern nicht erklären. Auch Eugene weiß um dieses Dilemma. Aber Eugene, der lange Zeit zu den mächtigsten Figuren im Krankenhaus gehört hat, ist als Einziger, wie es scheint, unglücklich und einer der wenigen, die von der Übernahme durch das JFK nicht profitiert haben. Den meisten geht es ganz gut, die meisten scheinen mit der neuen Situation zufrieden zu sein, auch wenn sich die Lage sogar etwas verschlechtert hat, aber immerhin, das Krankenhaus existiert, die Patienten werden behandelt, die Mitarbeiter haben ihre Jobs behalten. Nur Eugene gehört zu den Verlierern, jedenfalls versucht er es mir an diesem Vormittag so zu erklären. Aber natürlich will ich seine Version der Geschichte nicht hören. Natürlich will ich seine Argumente nicht akzeptieren.

»Weißt du«, sage ich zu ihm, »ich würde noch mal eine E-Mail an Cap Anamur schreiben. Mir selbst sind die Hände gebunden. Ich arbeite ja gar nicht mehr für die.« Ich erkläre ihm, dass ich nicht da bin, nicht existiere. Ich sage ihm nicht, was ich über das Wiedersehen hinaus von ihm in Erfahrung bringen will. Es erscheint unangemessen und in diesem Moment geradezu grotesk.

Die dreißig Minuten gehen so schnell vorbei, dass ich gar nicht merke, was passiert. Ich werde noch Wochen und Monate später mit dem Gedanken spielen, einige der Mitarbeiter, die ich nicht richtig begrüßt habe, aus Berlin anzurufen und das Gespräch, das wir gar nicht angefangen haben, fortzusetzen.

»Ich habe ehrlich gesagt gar keinen Kontakt zu Cap Anamur«, sage ich zu Eugene, »jedenfalls nicht im Moment.«

Es ist beinahe eine Notlüge, und Eugene, der mich natürlich durchschaut, gibt sich mit dieser Erklärung zufrieden. Die Geschichte von Eugene und seiner Tätigkeit im Krankenhaus ist ohnehin so kompliziert, dass ich davor zurückschrecke, überhaupt noch einmal über sie nachzudenken, nachdem seine schillernde, unberechenbare Persönlichkeit mich ein Jahr lang so beschäftigt hat.

»Das ist toll, dass du noch hier bist. Du musst es so sehen: Du hast eben noch einen Job.«

»Ich schaue mich um«, sagt er mit einem drohenden Unterton.

»Natürlich schaust du dich um. Ich bin mir sicher, dass du dein Ziel erreichst. Du musst nur durchhalten.« Ich versuche ihm Mut zu machen, obwohl die Aussichten, dass es mit dem Medizinstudium und der anschließenden Ausbildung zum Psychiater klappt, nicht besonders gut sind.

»Jetzt wartest du schon seit zehn Jahren darauf, da würde ich doch jetzt nicht aufgeben.«

»Nein«, sagt er und lächelt.

»Aber ich halte dich auf. Du musst jetzt bestimmt weiterarbeiten«, sage ich schließlich.

»Es war schön, dass du gekommen bist. Du musst alle grüßen in Deutschland«, sagt er und zählt ein paar Namen auf, von Leuten, die noch bis vor kurzem zu seinem persönlichen Netzwerk gehört haben, seinem deutschen, für seinen Werdegang existentiellen Netzwerk, das jetzt aber nicht mehr existiert. Wird sich Eugene allein durchschlagen, wird er sich behaupten? Wird Eugene auch ohne Cap Anamur seine hochgesteckten Ziele erreichen können? Die Fragen lassen sich nicht beantworten. In dem strömenden Regen ist unser Gespräch überlagert von einem großen Rauschen, das im Hintergrund eine Komplexität und Informationsfülle andeutet, die man besser nicht zu bewältigen versucht. Eugene schließt den Raum ab, nachdem wir ihn wieder verlassen haben. Ich frage mich, warum er ihn überhaupt noch so selbstverständlich benutzt, obwohl er in der Hierarchie des Krankenhauses, wie er mir erklärt, keine Rolle mehr spielt und seine Macht fast ganz verloren hat. Allerdings ist Macht in diesem Krankenhaus ohnehin ein höchst relativer Begriff. Wir gehen nach draußen auf die Veranda des Patiententrakts. Der Regen hat kaum nachgelassen. Ich überlege, wie ich zum Tor komme, ohne nass zu werden, und ich überlege, wie ich dem Küchenpersonal, dem ich beim Hereinkommen noch zugerufen habe, ich würde später kommen, jetzt erklären kann, dass ich schon wieder gehe. Vielleicht ist die Macht von Eugene auch ungebrochen. Sie existiert vielleicht weiterhin in den für Außenstehende und auch für die Mitarbeiter von Cap Anamur letztlich immer unsichtbaren inneren Verbindungen, die die langjährigen Mitarbeiter aneinanderketten und die den Korpus der Mitarbeiter als ein lianenhaftes Geflecht erscheinen lassen, das ihnen Stabilität gibt. Eine Stabilität, die durch die Patienten und die überwiegend feindliche Außenwelt ständig bedroht ist. Aber das ist nur eine Phantasie, ein afrikanischer Tagtraum. Eine Verunklarung und Verkomplizierung, die einem gelegen kommt, wenn man diesen Ort eigentlich so schnell wie möglich wieder verlassen will. Schließlich setze ich mich doch noch über das Gebot von Eugene hinweg. (Die Einschränkung meiner Bewegungsfreiheit entspringt vielleicht allein Eugenes Machtbedürfnis und ist vielleicht sein Versuch, mich im Nachhinein in die Schranken zu weisen, während ich mich überschwänglich dafür bedanke, dass er sich darüber hinwegsetzt, dass ich das Krankenhaus eigentlich gar nicht betreten darf.) Ich überschreite den imaginären Korridor, der mich jetzt direkt zum Tor und zum Ausgang führen soll. Ich betrete die Küche, ich begrüße das Küchenpersonal. Umarme die Frauen, deren Essen ich meist verschmäht habe, von denen mir einige aber ans Herz gewachsen sind, weil sie sich an ihrem so bescheidenen Arbeitsplatz, wo sie immer vor einem auf glühender Kohle dampfenden riesigen Topf hocken und kochen, eine schier endlose Heiterkeit und Zuversicht bewahrt haben. Als könnten sie die ganze Welt verköstigen und mit ihrem zähen Reis, ihren Hühnerfüßen und Fischköpfen verwöhnen. Die Wachleute haben das Tor schon geöffnet, als ich auch noch zum OPD, dem Outpatient Department herüberlaufe und die dortige Ärztin, die für einen kurzen Moment ihre Patienten im Stich lässt, begrüße und umarme. Jetzt, wo es unweigerlich zu spät ist, bemerke ich, wie sehr mir diese Menschen gefehlt haben und wie gerne ich eigentlich mehrere Stunden oder sogar den ganzen Tag hier verbracht hätte. Du bleibst einfach so lange, wie es sich ergibt, solange es dir Spaß macht, sagte ich mir noch ein paar Tage vorher, als ich mich entschlossen hatte, das Krankenhaus doch zu besuchen. Ich stellte mir vor, wie ich an den verschiedenen Rückzugsorten der Mitarbeiter, in den wertvollen Schattenzonen und auf den Beobachtungsposten ins Gespräch vertieft bin, mit diesen Menschen, mit denen ich ein ganzes Jahr zusammengearbeitet habe. Wie wir den Patienten zuschauen, die in einer langsamem Prozession vom offenen Speisesaal über den begrünten Innenhof zu ihren Schlafsälen gehen, einige von ihnen, aufgrund der Wirkung der Medikamente wie im Taumel, in einer somnambulen Selbstverlorenheit, die hier im Gegensatz zu Europa beinahe etwas Zauberhaftes und Magisches bekommt. Und wie wir Anekdoten austauschen über besonders komplizierte Fälle und über Mitarbeiter, die nicht mehr da sind, und dann schließlich auch ein bisschen über Politik reden. Dazu wird es jetzt nicht mehr kommen. Das Tor ist geöffnet, wenn auch nur noch einen Spalt weit. Ich habe kein Auto mehr. Ich bin nicht mehr motorisiert.

Ich bin Fußgänger, wie mir, als ich in letzter Sekunde von einer Patientin festgehalten werde, plötzlich klar wird. Die Patientin, die ich von früher kenne, will mit mir sprechen. Ich stehe schon innerhalb des Bereichs, der für Patienten die verbotene Zone genannt wurde. Ein unsichtbarer, nicht weiter markierter Bereich, obwohl es immer wieder Vorschläge gab, ihn deutlich zu kennzeichnen, mit einer Schnur, einem Kreidestrich oder sogar einer kleinen niedrigen Mauer.

»Ich bin nur zu Besuch«, sage ich zu der Patientin. Ich lächele sie an, obwohl es mir das Herz bricht, sie so zu sehen. Wie sie mich anschaut, als wäre ich nicht zwei Jahre weggewesen und als müsste ich nicht geschockt sein, dass sie noch immer hier ist.

»Es ist so …«

»Wie gesagt«, unterbreche ich sie schnell, »ich bin nur …«

»So furchtbar … langweilig. Ich langweile mich so.«

Sie schaut mich an. Es ist die Patientin, die wir damals mit Hilfe der UN aus dem Gefängnis herausgeholt und hierher gebracht haben, wo sie jetzt möglicherweise den Rest ihres Lebens verbringen muss.

»Ich verstehe«, sage ich.

»Kannst du mir etwas geben?«

Ich schaue mich schnell um. Es ist gegen alle Regeln, aber ich gebe ihr etwas. Sie steckt das Geld ein. Aber es scheint ihr nichts weiter zu bedeuten.

»Es ist so langweilig.« Sie hält meinen Arm fest.

»Es tut mir leid«, sage ich. Der Regen hat jetzt, eine freundliche Geste der Natur, etwas nachgelassen. Sie nickt, als wüsste sie, was ich meine. Als hätte sie wirklich Verständnis für mich. Eugene steht schon außerhalb des Krankenhausgeländes. Er steht draußen, auf der Suche nach einem Taxi, ein aussichtsloses Unterfangen. Ich verlasse das Krankenhaus als Fußgänger, so wie ich es niemals zuvor verlassen habe. Ein Ausdruck völliger Entmachtung und vollständiger Dissoziation. Zumindest kommt es mir im Nachhinein so vor. Dabei ist es in diesem Moment etwas ganz anderes. Es ist eine Flucht. Es ist zumindest der Versuch. Der Versuch, mich davonzumachen und zu entkommen. Es ist, wie ich aber erst später herausfinde, nicht die Patientin, es ist nicht Eugene und nicht die Wehmut über die verpassten Begegnungen, die mich flüchten lassen. Es ist etwas ganz anderes. Es ist eine andere Flucht, eine Flucht, der ich sozusagen erst später wieder begegne, deren ganzes Ausmaß ich erst später erkennen werde. (Genauer gesagt, zwei Tage später, als ich schon gar nicht mehr daran denke.)

Zurück an der Kreuzung Duport Road, stehe ich jetzt vor der Aufgabe, ein Fahrzeug zu finden, das mich hier wieder wegbringt, zum Hauptquartier des CDC, zu meinem nächsten Termin. Es hat zu regnen aufgehört, könnte aber jederzeit wieder anfangen. Und dann viel intensiver und schlimmer als zuvor. Wir sind mitten in der Regenzeit, der Zeit der Überschwemmungen und Überflutungen. In Berlin würde man telefonieren. Aber hier sieht das etwas anders aus. Hier muss man andere Kommunikationswege finden. Die Kommunikation, das sind hier die Handzeichen der Taxifahrer, die mit ihren Codes die Richtung anzeigen. Lässige aus dem Seitenfenster baumelnde oder triumphal hochgereckte Hände, in der Erwartung der Kundschaft. Jeder Wagen wird sofort bestürmt und zum Schauplatz eines gnadenlosen Verdrängungswettbewerbs. Trotzdem bleiben alle ganz gelassen und entspannt. Obwohl die Wartezeit hier manchmal Stunden betragen kann, wenn es besonders schlecht läuft. An diesem Wettkampf kann ich mich nicht beteiligen. Es ist nicht mein Wettkampf. Es ist liberianisches Territorium, es ist ein liberianischer Wettkampf. Ich kann nicht auf ein leeres Taxi zulaufen und eine Frau mit Handtasche in einem türkisblaugelben Kostüm mit dem Ellbogen zur Seite stoßen. Ich kann nicht einen jüngeren Mann in Turnschuhen und Polohemd gegen die Fahrertür drücken, weil ich eine Sekunde früher am Ziel bin als er. Ich muss warten. Ich muss auf irgendeinen Zufall spekulieren. Immerhin habe ich jetzt schon eine Fülle an Material, an Informationen und Erlebnissen, die zusammengerechnet eine gute Geschichte ergeben würden. Kurz bevor ich das Krankenhaus verlasse, spricht mich noch einer der Wachmänner an. Ob Carly mal wieder vorbeikommen würde, fragt er. Die Frau von der UN. »Keine Ahnung, ob sie noch mal nach Liberia kommt«, antworte ich, und dann frage ich ihn nach dem Jungen. Dem Jungen, der noch nie in seinem Leben Schuhe getragen hat. Er geht eigens noch einmal zurück zu seinem Kollegen, um sich zu erkundigen. Selbst hat er nichts von ihm gehört. Der zweite Wachmann kommt und sagt, Carly sei ein paar Mal hier gewesen und habe ebenfalls nach ihm gefragt. Es sei noch gar nicht so lange her. In ihren E-Mails hat sie mir davon allerdings nie geschrieben. Aber vielleicht liegt es daran, dass ihre Nachforschungen ergebnislos geblieben sind. Der zweite Wachmann zeigt auf einen Patienten, der mit ausgestreckten Beinen und zerrissenem T-Shirt neben dem Eingang sitzt. Er sitzt ganz allein da auf dem dreckigen Boden. Der Regen perlt von seinem Gesicht ab, das keinerlei Regung zeigt. Er trägt Turnschuhe. Allerdings ohne Schnürsenkel. Es sieht so aus, als würde er sie nur tragen, um überhaupt etwas an den Füßen zu haben, und nicht, um irgendwo hinzulaufen. »Vielen Dank«, sage ich zu dem Wachmann. »Aber er ist es nicht. Er sieht ganz anders aus.« Weiter finde ich nichts heraus. Ich muss also auch Carly nicht mehr schreiben. Es gibt nichts mitzuteilen, nichts weiter dazu zu sagen, außer vielleicht, dass ich hier gewesen bin. Ich spüre sogar eine gewisse Erleichterung, dass es in der Geschichte des Jungen, der noch nie in seinem Leben Schuhe getragen hatte, jetzt nichts mehr zu erzählen gibt. Seine Geschichte hört auf, einfach so, abrupt, ohne Übergang. Man kann nur hoffen, dass er noch lebt und dass er in seinem Heimatdorf, in das er zurückkehren wollte, nie angekommen, sondern (so wie es sich Carly vielleicht auch gewünscht hätte) noch immer unterwegs, noch immer auf der Suche ist.

17

Als Mitglied der Early Warning Group weiß Evelyn, was in der Stadt passiert und wie gefährlich es sein kann, sich mit dem CDC einzulassen. Sie hat davon gehört, dass vor kurzem sogar ein Journalist vor dem Hauptquartier verprügelt worden sei. »Vielleicht nicht gerade vor dem Hauptquartier. Da würde ich mich besser nicht herumtreiben«, sagt sie. Sie zieht die Augenbrauen hoch und widmet sich wieder ihrem Computer. Sie ist immer mit mehreren Sachen gleichzeitig beschäftigt. Sie macht einerseits ein zufriedenes Gesicht, weil sie ihre Warnung losgeworden ist und mich rechtzeitig informiert hat, gleichzeitig macht sie ein besorgtes Gesicht, weil sie die Warnung als ernstgemeint verstanden wissen will. (In Wirklichkeit natürlich, wie ich aus eigener Erfahrung weiß, spielt man die Gefahrenmomente, mit denen man es in Liberia zu tun hat, gerne herunter, vor allem zu Hause, wenn sich Angehörige oder Freunde voller Sorge danach erkundigen. Zugleich scheint es geradezu von existentieller Wichtigkeit zu sein, dass diese Gefahr real ist und gerade von denen, denen gegenüber man sie herunterspielt, anerkannt wird. Deswegen zieht Evelyn, während sie sich schon wieder ihren eigenen Projektberichten und Notizen widmet, noch einmal die Augenbrauen hoch und hält mir kurz ihr besorgtes Gesicht entgegen, was ich wiederum ignoriere.)

Der CDC, der Congress for Democratic Change, hat in der letzten Zeit wiederholt Anlass zur Besorgnis gegeben. Einem abtrünnigen Parteimitglied hat man einen Molotowcocktail ins Haus geworfen und seinen Wagen in Brand gesetzt, eine ebenfalls in der Kritik stehende Politikerin des CDC berichtet von einem Bombenanschlag, der aber vereitelt werden konnte. Aus irgendwelchen Gründen erscheint die Vorstellung, dass in Liberia eine Bombe hochgeht, abwegig, und auch Gerüchte, das

Land würde von einzelnen hochrangigen Al-Qaida-Kämpfern als Rückzugsort und Versteck genutzt, erscheinen höchst bizarr. So wie ich mir jetzt kaum vorstellen kann, irgendjemand könnte hier, vor dem CDC-Hauptquartier, gewalttätig werden. Es wirkt eher wie das Klubheim eines kleinen Sportvereins, dessen Mitglieder in diesem weitausgestreckten sandigen Gelände, das das Gebäude umgibt, ihr Nachmittagstraining absolvieren. Unter ein paar Bäumen stehen Holzbänke, auf denen einige Männer im Schatten sitzen. Eine Gruppe von drei, vier Leuten steht vor dem Eingang. Einer von ihnen, der einen Anzug und Sonnenbrille trägt, telefoniert. Das Gebäude liegt dreihundert Meter von der Hauptstraße entfernt. Die Atmosphäre ist entspannt, von hier sind es nur ein paar Meter bis zum Strand. Auf der rechten Seite erstreckt sich das Grundstück der Präsidentin. Sie betreibt, um ihrer Vorbildfunktion gerecht zu werden, etwas Landwirtschaft und hat sogar ein Reisfeld anlegen lassen. Liberia, das ein Land leidenschaftlicher Reisesser ist, könnte seinen Reis leicht selbst anbauen, da man über außerordentlich fruchtbare Böden verfügt, aber es wird alles importiert. Wenn eine Mahlzeit keinen Reis enthält, nimmt man sie in Liberia nicht ernst. Ohne Reis geht gar nichts. Baut euren Reis selbst an, betreibt selbst ein bisschen Landwirtschaft, scheint die Präsidentin sagen zu wollen. Aber beim CDC will man davon nichts wissen. Der CDC baut nichts an. Hundert Meter entfernt steht ein silberner Jeep mit der Aufschrift CDC. Es sind vielleicht ein Dutzend Männer versammelt, und während ich noch überlege, warum mein Motorradfahrer seinen Helm immer noch nicht abgenommen hat, beendet der Mann mit dem Anzug sein Telefonat und kommt auf mich zu. Er muss irgendeine Funktion hier haben, denke ich. Eine Art Pressesprecher, ein Parteisekretär. Es ist nur komisch, dass er, so wie alle anderen auch, vor dem Gebäude steht.

»Kann man reingehen?«, frage ich und erkläre ihm, warum ich hier bin. Ich bin bereit, noch weitere Erklärungen abzugeben, aber er schüttelt nur den Kopf.

»Es ist zu«, sagt er und schaut wieder auf sein Telefon.

»Wann machen sie denn wieder auf? Ich meine, ist irgendjemand hier, den ich …«

»Ich weiß es nicht«, sagt er und lächelt. »Du möchtest den Ambassador sprechen. Ambassador Weah?«

Ich nicke, als sei das das Selbstverständlichste von der Welt. Dabei erwarte ich nicht unbedingt, dass ich ausgerechnet hier George Weah, den großen Star der Partei, treffen kann. Weah, der ehemalige Fußballstar, langjähriger Stürmer des AC Mailand, Weltfußballer des Jahres 1995. Weah ist auch so eine Geschichte. Weah steht für vieles. Er ist einer der berühmtesten und beliebtesten Liberianer. Er steht vor allem für Träume, die sich noch nicht erfüllt haben, und er steht für eine Karriere, die ganz ohne die Hilfe der internationalen Eliten, einfach so, scheinbar aus dem Nichts entstanden ist. Nur weil er gut Fußball spielen konnte.

Kepi hat einmal gesagt, er würde ihn vielleicht wählen, auch wenn viele Leute sagen, er sei zu naiv und würde sich in der Politik gar nicht auskennen. Seine Partei hat ihn ins zweite Glied zurückversetzt. Er soll jetzt nur noch Vizepräsident werden. Für den Präsidentenposten ist Winston Tubman vorgesehen, ein Nachfahre des berühmten William S. Tubman, der Liberia mit seiner True Whig Party jahrelang regiert hat. Damals hat Kepi angedeutet, wie sehr ihm die ameriko-liberianische Elite eigentlich zuwider ist. Jetzt gibt sich Kepi diese Blöße nicht mehr.

»Und du willst mit ihm sprechen?«, fragt der Mann im Anzug. Er hält sein Telefon vor sich, als könne er Weah für mich anrufen und einen Termin arrangieren.

»Ist er hier? Ich meine, ist er in Liberia?«

Der Mann im Anzug schüttelt den Kopf.

»Wo ist er denn?«, frage ich, obwohl ich die Antwort schon kenne.

»In Amerika. Der Ambassador ist in Amerika.«

»Tja, dann werde ich wohl kaum mit ihm sprechen können.«

Er nickt und lächelt, während er wieder auf sein Display schaut. Mein Motorradfahrer zieht sich langsam den Helm ab und legt ihn auf den Rücksitz seiner Maschine. Ich nehme mir vor, ihn nicht aus den Augen zu lassen. Ich will flexibel, mobil und spontan bleiben. Vielleicht muss ich diesen Ort schnell wieder verlassen, nicht weil er gefährlich ist, sondern weil hier nichts passiert.

»Vielleicht können *wir* miteinander sprechen«, sage ich und erkläre dem Mann im Anzug noch einmal, was ich vorhabe. Ich erkläre ihm, dass ich mich für den CDC interessiere, und da könne er mir doch bestimmt einiges erzählen. Er schaut von seinem Telefon wieder auf und blickt mich kurz an. Er sieht doch nicht so elegant und repräsentativ aus, wie ich dachte. Männer in Anzügen, die elegant und repräsentativ aussehen, sieht man in Liberia selten. Jedenfalls sieht man sie nicht in der Hauptstadt, nicht auf der Straße. Sie laufen nicht einfach so herum.

»Ich bin hier nur so«, sagt er. »Ich glaube, ich kann dir nicht helfen.«

»Das macht nichts«, sage ich schnell. »Vielleicht kannst du mir jemanden empfehlen.«

Wieder nickt er und lächelt. Er hebt den Kopf und schaut kurz zu dem Platz mit den Bänken, auf denen einige Gestalten herumsitzen, von denen ich aber annehme, dass sie mit dem CDC gar nichts zu tun haben.

»Ich kann dich mit dem Chairman von Nimba County bekanntmachen«, sagt er schließlich. »Vielleicht möchtest du mit ihm sprechen?« Er macht eine kurze Handbewegung und zeigt hinter sich. Der Chairman von Nimba County sitzt offensichtlich dort unter einem Baum im Schatten und wartet. Es ist unwahrscheinlich, dass er auf mich wartet, aber der Mann im Anzug dreht sich jetzt um und geht tatsächlich zu ihm, als hätten er und der Chairman von Nimba nichts anderes zu tun. Als ich wenig später neben Ranney Gbartu sitze und mit ihm rede, ist der Mann im Anzug schon wieder verschwunden. Es bleibt für immer im Dunkeln, wer er ist und was er vor dem Hauptquartier des CDC zu suchen hat. Während ich mit Ranney auf einer schlichten, wackeligen Holzbank ohne Rückenlehne sitze, leert sich der Platz zusehends. Es kommt ein leichter Wind auf, und ich schaue über das gespenstisch leere Gelände, hinter dem die Präsidentin, die ehemalige Weltbankmitarbeiterin, jetzt Reis anbaut und ihren Landsleuten ein gutes Vorbild zu sein versucht. Ich stelle mich auf ein gemütliches Gespräch ein, ein Hintergrundinterview, ein eher persönliches, vielleicht sogar intimes Gespräch über das Leben in Liberia, über den CDC und was es eigentlich heißt, bei einer Grassroots-Partei zu sein.

»Power to the people«, sagt Ranney. Das ist sein Verständnis des CDC. Er sagt das mehrmals. Ich mache mir mehrmals dieselbe Notiz. Notizen zu machen, dient mir in Liberia als ein Mittel, meinen Gesprächspartnern Anerkennung zuteilwerden zu lassen. Obwohl Ranney nicht viel zu sagen hat, an diesem angenehm sonnigen und nicht zu heißen frühen Nachmittag, sauge ich begierig jedes Wort von ihm auf.

»Armut ist nicht das einzige Problem«, erklärt er. »Wir wollen die Macht dahin zurückgeben, wo sie herkommt. Deswegen haben wir den CDC gegründet.«

»Was ist mit den NGOs, den internationalen Organisationen? Was ist mit der UN?«, frage ich.

Ranney lächelt. Er ist etwas älter, trägt ein traditionelles afrikanisches Kostüm und nimmt mich immer wieder ins Visier, schaut auf meine Notizen, betrachtet mich kritisch, aber wohlwollend. Wie ein Lehrer, der darauf achtet, dass seine Lektion nicht nur zur Kenntnis genommen wird, sondern dass sich auch ein Lernerfolg einstellt.

»Power to the people«, sagt er. »Weißt du, was das heißt? Was damit gemeint ist?« Er wartet meine Antwort nicht ab, sondern fährt ohne Pause fort. »Wir wollen das Klassensystem abschaffen, wir wollen den Menschen Macht geben, die diesen Boden hier unter ihren Füßen haben.« Er zeigt auf den Boden. Ich schaue gleichfalls nach unten. Sand und ein paar Grasbüschel liegen zu unseren Füßen.

»Versteh mich nicht falsch«, sagt er. »Weah hat den Flüchtlingen im Krieg geholfen. Er selbst hat aber am Krieg nicht teilgenommen. Was machen die Mächtigen in diesem Land? Neunzig Prozent von ihnen sind in Amerika.« Er fasst mir kurz an den Arm.

Ich setze sofort meine Notizen fort, obwohl ich »power to the people« schon dreimal aufgeschrieben habe.

»Aber ist nicht die internationale Gemeinschaft, sind nicht die UN und die Weltbank die Mächtigen, mit denen man es hier zu tun hat?«, werfe ich ein. »Die Präsidentin …«

Er unterbricht mich. »Die Macht ist hier«, er zeigt wieder auf den Boden. Auf den Sand. Der Sand scheint mir in diesem Zusammenhang als Metapher ungeeignet. Der sandige, schwammige Untergrund, ein Untergrund, in dem man leicht einsinkt. Ich erinnere mich an Gefahrenmomente. Einen nächtlichen Ausflug mit dem Auto, den plötzlichen Angriff eines Patienten, der im Innenhof mit einem Schlag die Macht über das gesamte Krankenhaus übernahm. Ranney greift mit seiner Hand nach unten, holt Sand hervor.

»Es könnte Erde sein«, sagt er. »Aber es spielt keine Rolle, wenn du die ganze Zeit in Amerika bist.« Er schaut mich an.

Ich nicke. Ich erinnere mich an Prince Johnsons Pressekonferenz, und wie Johnson sich bitterlich darüber beklagte, dass die Präsidentin noch immer ihren amerikanischen Pass habe, während er ihn längst abgegeben und seine gesamte Familie nach Liberia geholt habe.

»Du hast recht«, sage ich. »Das Geld wandert nach Amerika.«

Ranney lässt den Sand zwischen seinen Fingern herunterrieseln.

»Sie haben ihre Basis da drüben«, sagt er und schaut auf mein Notizbuch. Ich halte inne.

»Du meinst, Liberia sollte sich auf sich selbst besinnen.«

Er schüttelt den Kopf. »Was ich meine, ist, dass wir die Macht zurückgeben müssen.« Er richtet sich auf und schaut über mich hinweg zum Hauptquartier. Der Eingang ist jetzt verwaist. Mein Motorradfahrer hat sich neben die Maschine in den Sand gesetzt. Meine Unterhaltung ist anstrengend. Ich klappe für einen Moment mein Notizbuch zu, weiß aber, dass es so auch nicht funktioniert. Ranney will nicht mit mir reden, Ranney will mich belehren. Ranney will mir etwas erklären, von dem er annimmt, dass ich es nicht verstehe oder nicht verstehen kann. Vielleicht hat Ranney recht. Wir sprechen über die UN, und ich versuche, ihm ein Statement zu entlocken, das in etwa so lauten könnte: Lasst uns in Frieden. Lasst uns unsere Angelegenheiten alleine regeln. Aber er sagt stattdessen:

»Von mir aus kann UNMIL die nächsten fünf Jahre hierbleiben. Und ich sag' dir was, ich *will* auch, dass sie die nächsten fünf Jahre hierbleiben.« Er zupft an seinem Hemd und räuspert sich.

»Die Regierung ist abhängig, sie hat sich abhängig gemacht von all diesen Leuten. Schau dir diesen Baum an …« Er zeigt auf den Baum. »Ich meine das jetzt als Beispiel. Dieser Baum könnte von einer NGO gepflanzt worden sein.«

Ich wende mich dem Baum zu, um ihn mir etwas genauer anzuschauen.

»Der hier?«

»Ja.«

»Und was ist das für ein Baum?«

»Ich weiß es nicht.«

Er schüttelt den Kopf. »Ein Orangenbaum … Ich meine, er ist *nicht* von einer NGO gepflanzt worden. Aber es könnte sein. Es könnte sehr gut sein. Er spendet uns Schatten. Ist daran etwas Schlechtes?«

»Ich weiß es nicht«, sage ich. Ich entscheide mich, von jetzt an neutral und unwissend zu sein. Ich schreibe mit, ich nehme das Diktat auf.

»Genau«, sagt er, »daran ist nichts Schlechtes. Es ist schließlich nur ein Baum. Und jetzt müssen wir nur einen Weg finden, wie wir uns von dem Baum wieder lösen können. Und von dort ist es nicht weit bis nach Amerika.« Er schaut mich an, ich schreibe den Satz zu Ende, erwidere seinen Blick und nicke. Er lächelt. Ich lächele zurück. Wir reden weiter. Wir kommen natürlich zu keinem Ergebnis. Ranney will zu keinem Ergebnis kommen.

Er verwirrt mich. Es lässt sich schwer sagen, was von unserem Gespräch zu halten ist. Auf einmal wird das Gefühl, vielleicht von etwas bedroht zu werden, in Gefahr zu sein, von dem Gefühl abgelöst, einer Komplexität gegenüberzustehen, die nicht durchschaubar ist. Ranney macht mich mit Reuben bekannt. Reuben Soko, der Leiter der studentischen Vereinigung des CDC, sitzt ganz zufällig im Schatten auf einer der Bänke ein paar Meter von uns entfernt, studiert seine Unterlagen und bereitet sich auf die nächste Vorlesung vor. Allerdings ist die liberianische Universität eine Stunde Fußmarsch von hier entfernt. Reuben gibt mir die Hand. Ranney übergibt mich, als würde ein Klassenlehrer seine Schüler an die Vertretung übergeben. Das Fach bleibt dasselbe. Ich würde gerne eine Pause machen. Ich bin seit dem frühen Morgen ununterbrochen im Gespräch. Ich muss telefonieren. Ich muss James anrufen, um mit ihm einen genauen Termin für das geplante Abendessen abzusprechen. Mir fällt ein, dass ich Diasmer anrufen muss, eine Bekannte, die aus den USA nach Liberia zurückgekehrt ist. Ich könnte sie Ranney als ein Beispiel für jemanden präsentieren, der von Amerika nach Liberia gekommen ist, eine junge, gut ausgebildete Wirtschaftsstudentin, die sich jetzt für ihr Heimatland engagiert. Aber Ranney hat sich schon verabschiedet und überlässt jetzt Reuben seinen Platz, dem Nachwuchspolitiker des CDC, der aber dann meinen Platz einnimmt, während ich mich dorthin setze, wo zuvor Ranney gesessen hat. Ich schaue auf den Orangenbaum, von dem Ranney behauptet, er könnte theoretisch von einer NGO gepflanzt worden sein. Dass ich erschöpft bin und mir noch keine Fragen überlegt habe, spielt keine Rolle. Reuben redet ohne Punkt und Komma. Reuben ist eine Maschine, ein Naturtalent, das es schafft, eine ganze Stunde im Grunde ohne eine einzige Unterbrechung zu reden und sich nur aus Höflichkeit und nur, damit wir beide den Schein wahren können, unterbrechen zu lassen, damit ich eine Frage stellen kann, auf die er dann, genauso wie Ranney, gar nicht eingeht, sondern allenfalls kurz Luft holt oder einfach das Thema wechselt.

»Das Fehlen der Disziplin«, sagt er einmal. »Dass du das ansprichst, ist phantastisch. Es zeigt, dass du etwas verstanden hast. Wir brauchen gar nicht von Prince Johnson zu sprechen oder von Taylor.«

»Ich habe nur gehört, dass Johnson auf eurer Seite ist, also auf der Seite des CDC. Das hat er jedenfalls bei seiner Kundgebung so erklärt«, sage ich und blättere eine Seite um.

»Darüber sprechen wir nicht.« Reuben schüttelt den Kopf. »Lass uns über die Leute sprechen. Die Menschen. Liberia. Taylor hat sich gegen die Congo-Elite aufgelehnt … Ich halte ihm das zugute, im Grunde hat er gegen die Bevormundung der USA rebelliert. Aber sprechen wir nicht über ihn. Die Wahrheits- und Versöhnungskommission. Das war gar nichts. Wo ist Ellen Johnson Sirleaf? Doch nicht etwa im Gefängnis. Nein!« Er hebt die Hand und sieht sich nach dem einzigen Zuschauer um, den wir haben.

»Aber hat sie nicht zugegeben, dass sie Taylor damals unterstützt hat?«, frage ich.

»Das ist es doch«, erwidert Reuben. »Aber was sind die Konsequenzen? Was ist seitdem passiert? Sprechen wir nicht darüber.«

Vieles, was er sagt, verstehe ich schon allein akustisch nicht, weil er sehr schnell spricht und zudem unglaubliche Sprünge macht, denen ich nicht folgen kann. Der CDC ist ein kompliziertes Gebilde, eine große Partei, die die Gegensätze Liberias in sich vereint und wiederum nicht vereint, in der die ganze Zerrissenheit des Landes zum Ausdruck kommt und sich gleichzeitig unter dem Deckmantel der Partei zu verstecken scheint. Es ist auf den ersten Blick kaum nachzuvollziehen, wie Reuben gegen die USA zu Felde zieht, abwechselnd Taylor gegen sie in Stellung bringt und Sirleaf als eine amerikanische Marionette attackiert, um mir schließlich ungefragt seinen persönlichen Traum zu offenbaren, dass er nämlich selbst irgendwann einmal in Boston eine eigene Anwaltskanzlei betreiben möchte. Er würde da jemanden kennen, mit dem er das zusammen machen könnte. Es ist allein schon deswegen verwirrend, weil er sich mir am Anfang noch als Student der Wirtschaftswissenschaften vorstellt und außerdem ständig, wie auch schon Ranney, kritisiert, dass all das Geld, das in Liberia verdient wird, in die USA abfließt, weil die Elite dort ihre Rückzugsgebiete unterhält. Aber zwischen diesen Ansichten liegt eine gute Stunde Monolog. Ein Monolog, dem ich mit zunehmender Erschöpfung folge, den zu unterbrechen mir aber nicht gelingt. Reuben lässt sich nicht unterbrechen. Ich unternehme mehrere Versuche, das Gespräch ausklingen zu lassen, bringe es aber dann doch nicht übers Herz. Eine Weile beobachte ich aus dem Augenwinkel, dass wir mehr Zuschauer haben als zuvor. Es haben sich zwei, drei Leute direkt neben uns gestellt und hören zu. Reuben ist ein guter Redner, er berauscht sich ein bisschen an seinem Talent, und vielleicht benutzt er mich nur, um hier seine Position zu stärken. Nach einer Dreiviertelstunde, während ich mal wieder überlege, mit welcher Schlussfrage ich das Ganze beenden könnte, schaue ich zum ersten Mal von meinen Notizen auf und blicke mich um. Ich registriere einen Ausdruck leichter Ironie in Reubens Gesicht, als er mein Erschrecken registriert. Während ich innerlich noch den Kopf schüttele über die Widersprüche in seinen Ausführungen, über die Kaskaden von Paradoxien und polemischen Übersteigerungen, gedanklichen Sprüngen und schwer auszuhaltenden

Floskeln, hat sich die Wirklichkeit um uns herum verwandelt. Hat Evelyn, denke ich in diesem Moment, mich nicht gewarnt? Wird später der Direktor des Kofi-Annan-Instituts, den ich am Nachmittag treffe, nicht sagen, dass der Westen und die internationalen Beobachter damit überfordert seien, die Situation in Liberia richtig einzuschätzen und das alles hier richtig zu kontextualisieren? Reubens breites, feingeschnittenes Gesicht, in dem er gerne ein Lächeln großmütiger Überlegenheit spielen lässt, zeigt jetzt deutliche Anzeichen von Ironie. Obwohl es genauso gut Stolz darüber sein könnte, dass er es innerhalb so kurzer Zeit geschafft hat, mehr oder weniger halb Liberia an diesen gottverlassenen Ort unter den Orangenbäumen vor dem verwaisten Hauptquartier des CDC zusammenzurufen. Um uns herum stehen fast hundert Leute. Ich habe es nicht gemerkt. Ich habe nicht gemerkt, dass es langsam immer mehr geworden sind. Aus fünf werden zehn, aus zehn zwanzig. Reuben hat nicht ein einziges Mal den Blick von mir abgewandt, als wollte er mich in meiner Unwissenheit fixieren und um jeden Preis verhindern, dass mir das Ausmaß des Zuspruchs, den er erhält, vielleicht bedenklich oder bedrohlich erscheint. Woher sind sie gekommen, diese Leute? Woher? Ich habe keine Wohnhäuser in der Nähe gesehen. Reuben macht darüber kein Aufhebens. Er spricht weiter. Als wir schließlich doch zu einem Ende kommen, steht er in seinem weißen Real-Madrid-Shirt vor mir, wie ein Sportler, der für mich einen Kampf geführt hat, um mich von etwas zu überzeugen, von dem wir aber beide nicht wissen, was es gewesen sein könnte. Liberias große und fast im Verborgenen wirkende Energie? Eine Zuversicht, von der ich nichts ahne? Einen durch nichts zu erschütternden Glauben an sich selbst? Einen fast gewalttätigen, alles umgreifenden Stolz. Einen Stolz, der die Liberianer manchmal innerlich verstummen und dumpf werden lässt. Gleichzeitig das einzige wirkliche Kraftreservoir, aus dem das Land schöpfen kann. Ich schreibe mir Reubens E-Mail-Adresse auf. Hundert Leute schauen zu, wie wir das machen. Hundert Leute schauen zu, wie wir für einen Moment über die Rivalität von Real Madrid und dem FC Barcelona fachsimpeln. Kurz vor dem Ende unseres Gesprächs gibt es noch einen kurzen heiklen Moment, als ich mich der Übermacht meiner Zuhörer zu widersetzen versuche. Ich habe Reuben noch einmal nach Prince Johnson gefragt, und ob er sich vorstellen könne, dass Johnson, der bei seiner Wahlkundgebung eine Liebeserklärung an den CDC abgegeben hat, der als einzige politische Kraft wirklich die Interessen der Einheimischen und Ureinwohner des Landes, der »indigenous people« vertrete, nicht einen viel besseren Partner abgeben würde als Tubman, den der CDC gegen viele Widerstände als Präsidentschaftskanditaten installiert hat. Wo doch Tubman eigentlich ein typischer Vertreter der verhassten ameriko-liberianischen Elite ist.

»Darum geht es gar nicht«, erklärt Reuben. »Es geht nicht um Johnson oder um Tubman. Es geht darum, dass die Old Ma abgelöst werden muss.« Er zeigt nach drüben zum Grundstück der Präsidentin. »Wusstest du, dass sie einen der Unterstützer von Johnson fast getötet hat? Es war ein Unfall, gut, aber es ist trotzdem ein Menschenleben, das beinahe verlorengegangen wäre.«

»Er *ist* tot«, ruft jemand.

Wir schauen beide in die Runde. Irgendjemand aus der Masse der Zuschauer hat diese Bemerkung gemacht.

»Ja«, ruft ein anderer. »Das stimmt, er ist tot.«

»Wirklich?«, frage ich ungläubig.

»Tot«, rufen plötzlich mehrere. »Ja, ganz sicher. Der ist tot.« Ich überlege, ob ich das nicht richtigstellen und erklären soll, dass es sich um ein Gerücht handelt, das nicht stimmt. Von Thomas, dem Reuters-Korrespondenten, mit dem ich zuvor noch telefoniert habe, weiß ich, dass der Patient auf dem Weg der Besserung ist. Über die Schwere der Verletzung ist nichts Neues bekannt, aber es besteht auf keinen Fall Lebensgefahr.

»Ich habe da etwas anderes gehört«, sage ich.

»Tot. Wenn wir es doch sagen«, rufen mehrere. Reuben macht

eine Handbewegung und bringt die Runde zum Schweigen. Er möchte das Thema wechseln, er braucht das Publikum als Zuhörer, nicht um eine Diskussion anzufangen. Für einen Moment aber bemerke ich eine wild aufflammende Aggression und Wut in den Gesichtern der Männer, wie ich sie bei Reuben und Ranney noch nicht bemerkt habe. Für einen kurzen Augenblick fühle ich mich nicht wohl in meiner Haut. Es ist eine andere Unsicherheit und Sorge, als ich sie noch vor Tagen mit den Unterstützern von Prince Johnson erlebt habe. Trotzdem bin ich natürlich nicht in Gefahr. Ich spiele hier gar keine Rolle. Ich bin nur ein Medium. Eine Schleuse. Reuben verschafft sich Gehör, die Männer, die ihm zuhören, sind seine eigentlichen Gesprächspartner, nicht ich. Ich schreibe nur mit, mache Notizen, bin der Protokollführer. Als solcher darf ich mir eigentlich auch keine Meinung bilden. Dieser Nachmittag, diese beiden Gespräche mit Reuben und Ranney, deren wirkliche Bedeutung für den CDC sich schwer einschätzen lässt, zeigen mir das.

Als ich später das Büro von Professor Debey Sandee, dem Direktor des Kofi-Annan-Instituts, verlasse und hinter dem kleinen improvisierten Hörsaal am Ende des Treppenhauses dieses bizarre, irgendwie an eine Installation von Joseph Beuys erinnernde Chaos aus übereinandergestapelten und ineinander verbissenen Stühlen entdecke, sind Reuben, Ranney und der CDC schon wieder Vergangenheit. Aber es reichen ihm schon zehn Prozent, wie Professor Sandee sagt, zehn Prozent der Realität, von denen er annimmt, dass er sie nicht kontrollieren kann und dass sie sich seinem Zugriff entziehen.

»Und was sind diese zehn Prozent?«, frage ich.

»Die Antwort musst du selbst suchen«, sagt er. »Ich sage das, weil du nach dem Einfluss des Spirituellen in Liberia gefragt hast. Es lässt sich schwer sagen. Aber bei einem bin ich mir sicher. Kontrolle habe ich nur über den Rest, über die restlichen neunzig Prozent. Mit den zehn Prozent muss jeder selbst klarkommen.«

Es ist, als hätten die Studenten des Kofi Annan Institute for Conflict Transformation im Erdgeschoss eine transformatorische Skulptur errichtet, in der die Stühle so ineinander verkeilt sind, dass man sich am liebsten einen Platz in diesem Wirrwarr suchen möchte, irgendeinen im schrägen Winkel von einer Ideallinie abweichenden Platz, auf dem man sitzt wie eine Rakete, die zur Decke abgeschossen wird, oder einen Platz, auf dem man zusammengekrümmt auf allen vieren auf dem Fußboden kauern muss, von den Kommilitonen begraben, bewegungslos zu einer Skulptur der Erstarrung zusammengestaucht. Ist es eine Skulptur für die komplizierte, widersprüchliche liberianische Psyche, in der sich der Pioniergeist der ehemaligen Siedler mit ihrem Herrschaftsanspruch vermischt? Wie sie die Einheimischen zu den Sklaven machen, die sie zuvor selbst gewesen sind. Ein Schaukeln zwischen Herrschen und Beherrschtwerden, eine psychische Konstellation, die Liberia insgeheim noch immer prägt. Oder ist das auch nur eine westliche Projektion? Vielleicht ist so jemand wie Reuben die Zukunft des Landes, jemand, der sich gnadenlos über alle Bedenken hinwegsetzt, alle Widersprüche in sich selbst vereint und damit zur Auflösung bringt. Als ich das Kofi-Annan-Institut verlasse und mit Thomas telefoniere, den ich neben Diasmer und James zu einem Abendessen einlade, das eigentlich Evelyn und Sandy im Taaj, einem indischen Restaurant, organisiert haben, treffe ich eine Frau, die ebenfalls das Kofi-Annan-Institut besucht und vor mir mit dem Direktor gesprochen hat.

»Soll ich dich mitnehmen?«, frage ich sie. »Ich bin mit einem Freund hier. Vielleicht können wir dich irgendwo hinfahren?«

Sie bedankt sich und willigt ein. Wir gehen zusammen zur Straße, wo James mit seinem Wagen schon wartet. Es ist eine Frau mittleren Alters, deren Organisation eine Kooperation mit dem Kofi-Annan-Institut eingegangen ist, um in Liberia ein gemeinsames Projekt durchzuführen, weswegen sie jetzt ein paar

Tage in Monrovia verbringt. Being Involved heißt die Organisation, die ihren Sitz in den Niederlanden hat.

»Und was macht ihr hier?«, frage ich sie, während wir uns im Dunkeln über den baufälligen Campus der liberianischen Universität vorantasten.

»Wir machen ein Nachwuchsprojekt«, erklärt sie. »Wir unterstützen junge Führungskräfte, die helfen sollen, Liberia wieder aufzubauen.«

Sie strauchelt etwas, einer der Absätze ihrer hochhackigen Schuhe hat sich in einem unsichtbaren Loch verfangen.

»Das hört sich nach einer guten Idee an«, sage ich. »Und wie findet ihr sie? Ich meine, die Führungskräfte.«

»Das läuft über Mundpropaganda«, sagt sie. »Vielleicht kennst du ja jemanden.«

Ich denke an Reuben. Reuben, wie er mitten in unserer Unterhaltung einen Spiralblock mit ein paar Aufzeichnungen aus irgendeinem Seminar hervorzieht, um mir eine handschriftliche Graphik zu präsentieren, die irgendetwas von dem, was er sagt, belegen soll. Ich habe mir seine Telefonnummer und seine E-Mail-Adresse notiert. Ich war ein ganzes Jahr in Liberia, aber meine Wahrnehmung des Landes war auf die Mitarbeiter des Krankenhauses, das Hausmädchen, das die Wäsche gewaschen hat, die Bediensteten der verschiedenen Hotels und Restaurants und die Patienten beschränkt. Jetzt habe ich schon innerhalb weniger Tage mehr potentielle Führungskräfte erlebt als in diesem ganzen Jahr.

»Ich glaube, ich kenne jemanden«, sage ich, während wir über eine Treppe stolpern, von der ich den Verdacht habe, dass sie uns direkt in eine Sackgasse führt.

»Hast du eine Taschenlampe?«, fragt die Mitarbeiterin von Being Involved.

»Nein«, entgegne ich und starre angestrengt in die Finsternis.

»Mist«, sagt sie, »ich habe meine oben vergessen.«

Wir laufen vorsichtig weiter. Ich denke nicht mehr an Reuben, ich denke nicht darüber nach, ob er als Führungskraft geeignet oder überhaupt wünschenswert wäre. Mir ist jemand ganz anderes in den Sinn gekommen, jemand, der geradezu geschaffen ist für dieses Programm.

»Und?«, fragt sie, als wir wieder stehenbleiben, um uns zu orientieren. Unter uns fließt der Abendverkehr auf dem Tubman-Boulevard jetzt nur noch spärlich. Unser Ziel ist zum Greifen nah, wir müssen nur noch ein paar gefährliche Hindernisse überwinden, wie zum Beispiel den glitschigen und vermoosten letzten Absatz einer halb zusammengestürzten Treppe.

»Kepi«, sage ich. »Er heißt Kepi.«

»Und wer ist das?«

»Kepi? Du hast noch nie von ihm gehört?« Ich greife nach meinem Telefon. Aber das Display ist nach dem Ten-K-Lauf und dem strömenden Regen, dem es ausgesetzt war, nur noch ein blasser milchiger Schleier, der sich über das komplizierte Innenleben gelegt hat.

»Und du meinst, er ist geeignet für dieses Programm?«

»Gar keine Frage«, sage ich, auf mein Display starrend und den glitschigen Untergrund mit den Schuhen vorsichtig abtastend, über den wir uns vom Kofi-Annan-Institut herunter Richtung Tubman-Boulevard bewegen.

»Unter uns gesagt, er ist wirklich ein Genie«, sage ich. »Ich bin sicher, dass er perfekt in das Programm passt.« Ich stecke mein Telefon wieder in die Tasche und reiche der Frau von Being Involved meine Hand. Sie hat sich für die falschen Schuhe entschieden. Schuhe, mit denen man in Liberia eigentlich keinen Zentimeter vorankommt. In meiner plötzlichen Begeisterung über das Programm und die Aussicht, dass Kepi vielleicht daran teilnehmen könnte, bin ich fast versucht, sie in den Arm zu nehmen und die letzten Meter zu tragen.

18

James hat sich von seiner Malariaerkrankung erholt. Während wir zum Abendessen fahren, erklärt er beiläufig, das Fieber sei jetzt so niedrig, dass er wieder Auto fahren und arbeiten könne. Die Frau von Being Involved heißt Irina, und wir nehmen sie mit zum Restaurant, weil sie ohnehin nichts anderes zu tun hat. Es ist Freitagabend. Später wird Evelyn im Garden Café mit ihrer Band auftreten. James weiß noch nicht, ob er mitkommen wird. Er will wegen seiner Malaria kürzertreten und vielleicht in seinem neulich aus Europa mitgebrachten Buch über die Siedler Liberias lesen, über die Generation der Gründerväter, die noch auf den Farmen South Carolinas als Sklaven gearbeitet haben, bevor sie auf dem winzigen, Monrovia vorgelagerten Landfleck namens Providence Island dieses Land gegründet haben. Mit meinem damaligen Kollegen von Cap Anamur habe ich diese kleine, mit den Ruinen eines städtischen Museums bedeckte Insel besucht. Man muss nur eine kleine Treppe von der über den Mesurado River führenden Brücke nehmen, und schon steht man auf historischem Gelände. Über einem strömt achtlos der Verkehr, und man kann sicher sein, dass niemand sonst auf der Insel ist, außer Ruinen, Steinfragmenten und den Hinterlassenschaften von irgendwelchen Individuen, die hier mal genächtigt haben. Damals waren es noch ein paar Tage, bis mein Kollege das Projekt verlassen würde. Seine Erschöpfung war allgegenwärtig und kurz davor, sich auf mich zu übertragen, immer wieder stellte er sich die Frage, wie es möglich sein konnte, dass manche Dinge im Krankenhaus so furchtbar schiefgelaufen waren, wo unsere Intentionen doch von einem leidenschaftlichen Altruismus bestimmt würden, der bei ihm so weit ging, dass er sich auch beim Kauf von Lebensmitteln eine gewisse Disziplin auferlegte, mit dem Argument, dass die Spendengelder aus Deutschland von Leuten stammen würden, die selbst kaum genug hätten, um zu überleben. In dieser Stimmung schleppten wir uns über die Insel, ziellos zwischen den Fragmenten herumsuchend, die einmal eine Art Heimatmuseum gewesen waren. Den ganzen Nachmittag hatten wir schon Fotos von dem sonntäglich leeren Monrovia gemacht, einmal standen wir oben auf dem Ducor-Hotel, dem höchsten Punkt der Stadt, auf der Dachterrasse, die früher eine Bar gewesen war, und versuchten Erinnerungen festzuhalten, die bald verschwommen und unklar sein würden. Das Hotel war eine Ruine, ein Fragment, wie so vieles in Liberia, wurde aber mit einer fast fröhlichen Gelassenheit von einer Handvoll Liberianer bewacht, die darauf warteten, dass Gaddafi höchstpersönlich oder eines seiner Familienmitglieder kommen würde, um das Hotel wieder zum Leben zu erwecken, als dessen Eigentümer er ihrer Ansicht nach noch immer galt. Mein Kollege fotografierte. Seine Erschöpfung schien sich auch auf die Stadt zu übertragen, die in der brütenden Hitze leer und kraftlos unter uns lag. Die Straßenzüge in der Innenstadt waren leer, die Strände verwaist, das Licht schob sich wie ein schweres metallisches Gitter zwischen uns und die Stadt, von der wir glaubten, dass wir sie mit unserem Engagement beglückten.

»Wie kann das sein?«, frage ich an diesem Abend James, als Irina, die Direktorin von Being Involved, auf der Toilette ist, Diasmer und Thomas aber noch nicht eingetroffen sind, genauso wenig wie all die anderen, die wir an diesem Abend im Taaj, dem einzigen indischen Restaurant Monrovias, erwarten. Wir sitzen in einer Art Lounge neben dem eigentlichen Hauptraum des Restaurants. »Du bist jetzt seit fünf Jahren hier, und du wirkst so, als würde es dir nichts ausmachen und als wärst du so glücklich wie am ersten Tag.«

Ich schaue ihn an, mit seinem immer gleichbleibenden britischen Allerweltsgesicht, in das sich Nuancen einer leichten Verfremdung eingeschlichen haben. Minimale Spuren seiner Existenz außerhalb der Zivilisation, die sich vielleicht während seiner sonntäglichen Mountainbiketouren durch die Wälder und Dörfer des Umlandes fast unmerklich in sein Gesicht eingeschrieben haben.

»Tja«, sagt er. »Ich weiß nicht … Mir macht es eben nichts aus. Ich bin gerne hier.« Er lächelt, schiebt sein markantes Kinn vor und hebt das Glas Gin Tonic an, um einen Schluck zu nehmen.

»Aber fünf Jahre. Ich meine, du musst doch irgendwie das Gefühl haben, dass du …«, ich weiß noch nicht, wie der Satz weitergehen soll, dann versuche ich es mit »… ein bisschen Abwechslung brauchst.«

»Wir haben das Rest-and-Recreation-System. Das zwingt mich, alle zwei Monate das Land zu verlassen und irgendeine Erholungsreise zu machen.« Im Moment bereitet er sich auf eine anstrengende Bergwanderung mit einem Freund in den Alpen vor, für die er sich hier, in der Hitze Liberias, mit Hilfe seiner beiden Fahrräder und eines ausgedehnten Jogging-Programms vorbereitet. Er trainiert in Liberia, um in Europa in den Alpen zu bestehen. Wahrscheinlich kombiniert er diese Wanderung mit ornithologischen Studien, die er hier in den Abendstunden auf seiner Terrasse mit Meeresblick betreibt. In dieser Zeit konsumiert er außerdem verschiedene Werke der zeitgenössischen Literatur oder empfängt Gäste.

»Im Moment fühle ich mich nach wie vor sehr wohl«, sagt er und lächelt verbindlich, als sei ich der Betriebspsychologe von UNICEF, der ihn verdächtigt, ausgebrannt und erschöpft zu sein, so wie mein Kollege von Cap Anamur, als er in der Hitze auf Providence Island verloren vor einem an eine Pyramide erinnernden Bauwerk des Roten Kreuzes stehenblieb, unschlüssig, ob er weiter fotografieren sollte oder nicht. Er hätte die Kamera auf sich selbst oder auch auf mich richten können, aber diese Idee kam ihm nicht. Seine Erschöpfung war enigmatisch, und sie war sein eigener, von ihm selbst nicht zu entschlüsselnder Code. An manchen Abenden schaute er zwei Filme, an anderen sogar drei. Er kaufte diese illegalen chinesischen Raubkopien wie

Medikamente und konsumierte sie im Zustand der Bewusstlosigkeit. Seine Erschöpfung beschränkte sich auf diesen sorgsam von seinen alltäglichen Aktivitäten, von seiner nach wie vor tadellos absolvierten Arbeit abgeschiedenen privaten Bereich. Bei James ist das anders. Bei James hat man allerdings den Verdacht, dass seine Existenz so luzide und transparent ist, dass eine solche Trennung schlicht gar nicht möglich wäre.

»Ich bekomme eine neue Chefin«, sagt er. »Eine Amerikanerin, ich bin gespannt. Bisher habe ich sie noch nicht kennengelernt.«

»Oh«, sage ich, »das hört sich gefährlich an.«

»Ja«, James lächelt. »Es *ist* vielleicht auch gefährlich. Vielleicht hat sie Haare auf den Zähnen und ist ein richtiger Drache.« Er zieht die Augenbrauen hoch und lächelt im nächsten Moment sein perfektes Lächeln, als gleichzeitig Irina von der Toilette zurückkehrt und Diasmer eintrifft. James begrüßt Diasmer. Er macht einen Sprung. Er überspringt die Amerikanerin, die seine Chefin werden wird, überspringt den Ausdruck von Ironie in seinem Gesicht und verwandelt es in ein Antlitz vollkommener Zugewandtheit, als wäre das heute sein erster Tag in Liberia und Diasmer der erste Mensch, den er kennenlernt. Diasmer ist eine Liberianerin, die die meiste Zeit in den USA gelebt und dort studiert hat und jetzt in das Land zurückgekehrt ist, das sie nur aus ihrer Kindheit kennt. Sie arbeitet für die National Investment Commission und ist dort eine Art Staatssekretärin, sieht aber aus wie eine Studentin aus New York, die Kulturwissenschaften studiert und sich irgendwie für Afrika interessiert. In Diasmer und James begegnen sich zwei vermeintlich vollkommen gegensätzliche Welten Liberias, begrüßen sich, liegen sich diskret in den Armen und setzen sich beide blitzschnell darüber in Kenntnis, wer sie sind und was sie hier zu suchen haben. Sie beginnen jetzt mit einer gleichermaßen belanglosen und tiefschürfenden Konversation, wie man sie nirgendwo besser perfektionieren kann als hier. An einem Ort, wo in Kürze mehrere Lebenswirklichkeiten, Nationen und Kulturen zu der sogenannten internationalen Gemeinschaft verschmelzen, dass einem ganz schwindelig werden könnte, wäre man nicht mittendrin und würde diesen Verschmelzungsprozess nicht selbst so sehr genießen. Jedenfalls für einen Moment, für einen Augenblick, während man James' perfekten überkompatiblen Charme bewundern kann und Diasmers unerschrockene und unverfrorene Direktheit, die sich daraus ableitet, dass sie einerseits local und nicht local, dass sie Amerikanerin und Nichtamerikanerin, dass sie Liberianerin und New Yorkerin ist und dass sie, ohne darüber viel Aufhebens zu machen, in gewisser Hinsicht sogar Mitglied der Regierung ist, worüber sie selbst in ein Lachen ausbricht, das übersetzt heißt: »Hoppla, das ging aber schnell«, und »ich weiß gar nicht, ob ich das will«, und »wenn es mir zu bunt wird, gehe ich wieder zurück in die USA. So what.« Sie hat sich 150 neue Bücher auf ihrem E-Book-Reader aus den USA mitgebracht und verweigert alle Angaben darüber, wie lange sie hierbleiben will, gibt aber dann zu, dass es länger dauern könnte, als sie es selbst für möglich hält.

»Und du hast Prince Johnson begleitet?«, fragt sie und grinst. Sie kennt Prince Johnson, will aber erst meine Meinung hören.

»Ich spreche noch mit ihm. Das eigentliche Interview hat noch gar nicht stattgefunden.«

»Er ist ... ein ziemlich eigentümlicher Mensch, oder?«, sagt James, der wieder aufgestanden ist, um sich mit Thomas, dem Reuters-Korrespondenten, bekanntzumachen.

»Ich weiß nicht«, sage ich. »Ich habe noch nicht mit ihm gesprochen.«

»Hi«, sagt Thomas. »Prince Johnson. Der ist doch verrückt ... schizophren.«

»Ich halte mich da raus«, erklärt Diasmer.

»Relativ durchgeknallt«, ergänzt Thomas, der sich etwas vorbeugt, bereit, die Unterhaltung an sich zu reißen und alles in sich aufzunehmen, was zu gebrauchen ist, als würde er mit seinem

Körper Notizen machen, die nachher umso plastischer und prägnanter ausfallen, wenn man sie erst gedruckt sieht.

»Allenfalls Borderline«, sage ich. »Wenn überhaupt.«

»Er ist jetzt Senator von Nimba County, soviel ich weiß«, sagt James. »Seine ganze Machtbasis ist in Nimba County.«

»Da komme ich her«, sagt Diasmer und grinst in sich hinein.

»He«, sagt James, »herzlichen Glückwunsch.«

»Wirklich?«, Thomas beugt sich noch weiter vor. »Total spannend. Interessant!«

Diasmer neigt etwas den Kopf, als könne das unter Umständen, jedenfalls aus ihrer Sicht, doch nicht so interessant sein.

»Also du bist hier geboren?«, fragt Thomas. In seinem Gesicht spiegelt sich die ganze Mischung aus Abwertung und Arroganz, die sich mit vorgetäuschter Empathie vermischt, wie wir sie hier alle gerne praktizieren, wenn wir auf Einheimische treffen, die wir letztlich einerseits darum beneiden, dass sie hier wirklich leben und Ahnung von alldem haben, und die wir andererseits dafür bemitleiden, dass sie dazugehören und es hier aushalten müssen. Sie sind Teil des Dilemmas, Teil des Unglücks, Teil der ganzen Krise, über die Thomas schreibt, die James verwaltet und von der Wayne, der kurze Zeit später mit einem ghanaischen Traumatherapeuten im Schlepptau eintrifft, irgendwie am besten profitiert.

»Das bin ich«, sagt Diasmer und lacht. Ausdruck ihrer Vorfreude, da sie Thomas schon in kurzer Zeit damit schockieren wird, dass sie eine Wohnung in New York und 150 Bücher auf ihrem E-Book-Reader hat. Außerdem einen Job, von dem vielleicht selbst Thomas träumt. Als Einzige von uns strahlt sie eine gewisse Zuversicht aus und verkörpert in ihrer wenn auch schwindelerregenden Mischung etwas, dessen wir so ohne weiteres nicht habhaft werden können. Eine Weile wogt die Unterhaltung hin und her. Diasmer und Thomas diskutieren die wirtschaftliche Situation des Landes, während James, Wayne und ich den hinzugekommenen Sam ausfragen, um uns von ihm erklären zu lassen, wer eigentlich der reichste Mann Liberias ist. Natürlich ein Libanese, ein Landsmann von Sam, der seine Grundstücke, die er im Laufe der Jahre erworben hat, zu überteuerten Preise an NGOs und UN-Organisationen weitervermietet. Ich beobachte Diasmer und distanziere mich innerlich endgültig von Thomas, der immer gieriger und hemmungsloser mit seinem jetzt massig wirkenden Körper Aufzeichnungen macht. Ich spüre förmlich, wie sich Diasmer in eine seiner Figuren verwandelt, die in seinem Prince-Johnson-Porträt eine Nebenrolle spielen wird, bevor er sich mit dem durchgeknallten, schizophrenen Kriegsfürsten ins Landesinnere aufmacht, wo er bei Taschenlampenlicht Tolstoi liest und sich Notizen über liberianische Geheimgesellschaften und die üblichen Gerüchte von *ritualistic killings* macht. Eifersüchtig beobachte ich seine Versuche, Diasmer ganz und gar für sich zu vereinnahmen, und obwohl ich an diesem Abend noch gar nicht weiß, was ich mit meinen eigenen Notizen später überhaupt machen werde, fühle ich doch die Notwendigkeit, Diasmer vor Thomas zu schützen und sie aus seiner raubtierartigen Befragung zu befreien.

»Und, wie geht es dir denn jetzt so?«, frage ich in eine Gesprächspause hinein und beende damit die Unterhaltung zwischen Thomas und Diasmer. Diasmer hat damals als Assistentin für die Direktorin des John-F.-Kennedy-Krankenhauses gearbeitet, und wir haben uns beim Aushandeln des Kooperationsvertrages zwischen Grant Hospital und JFK etwas angefreundet. Es ist also nur recht und billig, dass ich die Verbindung zwischen ihr und Thomas jetzt wieder durchtrenne, obwohl es meine Idee gewesen ist, sie miteinander bekanntzumachen.

»Mir geht es gut, ja«, sagt Diasmer. »Ich bin immer noch hier.« Sie lacht. Es scheint sie wirklich zu amüsieren, und im Gegensatz zu mir hat sie nicht die geringsten Bedenken, dass irgendetwas mit ihr passieren könnte. Sie ist Liberianerin. Sie steht auf der anderen Seite, oder anders gesagt: Sie steht auf einem schmalen Grat zwischen den beiden Welten. Und es wird sich im Laufe des

Abends, noch bevor die verschiedenen Schüsselchen mit indischem Gemüse, Fleisch und Saucen den Tisch bevölkern und von uns mit zärtlicher Aufmerksamkeit begutachtet werden, zeigen, dass die Grenze zwischen Liberia und dem Rest der Welt, zum Beispiel zwischen Liberia und den USA, genau durch sie hindurchführt, und dass sie deswegen vielleicht immer wieder von einem so ansteckenden und lebendigen Lachen geschüttelt wird, dass sie sich kaum in ihrem Sessel halten kann.

Wayne bleibt diesmal etwas außen vor. Er ist betrunken, aber auf eine diskrete Art. Er sitzt etwas abseits, im Gespräch mit einem jungen Ghanaer, den er irgendwo aufgegabelt hat und der, wie sich später herausstellt, tatsächlich eine Art Traumatherapeut ist oder, anders gesagt, »psychosocial counselor«. Diasmer lernt Wayne nicht näher kennen, was daran liegt, dass Diasmer nicht ins Garden Café mitkommt und stattdessen den Reuters-Korrespondenten ins Hotel bringt, der sich auf diese Weise einen leichten Informationsvorsprung verschafft. Allerdings wird sie ihm wohl kaum erzählt haben, was sie mir an diesem Abend im Taaj anvertraut, nämlich, dass ihre Familie in gewisser Hinsicht zu den Opfern der Gewaltherrschaft von Prince Johnson gezählt werden muss. Wayne, in seiner Popstar-Hyperaktivität, mit blonden, scheinbar absichtslos verschwurbelten Haaren, in seinem beiläufigen Siebziger-Retrolook, wie er selbst mitgebrachtes Heineken aus der Dose trinkt und sich an unserer Bestellung nicht beteiligt, bekommt davon nichts mit. Für kostbare zehn Minuten befinde ich mich mit Diasmer in einer Eins-zu-eins-Situation, die erst dann unterbrochen wird, als Evelyn und Sandy auftauchen.

»Das ist interessant«, sage ich zu Diasmer, deren lautes Lachen gerade etwas abgeklungen ist. »Und er steckt wirklich dahinter und hat sie umbringen lassen?«

»Ja«, sagt sie. »Deswegen bin ich natürlich kein großer Fan von ihm.«

»Und das ist in Nimba County passiert?«

»Wir kommen ja aus Nimba County, da sind wir ursprünglich her, also meine Eltern.«

»Deine Eltern sind in den USA, oder? Und du bist jetzt hier, und eigentlich …«, ich versuche noch weitere Informationen aus ihr herauszulocken, »könntest du doch etwas unternehmen, und du könntest jetzt sagen, du gehst dagegen vor, du unternimmst was. Also du bringst ihn vor Gericht.«

»Ja«, sie lacht wieder. »Ich könnte ihn vor Gericht bringen. Ja, vielleicht sollte ich das tun. Immerhin hat er einige meiner Verwandten auf dem Gewissen.« Aber sie tut es natürlich nicht. Sie wird Prince Johnson nicht zur Verantwortung ziehen. Es ist lange her. Es ist nur eine theoretische Möglichkeit. Außerdem sitzt Johnson als Senator jetzt in einer Kommission, die über Diasmers weiteres berufliches Schicksal mitentscheiden wird, was die ganze Sache zusätzlich verkompliziert, obwohl sie ihr Gehalt demnächst ohnehin von der GIZ bekommen wird, die das Programm, das sie zurück in ihre Heimat geführt hat, finanzieren wird. Sie lässt Johnson in Ruhe. Sie unternimmt nichts gegen ihn, bringt ihn nicht vor Gericht. Liberia ist ein kleines Land. Jeden Moment könnte er hier in der Tür stehen, um sich selbst ein bisschen Chicken Masala zu bestellen, und Wayne, der an diesem Tag wirklich etwas durch den Wind ist, würde dann vielleicht zu ihm gehen, sich ein Autogramm geben lassen und damit den Ironisierungsschleifen, an denen er beteiligt ist, noch eine weitere, besonders schön geflochtene hinzufügen. Aber das passiert natürlich nicht.

»Meine Familie lebt nicht mehr hier. Ich bin die Einzige, die zurückgekommen ist.«

Sie erzählt von ihrem Vater und dass ihr Vater, der jetzt in den USA lebt, selbst mal in einen Putsch verwickelt war, der aber gescheitert ist.

»Wir wussten natürlich als Kinder nichts davon. Er war nur drei Monate plötzlich verschwunden, und als er zurückgekommen ist, sind wir auch gleich in die USA. Tja«, sagt sie, »er hat eben den Fehler gemacht, die ganze Sache nicht konsequent zu Ende zu bringen.«

»Was meinst du denn damit?«, frage ich, während ich auf den niedrigen Couchtisch schaue und herauszufinden versuche, welche der gerade aufgebauten Schalen mit Fleisch und Gemüse ich bestellt habe.

»Wenn man schon so etwas macht«, sagt Diasmer, »also wenn man schon einen Coup macht, dann sollte man ihn auch konsequent zu Ende führen.«

»Du meinst also …«

»Ja«, sie lächelt. »Bis zum bitteren Ende. Sonst ergibt es ja keinen Sinn.« Sie senkt kurz den Kopf, als wollte sie nachdenken, aber dann verfällt sie wieder in ihr ansteckendes, unbeschwertes Lachen. Die Skrupel, die ihr Vater gehabt haben mag, oder seine Unentschlossenheit, seine möglichen Zweifel an der Notwendigkeit eines kaltblütigen Mordes, mit dem er den damaligen Präsidenten aus dem Weg hätte räumen müssen, scheint Diasmer nicht zu teilen. Später versuche ich herauszufinden, um welchen Coup es sich gehandelt haben könnte, komme aber dabei zu keinem Ergebnis, und die Mail, in der ich sie um weitere Informationen bitte, schicke ich nie ab.

»Sag Bescheid, wenn du noch etwas wissen möchtest«, sagt sie, und wir verabreden uns lose zum Mittagessen an einem der nächsten Tage. Dann steht sie auf und verabschiedet sich. Sie hat keine Zeit für das Garden Café, und Thomas, der Reuters-Korrespondent, entscheidet sich auch dagegen, was im Nachhinein gesehen vielleicht ein Fehler ist.

19

Das Garden Café ist ein unscheinbarer Ort. Man fährt leicht daran vorbei, wenn man es an normalen Wochentagen aufsucht. An Freitagen ist der Eingang unübersehbar. Überall parken Fahrzeuge, manövrieren Leute mit ihren Wagen oder halten Land Cruiser an, um mal wieder ein Team von MSF Belgium oder MSF Spain aussteigen zu lassen. Ein aus einfachen Steinplatten bestehender Weg führt vom Tor zu einem versteckt gelegenen überdachten Raum, in dem die Band spielt, Plastikstühle und Plastiktische herumstehen und später getanzt wird. Wenn man sich unterhalten will, sitzt man besser draußen unter freiem Himmel und kann von dort das Kommen und Gehen der Gäste, von denen die Hälfte Liberianer sind und davon wiederum die meisten Frauen, besser beobachten. Das Garden Café ist schlicht, einfach und funktional. Max gibt sich keine besondere Mühe, es nach etwas aussehen zu lassen. Er gibt sich keine Mühe, es charmant, edel oder abgerissen erscheinen zu lassen. Es ist so, wie er es übernommen hat. Die Band, die hier jeden Freitag spielt, spielt so, als hätten die Musiker ihre Aufgabe schon von ihren Vätern übernommen und seien in ein Business eingestiegen, das seit Jahrhunderten existiert und in dem sie schon allein aus Traditionsbewusstsein alles genauso machen, wie es ihre Väter getan haben. Sie spielen das immer gleiche Programm, dieselben Songs, in dem es am Ende abwechselnd ein Rock'n'Roll-Medley oder ein Reggea-Medley gibt, während sich vorher Hit an Hit reiht, gespielt in einem unwiderstehlich phlegmatischen und verwaschenen Sound, der die Songs veredelt und einem gleichzeitig das Gefühl gibt, es mit Musik der Ewigkeit zu tun zu haben. Und selbst ein Song wie *Lady in Red* oder *Red Red Wine* erstrahlt auf einmal in einem ganz neuen, wenn auch leicht müden und schäbigen Glanz. Die Bandmitglieder, die jugendlich wirken, wenn man sie von weitem betrachtet, aber deutlich älter sind, stehen teilnahmslos und lässig an ihren Instrumenten, doch niemals routiniert oder lustlos. Das Geheimnis scheint zu sein, dass sich in ihr geniales Understatement ein Ton von bürokratischer Ignoranz mischt, was die ganze Sache absolut hinreißend werden lässt, wenn man sich darauf beschränkt, im Hintergrund zu bleiben, Bier zu trinken oder zu tanzen und nicht zu glauben, man sei bei einem Konzert. Ab und zu holen sie sich Gastsänger dazu, eine Anregung von Max, der fälschlicherweise annimmt, seine Gäste würden sich bei alldem irgendwann langweilen. Das wird natürlich niemals passieren. Jedenfalls ist das der Grund, warum Evelyn mit der Band plötzlich solche Songs wie den von den Killers einstudiert, der sich aber dann fast genauso anhört wie alles andere auch, und man sich schließlich wünscht, die Band, deren Namen ich mir nie habe merken könne, würde von einer Art internationalen Aufsichtsbehörde dazu ausersehen, alle musikalischen Hervorbringungen unserer Zeit mit ihrem schillernden und scheppernden Mantra einzuhüllen, um sie für die Nachwelt und die immer wieder neu nach Liberia kommenden NGO-Menschen zu konservieren.

Aber noch ist Evelyn nicht dran. Noch sitzt sie mit Sandy und ein paar anderen Freunden draußen an einem Tisch in der Nähe des Eingangs, gar nicht so weit entfernt von den Steiners, die zu meiner Überraschung doch gekommen sind. Während Sam, Wayne und der ghanaische Traumatherapeut gleich weiter Richtung Tanzfläche gehen, die noch leer ist, um sich an der Bar ein Bier zu holen, setze ich mich zu Evelyn und ihren Freunden. Seit unserer Unterhaltung am ersten Morgen, an dem ich angekommen bin, haben wir keine Gelegenheit mehr gefunden, in Ruhe miteinander zu reden, jedenfalls nicht, ohne dass eine ganze Gruppe von Leuten dabei ist, wie es auch jetzt der Fall ist. Mit dabei ist zum Beispiel Tereza, die schon etwas älter ist, vielleicht Anfang fünfzig, und die ich auch von früher kenne, als sie noch bei ChildFund gearbeitet hat, wo Evelyn ihren ersten richtigen

Job in Liberia hatte. Tereza unterhält sich mit einer Frau, die ich nicht kenne. Und diese erzählt eine Geschichte, die ich eigentlich nicht hören will. Wie es jetzt bei Landmine Action zugehe, wo Wayne früher Praktikant war. Sie erzählt über das Arms Control Laboratory, das sie für Landmine Action mit aufbaut, wobei es darum gehe, bewaffnete Überfälle zu beobachten und alle Formen der Gewalt zu dokumentieren, bis eine Landkarte, ein Atlas der Gewalt entstanden ist. Ursprünglich habe sie in Schweden für eine kleine NGO gearbeitet, und während wir darüber sprechen, dass Landmine Action sich bald einen neuen Namen suchen müsse, weil es nicht mehr genug Landminen gibt und sich das Tätigkeitsfeld zunehmend verändert hat, frage ich mich, was das eigentlich heißt, wenn eine so junge Frau wie meine Gesprächspartnerin, die eigentlich Politikwissenschaft studiert hat, sich jetzt so intensiv mit Waffen beschäftigt, obwohl sie mit Sicherheit noch nie eine in der Hand, geschweige denn eine abgefeuert hat. Und ich frage mich, ob das richtig oder falsch, ob das angemessen oder unangemessen ist. Ob darin nicht insgeheim etwas Pornographisches liegt, ein isolierter, von allem abgeschnittener Moment der Gewalt, mit dem sie so leichthin und selbstgewiss hantiert. Aber natürlich kann ich sie das nicht fragen. Ich höre stattdessen zu, vertiefe mich in ihren Lebenslauf und ihre Meinungen über das Land und die Liberianer, Ausführungen, die ich, wie es mir vorkommt, in Liberia schon hunderttausendmal gehört habe, und in ihr Gerede, wie sie sich überhaupt ihr Leben so vorstellt, jedenfalls in den nächsten ein, zwei Jahren, denn weiter zu denken oder zu planen, »das wäre ja jetzt wirklich pervers«.

»Irgendwann muss man den Absprung schaffen«, sagt Tereza und dreht sich zu einer Schweizerin, die neben uns sitzt und zusammen mit ihrem Mann, einem Architekten, der mit alldem hier gar nichts zu tun hat, ein Projekt besucht.

»Ja, das finde ich auch«, sagt die Schweizerin. »Sonst bleibt man hängen. Und dann ist das Leben plötzlich vorbei.«

»Ja klar, natürlich«, stimmt die Frau von Landmine Action schnell zu. Sie meint damit allerdings eher die Frage, ob man nicht ab und zu mal die Organisation wechseln muss, um sich neuen Herausforderungen zu stellen, sich nicht zu sehr einzurichten und bequem zu werden in dem, was man tut. Der Mann der Schweizerin nickt, legt den Kopf schief und bewundert die neue Dachkonstruktion des Garden Cafés, die auch tropischen Niederschlägen standhalten soll.

Tereza sagt: »Das kannst du aber laut sagen, meine Süße«, und schaut uns einen nach dem anderen an. Dann spitzt sie die Lippen zu einem Kussmund und schließt die Augen, als warte sie darauf, geküsst zu werden.

»Und wann singst du jetzt, Evelyn?«, fragt sie.

Evelyn sieht in diesem Moment müde aus, aber glücklich. Evelyns Erschöpfung an diesem Abend, obwohl ihr Auftritt noch bevorsteht, ist eine andere Erschöpfung als die meines Kollegen von Cap Anamur, mit dem ich damals an einem Sonntag Fotos von Monrovia machte. Es ist eine temporäre Erschöpfung, die eigentlich nur dazu dient, danach umso energischer mit dem weiterzumachen, weswegen man gekommen ist. Und das ist an diesem Abend dancing, singing, socializing und networking, um dabei mehr Spaß zu haben und mehr Erfüllung zu spüren als alle anderen Menschen auf der ganzen Welt, die in diesem Moment genau das Gleiche versuchen. Sie sind nur nicht in Liberia. Sie sind nicht im Garden Café. Und Evelyn steht nicht gleich auf der Bühne und singt ein Lied von den Killers. Das wird sie erst eine halbe Stunde später tun, nachdem ich schon zum zweiten Mal zu den Steiners gegangen bin und sie damit vertröstet habe, dass Evelyn erst ihren Auftritt zu Ende bringen muss, sich aber dann bestimmt eine Gelegenheit finden würde, sie miteinander bekanntzumachen.

»In ein paar Jahren«, sagt Tereza und lehnt sich genüsslich an Evelyn, »will ich mir das jedenfalls nicht mehr antun. Dann will ich nicht mehr auf dem Fußboden in einer Hütte schlafen, weil die Matratze so mies ist, dass ich kein Auge zumache.« Tereza liebt ihren Job. Sie ist jetzt seit zehn Jahren dabei, doppelt so lange wie Evelyn. Sie liebt ihn auf eine ähnliche Weise wie Evelyn. Allerdings mit einer gewissen Reife und Abgeklärtheit, die es ihr erlaubt, diese Liebe mit einigen Zynismen und Reflexionen zu würzen, die für Evelyn noch eher abschreckend und bedrohlich sind.

»Aber hör mal«, sagt Evelyn zu ihr. »Lass uns noch was trinken. Du bist ja noch stocknüchtern ...«

»Nein«, sagt Tereza, »ich kann nicht mehr.«

»Es geht nicht darum, ob du kannst«, mischt sich jetzt Sandy ein, die an diesem Abend auffallend still ist, »sondern ob du musst.«

»Ja, sie ist verpflichtet dazu«, stimmt ihr Evelyn zu. »Moralisch verpflichtet.«

»Ich bring' nichts mehr runter«, erklärt Tereza und greift nach dem Club Beer, das Evelyn ihr hinhält.

Ich stehe auf, um mich umzuschauen, allein aus dem Reflex heraus, dass ich es früher auch immer so getan habe. Man schaut sich hier fortwährend um. Schaut, wer gekommen ist, wen man kennenlernen möchte oder sollte, und unterhält sich in zusehends kürzer werdenden Intervallen mit denjenigen, die man schon kennt. Im Garden Café, wie überhaupt in Liberia, ist es für den Mitarbeiter einer internationalen Organisation essentiell, Unterhaltungen mit Menschen zu vermeiden, die man gar nicht kennt und die einem von niemandem vorgestellt worden sind. Menschen, die nicht irgendwo offiziell dazugehören. Wie zum Beispiel die kleine, verhutzelt aussehende Frau, die mit kurzen Haaren, ungeschminkt und in einem ganz bescheidenen Outfit neben der Tanzfläche steht und dabei mit großen sehnsüchtigen Augen Ausschau hält. Sie ist eine ehemalige Patientin, der ich heute, zwei Jahre, nachdem ich sie das letzte Mal gesehen habe, wieder aus dem Weg gehe, genau wie Michael, dem Liberianer, der aus alten Patronen kleine Figuren herstellt, die er in seinem

Rucksack immer mit sich herumträgt. Evelyn singt. Aber ich bin abgelenkt und verpasse ihren Auftritt. Ich verpasse die Gelegenheit, mich von ihrem Reifungsprozess als Sängerin überzeugen zu können. Nachdem sie mit ihren drei Songs fertig ist, die sie, inzwischen als Sängerin immer selbstsicherer geworden, mitten auf dem Dancefloor unter den Partygästen vorgetragen hat, so wie es die anderen Gastsänger auch tun, erzählt sie mir: »Ich hab' jetzt das Gefühl, dass ich hier *richtig* angekommen bin, und jetzt fange ich, glaube ich, langsam damit an, daran zu denken, wieder wegzugehen.« Wir haben den Tisch gewechselt und sitzen ganz in der Nähe der Steiners, aber ich weiß beim besten Willen nicht, wie ich Evelyn und Sandy, die eine Frau kennt, die im Landesinneren nach Menschenaffen forscht, eine Biologin, mit der die Steiners vielleicht Kontakt aufnehmen könnten, von ihrem Tisch wegdirigieren soll, ohne dass die ganze Sache zu verkrampft aussieht.

»Ich muss dir unbedingt jemanden vorstellen«, sage ich zu Evelyn, und Evelyn sagt: »Prost!« Und Tereza sagt: »Prost auf uns! Wir sind die Party!« Ich drehe mich zu den Steiners um und winke ihnen zu. Knapp eine Stunde lang wird getanzt, dann bricht der Generator zusammen. Max ist gestresst. Er steht hinter dem Tresen und gibt die Getränke aus. Sowohl an die Gäste als auch an seine Mitarbeiter, die eigentlich den ganzen Club nach durstigen oder zahlungswilligen Kunden durchstreifen sollen, aber das nicht wirklich tun. Sein Motivationstraining hat nur halb gefruchtet. Eine Weile ist es stockdunkel in dem großen, überdachten Tanzraum, und die Tänzer bleiben in ihren angefangenen Bewegungen stehen, verharren in ihrem unterbrochenen Rhythmus. Die Steiners werden ungeduldig. Evelyn erzählt mir, dass sie jetzt manchmal die Geduld verliere mit ihren Mitarbeitern, mit der fehlenden Effizienz, der fehlenden Planung und überhaupt mit allem, was Liberia als Krisenland so ausmacht. Tereza dagegen liest jetzt abends Romane. Tagsüber arbeite sie, wie sie erklärt, nach wie vor ungebremst.

»Was liest du denn?«, frage ich sie.

»Alles«, sagt sie. »Am liebsten lese ich holländische Romane, von denen haben sie nämlich eine ganze Menge in unserem Compound stehen gelassen.«

»Du kannst Holländisch?«

»Nein«, sagt sie. »Aber ich kann doch lesen, was ich will.«

Sie hat jetzt schon sechsmal Malaria gehabt und rechnet sich aus, dass sie, wenn sie ihren Vertrag noch einmal verlängert, mindestens noch zweimal Malaria bekommt, und fragt sich, was eigentlich ihr Körper dazu sagen wird, dem sie die starken Malariamedikamente nicht mehr unbedingt zumuten will.

»Für wen arbeitest du jetzt eigentlich?«, frage ich sie.

Sie schaut mich kurz an und gibt eine für sie typische Antwort.

»Was? Spinnst du jetzt? Heute ist Freitagabend.«

Ich sehe Kepi. Kepi steht am Rand der Tanzfläche. Er wird früher oder später zu uns kommen, und dann wird es ein großes Hallo, eine große Begrüßung geben. Kepi tanzt nicht, er tanzt nie oder jedenfalls habe ich ihn noch nie tanzen gesehen. Vielleicht liegt das ja auch daran, dass er das alles hier viel ernster nimmt als wir und sich nicht aus dem Gleichgewicht bringen lassen will. Es bedarf großer Konzentration, um so leichtfüßig und inspiriert zu wirken, wie er in unserem Beisein immer erscheint. Er winkt mir zu, kurz bevor der Generator ausgeht, so dass meine Antwort im Dunkel verlorengeht. Später geht der Generator wieder an. Und dann geht er wieder aus. Und dann geht er wieder an. Und so geht das eine Weile. Die Ersten geben auf und gehen. Die Steiners sitzen da. Versteinert, freudlos, erschöpft. Sie warten seit zwei Stunden darauf, dass ich sie mit jemandem bekanntmache. Ich bin schon ein paar Mal an ihren Tisch gekommen und habe Konversation mit ihnen gemacht und sie vertröstet. »Sie kommt gleich«, habe ich gesagt und damit gar nicht mehr unbedingt Evelyn gemeint, sondern irgendjemanden, den sie kennenlernen könnten. Als wäre dieser Aufenthalt hier für sie und ihren Traum von der Wiederauferstehung ihrer Tiere die allerletzte Chance. Wayne kann ich ihnen nicht vorstellen. Wayne wäre ein Schock für sie. Wayne, dem ich an diesem Abend ausweiche, fragt mich, ob ich eigentlich mitgelaufen bin.

»Bei was?«

»Beim Marathon, Mann …« Er drängt sich halb zwischen zwei mageren Frauen durch, die bei World Vision arbeiten. »Du hast dir doch meine Schuhe ausgeliehen.«

»Deine Schuhe waren mir doch viel zu klein.«

»Und? Wie war's?« Er verschüttet ein bisschen von seinem Bier. Die World-Vision-Frauen weichen zurück.

»Anstrengend«, rufe ich. Die Musik setzt in diesem Moment wieder ein. »Ich hatte das Gefühl, ich hätte alles gegeben, aber es hat trotzdem nicht gereicht. Ich bin nicht ganz an meine Grenze gegangen. Verstehst du, was ich meine?«

»Toll«, sagt Wayne, der es sich jetzt anders überlegt und einer plötzlichen Eingebung folgend doch nicht zur Tanzfläche zurückkehrt. Er erzählt mir von einem alten Lastwagen, einem alten DAF Truck, den er bei seinem letzten Heimaturlaub in England gekauft hat und den er mit Hilfe mehrerer Mittelsmänner in einer komplizierten Transaktion, an der er selbst als Glied einer aufeinander folgenden Kette von Transakteuren gar nicht beteiligt ist, nach Liberia bringen will. Die Kette beginnt bei einem Freund in England, der den Truck reisefertig machen soll, damit er verschifft werden kann, und endet in Monrovia bei einem potentiellen Käufer, der dann gut und gerne das Doppelte für den Lastwagen bezahlen wird, was er Wayne ursprünglich gekostet hat. Das ist der Profit. Wayne, der eigentlich system- und kapitalismuskritisch orientiert ist, formuliert das anders. »Weißt du«, sagt er, »ich hab' ihn gesehen und gedacht, der ist einfach nur cool.« Er wendet sich wieder von mir ab, geht auf seiner ursprünglich eingeschlagenen Richtung weiter zur Tanzfläche, auf der er kurz innehält und die Arme anhebt, als sei er ein Vogel, der sich im Wind treiben lässt und nichts weiter zu befürchten hat, als dass der Wind plötzlich aufhört.

»Und du willst wirklich nach Afghanistan?«, fragt mich Tereza, nachdem ich wieder an unseren Tisch nach draußen zurückgekehrt bin. »Was willst du denn da machen? Für wen arbeitest du denn da?«

»Ich dachte, es ist interessant zu sehen, was auf der anderen Seite passiert. Also wenn man etwas mit Gewalt durchsetzen muss.«

»Keine Ahnung, was du meinst. Etwas mit Gewalt durchsetzen?«

Sie schaut einen Moment auf die Tanzfläche.

»Hast du noch mit Linda Kontakt?«, fragt sie.

»Ja«, sage ich, »es geht ihr gut, sie ist in Amsterdam. Vielleicht besuche ich sie, wenn ich zurück bin.«

»Hast du gesehen, dass ihr Freund hier ist? Er tanzt da vorne.«

Mitten in der Dunkelheit, als der Generator wieder ausfällt und die Tanzenden plötzlich stehenbleiben, habe ich auf einmal die Idee, ich sollte einfach gehen, einfach so. Es ist der reine Wahnsinn. Ich habe die meisten, mit denen ich mich unterhalten wollte, noch gar nicht begrüßt. Und die, die ich miteinander bekanntmachen wollte, noch nicht miteinander bekanntgemacht.

»Also, das hier ist Evelyn«, sage ich zu den Steiners, als sie schließlich resignieren und aufbrechen. Sie kommen an Evelyn und mir vorbei. Ich versuche, Sandy heranzuholen, die die Telefonnummer der Frau hat, die im Landesinneren den Affen auf der Spur ist. Waynes Laufschuhe waren einfach zu klein, ich weiß nicht, wie er glauben konnte, ich hätte sie mir von ihm geliehen. Meine Zeit endet. Meine Zeit läuft ab. Vielleicht sollte ich einfach gehen. Aber im nächsten Moment fällt mir ein, dass ich keinen Wagen habe und dass ich von Evelyn und Sandy, oder wer auch immer mich nach Hause bringt, ganz und gar abhängig bin.

»Cool«, sagt Wayne und unterbricht meine Unterhaltung mit

den Steiners. »Dieser Mann ist beim Marathon mitgelaufen.« Er dreht sich zu den Steiners und zeigt auf mich. »Echt cool. Abgefahren.«

»Ten K«, sage ich. »Es war der Ten-K-Lauf.«

»Echt abgefahren«, wiederholt Wayne. Er nickt den Steiners zu und geht wieder weg. Er geht zu Kepi, nimmt Kepi übergangslos in den Arm und schleift ihn zur Tanzfläche.

Als der Generator schließlich wieder stabil läuft, ist das Garden Café mehr oder weniger leer. Die party crowd ist abgewandert. Evelyn und Sandy trinken noch weiter. Wayne ist weg. Sam, der liberianisch-libanesische UN-Mitarbeiter, der wie immer ganz am Schluss kommt, sitzt neben der Schweizerin, die ich beinahe auch noch mit den Steiners bekanntmache, und lernt wahrscheinlich gerade seine 2355. Bekannte kennen, die sein menschliches Einzugsgebiet jetzt so weit ausdehnt, dass er bestimmt bald in jeder Stadt der Welt jederzeit irgendjemanden treffen kann. Meine E-Mail-Adresse hat er auch schon, es könnte sein, dass er Silvester in Berlin verbringt. Die Steiners bekommen auch eine Telefonnummer, die sie entgegennehmen wie einen Berechtigungsschein von der Sozialversicherung. Ich bin sicher, sie werden die Affenforscherin nie anrufen. Sie sind beide, wie ich jetzt merke, auch sehr stolz. Es ist ein liberianisch-schweizerischer Stolz, der nicht unkompliziert ist. Und während ich ihnen hinterherschaue, spüre ich in ihren abgehackten und tastenden Bewegungen, mit denen sie von Steinplatte zu Steinplatte gehen, eine tiefe und fast unendliche Wehmut, die mich mit einem Mal so sehr ergreift, dass ich auf der Stelle beschließe, keine Sekunde länger zu warten und einfach zu Fuß nach Hause zu gehen.

20

Ich gehe zu Fuß. Das ist der Modus, in dem ich mich jetzt bewege. Die Dramaturgie des Abends, die in gewisser Weise der Dramaturgie meiner gesamten Reise, von Priština nach Monrovia, von Monrovia nach Amsterdam, und von Amsterdam nach Kunduz, entspricht. Es ist diese Dramaturgie, die den Ablauf vorgibt. Zu Fuß zurück vom Garden Café zu meiner Unterkunft in der 9. Straße. Das sind fast zehn Blocks mitten in der Nacht, zehn Straßen, zu einer Zeit, zu der man niemals allein und zu Fuß unterwegs sein sollte. Schon beim Verlassen, beim Durchschreiten der Phalanx der links und rechts der Straße abgestellten Fahrzeuge, deren metallischer Glanz mir noch einen letzten Moment trügerische Geborgenheit vermittelt, spüre ich das ganze Ausmaß der Gefahr. Am Ende der Straße, wo nur noch vereinzelt Fahrzeuge stehen, lösen sich schon die ersten der jungen Männer, die sich hier als Sicherheitsleute und Autowächter betätigen, von ihren Objekten und schicken sich an, mir zu folgen. Die Angst nimmt im ersten Moment hysterische Züge an. Ist die Angst ein Spiel? Teils real, teils imaginär? Werde ich schon hier gestoppt? Schon hier überfallen und beraubt? Das, erwarte ich, ist das Mindeste, was mir droht. Der Verlust meiner Geldbörse und allen Bargelds. Darauf bin ich vorbereitet, während ich umso entschlossener und schneller hineinlaufe in diese Gefahr, in einem Aktionismus reiner und purer Paradoxie. Von meinen persönlichen Wertgegenständen habe ich mich innerlich schon verabschiedet. Mein Vater pflegte sich von Wertgegenständen prophylaktisch zu verabschieden, wie zum Beispiel von einem Fahrrad, das er in den siebziger Jahren vor dem Freibad am Müngersdorfer Stadion einmal unabgeschlossen abgestellt hatte und mit dessen Verschwinden an diesem heißen Sommertag er rechnete. Er nahm den Verlust vorweg, er antizipierte den schmerzvollen Moment der Enttäuschung und löschte damit das drohende Moment des Traumas aus, bevor es sich einstellen konnte. Das war jedenfalls seine Strategie. Etwas, das er mutmaßlich während des Krieges gelernt hatte. Eine Strategie, die ich erst jetzt, viele Jahre später, in ihrer ganzen Bedeutung zu verstehen glaube. Es ging nicht um das Fahrrad, um den vergleichsweise belanglosen Verlust eines blaulackierten Metallgestänges mit öliger Kette und einer einfachen Dreigangschaltung. Es ging um die eigene, bloße Existenz. Was ist dagegen schon eine Geldbörse mit vielleicht fünfzig US- und hundertfünfzig liberianischen Dollar, einer Krankenkassenkarte, verschiedenen Ausweisen und ein paar Visitenkarten? Die Männer, die mir folgen, erkennen das vielleicht auch. Sie bewachen die Fahrzeuge, ohne dass man sie damit beauftragt hat. Sie sind eher Geiselnehmer, die ankündigen, sie würden sich für die Unversehrtheit der Fahrzeuge einsetzen, wenn man sie später dafür entsprechend entlohnt. Ihr Sicherheitskonzept ist genauso subversiv und auf den Kopf gestellt wie in diesem Moment mein eigenes. Vielleicht spüren sie das und sprechen mich deswegen nicht an. Sie lassen mich ungeschoren davonkommen, während ich an der Kreuzung zur 20. Straße für einen Moment zögere, ob ich nicht doch umkehren und mit Kepi sprechen soll, den ich beim Herausgehen in der Nähe des Eingangs gesehen, aber nicht begrüßt und nicht verabschiedet habe. Es schien, als wollte Kepi auch aufbrechen. Es schien, als würde er mit einer Gruppe von MSF-Mitarbeitern fahren. Sicher hätte sich da für mich auch noch ein Platz gefunden. Aber ich gehe weiter. Wild entschlossen, mich in Gefahr zu bringen, und in diesem Augenblick Gefangener meines eigenen unkontrollierten Gefühlsausbruchs. Das Gefühl: »Ich kann das alles nicht mehr ertragen. Ich halte das alles keine Sekunde länger aus.« An der Kreuzung zur 20. Straße, als ich etwas langsamer werde, höre ich eine Stimme hinter mir. Ein Mann auf Krücken hat mich fast eingeholt und ruft mir etwas zu. Mein Instinkt sagt mir, auf jeden Fall weiterzugehen und nicht stehenzubleiben. Es ist stockdunkel, der Abschnitt der 20. Straße, auf dem ich jetzt in

Richtung Hauptstraße gehe, wirkt vollkommen verlassen, und die Straße ist unbeleuchtet. In diesem Moment habe ich noch keine Theorie, keine Erklärung für meinen Gefühlsausbruch, für meine plötzliche Flucht. Evelyn und Sandy sind noch im Garden Café. Wayne und eine größere Gruppe haben sich aufgemacht zum Dejavu, dem größten Club in Monrovia, der ritualbedingt die erste Anlaufstelle nach einem Besuch im Garden Café ist, der in der Regel gegen eins oder zwei endet. Hat mich der Anblick von Evelyn, die merkwürdig apathisch und leicht angetrunken zum wiederholten Mal den baldigen Aufbruch ankündigte, um dann doch auf ein weiteres Bier zu bleiben, so sehr aus dem Gleichgewicht gebracht?

»Natürlich gehen wir gleich«, sagt sie.

»Bestimmt? Sonst fahre ich mit jemand anderem«, schlage ich vor.

»Nein, du fährst natürlich mit uns. Wir fahren ja auch … gleich.«

»Also ihr fahrt gleich?«

»Nach diesem Bier.«

»Das ist das Letzte«, pflichtet ihr Sandy bei.

»Du kannst natürlich mit jemand anderem fahren«, sagt Evelyn, »aber irgendwie sehe ich die Notwendigkeit nicht.«

»Ich fahre auch lieber mit euch.«

»Wir trinken das hier«, Sandy zeigt auf ihr halb ausgetrunkenes Club Beer, »noch aus, und dann gehen wir.«

»Gut.«

»Versprochen.«

»Dann gehen wir.«

»Wir gehen zusammen.«

Eine halbe Stunde später haben sie entweder das Bier immer noch nicht ausgetrunken oder schon wieder ein neues in der Hand. Ich brauche selbst fast eine Stunde, bevor ich mein Vorhaben, zu Fuß zu gehen und das Garden Café zu verlassen, in die Tat umsetze. Aus irgendeinem Grund lasse ich mehrere Gelegenheiten ungenutzt, mit jemand anderem zu fahren. Ich verzichte. Ich nehme James' Angebot nicht an, schlage das Angebot von Tereza aus, die die Schweizerin und ihren Mann mitnimmt, und frage auch Wayne nicht, ob er einen kleinen Umweg fahren kann. Meine Abhängigkeit von Evelyn und Sandy ist reine Fiktion. Ich kann das Garden Café verlassen, ich kann Liberia jederzeit verlassen. Ich habe die Schlüssel dazu in der Hand. Es ist mein vorletzter Abend. Am darauffolgenden Tag erwartet mich Prince Johnson zum Interview, und vielleicht schaue ich auch noch im UNMIL-Hauptquartier vorbei, um von dort eine Einschätzung der Lage zu erfragen. Ich kann nach Hause fahren. Der Generator läuft. Der Generator bleibt die ganze Nacht an. Es ist Wochenende. Ich kann ins Internet gehen. E-Mails schreiben. Stattdessen gerate ich in einen Zustand der Erstarrung. Jetzt, während ich den vollkommen dunklen und bedrohlich aussehenden Straßenabschnitt der 20. Straße betrete, hat mich der Mann mit den Krücken eingeholt.

»He, Mann«, sagt er. »Ich verstehe, dass du es furchtbar eilig hast, aber …«

Ich laufe weiter. Ich lasse zu, dass er mir mit seinen Krücken auf eine selbstmörderische Weise, den Schlaglöchern ausweichend, folgt. Er hat nur noch ein Bein. Will ich, dass er sich das einzige Bein, das er hat, bricht? Er will Geld. Ein paar Dollar nur, aber ich sehe mich nicht imstande anzuhalten. Ich bin auf der Flucht. Ich versuche, das Land oder zumindest das Garden Café zu verlassen. Ich versuche den Ort zu verlassen, in dem ich ein Jahr in einem Zustand der Narkotisierung, in einem undefinierten Rauschzustand verbracht habe, aus dem ich in diesem Moment, wie ich im Nachhinein zu erkennen glaube, aufwache.

»Es tut mir leid«, sage ich. Ich bin mit meinen Nerven am Ende. Warum weiß ich auch nicht genau.

»Mann, weißt du … Ich kenne dich. Du brauchst jemand, der dich fährt.«

»Sorry. Ich habe es wirklich furchtbar eilig.« Ich gehe etwas schneller. Der Mann mit den Krücken hält Schritt. Er holt mit Wucht aus und stößt mit Wucht seine Krücken vor sich in den brüchigen Asphalt, knapp neben den schwarzen Schlaglöchern, die ohne Lichtquelle kaum auszumachen sind, so dass einem angst und bange werden kann.

»Weißt du, wenn du mir etwas Kleines gibst. Eine kleine Anerkennung …«

»Ich habe wirklich keine Zeit. Ich kann wirklich nicht …« Ich renne weiter. Tatsächlich renne ich, obwohl ich noch immer so tue, als ginge ich bloß. Dabei ist das, was ich hier mache, schon lange kein Abendspaziergang mehr, und das, was wir hier machen, was der Mann mit den Krücken und ich machen, schon längst ein absurder Wettkampf, bei dem es darum geht, einen einzigen kümmerlichen Dollar zu sparen, den sich mein Konkurrent, der zunehmend außer Atem gerät und wahrscheinlich in Kürze schwer stürzen wird, jetzt mit letzter Kraft zu erkämpfen versucht. Ein wackerer Held einer ungleichen Auseinandersetzung, der sich immerhin die Bronzemedaille verdient hat.

»Eine kleine Anerkennung. Weißt du … Du kennst mich doch auch. Ich bin Gary. Du hast mich doch schon mal gesehen, du kennst mich doch.«

»Ja, klar«, sage ich, ohne ihn anzuschauen, ich starre stur geradeaus auf den Tubman-Boulevard, dessen spärliche Lichter mir in diesem Moment wie eine Glücksverheißung erscheinen, dabei fängt mein langer, gefährlicher Heimweg dort erst richtig an.

»Ich kenne dich. Klar kenne ich dich.« Ich übe mich in meiner Verzweiflung in einem Zynismus, dem ich mich jetzt ganz und gar hingebe, wie ich es mir noch vor zwei Jahren, als ich allerdings auch nicht gewagt hätte, nachts zu Fuß durch Monrovia zu gehen, niemals erlaubt hätte.

»Und du kannst mir einen ganz kleinen Dollar geben. Das weißt du doch. Eine kleine Anerkennung.« Er wuchtet seine Krücken weiter vor sich in den Asphalt, stützt sich ab, schwingt mit seinem ganzen Körper gut zwei Meter weiter. Führt mir hier mitten in der Nacht seine Kunststücke vor, die mich erweichen und gefügig machen sollen. Das ganze Dilemma, das ganze komplizierte Gefüge aus einander widersprechenden Gefühlen und Absichten, die meinen jetzigen Aufenthalt und vielleicht sogar meinen Aufenthalt vor zwei Jahren hier bestimmt haben, kommt in dieser komplizierten Turnübung plötzlich zum Ausdruck. Die Turnübung eines Behinderten, die gar keine Übung, sondern einfach nur Fortbewegung ist. Und am Ende dieses Kunststücks, das bis fast an die Grenze meiner Geduld heranführt, steht ein Dollar. Ein Dollar, den ich Gary schließlich in die Hand drücke, ihn in einem Zustand der Ungläubigkeit und Verzweiflung zurücklassend.

»Ein Dollar, Mann? *Ein* Dollar«, ruft er. Er bleibt plötzlich stehen, mühsam nach Atem ringend, während ich weitergehe. Es tut sich schon bald eine große Lücke zwischen uns auf, wie er dort in der Mitte der dunklen Seitenstraße vornübergebeugt steht, nach Luft schnappend, während ich die Zähne zusammenbeiße. Ich krempele mir die Ärmel hoch, ich verstaue meine Geldbörse, die mir später, wie ich sicher bin, entwendet werden wird, und bereite mich auf weitere lebensgefährliche Situationen vor, Herausforderungen, von denen also das die erste gewesen ist. In der Dunkelheit ist die Ein-Dollar-Note das Einzige, was ich in meiner Geldbörse entdecke und in meiner Angst, sie mit einer Zehn- oder Zwanzig-Dollar-Note zu verwechseln, bereit bin herzugeben. Es ist auch die einzige Ein-Dollar-Note, die ich noch habe. Ich bin eigentlich entschlossen, Gary mindestens zwei Dollar zu geben, aber daraus wird nichts. Ich bin auf der Flucht, ich habe selbst keine Zeit, mich mit solchen Fragen abzugeben. »Was willst du eigentlich in Afghanistan?«, fragt Tereza immer wieder. Sie versteht nicht, dass ich vielleicht auch deswegen dort hinfahre, weil mir klargeworden ist, dass ich dem Schicksal meines Vaters, der an der Front, nachdem er von einem Scharfschützen getroffen worden war, schon vorübergehend für tot erklärt wurde, so wenig Aufmerksamkeit geschenkt habe. Dass ich die riesige Narbe auf dem Rücken meines Vaters, die mit ihren zerklüfteten Rändern und ihrer Kraterstruktur dieser Mondlandschaft von einer Straße ähnelt, immer als etwas Gegebenes hingenommen und niemals hinterfragt habe. »Ich habe schon mal Auf Wiedersehen zu dem Fahrrad gesagt«, erklärte mein Vater, während er sich die Tasche mit den Badesachen auf die Schulter wuchtete und mich an der Hand nahm. Vielleicht war ich gerade eingeschult worden oder vielleicht doch schon in der achten oder neunten Klasse. Ich wusste, was der Verlust eines Fahrrads, zumindest für mich, bedeutete. »Und das Fahrrad?«, fragte ich deswegen, in einer Mischung aus Angst und Sorge, die mich auch jetzt ergreift, als ich auf den Tubman-Boulvard einbiege und merke, wie gut sichtbar ich für alle bin, die jetzt noch auf ihren Motorrädern unterwegs und auf der Suche nach Opfern sind. Es ist natürlich eine übertriebene und irreale Angst, die mit der liberianischen Wirklichkeit nichts zu tun hat und ihre Kraft aus den hysterischen Sicherheitsbestimmungen der großen internationalen Organisationen ableitet, deren Mitgliedern es zum Beispiel verboten ist, sogar im Falle eines selbst verschuldeten Verkehrsunfalls anzuhalten und sich um mögliche Verletzte zu kümmern. Die Devise heißt: Weiterfahren und sich in Sicherheit bringen. Ich laufe weiter, ich spaziere weiter. Es ist zwei Uhr, oder halb drei. Auszugehen kostet viel Kraft. Das Leben in Liberia kostet viel Kraft. Mehr als man vielleicht bemerkt, wenn man sich auf so leidenschaftliche und haltlose Weise verausgabt, wie all die anderen und ich es hier tun. In dem sicheren Gefühl, dass das große Andere, die große Not, das große dunkle, schreckliche Unglück des Landes, diesen ganzen Aufwand und diese ganze Verausgabung wert ist und einem gleichzeitig dabei den Halt gibt, nach dem man sich so sehnt und der einem im Gegenzug noch mehr Kraft und Stabilität gibt, als man sich zu Hause, in der Heimat, auch mit noch so viel Arbeit und Geld jemals zusammensparen könnte. Diesen Halt habe ich in dieser Nacht verloren, vielleicht schon viel früher. Er ist mir tatsächlich entrissen worden, abhandengekommen, wie das Fahrrad, von dem sich mein Vater damals verabschiedet und dessen Schicksal irgendwo im Dunkel meiner behüteten Kindheit begraben liegt. »Was willst du denn da machen?«, fragt Tereza immer wieder. »Für wen arbeitest du denn da? Was für ein Job ist das denn?« Ich gehe weiter. Ich drehe mich immer wieder um. Beobachte die andere Straßenseite, bereite mich vor, auf einen Kampf, eine Auseinandersetzung, halte mich sozusagen in Gefechtsbereitschaft und bin für einen Moment fast sicher, dass die junge, vor sich hin taumelnde Gestalt auf der anderen Seite die ehemalige Patientin ist, die ich zuvor am Rand der Tanzfläche im Garden Café gesehen habe. Ihr blaues, zerknittertes Kleid sieht wie ein hastig übergeworfener Sack aus. Aber genau lässt sich das nicht sagen. Mein Telefon klingelt, aber ich bin zu aufgewühlt und will in diesem Moment nicht mehr gerettet werden. Es ist Kepi, der mich anruft. Kepi hat meine Flucht beobachtet und macht sich jetzt natürlich Sorgen. Kepi weiß, wie gefährlich ein solcher Spaziergang ist. Er kennt alle Gefahren, auch die, der ich schließlich zum Opfer falle. Es passiert, als ich mich nach einem UNMIL-Patrouillenfahrzeug umdrehe, das mir langsam entgegenkommt und dann im Schritttempo an mir vorbeifährt. Ich drehe mich um, um zu sehen, ob der Fahrer anhält, was er aber nicht tut. Ich schalte das Telefon aus. Ich will nicht noch einmal aus meiner Erstarrung herausgerissen werden, und dann falle ich. Ich falle, stürze, kollabiere. Im Grunde genommen breche ich in eine Leerstelle ein. Es ist ein zwei Meter breites und fast ebenso tiefes Loch, irgendwo zwischen 20. und 9. Straße, irgendwo auf meinem langen und haltlosen Weg, meinem Versuch, dem Geheimnis von Liberia auf die Spur zu kommen. Den Fragen, warum ich hier bin und was ich hier eigentlich zu suchen habe und vor allem, warum ich noch einmal zurückgekehrt bin. »Wenn du es nämlich MIR nicht erklären kannst, wem willst du es dann eigentlich erklären?«, fragt Tereza schließlich, bevor sie in ein lang anhaltendes Schweigen verfällt und bevor ich in einem Loch am Rande der größten Straße in der Hauptstadt eines der ärmsten Länder der Welt verschwinde und für eine Sekunde glaube, dass jetzt alles zu Ende ist und der Untergang unmittelbar bevorsteht.

21

Wenig später verwandelt sich das kleine Pflaster auf meinem Zeigefinger in einen dunkelbraunen Fleck, der sich immer mehr aufrollt, wie eine alte Schlangenhaut, die bald abgestoßen wird. Die Verletzung, die ich durch den Sturz erlitten habe, ist so belanglos, dass ich, als ich auf dem Weg zu Kepis Haus bin, das Pflaster ganz abziehe und die Schürfwunde, die in der Nacht des Sturzes leicht geblutet hat, fast gar nicht mehr sehen kann.

»Was hast du denn da gemacht?«, fragt Evelyn, als ich sie nach West Point begleite. Es ist halb sieben. Es ist mein letzter Tag. Evelyn arbeitet für die Catholic Justice and Peace Commission. Mit der ›Our Lady Star of the Sea‹-Kirche in dem Armenviertel von West Point gibt es ein Kooperationsprojekt, bei dem herausgefunden werden soll, wie man die Jugendlichen in West Point besser unterstützen kann. Eine Bedarfsanalyse, Evelyn und ihre Partner haben an diesem Morgen eine Gruppe von jungen Leuten eingeladen, die die Befragung in West Point durchführen soll.

»Es ist nicht weiter schlimm«, sage ich und schaue auf das Pflaster.

»Bist du gefallen?«

»Nein, es ist etwas ganz Dummes passiert. Ich habe mich gestoßen. Es muss über Nacht passiert sein. Als ich aufgewacht bin, war es plötzlich da. Es ist nur eine Schramme.«

»Du hast schlecht geträumt.«

»Ja, wahrscheinlich. Vielleicht habe ich geträumt, dass ich angegriffen werde und mich zur Wehr setzen muss.«

»Ich träume hier nie«, erklärt Evelyn. »Aber ich finde es ganz okay.«

»Du arbeitest eben zu viel. Da hat man keine Zeit zu träumen.«

Evelyn antwortet nicht. Sie ist auf etwas anderes konzentriert. Sie steuert den Land Cruiser durch den morgendlichen Verkehr Richtung West Point. Vielleicht denkt sie über die bevorstehende Präsentation nach, über die kleine Rede, die sie halten muss.

»Vielleicht liegt es ja auch an der Malariaprophylaxe«, sage ich.

»Bestimmt«, sagt Evelyn. Aber sie ist mit ihren Gedanken schon wieder ganz woanders.

»Jedenfalls war es wirklich ein komischer und wilder Traum«, sage ich noch, was auch ungefähr der Wahrheit entspricht. Ich habe mich tatsächlich an einer zerbrochenen Glasflasche gestoßen, die irgendwo in dem fast zwei Meter tiefen Loch herumlag, direkt an der Kreuzung von 14. Straße und Tubman-Boulevard. Das ist der Grund, warum vor allem ältere Liberianer nachts niemals ohne Taschenlampe das Haus verlassen. Ein solcher Sturz, der hier zu den alltäglichen Erfahrungen gehört, kann übel enden. Den Internationalen passiert so etwas nicht. Sie verlassen ihre Autos nur im Notfall. Die Liberianer aber kennen die Geschichten von den großen Löchern, die einen verschlucken. Im Krankenhaus erzählte mir einmal ein Patient eine solche Geschichte. Er musste seine Karriere als Boxer deswegen beenden, weil er nachts versehentlich eine dieser Fallgruben übersehen und sich dabei sein Knie ruiniert hatte. Er zeigte mir die auf seiner dunklen Haut metallisch glänzenden Narben, die ebenfalls von einer zerbrochenen Glasflasche stammten, die sich beim Sturz in sein Knie und seinen Oberschenkel hineingebohrt hatte. Die feinen gezackten Wülste schimmerten wie Tätowierungen, die sehr abstrakt und wild geraten waren. »Ich habe einfach nicht aufgepasst«, sagte der Boxer und lächelte. Er nahm dieses Unglück weniger als einen Unfall hin, sondern sah in ihm vielmehr einen Schicksalsschlag, der mit ihm selbst gar nicht so viel zu tun hatte, obwohl er danach doch all seine Hoffnungen auf eine internationale Boxkarriere, die ihn nach Amerika führen und reich machen sollte, begraben musste. »Auf einmal war da dieses Loch«, sagte er. »Ich hab's nicht gesehen. Es war einfach zu dunkel.« Eine solche Schicksalsergebenheit, einen solchen Fatalismus nehmen wir, die Beobachter, in unserer freundlichen Anteilnahme gerne hin. Er erleichtert uns vieles und es macht einiges einfacher. Und es lässt auch unsere eigenen Bemühungen in einem anderen Licht erscheinen. Das Leid der anderen bekommt etwas Demütiges, Edles und Feines. Es ist ein Moment der Hingabe und fast religiöser Passivität, dessen Nähe wir gerne suchen, ohne selbst wirklich dabei involviert zu sein. Wir schauen zu, wie unsere Bemühungen, unsere Hilfsangebote entgegengenommen werden. Und dann können wir umso großmütiger sein. Wir selbst, unsere Bereitschaft, hierherzukommen, unsere gesamte Existenz wird hier nicht in Frage gestellt. Sie wird hingenommen und akzeptiert. Sie ist genauso Teil eines Schicksals, das man besser nicht hinterfragt. So wie das an diesem Morgen auch die Besucher des Workshops tun, den Evelyn organisiert hat. Ich bekomme nur den Anfang mit, weil ich früher los muss. Es ist einfacher, wenn die Jugendlichen sich damit zufriedengeben, dass man ihnen ein Sandwich und eine Cola gibt, nachdem sie sich haben einweisen lassen in das Prozedere der Befragung, die sie mit ihren Freunden und Familienmitgliedern durchführen sollen. Ich schaue zu, wie sich der Raum langsam füllt, wie jemand von Youth Crime Watch ein paar einführende Worte spricht und dann Evelyn den Besuchern des Workshops die ganze Sache schmackhaft zu machen versucht.

»If you choose to take part«, erklärt Evelyn in dem kleinen Raum im ersten Stock des Health Centers Our Lady Star of the Sea, das zur gleichnamigen Kirche gehört, »you are pioneers of

West Point.« Sie schreibt ihren Namen auf das Clipboard, das wir im Wagen mitgebracht haben, genauso wie alles andere auch, die Filzstifte, die Zettel und vorbereiteten Schaubilder. Im Gegenlicht wirkt ihr Gesicht etwas matt und verschwommen, und in die morgendliche Apathie der Zuhörer mischt sich das Hupen und Rufen der Motorradfahrer, die ganze bunte Symphonie des liberianischen Alltags, in die ich kurze Zeit später eintauche. Natürlich würde ich es nicht anders machen. Ich würde die Jugendlichen auch nicht bezahlen. Es weckt falsche Erwartungen, die man nachher nicht erfüllen kann, und sie selbst schätzen die Situation vielleicht genauso realistisch ein und nutzen den Workshop, um Kontakte zu knüpfen. Vom ersten Stock des Health Centers werfe ich einen Blick auf dieses Chaos, das in Wirklichkeit viel geordneter ist, als man denkt. Die kleinen Häuser und Baracken der Hauptstraße mit ihren unendlich vielen winzigen Verkaufsständen, den Holzkisten, dieses fast mittelalterliche Ambiente, diese riesigen Stapel mit übereinander geschichteten Räucherfischen, die groben Holzblöcke, auf denen die Messer liegen, die wuchtigen Metalltüren und Fenster, die notdürftig mit Drahtgittern geschützt sind, und die Jungen mit löchrigen T-Shirts, die an der Ecke mit ihren leeren Schubkarren auf Kundschaft warten. Ich sehe sie von oben, von meinem Aussichtspunkt aus, den ich an diesem Tag ein letztes Mal einnehme, bevor ich von der Hektik und der Turbulenz der Abreise erfasst werde.

»Ich kann dir eine Geschichte erzählen«, sagt einer der Workshop-Teilnehmer, den Evelyn auf der Straße aufgegabelt und überredet hat teilzunehmen. »Geschichten vom Krieg. Wirklich gruselige Sachen.« Er macht mir dieses Angebot, noch bevor es mit dem Workshop überhaupt losgeht, als suche er einen Ausweg, um doch nicht teilnehmen zu müssen. Denn eigentlich will er lieber Geld verdienen. Er arbeitet als Kissenverkäufer in der Broad Street. Er ist einer von diesen Jungen, die beladen mit irgendwelchen Konsumgütern, seien es Kissen, Sandalen, Radios,

Kleiderbügel, Shampoo oder Waschlappen, als wandelnde Fachgeschäfte durch die Stadt irren. Ich stelle ihn mir vor, vollgepackt mit flauschigen Kissen, unter denen sein hagerer Körper verschwindet, auf der Suche nach solventen Kunden, die sich ihre Träume und ihren Nachtschlaf versüßen lassen wollen. Dreihundert liberianische Dollar pro Stück. Aber jetzt hat er keins dabei. Dafür bietet er mir etwas anderes. Geschichten. Kriegsgeschichten. Wirklich gruselige Sachen.

»Habe ich schon oft erzählt. Kommen wirklich immer gut. Auch Deutschen habe ich die schon erzählt«, sagt er fröhlich zu mir, während wir gemeinsam die Treppe im Health Center heruntersteigen und auf die Straße gehen.

»Und du willst nicht am Workshop teilnehmen?«, frage ich ihn. Ich stehe etwas unter Zeitdruck, ich habe mich verkalkuliert. In zwanzig Minuten muss ich bei Prince Johnson sein.

»Doch«, sagt er. »Aber ich muss erst noch nach Hause. Ich muss mich noch schnell waschen.« Er erklärt mir, dass er sich nicht wohl fühlen würde, wenn er ungewaschen an so einer wichtigen Veranstaltung teilnimmt. Aber das ist natürlich eine Ausrede. Ich kann mir nicht vorstellen, dass er wirklich vorhat, wieder zurückzukommen.

»Und?«, fragt er. »Soll ich dir jetzt was vom Krieg erzählen?« Ich schaue mich nach einem Motorrad um, aber auf einmal ist auf der schmalen, überfüllten Hauptstraße von West Point keins mehr zu sehen. Ich drehe mich zu dem Jungen um. Ich drehe mich zu seiner Geschichte um, die er mir vielleicht einfach so erzählen, einfach so herschenken würde, wenn ich vielleicht genug Interesse zeigen würde. Aber ich habe keine Zeit.

»Du musst sie mir ein anderes Mal erzählen«, sage ich und verabschiede mich. Seine Geschichte bleibt mir in Erinnerung. Eine Geschichte, die irgendwie mit Prince Johnson zu tun hat. Wie er es auch an diesem Morgen wieder schafft, sich mir zu entziehen. Die Geschichte von einer erratischen, kryptischen Macht, die umso faszinierender und bedrohlicher erscheint, je wirkungsloser und phantasmagorischer sie ist. Genau wie an diesem Morgen, an dem sie ein blaues Jackett mit goldenen Knöpfen und einen überaus eleganten Strohhut trägt. Eine Macht wie ein Grandseigneur, dessen Aftershave in der tropischen Hitze schon verdampft ist, bevor sich die schwere Stahltür seines Anwesens überhaupt geöffnet hat.

»Aber unser Termin«, sage ich zu dem Security Officer, der Prince Johnson die Tür zu seinem Jeep aufhält. Ich schaffe es noch gerade eben zu dem Termin, den ich mit Moses vereinbart habe. Ich bin auf die Minute pünktlich, obwohl ich unterwegs mein Motorradtaxi wechseln musste, da das erste mit einem platten Reifen vor der Total-Tankstelle stehengeblieben ist. Aber Johnson hat keine Zeit. Obwohl er es sich nicht nehmen lässt, erst außerhalb seines Compounds in seinen Wagen zu steigen, damit er die Bittsteller, die vor seinem Haus warten, kurz begrüßen und dann freundlich abwimmeln kann. Ich gehöre an diesem Morgen dazu. Keine Frage. Ich habe irgendeinen taktischen Fehler gemacht, zum Beispiel mich fälschlicherweise auf Moses verlassen, der am Ende gar nichts zu sagen hat, oder ich bin einfach ein Opfer der Verhältnisse.

»Komm nach Capitol Hill«, sagt Johnson, während er sich gnädig zu seinem Wagen herunterbeugt. »In einer Stunde. Wir sind da. Komm ins Büro, dann sprechen wir.«

»Nein«, sagt der Security Officer sofort, der doch eigentlich nur die Tür aufhalten soll. »Auf keinen Fall. Das geht nicht. Da hat er gar keine Zeit. Ruf mich an.«

»Wann?«

»Später.«

»Wann denn genau?«

»Am Nachmittag.«

Prince Johnson hört, was sein Angestellter sagt, reagiert aber nicht und lässt mich mit zwei einander widersprechenden Informationen zusammen mit den Bittstellern, die an diesem Morgen auch umsonst gekommen sind, vor seinem Haus zurück. Die Zeit läuft ab. Bis zu meiner Abreise bleiben mir nur noch acht Stunden.

22

Als ich auf dem Rückweg in die Stadt bin, ruft mich Kepi an. Mit Kepi bin ich am späten Nachmittag verabredet und will das Ende meiner Reise und gleichzeitig eine Art Abschied feiern. Kepi fragt mich, ob ich ihm helfen kann, ein Bewerbungsschreiben zu verfassen, das er an Being Involved schicken will, um an dem Stipendienprogramm im Kofi-Annan-Institut teilzunehmen. Natürlich hat Kepi schon von anderer Seite davon gehört. Natürlich haben schon andere Kepi darauf aufmerksam gemacht, weshalb ich es in diesem Moment fast als eine Ehre empfinde, dass Kepi meine Hilfe in Anspruch nehmen will, obwohl ich sie ihm mehr oder weniger angeboten habe. Ich bin jetzt, am Ende meiner Reise, sehr daran interessiert, Spuren zu hinterlassen und Ergebnisse zu erzielen. Ich bin sehr daran interessiert, das Interview mit Prince Johnson zu machen, auch wenn ich ihm ein drittes Mal hinterherfahren muss. Ich telefoniere mit Max, um mit ihm abzumachen, dass wir später noch einen Kaffee trinken, sage ihm, dass ich nicht besonders viel Zeit haben werde, während Max andeutet, er könne mir noch mehr von seinen Kriegserlebnissen erzählen. Die Geschichte des Kissenverkäufers habe ich verpasst. Doch vielleicht kann ich zumindest Max kurz treffen, um mit ihm zu vereinbaren, dass er mir seine Geschichte unter Umständen per Mail schickt. Ich verwandele mich am letzten Tag. Ich durchlaufe einen Transformationsprozess. Vielleicht weil ich zurückkehre. Ich übe mich in maximaler Effizienz und steigere meine Frustrationstoleranz. Das ist wichtig, vor allem in Liberia. Von einer Bar in der Nähe meines früheren

Domizils in der Old Road rufe ich, nachdem ich dort von einem Sammeltaxi abgesetzt worden bin (Old Road Market ist eine beliebte Zwischenstation, eine Art unsichtbarer Umsteigebahnhof), nicht nur Max an, sondern auch Diasmer, Tereza, Sam und Moses. Das Telefonat mit Moses bringt mich auf die Idee, dass ich vielleicht von Anfang an Kontakt zu dem Protokollchef hätte aufnehmen sollen, dessen Telefonnummer mir Moses mit der Bemerkung gibt, das sei der Mann, der im Büro von Prince Johnson das Sagen habe. Moses selbst ist in Buchanan. Hat Johnson ihn entlassen? Macht er dort Urlaub, oder bereitet er dort wirklich die Wahlkampagne vor, die doch eigentlich am nächsten Tag direkt nach Nimba County führen sollte? Moses bedauert, dass »alles so schwierig« sei. »Glaub mir«, sagt er, »wenn *ich* da wäre, hättest du diese Probleme nicht.« Diasmer erzähle ich von meinen Problemen nichts. Ich will ihr gegenüber nicht unprofessionell erscheinen. Ich frage sie stattdessen, was sie über den Präsidentschaftskandidaten Tubman weiß, dessen Telefonnummer mir Tereza gegeben hat. Tereza rufe ich an, weil ich meine Zeit nutzen will, die ich durch die Verschiebung des Interviews mit Johnson gewonnen habe.

»Ja«, sagt Diasmer. »Das ist bestimmt interessant. Vielleicht kannst du herausfinden, wie Tubman die Situation des CDC jetzt einschätzt und wie er gedenkt, mit den parteiinternen Spannungen umzugehen.«

Ich reinige mit einem Streifen Toilettenpapier den Hals meiner Colaflasche, den die Bedienung der Bar an der Old Road mir mit so viel Grazie und Schwung von ihrer Rolle abgerissen hat, als sei mein Besuch in ihrer Bar ein feierlicher Moment. Flaschen werden hier immer auf diese Weise gesäubert, die Reinigung mit Toilettenpapier ist die verbreitetste Variante. Es amüsiert sie vielleicht auch, dass ich ausgerechnet ihre Bar dazu ausersehen habe, hier eine Art westafrikanisches Redaktionsbüro aufzumachen, von dem aus ich Termine mit Präsidentschaftskandidaten koordiniere.

»Ich wundere mich nur, dass er so schnell Zeit hat«, sage ich. Er hebt nicht nur sofort ab, sondern erkärt sich auch bereit, sich noch in der nächsten halben Stunde mit mir zu treffen. Aber ich werde mich noch weiter wundern. Es ist ein Tag der Wunder, und meine Reise wird immer mehr zu einer Komödie, die erst endet, als ich am Abend Kepi treffe.

»Ich glaube, der ist ganz nett«, erklärt Diasmer am Telefon. »Er hat, soviel ich weiß, mal für die UN gearbeitet, als Botschafter, aber von der Ausbildung her ist er Jurist. Er war, glaube ich, Anwalt in den USA. Mich würde wirklich interessieren, wie er das sieht, das Grassroots-Konzept des CDC und der ›indigenous‹-Ansatz, und wie es dann funktionieren soll, dass man George Weah ins zweite Glied zurückgestuft hat.«

»Ja, ich schaue mal. Ich versuche es herauszufinden«, sage ich und tausche die Verabredung zum Mittagessen mit Diasmer gegen ein Meeting mit dem Präsidentschaftskandidaten Tubman ein. Meine Reise wird zu einer Komödie. Aber es wird eine lehrreiche Komödie. Schon jetzt ist irgendwie klar, dass auch mein dritter Termin mit Johnson scheitern wird. Kurze Zeit später zeichnet sich das schon ab, als der Chief of Protocol nicht ans Telefon geht und mir der Security Officer erklärt, es würde sich alles »verzögern«. Ich bin der Präsidentin hinterhergelaufen oder habe sie, ohne sie allerdings gesehen zu haben, überholt. Ich habe ihre Rede verpasst, weil ich mich duschen musste, obschon ich ohnehin vollkommen durchnässt war. Ich führe Interviews mit Parteivertretern, die damit enden, dass ich mich, umstellt von Hunderten von Parteigängern, wie in einem Film von Hitchcock fühle und verpasse, wann die Idylle in Gefahr umschlägt (so wie Melanie Daniels in *Die Vögel*). Meine Komödie, die ich vielleicht unbewusst selbst inszeniere, und der erst am Abend im Beisein von Kepi auch tragische Momente hinzugefügt werden, führt mich schließlich geradewegs in die Arme eines paramilitärisch aussehenden Sicherheitsmannes, der Camel Boots und ein US-Army-Shirt trägt und auch Moses heißt. Das kann kein Zufall sein. Moses, der mir den Weg zeigt. Moses, nun jedoch ohne Bart und wesentlich viriler und verbindlicher, führt mich von der William V. S. Tubman High School in ein kleines verwunschenes Tal, wo die Komödie dieses letzten Tages ihren Anfang nimmt.

Es ist beruhigend zu wissen, dass ich kein Journalist bin, obwohl ich mich als solcher ausgebe. Natürlich sage ich am Telefon zu Tubman, dass ich Journalist sei und darüber schreiben würde, wie er auf einem wackeligen Holzstuhl unter einem Affenbrotbaum sitzt und den Verrenkungen eines Tänzers zuschaut, der sich zu seinen Füßen über den sandigen Boden wälzt und es über sich ergehen lässt, dass die Leute sanft Geldstücke auf ihn werfen. Tubman macht das auch. Die Inkarnation eines ehemaligen UN-Beamten, der hierhergekommen ist, um Liberia zu retten und zehn auf dem Farbkopierer gemachte Wahlplakate an seine Unterstützer zu verteilen, auf denen er erstaunlicherweise viel älter aussieht als hier an diesem Nachmittag, an diesem sonnigen friedlichen Tag, an dem kein Regen droht und vielleicht fünfzig Menschen zusammengekommen sind, um seine Rede zu hören. Einige sitzen auf Holzbänken, andere auf dem Boden. Direkt hinter mir sitzen Frauen auf Reissäcken und sind mit ihren Mobiltelefonen beschäftigt. Tubman scheint sie nicht weiter zu interessieren. Tereza, die sich gerne ihrer ausgezeichneten Verbindungen zur liberianischen Elite rühmt, hat mir erklärt, dass es für sie ein »Kinderspiel« sei, mich mit der Tubman-Familie zusammenzubringen, falls mich das interessiere. Zwei Anrufe später schaue ich zu, wie der Präsidentschaftskandidat zuschaut, wie sich der Tänzer vor seinen Augen mittlerweile so sehr verrenkt hat, dass er in der Lage ist, vor dem etwas perplex dreinblickenden Ex-UN-Botschafter und Ex-Rechtsanwalt das Trommelspiel, das er in diesem Moment aufführt, auf seinem eigenen absurd verrenkten Hintern fortzusetzen, der wie ein Baumstumpf aus ihm herausragt, was hier aber niemanden weiter überrascht. Später, bei der Durchsicht meiner Notizen, werde ich erkennen, dass ich die meiste Zeit alles so behandelt habe, als wäre es tatsächlich eine Komödie. Als würden hier tatsächlich Dinge passieren, die jeder Beschreibung spotten, als müsste ich allein das aufschreiben und hätte damit die Realität Liberias schon in Worte gefasst, zu Papier gebracht und analysiert. Wenn ich schreibe, wie in den Ruinen neben dem Kundgebungsplatz eine Garküche betrieben wird, inmitten von rosafarbenen Blumen, die die nackten Füße einer Köchin umranken, die sich für all das hier gar nicht interessiert, genauso wenig wie der DVD-Verkäufer mit seinen chinesischen Raubkopien, der sich durch die Zuschauer zwängt und dann, als niemand etwas kaufen will, sich einfach dazusetzt und mit zuhört. Eine Komödie, als Tubman einen Dollarschein auf den sich wie ein Schraubenzieher in den Sandboden bohrenden Körper des Tänzers fallen lässt und sagt: »I don't want to lecture you about the reality of your country. You know it better.« Tubman, der an diesem Nachmittag einen smarten, wenn auch etwas unsicheren Kandidaten abgibt, sagt immer wieder, wie dankbar er sei.

»Ich bin so dankbar, dass ich hier bin. Ich bin so dankbar, dass ihr gekommen seid.« Er trägt Jeans, ein Poloshirt und ein Charity-Armband, das er unsicher herumdreht.

»It's not about me«, sagt er. »It's about you.« Das schreibe ich mit besonders großer Begeisterung auf und notiere in Klammern: (Das habe ich bei einer meiner Ansprachen vor dem Personal des Krankenhauses auch schon mal so gesagt.) Und ich dachte, die Mitarbeiter würden es mir vielleicht glauben, zumal ich selbst felsenfest davon überzeugt war, dass es sich genauso verhält. Jedenfalls in diesem einen kurzen Moment, als ich in dem überdachten Speisesaal stand, mit dem Fuß unser Haustier Soup auf Abstand zu halten versuchte, ein aufdringliches kleines Reh, das einer meiner Vorgänger bei einem seiner illegalen Trips ins Landesinnere mitgebracht hatte und das meinen Zettel mit den vorbereiteten Notizen anzuknabbern versuchte. »Es geht ja nicht um mich«, sagte ich. »*Ich* bin in ein paar Monaten wieder weg, und dann kommt jemand anderes, Cap Anamur schickt jemand anderen, aber ihr, ihr bleibt hier, und um euch geht es. Und es geht darum, dass eure Jobs erhalten bleiben und dass dieses Krankenhaus weiter existiert.« Diasmer unterstützte mich dabei, den Vertrag mit dem John-F.-Kennedy-Krankenhaus so zu gestalten, dass er juristisch auch wirklich wasserdicht war, dass das Equipment, die Technik, die Autos, die Generatoren auch wirklich dem Krankenhaus erhalten blieben und dass niemand auf die Idee kam, das einzige psychiatrische Krankenhaus des ganzen Landes einfach zuzumachen. Es sollte weitergehen. »Und ich spiele dabei überhaupt gar keine Rolle«, sagte ich. »Es geht allein um euch. Es geht um Liberia.« Aber das stimmte natürlich nur zum Teil.

Auch Tubman, der jugendlich wirkende Präsidentschaftskandidat, übt sich in Demut. Die Unterlippe vorgeschoben, betrachtet er den Tänzer, der keine Verausgabung und keine Verrenkung scheut, um zu demonstrieren, wie willig und einsatzfreudig die Unterstützer der Partei sind. Er bedauert, dass er nur diese zehn Kopien dabeihabe, aber sie sollten die zehn Kopien überall hinkleben, damit man sehen könne, dass der CDC Schritt für Schritt dieses Land übernehme. Es sei erst der Anfang. Es wird applaudiert. Die Menge zerstreut sich, wir laufen alle aus dem kleinen Tal, diesem verwunschenen Ort inmitten von Monrovia, von dem es Hunderte und Tausende gibt, wieder nach oben, Richtung Straße und Tubman High School, die nicht nach dem Kandidaten, sondern nach seinem berühmten Onkel benannt ist. Wir laufen über eine hochgewachsene Wiese zu dem CDC-Wahlmobil, dem grauen kastenförmigen Jeep, den ich schon vor dem Hauptquartier gesehen habe.

»He, es ist super, dass du da bist«, sagt Tubman, der mich wie einen alten Freund lässig begrüßt. »Ist es okay für dich, wenn wir im Wagen sprechen? Ich habe noch einen Termin. Mein Zeitplan ist leider total eng heute.«

Natürlich ist das okay. Schließlich ist er der Präsidentschaftskandidat, und ich bin der Journalist. Aber wenig später, nachdem wir uns auf den mit Plastikfolie abgedeckten Rücksitz des Jeeps gezwängt haben, zusammen mit einem weiteren Sicherheitsmann und seinem Assistenten, stellt sich heraus, dass das nicht stimmt. Es stellt sich heraus, dass die Komödie noch einen kleinen *plot twist* vorgesehen hat.

»Also. Super, frag mich einfach. Schieß los«, sagt Tubman und lässt sich, soweit es die Enge des Jeeps zulässt, ins Polster fallen.

23

Moses, der mich auf den Weg zu Prince Johnson geleiten wollte, sagt später: »Bleib doch einfach noch ein paar Tage. Ich bin morgen zurück, und dann kümmere ich mich darum.« Bleib doch einfach noch ein paar Tage. Eine Weile klingt dieser Satz noch nach. Eine Weile fasziniert mich die Vorstellung, Johnson auf seinem Weg ins Landesinnere zu begleiten, zu den Wurzeln des Landes, hinein in den undurchdringlichen tropischen Regenwald, wo die Geister der Vorzeit noch lebendig sind und Stimmen gesammelt werden müssen. Und ich frage mich, wie weit Thomas mit *Krieg und Frieden*, seiner Reiselektüre, wohl kommen wird, falls er die Reise überhaupt jemals antritt.

Ich treffe Kepi am frühen Nachmittag im Crystal Ocean View Hotel, um ihm bei seiner Bewerbung zu helfen. Wir schieben seinen Lebenslauf zwischen unseren beiden Computern hin und her. Er benutzt den Computer seiner Schwester, die noch immer in Accra festsitzt, und während er meine Überarbeitungsvorschläge seines CV auf dem Bildschirm durchgeht, mache ich mir Notizen über Tubman. Es sind nur Stichworte, ein paar Beobachtungen, die ich sonst leicht vergessen würde. Details, die später keine Rolle mehr spielen werden. Zum Beispiel: Die Idee, Tubman wirke wie jemand, der bei einem Computerspiel gerade das nächste Level erreicht hat. Oder: Tubman, als wäre er in einem Vergnügungspark bei einer gefährlichen Attraktion. Seine Gelassenheit oder seine Ignoranz, als sich im Gespräch herausstellt, dass er gar nicht der Präsidentschaftskandidat ist.

»Also«, frage ich. »Sie waren bei der UN, und dann haben Sie auch als Anwalt gearbeitet.« Es ist in diesem Moment etwas schwierig, ein anständiges Interview zu führen, weil alles ein bisschen so ist, als wären wir unterwegs zu einer Studentenparty, so eng sind wir aneinandergepresst.

»Nein«, sagt er ganz beiläufig. »Das ist mein Vater. Mein Vater war bei der UN.«

»Ja, klar«, sage ich schnell, als könne mich das nicht aus dem Rhythmus bringen. Wir geben uns in diesem Moment beide Mühe, den kleinen Fauxpas einfach zu übergehen. Es muss ein Missverständnis gegeben haben, das entweder schon bei Tereza oder bei dem Bruder von Tubman beginnt, der mir die Nummer von seinem Neffen gegeben hat, während er die ganze Zeit vom »Kandidaten« spricht. Ich ahnte schon, dass etwas nicht stimmt, als Tubman junior eine der zehn Farbkopien hochhält, auf der er so viel älter aussieht. Wir machen kein großes Aufheben darüber, und in meinen Notizen schreibe ich in Klammern, ganz am Schluss des Absatzes, wo es um Tubman und meinen letzten Tag geht: (Tubman junior und strukturelle Ähnlichkeiten mit den Söhnen von Hussein und vor allem Chuckie Taylor überprüfen. Und wie es sich anfühlt, in eine Position hineinkatapultiert zu werden, die man vielleicht nicht ausfüllen kann oder die einen bei dem Versuch, sie auszufüllen, auseinanderreißt.) Bei alldem könnte ich natürlich auch Parallelen zu meiner Tätigkeit im E. S. Grant Mental Health Hospital ziehen und zu den Erfahrungen vieler NGO-Mitarbeiter, die plötzlich mit einem Gestaltungsspielraum und einer Macht konfrontiert sind, die ihnen zu Hause, in ihrem eigenen Umfeld, immer suspekt erschienen sind. Kepi vermittele ich an diesem Nachmittag, wie wichtig es sei, seinen Lebenslauf etwas aufzupeppen und sich selbst größer zu machen als man ist. Als Kepi Zweifel anmeldet, erkläre ich, dass man es bei einem Lebenslauf immer so mache. Dass man darauf achte, »gut auszusehen« und sich selbst in »das beste Licht zu stellen«.

»Sei nicht so bescheiden«, sage ich zu ihm, während ich das Anschreiben zu seiner Bewerbung leicht umformuliere.

»We are not a rich party«, erklärt Tubman junior. Aber das sei gerade ihre Stärke. »Raise yourself up from the grassroots to the highest level«, ruft er, allerdings nicht übermäßig laut. Ihm selbst sind alle Gesten der Politprofis suspekt, wie er mir nachher im Jeep, auf der Schutzfolie sitzend, als seien wir Automechaniker, die einen Wagen aus der Werkstatt auf einen Parkplatz fahren, freimütig erklärt.

»Ich habe kein Problem damit, dass ich von einer Familie abstamme, die hier zur Elite gehört hat. Ob es nun die Gründungsväter sind, die True Whig Party, die Einheimischen und die, die ganz unten sind. Es ist doch egal. Wir sind alle Liberianer.« Er wirft alles in einen Topf. Als hätte es die Gewaltherrschaft der True Whig Party nie gegeben. Er selbst ist Anwalt, lebt in den USA und arbeitet auch dort. Ob er wirklich bereit ist, alles aufzugeben, um seinem Vater zu helfen? Er springt von dem abbremsenden Jeep herunter, hält sich an der Fahrertür fest und ruft mir seine E-Mail-Adresse zu. Aufschreiben kann er sie mir leider nicht, er ist zu sehr in Eile, aber man kann sie sich leicht merken. Er springt ab, herunter auf die Straße, zur nächsten Veranstaltung, bei der es darum geht, die Unterstützer anzustacheln und ihnen gutes Feedback zu geben. Das nächste Level in einem Computerspiel. Ich mache mir nicht so viele Notizen über ihn. Nicht so viele wie über Prince Johnson, der in seinem Ford Explorer majestätisch über die hügelige Zufahrtsstraße zum Tubman-Boulevard schaukelt, nachdem sich die Bittsteller zerstreut haben. Er hat das Nummerschild »Sen 14«. »Sen« steht für Senator, der Polizist an der Kreuzung Duport Road erkennt ihn und winkt ihn, nachdem er schon den gesamten Stau auf dem Seitenstreifen einfach überholt hat, auch noch zu sich heran, salutiert und lässt ihn dann vor. Ein kleines Mädchen lächelt mir zu, als wolle sie mir Mut machen. Sie zieht das Ende ihres T-Shirts hoch, auf dem in großen Goldlettern »Glamorous« steht und wischt sich die Nase ab.

»Das hier«, sage ich zu Kepi, »das musst du auch noch ändern. Das klingt irgendwie zu defensiv.«

Kepi beugt sich herüber und schaut auf meinen Bildschirm, auf dem ich jetzt wieder seinen Lebenslauf in Bearbeitung habe.

»Das hier?«, fragt er und zeigt auf eine Formulierung, die ich rot markiert habe. Ich schaue für einen Moment über ihn hinweg auf den Atlantik. Von der Terrasse des Crystal Ocean View Hotels hat man eine phantastische Sicht aufs Meer. Es liegt wie eine große blaue Hand am hintersten Ende von Monrovia und schiebt sich sacht unter die Felsen, die die Amerikaner wegsprengen, um am UN Drive ihre Botschaft zu vergrößern. Manchmal, sagen die Leute, könne man diese Sprengungen hören, und dann klinge es wie bei einem Erdbeben. Das Meer ist vollkommen eben, glatt wie ein Spiegel, der in einem einzigen triumphalen, narzisstischen Kurzschluss das gesamte Universum abbildet, oder genauer gesagt, den jetzt nur noch für wenige Stunden so blauen Himmel. Die Sonne geht irgendwann unter. Es ist nur noch eine Frage der Zeit.

»Hier«, sage ich zu Kepi und zeige auf die Stelle, die ich markiert habe. »Wir müssen uns beeilen. Ich habe noch etwas für dich. Ich habe noch ein Geschenk für dich.«

Dann aber klingelt das Telefon, und seine Schwester ist dran. Sie ruft aus Accra an. Die Komödie endet. Und die Stimmung verdüstert sich auf einmal. Kurze Zeit später brechen wir auf, und ich bringe Kepi nach Hause.

24

Nach den verstörenden und widersprüchlichen Neuigkeiten aus Accra fahre ich zuerst zurück in die 9. Straße, um zu packen. Einige Minuten stehe ich alleine in der Wohnung vor der Wand, an der die Nachrichten und Grußbotschaften der Gäste von Evelyn und Sandy hängen. Das Hausmädchen hat die Wohnung gerade verlassen, nachdem sie eine Stunde in den anderen Räumen saubergemacht hat, ohne auch nur das geringste Geräusch zu machen. Sie hat einen sehr katholischen Namen. Maria. Es ist vielleicht nichts weiter Besonderes, aber ich habe sie schon einmal gesehen. Sie war früher das Hausmädchen einer Freundin, die in demselben Haus wohnte wie James. Ihre Gesichtszüge wirken jetzt ernster, verschlossener. Vielleicht haben sie die vielen Wohnungen, die sie gereinigt hat, müde gemacht. Der Anblick dieser immer gleich eingerichteten Wohnungen. Der minimale Konsens, auf den sich alle einigen können. Einige Masken, Rattanregale und die unausgesprochene Aufforderung, die Lücken aufzufüllen, die Leerstellen zu benennen und sich zu eigen zu machen. Sie hat die Kleidungsstücke gewaschen und gebügelt, die ich auf einen Haufen auf den Fußboden geworfen habe, obenauf mit der handschriftlichen Nachricht versehen: »Liebe Maria. Könntest du das bitte waschen?« Der Zehn-Dollar-Schein lag wie ein vom Himmel gefallener Schmetterling, halb von der Notiz verdeckt, auf dem graublauschwarzen Berg, den ich im Laufe der zehn Tage hier angehäuft habe. Dokumente meines Eifers. Durchgeschwitzt, zerknittert, verregnet. Maria verwandelt diese Dokumente wieder in ihren Ursprungszustand zurück. Jetzt liegen sie sorgfältig gefaltet da wie ein Geständnis, dem die Absolution erteilt werden muss. Ich wundere mich nur, wie sie es geschafft hat, die Hemden zu bügeln, obwohl es doch während der Zeit, in der ich gepackt habe, gar keinen Strom gab und der Generator erst wieder am frühen Abend eingeschaltet wird. Mir fällt nichts ein, was ich an die Wand schreiben könnte. Irgendeinen Spruch, eine Nachricht, eine Bemerkung. Ein paar Worte, die meine Anwesenheit hier dokumentieren. Minutenlang starre ich auf die weißgetünchte Wand, aber ich komme zu keinem Ergebnis. Mir fällt nichts ein. Ich will das Abendessen mit Kepi ausfallen lassen angesichts dessen, was passiert ist, aber Kepi bittet mich darum, doch zu kommen.

»Hast du das Geld gesehen?«, frage ich Maria, als sie schon an der Tür steht. Ich habe auf einmal Angst, der Zehn-Dollar-Schein könnte durch einen Luftzug aufgeflogen und aus dem Zimmer in den Innenhof geflattert sein. Eine etwas abwegige Vorstellung. Aber Maria hat das Geld bekommen. Sie bedankt sich, lächelt etwas undurchsichtig und verabschiedet sich dann. Beim Herausgehen schließt sie die Tür hinter sich zu, ein Irrtum, den sie aber sofort wieder korrigiert. »Macht nichts«, rufe ich durch die verschlossene Tür, als würde es keine Rolle spielen, ob ich hier eingesperrt bin oder nicht. Ich nehme ein leeres Blatt Papier aus einem Stapel, der in dem verstaubten Drucker im Wohnzimmer steckt, setze mich an den Tisch vor der Wand und warte auf eine Eingebung.

Als das Telefon klingelt, und mich Kepi auffordert, ihn abzuholen, rufe ich Limen an, meinen nigerianischen Taxifahrer, und bitte ihn, mich in die Innenstadt zu fahren, wo Kepi wohnt. Limen ist etwas enttäuscht, dass ich seine Dienste nicht mehr in Anspruch genommen habe, und er reagiert jetzt fast beleidigt, als ich ihn frage, wie viel eine Fahrt zum Flughafen kostet, obwohl ich noch nicht weiß, ob ich ihn wirklich später brauche. Ich hoffe immer noch, dass sich einer meiner Bekannten erbarmt und mir die einsame Taxifahrt durch die Nacht erspart. Mein Flug geht erst um ein Uhr morgens. Das Haus von Kepi liegt auf einer Anhöhe, nicht weit von der amerikanischen Botschaft in Mamba Point. Hier sind überall Felsen, und die Straße steigt steil an, bevor sie genauso steil wieder abfällt, und irgendwo dazwischen, auf einen scharfkantigen, triefenden Felsbrocken gequetscht, steht das Haus, in dem Kepi wohnt. Er teilt es sich mit einer Reihe von anderen Leuten, eigentlich bewohnt er nur ein Zimmer in der hintersten Ecke des Hauses, mit einem winzigen vergitterten Fenster, durch das man den Felsen und ein Stück des Nachbarhauses sieht und sonst nichts. Es ist stickig, dunkel und sehr eng. Es ist auch nicht ganz klar, ob es nicht eigentlich das Zimmer seiner Schwester ist, während er in Wirklichkeit noch irgendwo ein anderes Domizil hat, das noch bescheidener und ärmlicher ist als dieses hier. Ich lasse Limen draußen warten. Ich habe schon einen Pauschalpreis mit ihm ausgehandelt, und während ich die in den Fels hineingeschlagene Treppe hochlaufe, an einem Baumstumpf vorbei, aus dem wie aus einem Schopf abstehender Haare Pilze heraussprießen, gespeist von dem ständigen Triefen und Tropfen des Wassers, das hier in der Regenzeit immerfort hindurchflutet, frage ich mich, wie es sein kann, dass Kepis Schwester nach dem Scheitern ihrer Reise nach England jetzt auch noch von einem Schicksalsschlag getroffen und mitten in der Nacht überfallen und ausgeraubt wird.

»Was ist denn eigentlich passiert?«, frage ich Kepi, obwohl ich es schon weiß. Kepi möchte nicht in seinem Zimmer bleiben, in dem ein kleines Mädchen auf dem Bett liegt und schläft.

»Ich weiß es nicht«, sagt er, während wir durch einen dunklen, verwinkelten Gang durch das Haus zu einer kleinen Terrasse gehen, auf der wir dann in der Abenddämmerung eine Weile sitzen bleiben.

»Es ist passiert, als sie im Landesinneren waren«, sagt er und zieht zwei wackelige Stühle aus dem Haus.

»Aber was haben sie denn dort gemacht?«

»Es war ihnen langweilig, sie haben eine kleine Reise gemacht. Und dann sind sie in einen Hinterhalt geraten.«

Kepi setzt sich. Aber er möchte nicht gerne darüber sprechen. Vielleicht möchte er nicht bemitleidet werden, oder der Überfall war so schlimm, dass er sich außerstande sieht, davon zu erzählen. Die kleine Digitalkamera, die ich ihm aus Deutschland mitgebracht habe, kann ich ihm jetzt nicht geben. Ich muss die Geschenkübergabe, die sich schon die ganze Zeit verzögert, weil sich noch keine Gelegenheit ergeben hat, mit Kepi einen Moment allein zu sein, jetzt noch einmal verschieben.

»Brauchst du Hilfe?«, frage ich. »Braucht deine Schwester irgendwelche Hilfe?«

»Vielen Dank«, sagt Kepi. »Sie bekommt schon Hilfe. Sie hat Freunde da, auch Verwandte.«

»Wie kann es sein, dass die Engländer sie dort drei Wochen lang festhalten, um ihr dann ein Visum auszustellen, mit dem sie ohnehin nicht mehr zur Hochzeit fahren kann?«

»Die Hochzeit ist vorbei.«

»Genau«, sage ich und schaue durch die Blätter des Baumes herunter auf die Straße, wo der graue Nissan Sunny von Limen steht. Limen selbst ist nicht zu sehen. Wahrscheinlich sitzt er im Auto und schläft. Die Sonne ist gerade untergegangen, und langsam bricht die Dämmerung herein.

»Hat sie denn das Visum bekommen?«, frage ich.

»Nein«, sagt Kepi, »sie wartet noch darauf.«

»Sie *wartet* noch darauf? Und jetzt wird sie überfallen. Wahrscheinlich haben die Engländer sie überfallen.«

Kepi lacht.

»Ist es schlimm?«, wage ich zu fragen.

»Nein.« Kepi schüttelt den Kopf, aber in der Art, wie er den Kopf schüttelt, glaube ich zu erkennen, dass es sehr schlimm ist. Es ist zumindest für ihn schlimm. Für ihn, der doch auf seine Schwester aufpassen will, muss es eine Katastrophe sein.

»Ich habe noch ein Geschenk für dich«, sage ich. »Das muss ich dir nachher geben.«

»Das brauchst du nicht«, sagt Kepi. Sein Gesicht ist jetzt ein einziger Ausdruck von Weisheit und Gelassenheit, die mich ein bisschen nervös macht. Es ist fast so, als sei ich überfallen worden und wäre zu ihm gekommen, um mich bei ihm über das erlittene Unglück und mein Schicksal zu beklagen.

»Es ist schade, dass du wieder fahren musst.«

»Ich fahre heute.«

»Ja«, sagt Kepi und holt einen Topf unter dem Stuhl hervor. »Willst du etwas essen?«

»Ich dachte, wir gehen essen. Ich lade dich ein. Ich muss dir das Geschenk geben. Aber ich dachte, ich gebe es dir später.«

»Du brauchst mir kein Geschenk zu geben.« Kepi macht wieder ein sanftes, nachgiebiges Gesicht. Als würde er jetzt auch noch ein Geschenk über sich ergehen lassen, wenn es sein müsse.

»Hast du viel geschrieben?«, fragt er plötzlich und beugt sich vor.

»Ich habe mir Notizen gemacht. Aber ich frage mich, was ich hier wirklich soll. Warum ich eigentlich gekommen bin.«

»Du bist hier, um etwas zu schreiben.« Kepi lächelt. Er ist einer der wenigen, dem ich erzählt habe, dass ich nach Liberia gekommen bin, um *nicht* zu schreiben. Dass ich das Jahr in Liberia genutzt habe, um eine Auszeit zu nehmen und an das Schreiben überhaupt nicht mehr zu denken.

»Die Hauptsache ist, du schreibst wieder.«

»Kepi, es sind Notizen«, sage ich und lehne mich zurück. Ein Motorradfahrer kommt in abenteuerlicher Geschwindigkeit die Benson Street heruntergefahren, und ich erinnere mich daran, wie mir Kepi neulich erzählt hat, dass es an der Straßenkreuzung manchmal furchtbare Unfälle gebe und dass immer wieder Autos und Motorräder, deren Bremsen versagen, gegen die Mauer des blauen Hauses prallen, hinter der sich Unterkünfte der Mitarbeiter von Ärzte ohne Grenzen verbergen.

»Und freust du dich, dass du wieder zurückfährst?«

»Nein.«

»Aber das letzte Mal, als du hier warst, hast du gesagt, du freust dich.«

Es ist erstaunlich, dass Kepi sich das gemerkt hat. Und genauso erstaunlich ist, dass wir jetzt nicht über seine Schwester, den Überfall oder über das Stipendium, für das er sich beworben hat, sprechen, sondern darüber, ob ich mich freue, wieder nach Hause zu fahren.

»Nicht wirklich. Ich hab's vielleicht noch nicht gewusst«, sage ich matt.

»Was?«

»Dass ich lieber hiergeblieben wäre.«

Ich würde am liebsten das Thema wechseln, aber angesichts meiner Abreise hat mich eine innere Unruhe erfasst, eine grund- und ziellose Nervosität, die es mir zunehmend schwerer macht, einen klaren Gedanken zu fassen. Mein Telefon klingelt. Ich schaue auf das Display. Es ist Max. Ich habe vergessen, dass ich mit ihm verabredet bin. Ich schaue auf das Display und warte, bis das Klingeln aufgehört hat. Kepi wartet auch, und gemeinsam starren wir auf den in der Dämmerung silbernen Lichtschein des Telefons, das wie durch ein Wunder wieder einwandfrei funktioniert. Ich gehe nicht ran, dann schalte ich das Telefon aus.

»Und was machst du, wenn du wieder zurück bist, wenn du wieder zu Hause bist?«

»Ich weiß noch nicht. Keine Ahnung. «

Kepi richtet sich etwas auf und klatscht leise in die Hände.

»Aber hör mal«, sagt er und spielt jetzt einen strengen Vater, der mich zurechtweisen muss. »Was ist los? Was ist mit dir los?«

»Es ist alles in Ordnung«, sage ich und schaue in den Baum.

Ich höre Wasser tropfen, irgendwo läuft Wasser herunter. Vielleicht hat es zu regnen angefangen. Es wird zunehmend dunkler, und ich überlege, wie lange Limen, falls er nicht eingeschlafen ist, sich in Geduld üben wird.

»Du bist bestimmt froh, wenn du wieder zu Hause bist.«

»Bestimmt«, sage ich erschöpft.

Wir reden nicht über Kepi, reden nicht über Politik und nicht darüber, was er von dem ganzen Wahlkampf hält. In diesem Moment kann ich mir nicht vorstellen, dass ich später bei unserem Abendessen noch die Kraft finden werde, ihn danach zu fragen. Ich starre durch die Dämmerung und den Baum hindurch auf die Straße. Der nächste Motorradfahrer rast den Berg herunter. Die Reifen quietschen, dann ist ein lautes Hupen zu hören.

»Mmh«, sagt Kepi. »Hast du Hunger?« Er senkt etwas den Kopf, als sei er nicht ganz zufrieden.

Ich schüttele den Kopf. »Es ist so eine komische Stimmung heute Abend. Das Licht ist so komisch.«

»Es wird gleich dunkel.«

Ich überlege, ob ich mein Telefon nicht besser wieder anschalten sollte. Schließlich warte ich auf Anrufe. Zum Beispiel auf einen Anruf von Sam, dem ich eine SMS geschickt und gefragt habe, ob es stimme, dass er in dieser Nacht auch mit Royal Air Maroc nach Freetown fliegt. Ich brauche jemanden, mit dem ich zusammen zum Flughafen fahre, ich will nicht mit Limen fahren und auch nicht mit dem Shuttlebus der Fluggesellschaft. Der Shuttlebus würde schon in vier Stunden fahren, und dann wäre meine Liberia-Reise vorbei.

»Du wirst schon sehen«, sagt Kepi, »wenn du erst zu Hause bist. Dann geht es dir wieder besser.«

»Ja«, sage ich kraftlos.

»Versprochen?« Er richtet sich wieder auf. Er verkürzt die therapeutische Sitzung etwas. Schließlich ist er Liberianer, sieht das Leben ein Stück pragmatischer und hält ein Leben, das sich überwiegend auf Metaebenen abspielt, für unwirklich und unwahr.

»Sollen wir jetzt essen gehen?«, frage ich. Aber Kepi hat noch etwas zu erledigen. Er führt mich ins Haus, zu seinem Zimmer oder zu dem Zimmer seiner Schwester. Wir müssen dem kleinen Mädchen, das dort schläft, noch Auf Wiedersehen sagen, und ich frage mich, während ich Kepi durch den schummrigen Gang in das stockdunkle und stickige Haus folge, wie wir das machen sollen, ohne das Kind aufzuwecken und aus dem Schlaf zu reißen.

Ich möchte Kepi die Kamera geben, das Geschenk. Aber es ergibt sich keine Gelegenheit. Als wir im Zimmer sind, erst in vollständiger Dunkelheit und dann im Schein der Taschenlampe, bin ich abgelenkt von dem Anblick des kleinen Mädchens und der Unschuld, mit der es schläft.

»Manchmal denke ich, es ist sie«, sagt Kepi. »Vor allem, wenn sie schläft. Findest du nicht auch?«

»Aber ich kenne doch deine Schwester gar nicht«, flüstere ich, um das Kind nicht aufzuwecken, aber kurze Zeit später liege ich im Licht der Taschenlampe auf dem Bett und muss dem Kind etwas erzählen. Es ist keine Gutenachtgeschichte, es ist einfach eine Geschichte, und ich bin es schließlich, der sie erzählen muss, da Kepi auf einmal die Idee gekommen ist, ins Badezimmer zu gehen und sich zu waschen. Überhaupt glaube ich, hat er mich absichtlich in dieses Zimmer geführt, um in Ruhe das eine oder andere zu erledigen, während ich vor lauter Entzücken über seine kleine Cousine gar nicht mehr aufhören kann, Geschichten zu erzählen. Geschichten von Tieren, Elefanten, Löwen und Pinselohrschweinen, die irgendwo in einem Wald leben und Angst davor haben, dass sie eingefangen und in einen großen Zoo nach Europa gebracht werden.

»Was ist das, ein Zoo?«, fragt das kleine Mädchen, das gleichzeitig mit einem der Stofftiere spielt, die auf dem Bett liegen.

»Ach«, sage ich, »das ist eine andere Geschichte.«

Ich verliere jegliches Zeitgefühl. Kepi verbringt eine halbe Ewigkeit irgendwo im Haus oder draußen. Vielleicht telefoniert er mit seiner Schwester oder spricht mit irgendjemandem im Haus, ich höre dumpfe entfernte Stimmen, während sich das Mädchen in meine stockende und sprunghafte Geschichte hineinkuschelt. Es ist Kepis Idee, er hat mich in dieses Zimmer gelockt, durch das ein leichter Luftzug fährt und das im Licht seiner Taschenlampe schimmert, als schwämme es in einem Wassertank. Das Mädchen hält das Stofftier über uns und erklärt, dass das Stofftier auch zuhöre, und das bringt mich etwas aus dem Rhythmus, ich verliere für einen Moment meine Unbekümmertheit. Die Geschichte von dem größten Tier des Urwaldes, das ich zusammen mit dem Mädchen zu finden versuche, versandet etwas und kommt nicht richtig in Fahrt. Teils, weil das Mädchen mich immer wieder unterbricht, und teils, weil ich selbst das Ende solange wie möglich herauszögern möchte, da ich mich etwas davor fürchte, dass ich, wenn ich nichts mehr zu erzählen habe, vielleicht einschlafen könnte.

»Ist der Elefant tot?«, fragt das Mädchen einmal.

»Wieso denn das?«, frage ich.

»Weil du hast gesagt, der Elefant wandert nach Berlin, und als er angekommen ist, hat der Zoo schon zu.«

»Habe ich das gesagt?« Ich muss mir alles, was das Mädchen sagt, drei- oder viermal sagen lassen, da ich ihr liberianisches Englisch erst dann verstehe.

»Er ist *nicht* tot«, sage ich. »Er wandert wieder zurück und legt sich schlafen.«

»Also gut«, sagt das Mädchen und klappt die beiden Arme ihres Stofftiers zusammen. Ich erinnere mich, wie Kepi mir einmal erzählt hat, wie schwierig es sei, das Schulgeld für die beiden Kinder zusammenzukriegen, die er und seine Schwester versorgen müssen. Vielleicht sind es auch viel mehr Kinder, vielleicht gehört auch noch die Mutter, seine oder die Mutter des Kindes, dazu und muss ebenfalls versorgt werden. Es sind immer mehrere, die an einem Gehalt, an einem Einkommen hängen in Liberia. Manchmal hängt das Leben von vielen Menschen an einem einzigen, hängt das Schicksal aller von nur einer einzigen Person ab. Die anderen, die Abhängigen, können nur warten und hoffen, dass alles gutgeht. In diesem Moment frage ich mich, ob es eine gute Idee ist, Kepi eine Kamera zu schenken. Ob das nicht ein sinnloser Luxus ist. Ein Luxus, mit dem er ohne weiteres das Schulgeld eines ganzen Jahres bestreiten könnte.

»Und wie geht es weiter?«, fragt das kleine Mädchen. Ich stelle mein Telefon an, um zu sehen, wie viel Uhr es ist. Auf einmal habe ich Angst, dass ich meinen Flug verpasse. Auf dem leise eingestellten Telefon treffen in kurzer Folge mehrere Nachrichten ein. Eine ist von James. Er fragt, ob ich nicht Lust habe, zu einer Party zu kommen. Offensichtlich weiß James nicht, dass es mein letzter Abend ist. Kepi wäscht sich. Kepi braucht noch eine halbe Stunde. Und während ich überlege, wie ich seiner kleinen Cousine erklären soll, dass ich ihr die Geschichte ein anderes Mal zu Ende erzähle, kommt Kepi wieder zurück. Wir sitzen noch einen Moment zusammen, und er erklärt mir, dass ich doch ruhig zu dieser Party gehen könne und dass wir genauso gut danach noch essen gehen könnten.

»Amüsier dich«, sagt Kepi. »Ich ruhe mich in der Zwischenzeit ein bisschen aus.« Ich schaue auf die Uhr und überlege, wie viel Zeit ich noch habe. Ich überlege, ob ich nicht einfach an einem anderen Tag fliegen soll, einfach zu einem späteren Zeitpunkt zurückkehren und meinen Aufenthalt hier noch eine Weile ausdehnen soll. Für einen Moment fühle ich mich außerstande, das Zimmer, Liberia, dieses Land und dieses Leben, das ich hier geführt habe, einfach aufzugeben und für immer zurückzulassen.

25

Die Party, von der James in seiner SMS gesprochen hat, ist nur fünf Minuten entfernt. Limen fährt mich rüber. Er scheint die Hoffnung zu haben, dass wir später auch noch in Sachen Flughafen ins Geschäft kommen. Die Einfahrt zum Seaside Compound befindet sich direkt neben dem Zufahrtsweg, der zum Golden Beach führt. Die schneeweiße, zweistöckige Anlage beherbergt die besser verdienenden und schon arrivierteren internationalen Mitarbeiter, die hier eine fast dörfliche Atmosphäre genießen, bei der sie sich vorstellen können, sie seien in Nizza oder an der kalifornischen Küste, irgendwo an einem niedlichen kleinen Hafen, in dem ihre Yacht sehnsüchtig auf einen Ausflug wartet. Der Seaside Compound verspricht das aber nur in seinen begrenzten Ausmaßen, in seiner kleinen geschlossenen Welt, die an dem hohen Stacheldrahtzaun hinter dem nierenförmigen Pool endet. Dahinter ist das Meer, der Strand, aus Sicherheitsgründen unerreichbar, aber dafür schwimmt man ganz angenehm in dem sauberen Wasser des Pools, steht am Beckenrand mit einem Gin Tonic oder einem Club Beer in der Hand. James und eine kleinere Gruppe von UNICEF-Mitarbeitern haben sich hier versammelt, auch Tereza ist dabei, die, wie sich jetzt herausstellt, James' neue Chefin ist. Es zeichnet sich ab, dass es auch hier zu keinem tiefsinnigeren Gespräch zwischen James und mir kommen wird, wie ich es eigentlich erhofft hatte. Immerhin ist Wayne nicht hier. Wayne wäre jetzt zu viel. Evelyn und Sandy sind, wie ich erfahre, im Café Boulevard, wohin ich später mit Kepi kommen soll, um von dort schließlich zum Flughafen zu starten. Und es wird, wie sich jetzt alles als eine Art Schlussakt, eine finale Abendplanung vor mir auftut, keinen Moment der Intimität oder der Vertrautheit mehr geben. Ich muss den Abend genießen, meinen Abschied feiern, ich muss meine Anekdoten präsentieren.

»Das ist ja irre«, sagt eine blonde, sportgestählte Amerikanerin, die gerade frisch bei UNICEF angefangen hat. »Prince Johnson. Ich dachte, der wäre in Den Haag.«

Sie steht mit dem Rücken zum Pool, während ich mich an dem Tisch abstütze, auf dem mehrere Pizzakartons herumstehen. James plaudert mit Tereza. James freundet sich mit seiner Chefin an. Während ich die blonde Amerikanerin mit meinen Anekdoten versorge, stelle ich mir vor, wie Tereza James in ihre absolut schräge Welt eintauchen lässt. Eine Welt, in der es einerseits, wie man es bei sonst kaum jemandem hier findet, ein großes Einfühlungsvermögen für die Menschen gibt, eine erstaunliche Bescheidenheit, ein großes Herz und unendliche Geduld, solange es um Liberia geht, und andererseits einen geradezu zum Himmel schreienden Eskapismus. Einen Eskapismus, der bedeutet, dass Tereza ihren winzig kleinen Yorkshireterrier im Golden Beach von einem Teller Shrimps essen lässt und den Hund ansonsten, weil sie fürchtet, er könnte gegessen werden, zu Hause einsperrt. Sie schreckt auch nicht davor zurück, immer wieder zu erzählen, wie »schwer traumatisiert« der Hund von den Lebensbedingungen hier sei und dass sie ihn keinen Moment allein lassen könne. Trotzdem hat sie ihn jetzt wieder mitgebracht nach Monrovia. Es ist schon ihr dritter oder vierter Job in Liberia. In den USA hält sie offensichtlich nichts mehr. Ihre angebliche Modelkarriere ist genauso Vergangenheit wie ihr Studium in Public Health. Sie hat jetzt, vielleicht aus veterinärpsychiatrischen Gründen, einen zweiten Yorkshireterrier im Haus, so dass es in Liberia tatsächlich zwei von diesen Hunden gibt. Den anderen Hund hat sie einem Minister abgekauft, dem sie ihn eigentlich zuvor aus den USA mitgebracht hat, was den Minister fast 1000 US-Dollar gekostet hat, die er natürlich nicht mehr zurückverlangen konnte, als ihm klarwurde, dass er mit dem Hund doch nichts anzufangen wusste. Tereza nahm ihn wieder zurück. Und jetzt, an meinem letzten Abend, erlebe ich somit doch einen kleinen Zoo, eine kleine Herberge des Mitleids, weil Tereza den armen verstoßenen Hund bei sich hat unterkommen lassen und ihm Asyl gegeben hat.

»Das ist wirklich eine ziemlich schreckliche Geschichte«, sage ich zu Tereza, als ich das Gespräch mit der blonden Amerikanerin einen Moment unterbreche, um sie zu begrüßen. »Aber ich finde sie in doppelter Hinsicht schrecklich. Eigentlich würde ich dir empfehlen, sie geheim zu halten.«

»Du hast eben nichts übrig für Tiere«, sagt Tereza und beschuldigt mich dann, ich sei emotional unausgewogen, es täte mir gut, meinen Gefühlen freien Lauf zu lassen, so wie sie es sich in ihrem letzten Lebensabschnitt jetzt vorgenommen habe.

»Ich fliege heute zurück.«

»Selbst schuld«, sagt Tereza. Aber dann sagt sie: »Andererseits kann ich es auch verstehen. Ich bin sicher, das hier ist absolut mein letztes Mal. Mein definitiv letzter Job in Liberia.« Sie lässt ihren mit Armreifen bewaffneten Unterarm hochschnellen und fährt sich in den hochtoupierten Haaren herum. Sie hat ihre Hunde heute Abend nicht dabei, und ich frage mich, wer die schwer traumatisierten Tiere jetzt beaufsichtigt. Vielleicht führt James sie bald bei seinen sonntäglichen Mountainbiketouren ein bisschen aus. Er wirkt an diesem Abend höchst unglücklich und traurig, würde das aber natürlich nie zugeben.

»Weißt du was?«, sage ich zu der blonden Amerikanerin, nachdem wir eine Weile über die liberianische Geschichte gesprochen haben. »Es gibt schon einige Sachen über Liberia, die man lesen könnte. *The Mask of Anarchy* von Stephen Ellis zum Beispiel. Das ist so ziemlich das Interessanteste.«

»Ich lese erst später«, sagt sie. »Ich lese meistens erst am Ende meines Einsatzes.« Natürlich sagt sie nicht »Einsatz«, sondern »mission«. Sie liest erst am Ende, wenn die »mission« vorbei ist. Es wird nicht ganz klar, warum sie das tut, aber möglicherweise ist es Ausdruck ihres Kontrollbedürfnisses oder ein Versuch, sich nicht aus dem Gleichgewicht bringen zu lassen.

»Interessant«, sage ich und überlege, ob ich nicht doch mit dem Royal Air Maroc Shuttle fahren soll, was aber bedeuten würde, dass ich Monrovia in zwei Stunden verlassen müsste. Das Meer schäumt. Weiße Gischtspritzer fliegen hoch, weiter unten, ein paar Meter entfernt, hinter dem haushohen Stacheldrahtzaun. Der Pool ist verwaist. Das Wetter ist nicht dazu angetan, schwimmen zu gehen. Es ist wirklich etwas kühl. Ein leichter Wind geht und spielt in den weich geföhnten Haaren der blonden Amerikanerin, die davon schwärmt, wie schön es sei, sich mit einem Roman ganz »in sich selbst zurückzuziehen«, dass sie aber dafür im Moment »nicht ganz die innere Ruhe« habe.

»Und was machst du so?«, fragt sie.

Ich verlasse Liberia und kehre nach Deutschland zurück. Ich schreibe eine E-Mail an das Einsatzführungskommando und teile dem Oberstleutnant L. meine Blutgruppe mit. Ohne die Angabe meiner Blutgruppe komme ich nicht nach Afghanistan und nicht nach Kunduz. Es könnte etwas passieren, und dann wäre es ganz gut, wenn klar ist, wie man gerettet werden kann. James findet das eine gute Idee.

»Ich finde das richtig «, erklärt James, als ich ihm erzähle, dass ich nach Afghanistan fahren will. »Du guckst dir die Sache einfach mal an. Das finde ich toll.«

Tereza schaut etwas skeptisch. Sie ist angetrunken und genervt. Sie findet Diskussionen, zu denen sie nichts beitragen kann, langweilig.

»Was soll daran schon toll sein«, sagt sie. »Es ist einfach nur lächerlich.« Sie holt mit ihrem Schlüsselband aus, als zöge sie an der Hundeleine eines ihrer psychisch erkrankten Tiere.

»Was ist lächerlich?«

»Nach Afghanistan zu fahren und zuzuschauen, wie sie da die Leute abknallen. Einfach nur lächerlich.« Sie lässt ihren Blick über den Tisch mit den halb geleerten Pizzakartons schweifen. Die Spanierin mit dem auffallenden Dekolleté bindet gerade ihren Bademantel zu und streicht mit dem Fußballen über einen der vor ihr stehenden Flipflops. Es ist also doch jemand im Wasser gewesen. James blickt glasig vor sich hin. Ob er morgen kündigt? Ob er Tereza auch nur einen Tag länger erträgt?

»Darum geht es ja gar nicht«, sage ich. »Ich will wissen, was das für Menschen sind und warum sie das tun.«

»Menschen?«, fragt Tereza. »Und überhaupt … Sind wir nicht zu Neutralität verpflichtet?«

»Ich schaue es mir nur an«, sage ich.

»Hier sind schließlich auch Soldaten«, wirft James ein. »Und zwar eine ganze Menge. 10 000, oder?«

Tereza schüttelt unwillig den Kopf. Für einen Moment sagt niemand etwas.

»Stammt das nicht von Hannah Arendt, dieses Zitat?«, sagt

James nach einer Weile. »Dass das, was aus den Gewehrläufen kommt, eigentlich … im Grunde genommen ganz … wehrlos ist?« Er grinst. »Na ja, ich weiß auch nicht so genau.« Wir sind dankbar, dass er das Thema gewechselt und auf alles eine (wenn auch kryptische) Antwort gegeben hat. Ich umarme Tereza, der man schwer etwas übelnehmen kann. Ich bitte sie, ihre Hunde zu grüßen, und ich wünsche ihr, dass sie diesmal glücklich wird in Liberia. Tereza war schon viermal hier. Jetzt arbeitet sie für UNICEF. Das sei, gibt sie zu, so ein bisschen »das Ziel« gewesen. Alle ihre bisherigen Aufenthalte waren Katastrophen, gescheiterte Versuche, ihr Glück zu finden, das sie zu Hause in den USA irgendwann, und zwar schon lange bevor sie Model gewesen ist, unwiederbringlich verloren hat. Ich stelle mir vor, ich würde doch noch bleiben und ich würde eine Weile in Liberia arbeiten und ich würde noch einmal so einen Ausflug mit Tereza machen, bei dem sie sich lauthals darüber beklagt, dass die Spermien der alten Männer des amerikanischen Mittelstands, die Jennifer Aniston so toll finden, samt und sonders »degeneriert« seien. »Und wie ekelhaft ist denn das?« James nimmt mich ein Stück mit. Limen ist noch nicht da, am Telefon erfahre ich, dass er mit Kepi gerade auf dem Weg ins Café Boulevard ist. James erklärt sich bereit, mich dorthin zu bringen und vielleicht später auch noch zum Büro von Royal Air Maroc, wo um elf Uhr der Shuttlebus startet. Ich habe jetzt noch eine Stunde. Wir fahren an der 9. Straße vorbei und holen mein Gepäck. Weil die massive Antenne des Jeeps von James zu hoch ist, müssen wir ein paar Meter vor dem Haus halten. Ein Stromkabel hängt quer über der Straße, und James möchte jetzt nichts riskieren. Ich verliere kostbare Zeit. Ich verliere die Zeit, um mich gebührend von Evelyn und Sandy zu verabschieden. Während wir eine UNICEF-Praktikantin, die noch einmal schnell ins Internet will, am Royal Hotel absetzen, in das sie absurderweise ihr Surfbrett mitnehmen muss (es ist das erste Surfbrett, dass ich in Liberia zu sehen bekomme, aber sie erklärt uns, dass das jetzt total angesagt sei, zumindest unter den Expats), schreibe ich auf einen Zettel, den mir James geliehen hat, einen Satz für Evelyn und Sandy, den sie sich an ihre Wand über den Esstisch hängen können.

»Und was hast du geschrieben?«, fragt James, der elegant den einzigen freien Parkplatz vor dem Café Boulevard ansteuert.

»Hier«, sage ich und zeige ihm den Zettel, auf dem in Großbuchstaben WE ARE THE PARTY steht.

»Toll«, sagt James, »finde ich klasse.« Wir gehen rein, ich verabschiede mich, ich umarme, zunehmend unter Zeitdruck, vier oder fünf Menschen, die ich jetzt ihrem Schicksal überlassen werde und die mich in weniger als zehn Sekunden vergessen haben. Und das kann man ihnen, beim besten Willen, auch nicht übelnehmen. Kepi wartet draußen. Er will mir helfen, ein Motorrad zu finden, das mich zum Shuttlebus bringt. James hat sich entschieden, noch auf einen Drink im Café Boulevard zu bleiben.

Es ist Nacht. Die Luft ist weich und verführerisch. Jedes Mal, wenn eines der Motorräder vorbeifährt, zieht ein Windzug über mein Gesicht. Zwei Motorradfahrer lehnen ab. Für den Preis, den Kepi ihnen anbietet, sind sie nicht bereit, einen Weißen zusammen mit einer Reisetasche von der 22. Straße bis zur 12. Straße zu fahren, was eigentlich ein Klacks ist und bloß zwei, drei Minuten dauert. Sie wollen mehr. Aber Kepi bleibt hart. Kepi bleibt hart, obwohl es nur um zehn oder zwanzig liberianische Dollar geht. Er lässt sich nicht erweichen, es gibt keinen Verhandlungsspielraum. Er sagt, ich wäre besser im Café geblieben und nicht gegen seinen Rat hier nach draußen auf die Straße gekommen.

»Ich wollte mich doch noch verabschieden«, sage ich. Und natürlich will ich ihm auch noch das Geschenk übergeben.

»Aber jetzt müssen wir ein Vermögen dafür zahlen. Jetzt haben sie dich gesehen. Du wärst besser drinnen geblieben, und ich hätte dich dann gerufen.«

»Es tut mir leid«, sage ich und schaue auf die Uhr. Ich habe noch eine Viertelstunde. Das Geschenk ist in der Tasche. Es ist ein Ritual, das ich jetzt noch irgendwie unterbringen muss, in diesen letzten Minuten. Schenken, hat Bruce Chatwin geschrieben, sei »ritualisierte Aggression« und irgendwann könne es auch zu Gewalt kommen, »wenn die Gleichwertigkeit des Austausches nicht mehr gewährleistet ist«. Ich lasse Kepi deswegen gewähren, er will die Motorradfahrt wahrscheinlich auch selbst bezahlen, obwohl es mir am Schluss sogar gelingt, ihm ein paar Dollar in die Hand zu drücken, weil mein schlechtes Gewissen die Oberhand behält. Und dann gebe ich ihm noch das Geschenk. Das Motorrad wartet knatternd neben dem Bordstein.

»Was ist das?«, fragt er, als wüsste er davon nichts.

»Ein Geschenk.«

»Das nehme ich nicht an«, sagt er. Aber er lächelt. »Was ist es denn?« Er schaut auf den Karton, den ich ihm hinhalte. Es ist zu dunkel, um zu erkennen, was sich in dem mit weißen Bändern eng verschnürten und schon etwas zerknautschten Karton befindet.

»Schau es dir später an«, sage ich. Ich habe keine Zeit abzuwarten, bis Kepi verstanden hat, dass ich ihm eine Digitalkamera schenke. Eine Kamera, mit der er jetzt imstande sein wird, solche Leute wie Wayne, James, Evelyn und Tereza selbst zu fotografieren, selbst ihre Bilder auf seine Facebook-Seite zu stellen oder auf die seiner Schwester, von der es heißt, sie sei sogar noch besser vernetzt und kenne noch mehr Leute als Kepi. Kepi kann sich jetzt zur Wehr setzen, denke ich, er kann zurückfotografieren, er kann sich selbst ein Bild machen. Die Übergabe findet unter etwas traurigen Umständen statt. Ich halte ihm das Paket hin, er greift danach, steckt es sich unter den Arm, um mich schnell zu umarmen. Er nimmt es entgegen wie ein hektisch zubereitetes Lunchpaket, als würde er eine Reise antreten und müsste noch in letzter Sekunde mit dem Nötigsten versorgt werden.

»Vielen Dank«, sagt er.

»Keine Ursache«, sage ich und hebe meine Tasche hoch. »Du kannst ja nachsehen. Vielleicht gefällt es dir auch gar nicht.«

Wir umarmen uns noch einmal. Der Abschied fällt schwer. Aus irgendeinem Grund habe ich das Gefühl, dass ich Kepi getäuscht habe. Dass ich die Freundschaft zu Kepi verschwendet oder vergeudet habe. Ich habe sie für etwas geopfert, ich habe sie hingegeben für irgendetwas. Aber noch stärker ist der Eindruck, dass sie gar nicht existiert. Dass es gar keine richtige Freundschaft ist. In diesem Moment denke ich das natürlich nicht, es sind die Gedanken, die ich später im Shuttlebus habe und noch später, als ich wieder nach Deutschland zurückgekehrt bin. Als ich bei dem privaten Blutspendedienst Haema auf einer sterilen Liege sitze und mir Blut abzapfen lasse, für das ich einen Gutschein über zwanzig Euro erhalte und meine Blutgruppe erfahre. Kepi hebt den Karton mit der Kamera hoch. Ein Zeichen, dass er erkannt hat, was in ihm ist. Es ist nicht ganz ungefährlich, sich noch einmal umzudrehen, aber ich tue es einfach. Der Motorradfahrer, der sich meine Reisetasche vor den Bauch hält, gerät fast ins Schlingern. Kepi winkt. Er macht ein Bild. Ein Bild von mir, wie ich mit dem Motorrad in der warmen tropischen Nacht verschwinde. Für einen letzten Moment glücklich und beschwingt. Der Fahrtwind ist geradezu berauschend.

Afghanistan

1

Ist es allein die Sehnsucht, die einen zu Reisen aufbrechen lässt? Eine Sehnsucht, die mit dem Reiseziel vielleicht gar nichts zu tun hat? Man macht sich auf den Weg, weil man nicht anders kann. Und ist es allein diese Sehnsucht, wegen der Linda jahrelang für Médecins du Monde gearbeitet hat? Kurz bevor ich nach Afghanistan fahre, schreibe ich ihr eine SMS. »Nimmst du das Jobangebot jetzt an?«, frage ich sie. Das Angebot einer internationalen Hilfsorganisation, von dem sie mir bei meinem Besuch in Amsterdam erzählt hat. Die Arbeit für Médecins du Monde verschlingt Zeit. Es ist eine Arbeit, die keine Räume und Landschaften erkundet, sondern das Leben, die Existenz. Es ist eine Arbeit, die die Zeit verwandelt, sie ausdehnt, erweitert, eine Zeit, die dann in der Erinnerung auf Bruchteile und Fragmente zusammenschrumpft. »Oder willst du wegen deinem Freund noch mal zurück?«, frage ich. In Amsterdam erzählte sie mir, dass sich ein Vertrag über vier Monate aus professionellen Gründen gar nicht lohnen würde. »Ich kann mich einfach nicht entscheiden«, schreibt sie und lässt ihre SMS mit drei Smileys enden. »Warum ist es so schwer, sich zu entscheiden?« Ich muss an die Skulptur denken, die in ihrer Wohnung in Amsterdam steht. Linda hat mir erklärt, sie habe in dem kleinen Dorf in Liberia, in dem sie sie entdeckt hat, als eine Art Kompass fungiert. Sie verfügt über ein kompliziertes Scharnier und lässt sich, wenn man ihr genug Platz gibt, in alle Himmelsrichtungen bewegen. Es ist der größte Kompass, den ich jemals gesehen habe. Linda ist sich allerdings nicht sicher, ob er überhaupt funktioniert. »Es sind nur vier Monate«, sagt sie. »Das ist ja nicht die Welt.« Meine Reise nach Afghanistan dauert zehn Tage. Ich denke an die Skulptur, wie sie mir in Lindas Wohnung in Amsterdam ihren länglichen Hals entgegenstreckt. Mir ist es ein Rätsel, wie sie es geschafft hat, sie von Liberia nach Amsterdam zu bringen. Es muss eine logistische Meisterleistung gewesen sein. »Wenn du dich nicht entscheiden kannst, ist das vielleicht ein Zeichen, dass du es gar nicht willst«, schreibe ich. Die Skulptur hat sie einem Mann in der Nähe von Gbranga abgekauft, dort wo Médecins du Monde das Basisquartier hatte und von wo Linda als Koordinatorin des Mental-Health-Programms immer zu den Dörfern und den psychisch Kranken, die Versorgung und Medikamente brauchten, aufgebrochen ist. Die Skulptur war sehr teuer, und es dauerte einen ganzen Tag, sie so einzupacken, dass sie sie als Gepäckstück deklarieren konnte. Sie muss wie eine riesige deformierte Mumie ausgesehen haben, als würde sich darin ein Körper verbergen, der sich durch einen wahnwitzigen Tanz dem sicheren Tod noch zu entziehen versucht hat. »Und du?«, fragte sie. »Wann fährst du nach Afghanistan? Du musst mir dann unbedingt erzählen, wie es gewesen ist. Es soll so schön sein. Vor allem im Winter, wenn Schnee liegt.«

Ich fliege nicht direkt. Es gibt Umwege, Verzögerungen, und wenige Minuten vor dem Abflug verschiebt sich alles noch einmal, aber diesmal ist es dann nur noch ein Tag. 23 Stunden. Wir fliegen nicht direkt nach Afghanistan, sondern erst nach Termez, eine Art deutscher Enklave in Usbekistan, von wo es dann weitergeht nach Mazar-i-Sharif und schließlich nach Kunduz. Ein paar Tage vor meiner Abreise fängt es tatsächlich in Kunduz zu schneien an, was die Reise zusätzlich erschwert. Die Flugbereitschaft befindet sich in einem gesichtslosen Neubau, der wie ein Provinzflughafen aussieht. Ein Gebäude, das nicht weit vom eigentlichen Kölner Flughafen allein dafür gebaut worden ist, dass von hier Bundeswehrsoldaten in alle Himmelsrichtungen transportiert werden können, ohne dass das jemand bemerkt oder sich davon gestört fühlt. An diesem eiskalten, sonnigen Morgen bin ich der einzige Zivilist. Die anderen Zivilisten sind Angehörige, sie sind nur gekommen, um Abschied zu nehmen. Zusammen mit den Soldaten, die auf die Reise gehen, bilden sie eine exklusive, von der Öffentlichkeit abgeschottete Verabschiedungsgemeinschaft, zu der ich keinen Zutritt habe. Eine Weile beobachte ich das Treiben um mich herum. Menschen in Uniform. Deutsche, amerikanische und später sogar kanadische, türkische und italienische Soldaten. Ich unterhalte mich mit einer jungen Soldatin, die auch zum ersten Mal nach Afghanistan fährt. Unser Gespräch kommt zustande, als plötzlich bekannt wird, dass unser Abflug auf den nächsten Tag verschoben worden ist. Mir steht der Mund offen, ich bin für einen Augenblick gewillt, Protest einzulegen, und erwarte, dass diese zweihundert für den Kriegseinsatz trainierten Männer und Frauen jetzt diesen Tresen stürmen, hinter dem eine Soldatin steht und in schmucklosen Worten erklärt, dass wir wieder nach Hause fahren können. Aber niemand sagt etwas. Noch nicht einmal ein Raunen oder auch nur der leiseste Protest ist zu vernehmen. 23 Stunden Verspätung.

»Ich hab' gehört, das passiert öfter«, sage ich zu der jungen Soldatin, die ihre Verärgerung nur mühsam unterdrücken kann.

»Ja, das habe ich auch gehört«, sagt sie.

Es ist ihr erster Auslandseinsatz, und wir stehen beide fassungslos zwischen ihren Kameraden und wissen nicht, wie es jetzt weitergeht.

»Müssen Sie auch nach Kunduz?«, frage ich sie. Sie hält einen kleinen Stoffbären in der Hand, mit einer bordeauxroten Schleife, auf der in Goldlettern »Love« steht. Ein Abschiedsgeschenk von ihrer Mutter oder von ihrem Freund. Aber das will ich sie lieber nicht fragen.

»Ich hab' mich schon den ganzen Tag verabschiedet«, sagt sie und hält sich an ihrem Bären fest. »Und jetzt … jetzt geht das Ganze wieder von vorne los.«

Ich tröste sie ein bisschen und mache ihr Hoffnung, dass es ja vielleicht morgen klappt und dass ihre Angehörigen vielleicht draußen noch warten. Aber die sind, wie sie mir erklärt, schon längst wieder in Münster. Ihr Gesicht ist etwas gerötet. Sie ist ungefähr Anfang zwanzig und womöglich noch nie im Ausland gewesen. Eine kleine, fragile Person, der ich nicht recht zutrauen will, dass sie zu einer Armee gehört, die in einem der weltweit schwierigsten Krisengebiete operiert und von der ich mir vor allem nicht vorstellen kann, welche Aufgabe sie dabei hat. Die ersten Soldaten ziehen bereits ab. Ein Teil ist noch im Gespräch mit der Soldatin, die die 23-stündige Verspätung verkündet hat und jetzt erklärt, man könne froh sein, wenn es in der Turnhalle der benachbarten Kaserne noch Schlafplätze gebe. »Und nicht, dass irgendjemand auf die Idee kommt …«, sagt sie noch, »ein Hotel zahlen wir natürlich nicht.« Die junge Frau neben mir, die sich schon so oft verabschiedet hat, schüttelt den Kopf. Sie ist genervt. Vielleicht ist es wirklich frustrierend und belastend, geliebte Menschen, von denen man sich losgesagt hat, schon fünf Minuten später anrufen zu müssen, um ihnen zu sagen, dass alles wieder von vorne anfängt. Wir laufen gemeinsam zur Ankunftshalle, wo wir nach dem Gepäck Ausschau halten. Ich führe ein vorsichtiges Gespräch mit ihr, ich versuche herauszufinden, was sie genau in Kunduz macht.

»Ja, genau«, sagt sie. »Mein erster Auslandseinsatz.«

»Und sind Sie gespannt? Also *freut* man sich da auch ein bisschen?«

Ich muss mich zwingen, mein Notizbuch nicht aus der Tasche zu ziehen, das ich einen Tag vor meiner Abreise, in letzter Sekunde noch gekauft habe.

»Auf was?«

»Na, auf den Einsatz.«

»Wenn's denn überhaupt losgeht …«

»Darf ich fragen, was Sie machen?« Ich verzichte auf das Notizbuch. Es war ein Sonderangebot, sein extravagantes Aussehen schien mir passend zu meiner Mission. Aber in Gegenwart einer Soldatin macht es vielleicht doch einen komischen Eindruck, mit seinem türkisfarbenen Stoffeinband, der sich anfühlt wie die raue, widerstandsfähige Haut eines Tieres. Es sieht aus wie das Poesiealbum eines sechzehnjährigen Mädchens. Ich muss das Tempo etwas forcieren, weil meine Gesprächspartnerin ihren Flecktarn-Rucksack schon entdeckt hat, während ich meine Reisetasche noch suche.

»Ich?«, fragt sie. Sie wird ein bisschen rot. Sie ist wirklich noch sehr jung. Sie ist Anfängerin, sie ist eine Debütantin. Für einen Moment ist es beinahe so, als hätte ich sie bei ihrem ersten offiziellen Ball zu einem Tanz aufgefordert. Sie schaut mir zu, wie ich zwischen den Gepäckstücken herumsuche und dabei gleichzeitig versuche, den Kontakt zu ihr nicht abreißen zu lassen. Zum Glück muss sie ihren Stoffbären mit der roten »Love«-Schleife noch in ihrem Rucksack verstauen.

»Ich bin in einer EloKa-Einheit«, sagt sie.

Ich habe meine Tasche entdeckt, stürze mich auf sie und wuchte sie mir auf die Schulter.

»Elektronische Kampfaufklärung«, sage ich anerkennend und folge ihr. »Das ist bestimmt spannend.« Jetzt soll unser Gespräch erst richtig losgehen. Schließlich muss sie auf ihre Angehörigen warten, und es bleibt noch eine ganze Menge Zeit. Elektronische Kampfaufklärung, das sind die Leute, die die Handys der Taliban abhören, die Bilder der Aufklärungsdrohnen auswerten und Informationen sammeln, die für jede Art von Kriegsführung von großer Bedeutung sind.

»Wie lange werden Sie bleiben?«, frage ich arglos.

»Darüber darf ich nichts sagen«, erwidert sie und stopft, während sie weitergeht, den Teddybär, dessen linker Arm noch aus einer Seitentasche herausragt, mit aller Kraft wieder in den Rucksack.

»Ich will darüber auch gar nichts wissen«, sage ich schnell, was der Wahrheit entspricht. Ich will nur ihre Geschichte, ihr Leben, ihre Sehnsucht und die Angst zu Papier bringen.

»Ich sage gar nichts mehr.« Sie ist knallrot geworden und schnallt den Rucksack fest.

Ich muss an Linda denken und daran, wie wir uns kennengelernt haben. Linda hätte die 23-stündige Verspätung nicht hingenommen. Es war kurz nach einer Veranstaltung im Mercy Ship, das in Monrovia vor Anker lag und das einzige Krankenhaus in der Stadt war, das über ein MRT-System und eine winzige Starbucksfiliale verfügte. »Ich bin schon oft genug überfallen worden«, sagte sie und schloss einfach eigenmächtig alle Fenster im hinteren Teil des Jeeps, wo sie zusammen mit zwei italienischen Krankenschwestern saß. »Vielleicht hast du ja so etwas noch nicht erlebt.« (»They are like a world of virgins studying sex«, schreibt der Militärpsychologe Dave Grossman in seinem Buch *On Killing* und meint damit die Menschen, die noch nie in einem Krieg gewesen sind und keinen wirklichen Gefahren ausgesetzt waren.) Die junge Soldatin läuft weiter. Sie wirkt nur auf den ersten Blick so ängstlich und schutzbedürftig, denn auf einmal ist sie ganz energisch, wie sie den Ort unserer Begegnung einfach verlässt, dieses Schlachtfeld der Rucksäcke, einige von ihnen leblos zur Seite gerollt, einige von ihnen hilflos auf dem Rücken, wie sie sich meinem Versuch, sie auf die Tanzfläche zu ziehen und ihr näherzukommen, einfach entzieht. Ich mache keine Anstrengungen, ihr zu folgen. Als ich den Ausgang erreiche, fällt mir ein Schild auf, auf dem »Willkommen zu Hause. Vielen Dank für Ihren Einsatz« steht. Es ist also schon wieder vorbei. Der Ausflug mit der Bundeswehr ist erst mal zu Ende. Ob dieses karge und wenig einladend aussehende Schild einem genügt, wenn man zurückkehrt aus Afghanistan, wenn man sechs Monate für die EloKa gearbeitet und die Taliban abgehört hat und in Gefechtssituationen geraten ist? Eine Gruppe von Soldaten diskutiert die Frage, ob sie wohl mit Out-of-Area-Uniformen raus nach Köln fahren dürfen oder ob sie die ganze Zeit in der Kaserne bleiben müssen.

»Hast du irgendwelche Zivilsachen dabei?«, fragt jemand.

23 Stunden Verspätung. Ein Soldat, auf dessen Rucksack ein 1.-FC-Nürnberg-Kissen festgeschnallt ist, bemerkt, dass doch Karneval sei und sie bestimmt nicht auffallen würden. Dann setzen auch sie sich in Bewegung. Ich warte noch eine Viertelstunde, bis ich es aufgebe, eine Mitfahrgelegenheit zu finden. Am Nachmittag bekomme ich einen Anruf aus Kunduz. Jemand vom Pressestab fragt aufgeregt, wo ich denn bleiben würde und ob man mit mir noch rechnen könne. »Oder kommen Sie jetzt überhaupt nicht mehr?«, fragt die mir unbekannte Stimme auf meiner Mailbox. Ich soll sofort zurückrufen und mich in Kunduz melden. Mein Einsatz verschiebt sich. In Kunduz liegt Schnee. Alle Flüge sind vorerst abgesagt. Ich fahre zurück nach Köln.

»Es ist gar nicht so gefährlich«, sagt einer der Soldaten, mit dem ich mich im Wartebereich noch eine Weile unterhalte. »Wir haben die Sache ganz gut im Griff. Und jetzt im Winter passiert sowieso nichts.«

»Und Sie fahren schon zum dritten Mal hin?«

»Klar«, sagt er. »Ich mach' das gerne. Hier in Deutschland ist alles viel schwieriger. Hier ändert sich ständig alles, hier muss man total flexibel sein.« Er erzählt mir von seinem Abzeichen, das er demnächst für 700 Tage Einsatzzeit bekommen wird, aber darum gehe es ihm gar nicht. Das sei nur ein kleines Stück Metall.

»So etwas wie heute, das gibt es da unten nicht. Von einem Tag auf den anderen werden die Pläne hier umgeworfen. So ein Chaos … in Afghanistan würde so etwas nie passieren.«

2

In Sierra Leone soll Linda als Mental Health Consultant arbeiten. Sierra Leone ist das Nachbarland von Liberia. Es leuchtet mir von Anfang an nicht ein, warum Linda diesen Job in Erwägung zieht, wo ihr Freund doch in Monrovia ist. Genauso wenig, wie es Linda einleuchtet, dass ich nicht in Afghanistan herumreisen, sondern mich ausschließlich in Kunduz aufhalten werde. Meine Reise wird sich auf das Areal beschränken, das von der Bundeswehr vorgegeben ist, und ich habe mir vorgenommen, von dieser festgelegten Route nicht abzuweichen.

»Ich melde mich, wenn ich in Afghanistan bin, ich erstatte Bericht«, sage ich zu ihr, als wir uns im Sommer in Amsterdam treffen.

»Dann«, sagt sie, »bin ich sowieso wieder weg.«

Wir laufen durch einen Park, nicht weit von ihrer Wohnung. Es ist einer der letzten warmen Tage. Linda schiebt ihr Fahrrad neben sich her, meine Reisetasche liegt in dem geräumigen Drahtkorb auf dem Gepäckträger, und es sieht ein bisschen so aus, als habe sie sich meiner Habseligkeiten angenommen, obwohl ich auf der Durchreise bin und nur ein paar Stunden bleiben kann.

»Aber das ist nur ein kurzer Job, oder?«, frage ich.

»Als Consultant«, sagt sie. »Obwohl ich so etwas früher immer gehasst habe.« Sie lacht. Sie lacht über sich selbst. Darin ist sie, wie viele Mitarbeiter internationaler Organisationen, eine Meisterin.

»Aber jetzt bist du doch noch hier«, sage ich etwas irritiert darüber, dass wir, statt uns in eines der vielen Straßencafés zu setzen, durch den überfüllten Park gehen, als würde es sich nicht lohnen, meine Tasche irgendwo abzustellen.

»Ja, noch«, sagt sie und biegt auf den spiralförmigen Fußweg ein, der an einem künstlich angelegten See vorbeiführt. Ich habe Schwierigkeiten, mit ihr Schritt zu halten. Wir sind nicht in Liberia. Wir sind in Amsterdam. Es ist das erste Mal, dass wir uns außerhalb von Liberia treffen. Es ist Sonntag. Amsterdam ist eine große gepflegte Liege- und Spielwiese mit Patchworkfamilien, schwullesbischen Paaren und Mitarbeitern von Hilfsorganisationen, die ihre Fahrräder durch eine zu Rehabilitationszwecken angelegte Parklandschaft schieben.

»Ich hätte nicht gedacht, dass die Rückkehr so schwer ist«, sagt sie.

»Ist es wirklich so schlimm?«, frage ich. Ich beobachte, wie sie ihr Fahrrad über einen kleinen Holzsteg schiebt, unbeeindruckt von dem Gewicht meiner Reisetasche, die in ihrem Fahrradkorb wie ein Findling aussieht, den sie irgendwo am Eingang des Parks entdeckt hat.

»Furchtbar«, ruft sie und hält kurz auf der Mitte der Brücke an. »Es ist der reine Horror.«

»Warum bist du überhaupt zurückgekommen?«, frage ich. Das ist eine gute Frage. Denn Linda ist mittlerweile schon so oft wieder zurückgekehrt, dass man annehmen könnte, sie habe den Dreh raus und eine Rückkehr würde sie vor keine allzu großen Probleme mehr stellen. So wie sie jetzt mit Schwung das Fahrrad auf einen breiten asphaltierten Weg schiebt, auf dem wir wieder nebeneinander gehen können. Nachdem sie fast zwei Jahre bei Médecins du Monde gearbeitet hatte, kehrte sie wieder nach Liberia zurück und arbeitete für Cap Anamur, um die Übergabe des Projekts an das John-F.-Kennedy-Krankenhaus, die ich in die Weg geleitet hatte, zu Ende zu bringen. Und dann kehrte sie wieder zurück nach Amsterdam, um wenig später erneut aufzubrechen, um eine Stelle als Mental-Health-Koordinatorin beim Carter Center anzunehmen. Wie oft Linda jetzt schon zurückgekehrt ist, lässt sich gar nicht mehr sagen. Sie läuft durch den Park ihrer Heimatstadt, als wollte sie jeden Verdacht, sie sei nicht zu Hause und würde das hier nicht jeden Sonntag tun, zerstreuen.

»Schön hier, oder?«, sagt sie, macht aber keine Anstalten, langsamer zu gehen oder vielleicht nach einem Ort Ausschau zu halten, wo wir uns in Ruhe unterhalten können. Wir haben nur einen Tag, nur diesen Nachmittag und diesen Abend, dann muss ich schon wieder weiter.

»Wunderschön«, sage ich, obwohl ich genau das Gegenteil meine. »Können wir nicht ein bisschen langsamer gehen?«

Linda bleibt stehen. Sie entschuldigt sich. Ich sehe mich nach einer Parkbank um, aber so etwas gibt es hier nicht.

Ich frage sie nach ihrem Freund, und sie sagt, dass er damit keine Probleme habe. Er arbeitet bei USAID und ist schon seit einigen Jahren in Liberia, was relativ ungewöhnlich ist. Linda führt mich durch den Park. Sie hat die Geschwindigkeit etwas verlangsamt, auch weil es jetzt auf dem Teilstück, das wir erreicht haben, so viel zu sehen gibt. Mitten auf der Wiese steht ein Zelt, und die Parkbesucher können zuschauen, wie in bunte Latzhosen gekleidete Handwerker Holzstücke bearbeiten, aus denen allerhand verführerische Möbelstücke entstehen, die hier im Park einfach so auf der Wiese ausgestellt werden.

»Ich habe gedacht, es würde diesmal schneller gehen«, sagt Linda, während wir einen Moment stehenbleiben. »Aber das war eine Täuschung. Mal wieder.« Sie lacht und zieht die Nase hoch, als würde etwas in der Luft liegen. Sie hat eine sehr empfindliche Nase, und es kann passieren, dass sie mitten in einer Unterhaltung plötzlich fragt, ob irgendetwas oder irgendjemand schlecht riechen würde. Ihre Empfindlichkeit gegenüber Gerüchen, den fremden wie den eigenen, bezeichnet sie selbst als hochneurotisch. Andererseits gehört es zu ihrem gängigen Provokationswerkzeug, um herauszufinden, wie belastbar jemand ist. Jemand, mit dem sie sich vielleicht anfreunden will.

»Diesmal war es besonders schlimm«, erklärt sie. Sie tritt an einen massiven Holztisch, der am Wegesrand steht, und zieht das an einer dicken Kordel baumelnde Preisschild hoch. »Das geht nicht so einfach«, sagt sie. »Man muss wirklich ein bisschen Gewalt anwenden.« Sie schaut auf das Preisschild. »Als müsste man einen Hammer nehmen … Als müsste man sich selbst wieder in sein Leben reinhauen und sich richtig reinhämmern. Zurück in meine Wohnung, in meine Straße, mein Leben, in meinen Job … 400 Euro! Mmh.« Sie lässt die Kordel mit dem handgeschriebenen Preisschild wieder fallen. Dann bückt sie sich, hebt eine Handvoll Sägespäne auf, die auf der Wiese liegen und hält sie mir vor die Nase.

»Das ist ja ganz schön teuer«, sage ich und schaue zu einer der beiden Frauen, die im Zelt damit beschäftigt sind, ein Regalbrett mit einem Hobel zu bearbeiten. Linda zieht die Hand wieder von mir weg und riecht daran.

»Wieso?«, sagt sie. »Ich finde, dass der Tisch das wert ist.« Sie fährt mit der freien Hand über die Tischoberfläche, während sie die andere Hand mit den Sägespänen hochhält, als sei das einer ihrer voraussichtlichen Einkäufe. Eine Handvoll Sägespäne.

»Findest du ihn schön?«, fragt sie.

Ich trete etwas näher heran und schaue auf den Tisch. Auf einmal schiebt sich die liberianische Wirklichkeit, schiebt sich Liberia, mit dem wuseligen, chaotischen Old Road Market, den Frauen, die schrillbunte Plastikeimer auf ihren Köpfen balancieren und mit ihren Flipflops durch den Staub schlurfen, und den mageren Kindern, die große Schüsseln mit zusammengeknoteten Plastiksäckchen herumschleppen, in denen sie selbstabgefülltes Wasser verkaufen, in diesen Park, sie schiebt sich quer über die sorgsam gemähte Wiese mit den interessiert an dem hölzernen Naturmobiliar vorbeiflanierenden Sonntagsspaziergängern und schiebt sich mitten in unser vom Thema abgekommenes Gespräch.

»Ich finde ihn nicht besonders gut«, sagt sie und schaut zum Zelt, als überlege sie ernsthaft, ob sie den Tisch nicht doch kaufen soll. Sie nimmt einen Hammer und hämmert sich in ihr altes Leben zurück. Sie übt Gewalt aus. Man müsse Gewalt anwenden, sagt sie. Anders gehe es nicht. Ob sie bei ihrem Freund, der in Liberia zurückgeblieben ist, auch Gewalt ausübt? Ob ich ihr von ihm erzählen soll, wie ich ihn in Monrovia im Garden Café gesehen habe? Merkwürdig entrückt, seelenlos, kalt, während er eine Flasche Club Beer in den Händen hielt und die Liberianerin, die die ganze Zeit neben ihm stand und ihn kennenlernen wollte, einfach nur ignorierte. Linda spitzt die Lippen und schaut zu dem Tisch. Sie schiebt das Fahrrad an den Wegesrand, klappt die Stütze aus und führt das Kabelende des Schlosses durch den Tragegriff meiner Reisetasche. Es ist, als wären wir angekommen, als wäre das unser Ziel gewesen. Diese eigentümliche handwerkliche Folklore, bei der es darum geht, die bei der Parkbewirtschaftung anfallenden Hölzer umweltgerecht ihrer Bestimmung zuzuführen und aus dem Park, der ohnehin schon ein erweitertes Wohnzimmer ist, jetzt auch noch Möbelstücke zu machen. Linda unterhält sich mit einer der Initiatoren, einer Frau, die zu dem Projekt gehört und ein kariertes Kopftuch trägt. Sie erkundigt sich nach dem Stand des Projekts. Liberia verwandelt sich in eine sozialpädagogische Rehabilitationslandschaft, in der man beim Sonntagsspaziergang in einem künstlich angelegten Waldstück auf einer Lichtung plötzlich Traumbilder aus der Welt der Inneneinrichtung entdeckt.

»Meinst du, ich soll ihn kaufen?«, fragt Linda, nachdem sie das Hintergrundgespräch mit der Frau mit dem Kopftuch beendet hat.

»Aber du gehst doch wieder weg«, wende ich ein. Ich finde den Tisch furchtbar. Ich finde den Park furchtbar. Ich muss an das Foto von Karadžić denken, der serbische Psychiater, dessen Prozess ich am nächsten Tag in Den Haag verfolgen will. Das Foto zeigt ihn im Kreis seiner interessierten Zuhörer, wie sie an einem gemütlichen Holztisch sitzen, in einem Raum, der an eine Wohnküche erinnert, und seinen Ausführungen über alternative Heilkunst lauschen, wobei die Gesichter der mit hässlichen gestreiften Synthetikpullovern und Holzfällerhemden gekleideten Zuhörer von Karadžić, dem berühmten mutmaßlichen Kriegsverbrecher, auf dem Zeitungsfoto alle unkenntlich gemacht worden sind. Karadžić selbst ist auch nicht zu erkennen. Sein Gesicht ist eingehüllt von einem bis zu seinen Augen wuchernden weißen Bart, den er sich hat wachsen lassen, um sich in seiner skurrilen Existenz als Dr. Dabic, der über Bioenergie doziert und Artikel für die Zeitschrift *Gesundes Leben* verfasst, zu tarnen.

»Ehrlich gesagt, ich finde ihn schrecklich«, sage ich. »Lass uns gehen.«

Linda schaut mich kurz irritiert an, dann lässt sie von dem Tisch wieder ab. Es ist ihr noch nicht gelungen. Sie hat es noch nicht geschafft, sich in ihr Leben zurück zu hämmern und sich wieder zu Hause zu fühlen.

»Findest du, dass es hier komisch riecht?«, fragt sie, während wir den Park verlassen, um in der Nähe ihrer Wohnung in einem asiatischen Schnellrestaurant zu Abend zu essen. »Amsterdam riecht manchmal so komisch.« Sie zieht die Nase hoch. Dann grinst sie mich an. »Hast du Hunger?«, fragt sie. »Also ich habe irrsinnigen Hunger. Ich komme fast um vor Hunger.« Sie lacht, und dann fällt uns plötzlich ein, dass wir das Fahrrad mit meiner Reisetasche im Park stehengelassen haben.

3

Als wir in Termez ankommen, werden alle Soldaten, die im Airbus angereist sind, in Gruppen aufgeteilt. Alle müssen ihren Pass abgeben. Zollbeamte aus Usbekistan sammeln sie ein, auch die Truppenausweise der Soldaten, was etwas absurd erscheint, da wir Usbekistan eigentlich gar nicht zu Gesicht bekommen und uns ausschließlich in einem abgegrenzten Bereich aufhalten, den die Bundeswehr von den Usbeken für eine Weile gemietet hat. Wir kommen mitten in der Nacht an. Wir erreichen einen surrealen, undefinierten, scheinbar geschichtslosen und provisorischen Ort, der so aussieht, als habe sich hier ein Filmteam mit allem möglichen Material, Containern, Fahrzeugen, Zelten und einem unglaublichen und unverfilmbaren Skript verbarrikadiert, um auf die Drehgenehmigung zu warten. Irgendwo ist Usbekistan, aber ich werde es nicht zu Gesicht bekommen. Ich gehöre zur grünen Gruppe und verliere die EloKa-Soldatin aus den

Augen, und auch den hilfsbereiten Oberstleutnant G., meinen Sitznachbarn im Airbus, der mir während des Fluges mit seiner sanften, nachdenklichen Art zu erklären versucht hat, warum er sich bei der Bundeswehr mit ihrer starren hierarchischen Ordnung von Anfang an so wohl fühlte und warum es dann trotzdem zu der ganz großen Karriere nicht gereicht hat. Er wirkt wie jemand, der sich verirrt hat und trotzdem an seinem Platz ist.

»Ich nehme mal die Serviette hier«, sagt er und greift nach meiner orangefarbenen Serviette, die noch vom Mittagessen übriggeblieben ist. »Ich fange mit den unteren Rängen an.« Und dann malt er mir fein säuberlich alle Rangabzeichen auf und erklärt mir, dass die Hierarchie für ihn am Anfang auch etwas Befreiendes hatte. »Es hat mich, wie soll ich sagen … irgendwie beruhigt«, sagt er. Trotzdem wirkt er wie ein Sozialpädagoge auf Abwegen. Er hat an der Bundeswehrhochschule studiert, jetzt betreut er die Fortbildungs- und Trainingsprogramme im Stab von Mazar-i-Sharif, wo die Führungsebene der Bundeswehr ihren Sitz hat. Nach Kunduz kommt er nicht.

»Schauen Sie sich hier meinen Kollegen an«, sagt er und zeigt auf den Hauptmann, der links von ihm sitzt und einen etwas unreifen und verspielten Eindruck macht, während er lustlos in einer Musikzeitschrift blättert. »Wie ich ihn einschätze, wird er bald über mir sein. Er wird in der Hierarchie noch ein bisschen höher klettern, obwohl er viel jünger ist als ich.« Der Hauptmann nickt uns zu. Er hat einen schmalen, energischen Mund, den er fest zusammenpresst, während er etwas über Lady Gaga liest. Er ist auch in der grünen Gruppe. Die grüne Gruppe ist ein bunt zusammengewürfelter Haufen, die einzige Gemeinsamkeit ist, dass wir alle im selben Container schlafen. In einem der Container, die das Filmteam in Termez überall aufgestellt hat, werden wir die Nacht verbringen, bevor wir in einer kombinierten Holz-Zelt-Konstruktion, die wie ein nicht fertiggestellter Gangsterunterschlupf in einem Italowestern aussieht, auf den Shuttlebus warten, der uns am darauffolgenden Morgen schließlich zur Transall und endlich nach Afghanistan bringen soll. Termez ist eine Rohfassung. Ein Entwurf. Ein Ort des Transfers, eine Zeltstadt, ein Containerdorf, eine Ansammlung von Desperados, die sich aber alle ungeheuer gesittet aufführen, solange man nicht die Area 51 betritt. Aber die Area 51 kommt erst später ins Spiel. Zuerst müssen wir die Container beziehen, unser Gepäck von den Paletten herunterheben, es zu unserem Container schleppen und unsere Schlafsäcke ausrollen und dann wieder ausschwärmen, wie der Hauptmann H. sagt, um uns den Bauch vollzuschlagen. Über den aufeinandergestapelten Containern, von denen die besonders massiv wirkenden als Nasszellen fungieren und nur über eine Metalltreppe erreichbar sind, strahlt das Kunstlicht auf einen kleinen Innenhof, wo ich eine Viertelstunde mit einem ehemaligen Metzgermeister darüber spreche, warum Mazar-i-Sharif in Anspielung auf Mallorca von einigen »Malle« genannt wird, während die meisten entweder »Mess« oder »Mesa« sagen. In Wirklichkeit sind wir ja noch gar nicht da. Wir sind im Film. Am Set. Allerdings fehlen die Kamera und der Regisseur. Junge Soldaten übernehmen es, knappe, harsche Ansprachen zu halten, bei denen uns der nicht ganz unkomplizierte Reiseplan erklärt wird. Dazu tragen sie Klemmbretter und wechseln zwischen den verschiedenen Reisegruppen, von denen die grüne Gruppe schon bald vollständig in ihre Einzelteile zerfällt, so dass ich schließlich ohne Gesprächspartner in der taghell ausgeleuchteten Kantine sitze und allein zu Abend esse. Termez gefällt mir. Die Reise gefällt mir. Die Soldaten gefallen mir außerordentlich. Als Erstes schreibe ich in mein mit türkisfarbenem Stoff eingeschlagenes Notizbuch: »Willkommen zu Hause. Vielen Dank für Ihren Einsatz.«

Linda tut nur so, als wolle sie in Amsterdam bleiben. Und sie tut nur so, als könne sie sich von ihrer lichtdurchfluteten, charmanten Wohnung nicht trennen, und von ihrem Job in der Psychiatrie, von dem sie schon beim Abendessen sagt, es wäre die reine Folter.

»Und warum nimmst du das Angebot nicht einfach an?«, frage ich, während wir die in Plastik eingeschweißten Zettel des Schnellrestaurants studieren und unser Essen auswählen. Die Organisation, mit der sie nach Sierra Leone fahren will, scheint sehr geduldig zu sein. Linda sagt, sie würden ohnehin niemand besseren finden als sie. Ich erzähle ihr von einer Psychologin, die für MSF arbeitet und die ich in Berlin zufällig nach der Vorführung eines Films von Claire Denis wiedergetroffen habe. Sie behandelt Mitarbeiter, die nach ihrer Rückkehr Probleme haben. Aber Linda sagt, dass sie so etwas nicht nötig habe. Sie brauche keine psychologische Betreuung.

»Ich kann mich einfach nicht entscheiden«, sagt sie. »Oder soll ich doch eine Suppe nehmen?«

Ich denke an die MSF-Psychologin, mit der ich mich nach der Vorführung vor dem Kino noch eine Weile unterhalten habe. Sie sagte, dass sie dieselben Probleme hätte wie die Mitarbeiter, die sie behandelt. Die Haut der Weißen quillt auf, und dann platzt sie, erzählt Claire Denis in einem Interview, das im Anschluss an den Film gezeigt wurde. Claire Denis ist in Afrika aufgewachsen. Es sind die Afrikaner, bei denen die Weißen Schutz und Stabilität suchen. Sie sind stärker als wir, und sie beschützen uns. Wir sind für das Leben in Afrika nicht gemacht, schon unsere Haut hält die Belastungen nicht aus, sagt sie. Unsere Haut dehnt, streckt sich. Wie unter einer Folter reißt sie schließlich auf. Wir bestellen zwei riesige Nudelsuppen und zwei Flaschen Bier, und ich frage Linda, ob sie glaube, das Krankenhaus in Liberia, in dem wir beide gearbeitet haben, sei auf einem guten Weg.

»Aber natürlich«, sagt sie. »Eine Weile geht es jetzt bergab. Aber wir haben wirklich unseren Teil dazu beigetragen.«

»Dass es bergab geht?«, frage ich.

»Nein, dass es überhaupt noch existiert. Cap Anamur hat seinen Teil dazu beigetragen. Schau es dir doch an. Es ist wirklich ein Krankenhaus. Es sieht wirklich wie ein Krankenhaus aus und funktioniert auch.«

»Natürlich funktioniert es«, stimme ich ihr zu.

»Und wir haben auch einen kleinen Anteil daran.«

»Aber es war ja deine Idee, die Teamstruktur zu ändern«, sage ich. »Hat es eigentlich funktioniert?«

»Mal so, mal so«, sagt Linda und nippt an ihrem Bier. »Aber sie arbeiten daran. Übrigens war es unsere Idee, wir haben es uns gemeinsam ausgedacht.«

Ein Moment symbiotischer Übereinstimmung legt sich über den Abend. Obwohl wir eigentlich nie zusammengearbeitet haben, haben wir doch das Krankenhaus als unser gemeinsames Projekt mit einer Leidenschaft betrieben, die den Charakter von Fürsorge weit übertroffen hat. Niemand sonst, so erscheint es uns zumindest, hat die Arbeit mit derselben Leidenschaft betrieben und hat sich dabei so verausgabt wie wir.

»Ich finde, dass du stolz darauf sein kannst«, sage ich später, während ich die Rechnung begleiche und Linda schnell ihr Bier leer trinkt.

»Ich bin stolz darauf. Aber du kannst auch stolz darauf sein«, sagt sie. »Es war ein gutes Projekt.«

»Musst du nicht los?«, frage ich.

»Zur Nachtschicht?«, fragt sie. »Ja, aber ich hab' keine Lust … Ich habe das Krankenhaus geliebt«, fährt sie fort und schiebt die halb leer gegessene Schüssel mit Nudelsuppe zur Seite. »Ich habe die Leute geliebt. Die Mitarbeiter …«

»Nicht alle«, wende ich ein. »Du hast nicht alle geliebt.«

Sie lacht. »Nicht alle, aber einige.«

»Einige habe ich auch geliebt.«

»Ich muss los. Ich muss zur Nachtschicht.«

Ich nicke. Ich schaue noch einen Moment aus dem Fenster des asiatischen Schnellimbisses auf den kleinen Platz, auf dem später eine Open-Air-Kinovorstellung stattfinden soll. Ich sehe Lindas Fahrrad, das an einem großen, verschlungenen, aus mehreren Fahrrädern bestehenden Metallgebilde lehnt. Ein halbes Dutzend Fahrräder, jedes für sich gut verschlossen, stützt sich aneinander ab. Linda macht keine Anstalten aufzustehen. Sie schaut aus dem Fenster. Wir denken an das Krankenhaus. Und wie wir darum gekämpft haben, dass es dem Krankenhaus gutgeht. Wir haben für etwas gekämpft, das so weit von uns entfernt war und so wenig mit unserem Leben zu tun hatte, dass die Möglichkeit des Scheiterns, die Möglichkeit der Niederlage nicht bedrohlich und gefährlich erschien, und vielleicht liegt darin die besondere Leichtigkeit und Freiheit, die die Arbeit in Hilfsorganisationen für Leute wie Linda und mich so reizvoll macht.

»Wir haben einen großartigen Job gemacht«, sagt Linda.

Es ist etwas, an das man umso leichter glauben kann, wenn man, wie Linda es an diesem Nachmittag im Park beschrieben hat, doch noch den Absprung geschafft und sich noch rechtzeitig in Sicherheit gebracht hat. Dorthin, wo die Fahrräder in Reih und Glied stehen und gut verschlossen sind. Dorthin, wo die Nachtschicht und die Verhandlung am Internationalen Gerichtshof, zu der ich am nächsten Morgen aufbreche, pünktlich beginnen.

»Aber was ich nicht verstehe«, sage ich noch, als wir draußen vor dem Restaurant stehen. »Dein Freund kann dich doch in Sierra Leone gar nicht so gut besuchen. Dann kann er doch genauso gut hierherkommen.«

Linda schüttelt den Kopf. »Wir brauchen Abstand«, sagt sie. »Außerdem *will* ich gar nicht, dass er nach Amsterdam kommt.«

Was mir am Hauptmann H. gefällt: Er hat einen guten Humor. Er verfügt über die Gabe, wenn es sein muss, ununterbrochen Witze zu machen, seine Umgebung zu necken und Geschichten aus der Versenkung zu holen, über die die Umstehenden so laut lachen, als wären sie selbst dabei gewesen. Der Hauptmann H. gehört zu dem Typus Anführer, der sich dank seiner außerordentlichen kommunikativen Fähigkeiten und dank seines Mutterwitzes an die Spitze einer Gruppe setzt. Noch hat er nicht entschieden, ob er später vielleicht noch Komödiant oder Alleinunterhalter wird. Erst mal bleibt er bei der Bundeswehr und klettert die Karriereleiter nach oben. Während ich den ehemaligen Metzgermeister interviewe, unterhält der Hauptmann H. eine größere Gruppe von Soldaten, zu denen auch einige seiner eigenen Leute gehören. Obschon er, wie sich noch zeigen wird, über ein großes Durchhaltevermögen verfügt, ist er später in der Area 51, wo der Abend schließlich endet, nicht aufzufinden. Zur Area 51 gehe ich nach dem Abendessen. Die Area 51 wird zu einem Ort, an dem der Film, von dem ich glaube, das ihm der Regisseur fehlt, zur Aufführung kommt. Später, als ich mit den Presseleuten in Kunduz zusammensitze und ihnen von Termez erzähle, sagen sie übereinstimmend: »Das ist das Problem. Dass die Journalisten in Termez plötzlich auf sich allein gestellt sind. Und dann passiert so etwas. Dann reden sich die Jungs um Kopf und Kragen.« Der Hauptmann H. muss in einer anderen Betreuungseinrichtung gewesen sein, falls es eine solche in Termez noch gibt. Termez ist Filmstadt, Metaort, Schleuse und Staffelübergabe. Die einen kommen an, die anderen hauen ab. »Wir hauen jetzt hier ab«, sagt der Soldat M., mit dem ich am Schluss in der Area 51 ins Gespräch komme. Aber es ist kein Interview mehr, es ist ein Gespräch unter Gleichgesinnten, denjenigen, die am längsten ausgeharrt haben und die der Wirt vor die Tür setzt, weil er seinen Laden endlich zumachen will. Der Wirt ist auch Soldat. Die Tresenkräfte sind Soldaten, und die wenigen Frauen, die hier zu sehen sind, ebenfalls. Die Usbeken, die man nicht sieht, sind nur Komparsen. Es sind die, die im Hintergrund die Container, Zelte und Schutzzäune bewachen, mit denen diese 17 Millionen Euro teure Enklave vor Eindringlingen geschützt wird. Ein Ort, der nur dafür da ist, Soldaten von A nach B zu transportieren. Soldaten, die mit dem Airbus aus Deutschland kommen und mit der Transall nach Afghanistan fliegen, und Soldaten, die aus Kunduz, Mazar-i-Sharif, aus Faizabad oder aus dem OP North nach Hause zurückkehren sollen.

»Das seid also *ihr* gewesen«, beklagt sich M., als wir das zur Betreuungseinrichtung umdefinierte Zelt, die Area 51, schließlich endgültig verlassen. Er hatte seine Rückreise so lange geplant, dass er enttäuscht ist, weil es jetzt einen Tag länger dauert.

»Ja, es tut mir leid«, erkläre ich. »Aber es liegt daran, dass es in Kunduz geschneit hat. Wir konnten aus Köln nicht weg. Einige haben in der Turnhalle …«

»Scheiße.«

»Was?«

»Scheiß Kunduz, scheiß Mess. Scheiße.«

Wir stehen in dem Niemandsland Usbekistan neben der Area 51. An einem liebevoll zusammengehämmerten Holztisch stehen Soldaten und streiten sich. Ein bärtiger, rothaariger Soldat, ein Kamerad von M., beide aus dem OP North, und zwei, drei andere, die in Mess stationiert sind. Hinter uns, leicht schwankend, steht ein dunkler, vollbärtiger Mann, der sich an einem Zeltpfosten festhält und wie ein Rekrut der Taliban aussieht, aber, wie sich herausstellen wird, auch Bundeswehrsoldat ist.

»Scheiß Kunduz«, sagt M., der ziemlich betrunken ist. »Und Mess … Die sitzen da rum, fressen sich in den Kantinen voll und spielen Squash.« Das Wort »Squash« spuckt er aus wie eine Maschinengewehrsalve. Ich schreibe es mir zwar später in mein Notizbuch, kann aber nicht beschwören, dass M. nicht vielleicht doch »Badminton« oder sogar »Tennis« gesagt beziehungsweise ausgespuckt hat. Es ist eiskalt, aber M. hat noch nicht mal eine Jacke an. Der OP North, der Outpost North, ist ein kleines Lager, das gegründet worden ist, um eine Straße im Norden Afghanistans zu sichern. M. und der rothaarige Bärtige, der sich jetzt mit den anderen Soldaten an dem selbstgezimmerten Holztisch herumstreitet, haben dort die letzten Monate unter ziemlich widrigen Bedingungen verbracht.

»Das ist die Scheiße … Wenn man es mal genau nimmt. Die

bekommen in Mess dasselbe Geld wie im OP North. Das ist doch einfach nur ungerecht, ist das …«

»Und Sie haben da richtig … gekämpft?«, frage ich. »Ich meine, Sie sind in Kämpfe verwickelt worden?«

»He, Mann. Scheiße, auf mich ist geschossen worden!« Er dreht sich kurz zu seinem Kameraden um, dem Rothaarigen, und das ist der Moment, in dem die Auseinandersetzung an dem Holztisch beinahe handgreiflich wird. M. scheint das aber nicht weiter zu beunruhigen.

»Wir sind diejenigen, die kämpfen, und diese Idioten hier … Was machen die?« Er dreht sich wieder um. »Versteh mich nicht falsch. Das sind *auch* meine Kameraden. Aber es sind eben Idioten.« Er stützt sich kurz an mir ab. Ich nutze die Gelegenheit, Handschuhe anzuziehen. Eine Mütze trage ich ohnehin schon. Das Notizbuch ist vergraben in meiner Tasche. Oberstleutnant G. hat mir schon im Flugzeug gesagt, dass natürlich solche Orte wie die Betreuungseinrichtungen für Journalisten tabu sind, jedenfalls für Interviews, Informationsgespräche und Recherche. Aufschreiben darf man sowieso nichts. Allerdings befinden wir uns jetzt außerhalb der Betreuungseinrichtung, außerhalb der Area 51, im Halbdunkel Usbekistans, in einer kleinen, aber nicht weiter ins Gewicht fallenden Zone usbekischer Natur, mit einigen sehr bundesdeutsch aussehenden Bäumen, Tannen und Sträuchern. Und mit dem Soldaten M., der mich jetzt am Arm packt und sagt: »Hör mal. Ich muss dir das sagen … Verstehst du?«

Ich nicke. Ich reibe meine kalten Hände aneinander. Ich habe die Handschuhe zu spät angezogen.

»Du musst … Verstehst du? Versprichst du mir das? Du musst dahin.«

»Zum OP North?«

»Zum OP North.« Er hält kurz inne, fixiert mich und schluckt. Sein Gesichtsausdruck bekommt den feierlichen Ausdruck eines Betrunkenen, der all seine Kraft zusammennimmt, um sich noch ein letztes Mal an diesem Abend verständlich zu machen und seine Botschaft zu vermitteln, während sein Körper dabei ganz sanft hin und her schwankt. Er flüstert jetzt, während er etwas näher kommt.

»Wir haben …«, sagt M., »wir haben da oben wirklich gekämpft. Das haben wir gemacht. Gekämpft.« Er schluckt wieder. Dann beugt er sich zu mir vor. »Versprichst du mir das?«

Ich nicke, etwas mitgenommen und gleichzeitig berührt von dem bettelnden Ausdruck in seinen Augen. Ich kann nicht anders, als ihn ins Herz zu schließen, zumal er mich dann auch noch bittet, seinen Namen aufzuschreiben, so dass ich seinen Klarnamen ins Notizbuch eintrage, obwohl mir Oberstleutnant G., ganz Pädagoge, noch bei unserem Gespräch im Flugzeug einschärft, niemals die vollen Namen der Soldaten aufzuschreiben oder zu erwähnen. M. nimmt mir sogar das Notizbuch ab, um zu überprüfen, ob ich seinen Namen richtig geschrieben habe. Er nennt andere Namen. Namen von Offizieren, an die ich mich wenden soll, damit es mir leichter gemacht wird, zum OP North zu kommen, wo man nicht so ohne weiteres hingelangt. Schon bin ich bereit, meine gesamte Reiseplanung über den Haufen zu werfen, während es im Hintergrund beinahe zu einem Handgemenge kommt.

»Und ihr«, ruft der Rothaarige. »Ihr Schnulzen, was habt ihr gemacht … Habt ihr überhaupt gekämpft?« Er geht an den Holztisch, bereit, sofort einen Kampf anzufangen, aber dann stellt sich jemand dazwischen, und es passiert weiter nichts. Ich schaue zu, in dem Bewusstsein, dass ich hier etwas erlebe, das ich vielleicht besser für mich behalte. So wie den dunklen, bärtigen Talibanmann, der direkt hinter mir steht und keinen Ton sagt. Er spielt in dieser kleinen Szene einen *insurgent*, einen von der Gegenseite, traut sich aber noch nicht einzugreifen. Er beobachtet nur, registriert. Er ist von uns allen hier am betrunkensten, und während sich die Gruppe langsam auflöst und ich durch die Nacht zu meinem Container laufe, habe ich auf einmal das Gefühl, ich hätte schon sehr viel, vielleicht zu viel erlebt. Gleichzeitig denke ich, dass ich noch nichts Wirkliches erlebt habe und aufpassen muss, um in der Frage, was in Afghanistan und bei der Bundeswehr wirklich und unwirklich ist, den Überblick zu behalten. Ich finde mein Bett, meinen Schlafsack und klettere mit dem Bedürfnis, so wenig Lärm wie möglich zu machen, in das Doppelstockbett. Bis auf den Hauptmann H. liegen alle schon im Tiefschlaf.

»Wir sollten hier eigentlich gar nicht sein«, sagt am nächsten Morgen der Oberstleutnant G., den ich beim Frühstück wiedertreffe.

»Ja«, stimmt ein anderer Offizier zu, während er die Teewurst auf seinem Brötchen verteilt. Er gehört auch nicht zur kämpfenden Truppe, sondern zum Stab der Offiziere in Mazar-i-Sharif, die nur koordinierende Aufgaben haben und die im Einsatz befindlichen Soldaten nur aus der Ferne zu sehen bekommen. »Hier sollte eigentlich niemand sein«, murmelt er. Aber damit meint er nicht mehr Termez, sondern Kunduz, Afghanistan, damit meint er den ganzen Einsatz. »Aber schreiben Sie meinen Namen nicht auf.«

Ich stecke die beiden Visitenkarten der Offiziere in das breite Fach meines türkisfarbenen Notizbuchs, in das ich mir mit Erlaubnis meiner Gesprächspartner doch ein paar Notizen mache. Im Hintergrund läuft im Fernseher ein eigentümliches polnisches Musikvideo, das ich schon am Vorabend beim Abendessen gesehen habe. Eine Band, die sich als Ärzte verkleidet hat, tanzt durch ein relativ abstraktes Krankenhaus und stößt zu einem monotonen Beat immer wieder dieselben polnischen Textbruchstücke aus. Sie verdrehen dabei die Augen und ihre Extremitäten, als stünden sie alle unter dem Einfluss starker Psychopharmaka. Der plötzliche Einbruch der Popmusik in die Welt ist jetzt an diesem frühen Morgen nach den Erlebnissen der vergangenen Nacht schwer zu ertragen. Sogar der Hauptmann H. erlaubt es sich später, als wir in der Zelt- und Bretterbudenlandschaft, die das provisorische Terminal abgibt, auf den Weiterflug mit der

Transall warten, sich auf eine Bierbank zu legen und zu schlafen. Das tut seiner Autorität keinen Abbruch, und es scheint fast so, als wäre er jetzt mit Absicht so entspannt und locker. Einmal schreckt er hoch und fragt, ob es schon losgeht.

»Was?«, fragt jemand.

»Der Krieg. Fängt der Krieg an?«

Dann sinkt er wieder auf die Bank herunter. Später erklärt er mir, dass man angesichts der Zwei-Dosen-Regelung, die neuerdings eingeführt worden ist, wirklich Verständnis dafür haben müsse, dass die Soldaten sich in Termez so volllaufen lassen, jedenfalls einige von ihnen. Für die einen ist es das letzte Mal, für die anderen das erste Mal. Die Zwei-Dosen-Regelung gilt nur in Afghanistan, nicht aber in Usbekistan, nicht in Termez. Er hat sich schnell wieder regeneriert. Er ist der Letzte gewesen, der den Container aufgesucht und sich schlafen gelegt hat, als müsse er auch im Exzess vorneweg gehen und uns alle anführen. Eine seiner Soldatinnen bettet ihren Kopf auf ihren Helm, auf dem sie sorgfältig ihre Wollmütze ausgebreitet hat, damit sie nicht so hart liegt. Sie hat einen schwarzen Aufnäher an der Schulter. Er zeigt einen weißen Helm auf schwarzem Grund und ein paar verloren wirkende Zähne, die vielleicht auch Knochen darstellen könnten. Auf dem Bildschirm im Hintergrund läuft ZDF. Es ist 5.30 Uhr in Deutschland. Bundespräsident Wulff steht unter Druck. Draußen kommt etwas Bewegung in die Wartenden, aber es ist falscher Alarm. Es geht noch nicht weiter, wir bleiben noch eine Weile hier, an diesem so schön improvisierten Ort, in dieser Schleuse, diesem eigentümlich transitorischen Ort, von dem es mir an diesem Morgen schwerfällt, Abschied zu nehmen. Es ist ein Ort des Übergangs und gleichzeitig ein Ort existentieller Offenbarung. So kommt es mir zumindest vor, während ich meine Notizen über M. und unser Gespräch über das OP North niederschreibe. Manchmal drehe ich mich um, sehe nach, ob jemand hinter mir steht, ob der dunkle Bartträger mit dem Talibangesicht mir vielleicht über die Schulter schaut, aber hinter mir ist niemand. Hinter mir sind nur noch leere Biertische und Bierbänke. Auf einer liegt der Hauptmann H. Ich schaue ihm zu, ich beobachte ihn, wie er sich hier als jungenhafter Komödiant den Anschein gibt, als hätte er sich wirklich den Rest gegeben und sei jetzt erst mal hinüber. »Einmal darf das schon mal sein. Man muss den Jungs hier manchmal auch ein bisschen Spielraum geben …«, sagt er später. »Geilomat«, sagt er noch, als einer seiner Leute elegant über einen im Weg stehenden Rucksack springt. Die Sonne kommt raus, beleuchtet neugierig die Szenerie und wärmt die kurzgeschorenen Köpfe der Soldaten, die jetzt zum letzten Mal ihre Mützen und Helme ablegen und im Ausdruck seliger Entspannung ihre Gesichter hochhalten. In Klammern schreibe ich noch: (Vielleicht etwas mehr Abstand halten. Vorsicht! Mehr Distanz!) Und dann stehe ich auf und folge den anderen.

4

Die Sonne lässt uns jetzt nicht mehr los. Sie erfasst den Schauplatz, leuchtet den Himmel aus und taucht die schneebedeckten Berge in Mazar-i-Sharif in gleißendes, schemenhaftes Weiß. Der Presseoffizier, der mir beim Umsteigen hilft, ist gutgelaunt. Wir essen, wieder in einer turnhallenartigen Kantine, fahren mit einem Pickup mein Gepäck hin und her, während ich meinem Begleiter zu erklären versuche, warum ich schon jetzt, wo ich noch gar nicht angekommen bin, meine Reiseroute ändern will. »Das OP North. Hmm«, sagt er. »Da müssen wir natürlich mal schauen, das wird nicht ganz einfach sein. Vielleicht sollten Sie sich da erst mit den Kollegen in Kunduz kurzschließen. Was die so dazu sagen …« Die Sonne leuchtet. Leuchtet bis nach Kunduz. Von dem Schneetreiben, das unseren Abflug in Köln noch verzögert hat, ist jetzt nichts mehr zu sehen. Ich würde gerne die Berge fotografieren, aber fotografieren ist innerhalb des Lagers nicht erlaubt. Mazar-i-Sharif ist riesig, so riesig, dass ich gar keine Anstalten mache, mir einen Überblick zu verschaffen. Der Presseoffizier fährt mich zum Terminalgebäude, eine gemütliche, mit Sesseln, Rattanmöbeln und englischen Bestsellern eingerichtete Lagerhalle, die latent an ein selbstverwaltetes Studentencafé erinnert. Ich bekomme eine Splitterschutzweste, verabschiede mich vom Presseoffizier und trete das letzte Teilstück meiner Reise an. Es ist gut, dass diese Reise so lang und quälend ist, so kompliziert und verworren. Diesmal bin ich von Amerikanern umgeben. Die amerikanischen Uniformen sind etwas heller, etwas weniger flecktarnfarben, und die Soldaten, viele von ihnen Afroamerikaner, natürlich allesamt unheimlich cool. N., einer der wenigen deutschen Soldaten, derer ich habhaft werden kann, erklärt mir, dass man hier sofort sehen könne, wer Anfänger ist und wer nicht. Die Anfänger tragen ihre Waffen nämlich immer vorne, quer über der Brust, die Veteranen erlauben es sich schon mal, das Maschinengewehr zu schultern oder ganz aus den Augen zu lassen und auf den Boden zu legen. Vor mir sitzt ein Amerikaner, der fast panisch an seinem Gewehr klebt und es zwischen seinen Beinen festgeklemmt hat, als bestünde die Gefahr, dass es sich selbständig macht. Der deutsche Soldat, ein Mittzwanziger auf dem Weg zu seinem ersten Einsatz, hat ein klares, nüchternes Gesicht und lässt sich nicht aus der Reserve locken.

»Klar«, sagt er, »ist man jetzt ein bisschen nervös.« Er spricht wie ein junger Profifußballer, der zum ersten Mal in seinem Leben eingewechselt wird und diesen Satz schon hunderttausendmal geübt hat, so dass die Worte ganz abgenutzt und abgeschliffen daherkommen und ihm fast aus dem Mund fallen.

»Ist es okay, wenn ich Sie ein bisschen begleite und in Kunduz mal schaue, wie es Ihnen geht?«, frage ich.

»Klar. Ja.« Er überlegt kurz, aber es fällt ihm kein Gegenargument ein. Ich hole mir ein Stück Kuchen vom Tresen, wo ein junger Soldat mit Schnäuzer und Oberarmtattoo bedient, der mich in seiner sanften, fürsorglichen Art an einen meiner Ministrantenkollegen aus der katholischen Kirche und an die zähen, ereignislosen Tage erinnert, als wir in der Teestube des Gemeindehauses Pläne für die Ferienfreizeiten machten oder irgendein Volleyballturnier organisierten.

»Schmeckt lecker«, sagt ein Amerikaner, mit dem ich mich eine Weile unterhalte. Sein Gewehr ist nicht zu sehen, auch zu seinen Füßen liegt es nicht. Er hat seine Oakley-Sonnenbrille hochgeschoben, und wir tauschen noch ein paar Belanglosigkeiten aus, nachdem er sich auch ein Stück Kuchen genommen hat, der, wie sich herausstellt, kostenlos ist. Von der grünen Gruppe ist niemand mehr übrig. Die meisten sind in Mazar-i-Sharif geblieben. Die junge Frau mit dem Teddybär, die Debütantin, die in der EloKa im Einsatz ist, ist ebenfalls verschwunden. Abgetaucht. Vielleicht etwas, das man bei der elektronischen Kampfaufklärung lernt. Die rote Schleife mit der goldenen Aufschrift »Love« steckt jetzt irgendwo tief in ihrem Rucksack, der größer und schwerer zu sein schien als sie selbst. Ich nehme mir vor, keine Frauen mehr anzusprechen. Auf Frauen bin ich nicht vorbereitet. Frauen passen nicht in mein Programm. Obwohl hier eine Vielzahl von Frauen versammelt ist. Frauen mit und Frauen ohne Waffen. Bei den Amerikanern gibt es besonders viele. Zwei tragen Wollmützen und hängen so entspannt in den Rattansesseln, während ihre Gewehre über Kreuz auf den Couchtischchen liegen, dass ich mich am liebsten zu ihnen setzen würde, um sie danach zu fragen, wie man am schnellsten zum OP North kommt. Ich habe ein schlechtes Gewissen, weil ich M. vor der Area 51 in ein Gespräch verwickelt habe, bei dem er sich um Kopf und Kragen geredet hat. Vielleicht war er auch deswegen so aufgebracht, weil er den Geburtstag seiner Freundin verpasst hat, der genau an dem Tag war, an dem er eigentlich hätte zurückkehren sollen. Wie wird sie wohl reagieren, wenn er ihr vom OP North erzählt? Was wird sie ihm sagen, wenn er ihr vom feindlichen Beschuss berichtet und von der Todesangst erzählt, die er ausgestanden hat?

»Und warum tragen Sie sie nicht alle auf dem Rücken?«, frage ich N., den wortkargen Debütanten, der aus Berlin kommt und vielleicht nur so kühl und kontrolliert wirkt, weil ihn ein ziemlich ruhiger Job erwartet. Er soll Militär-LKWs und Hubschrauber im Lager in Kunduz betanken.

»Na ja«, sagt er und schaut sich die etwas lasch und lässig wirkenden Amerikaner an. »Im schlimmsten Fall löst sich ein Schuss. Und dann weiß man eben nicht, wo der so hingeht.«

Ich schaue auf die pummelige, kleine Afroamerikanerin mit der grauen Wollmütze, die jetzt auch auf dem Weg zum Tresen ist, wo es den kostenlosen Kuchen gibt. Ich habe meine ballistische Schutzweste schon angelegt, wobei ich N., ohne es peinlich zu finden, um Hilfe gebeten habe. Ich komme mit den verschiedenen Klettverschlüssen nicht klar, von denen einige im Schulterbereich und andere im Bauchbereich sind. Die Weste legt sich wie ein schwerer, wohlmeinender Griff eines übernatürlichen Vaters auf mich. Jemand hat die Hände auf meine Schultern gelegt und lässt sie jetzt nicht mehr los.

»Nach Kunduz?«, ruft der Soldat, der eben noch den kostenlosen Kuchen verteilt hat. »Der Flug nach Kunduz! Ihr geht am besten dorthin … zum Ausgang.«

Jemand macht die Tür der Lagerhalle auf, die zum Flughafenfeld führt. Nacheinander verlassen wir die Halle. Draußen das gleißende Sonnenlicht und gleichzeitig eisige Kälte. Eine F16 fliegt im Tiefflug vorbei, eine Dreiergruppe Apache-Kampfhubschrauber kehrt zurück.

»Ganz schön beeindruckend, oder?«, sagt N., der mich auf die Maschinen aufmerksam macht. »Die Dinger hab' ich in echt auch noch nie gesehen.« Und dann wird die Ladeklappe der Transall sichtbar und der dunkle Schacht, der in das Innere der Maschine hineinführt. Auf der Rampe, mit Hunderten Tragegurten befestigt, stehen Kisten und Paletten, der Nachschub für das

Lager, an dem wir uns, einer nach dem anderen, mühsam vorbeizwängen müssen. Man muss aufpassen, dass man nicht über die schweren Eisenketten stolpert, die auf der Rampe liegen und das Ganze zusätzlich befestigen. Es sieht nicht gerade so aus, als wären wir hier willkommen.

Von der Landschaft, dem Raum, der uns umgibt: Nichts zu sehen. Afghanistan ist unsichtbar. Es muss dort unten sein, denke ich, als wir auf Kunduz zufliegen, aber die Transall erlaubt keine Blicke nach draußen, sie ist damit beschäftigt, die auf sie gerichteten Geschosse mit den sogenannten »Flares« abzuwehren, wärmegeleitete Raketen, die auf Abbildungen immer so aussehen, als spucke das Flugzeug seinen weißen, rauchigen Speichel in alle Himmelsrichtungen aus. Nach der Landung in Kunduz erwartet uns ein leeres, seelenloses Flughafengebäude, das keine weitere Funktion hat, als einen daran zu erinnern, dass das Leben jetzt woanders stattfindet und dass hier der Krieg eingezogen ist. Die vernachlässigte fragile Schönheit der Blau- und Grüntöne, so als stünde das Gebäude nach einer großen Flut unter Wasser, zieht an mir vorbei. Die Räume entvölkert und ohne Mobiliar, die Wände brüchig und mit abgeblättertem Putz. Der Flughafen einer entlegenen Provinz, die nur wenige Reisende beherbergt. Aber der Eindruck täuscht. 1800 Soldaten sind hier stationiert, ein paar Meter weit entfernt. Aber wir gehen nicht, obwohl ein Spaziergang bei dem sonnigen Wetter schön wäre. Wir steigen wieder irgendwo ein. Wir klettern wieder irgendwo hoch. Vor dem Gebäude stehen im Matsch zwei Containerfahrzeuge. LKWs, in deren Laderäume wir über eine Leiter gelangen, als seien wir im Luftraum zu Gepäckstücken umgewandelt worden. Und tatsächlich sind wir das jetzt: Kämpfende Einheiten, die vor Beschuss geschützt und so schnell wie möglich an ihren Bestimmungsort gebracht werden müssen. Ich versuche einen Blick von Afghanistan zu erhaschen, aber es ist nichts zu sehen. Das Innere des Containers, das ist jetzt Afghanistan. Ein mit Sportsitzen, grau lackierten Stahlwänden und dem leise säuselnden Soundtrack von Coldplay wundersam steril eingerichtetes Afghanistan, in dem man sich aber gleich so sicher fühlt, dass man denkt, die Reise könne jetzt noch eine Weile weitergehen, bis ans Ende der Welt und noch darüber hinaus. Das Gefährt heißt »Moon Compare«, jedenfalls ist das der Name, der mir genannt wird. Und so fühlen sich die fünf Minuten Fahrt ins Lager auch an. Als würde einen nach der Ankunft eine kalte, wüstenartige Kraterlandschaft erwarten, die noch vollkommen unerschlossen ist. Ich sehe die beiden amerikanischen Soldatinnen wieder, die mit mir in Termez gewartet haben. Sie haben ihre Wollmützen abgenommen und vertiefen sich in ihre Smartphones, während der für den Moon Compare zuständige Soldat uns anweist, die erhöht stehenden Sitze noch weiter nach innen zu schieben, weiter weg von der grauen Containerwand und weiter weg von der Außenwelt, damit eine Druckwelle weniger Angriffspunkte hätte. Dann setzen wir uns in Bewegung. Es sind nur fünf Minuten, aber es ist schon jetzt die längste Reise. Die kugelsichere Weste sackt auf meine Beine herunter, das leichte Ruckeln des Containers schüttelt mich zaghaft, während ich wie gebannt auf die beiden Amerikanerinnen schaue. Und tatsächlich, was mir das Gefühl bestätigt, ich sei in Wirklichkeit in einem Traum, trägt die eine von ihnen eine silbern glänzende Zahnspange. Es ist deutlich zu sehen, weil sie zwischendurch immer entrückt lächelt, ihren Kopf leicht hin- und herwiegend auf das Display ihres Telefons schaut, auf dem ein Musikvideo läuft. Sie erinnert mich mit ihren geglätteten asiatischen Gesichtszügen an Carly, die genauso entrückt schauen konnte, wenn sie im Royal Hotel grünen Tee schlürfte und auf die Sushi-Bestellung wartete. Zehn Millionen Kilometer entfernt, auf einem anderen Mond, der Monrovia heißt. Die Amerikanerinnen sind hingegen Soldaten. Der Soldat gegenüber, in der Flecktarn-Uniform, setzt sich den Gehörschutz in die Ohren. Das Mädchen mit der Zahnspange lässt das weißschimmernde Fragment eines Kaugummis zwischen ihren Zähnen hervorblitzen, dann ist es wieder weg. Sie vertieft sich in den Anblick der Musik, die hier aufgeführt wird. Großartige tanzbare Musik, die aber nur sie allein hören kann. Ab und zu schaut sie auf zu ihrer Freundin, die auch auf ihr Smartphone guckt und Musik hört. Es ist im Moon Compare, wie in allen Zeitmaschinen, U-Booten, Panzern und überhaupt in allen Transformationsmaschinen, nicht genug Platz. Ich versuche Blickkontakt aufzunehmen. Ich muss unbedingt herausfinden, welche Musik sie hören. Aber sie lassen sich nicht ablenken. Die ganze Fahrt über schauen sie nicht ein einziges Mal zu mir herüber und schenken auch sonst ihrer Umwelt, die zugegebenermaßen unsichtbar ist, kaum Aufmerksamkeit. Einmal erhasche ich einen kurzen Blick auf das Display des Smartphones der asiatisch aussehenden Soldatin, die mich an Carly erinnert. Man sieht einen silbernen Strudel und ein kurzes Blitzen, dann eine sanft über den Bildausschnitt rollende Welle, einen Lichteffekt oder eine Spiegelung, einen Klang, der sich in Atmosphäre verwandelt hat. Vielleicht hören sie House oder Techno, irgendeine besondere Spielart, die es jetzt bis nach Afghanistan geschafft hat und hier in dem Inneren des Containers lautlos verpufft.

»He«, sagt das Mädchen mit der Zahnspange plötzlich und nimmt die Ohrhörer ab. »Ist das Coldplay?«

»Was?« Ihre Freundin neigt den Kopf. »Wie bitte?«

»Coldplay. Das ist Coldplay.«

»Quatsch, du spinnst. Das ist nicht Coldplay.« Sie spricht etwas zu laut, sie hat die Kopfhörer nicht abgenommen. Sie zeigt auf das Display ihres Telefons. Sie schwenkt es, um den Rhythmus anzudeuten, der in ihrem Kopf ist, leicht hin und her. Ihre Freundin nickt und lächelt. Sie sind vielleicht achtzehn oder neunzehn. Als wir kurze Zeit später ankommen, wäre eine Gelegenheit mit ihnen zu sprechen, aber ich entscheide mich dagegen. Es erscheint mir jetzt unpassend und indiskret. Sie wollen hier mit niemandem sprechen, sie wollen hier niemanden kennenlernen. Sie sind im Krieg. Neulinge im globalen Kampf gegen den Terror. Das Mädchen mit der Zahnspange nimmt die Kopfhörer aus ihren Ohren und zwängt sich an mir vorbei. Ihre Waffe könnte ein großer metallischer Knochen sein, den sie auf dem Mond gefunden hat.

»Es ist wahr«, sagt das Mädchen mit der Zahnspange. Sie ruft ihrer schon aussteigenden Freundin hinterher. »Coldplay. Hier läuft Coldplay! Abgefahren.« Obwohl sie in Wirklichkeit natürlich nicht »abgefahren« sagt, sie sagt »weird«, »kind of weird«. Sie sagt es zu sich selbst. Ich mache eine Handbewegung, mit der ich deutlich machen will, dass sie ruhig vorgehen soll. Es ist mir irgendwie lieber, nach ihnen auszusteigen. Durch die kleine Öffnung, die sich jetzt im Moon Compare aufgetan hat, nachdem der diensthabende Soldat die Tür von außen geöffnet hat, dringt kalte Luft herein. Man sieht Andeutungen von Matsch und Schnee. Ich richte mich auf, was mit der schweren Weste nicht ganz einfach ist. Ich klettere die Leiter herunter. Ich bin angekommen. Das Erste, was ich sehe, ist ein großes Schild an einer kleinen Holzhütte, vor der ein riesiger Haufen Schnee liegt. »Willkommen im Lummerland«, steht auf dem Schild. Langsam, wie in Trance, gehen die beiden Amerikanerinnen auf den Gabelstapler zu, der die Palette mit unserem Gepäck bringt. Es scheint fast, als könne man sich jetzt selbst aussuchen, welche Tasche man sich nimmt und mit welchem Leben es für einen weitergeht. Ich bleibe für einen Moment stehen. Die beiden Amerikanerinnen setzen sich ihre Mützen auf und schnallen sich ihre Gewehre um. Dann gehen sie los.

5

Es bleibt kaum Zeit, sich das Lager anzuschauen. Nachdem ich meine Unterkunft zugewiesen bekommen habe, steht gleich ein Termin an, den der Presseoffizier für mich organisiert hat. Meine Unterkunft befindet sich in einem großen, beheizbaren Zelt. Es ist Teil einer größeren Anlage, die aus einem Dutzend Zelten besteht, und hat einen separaten Eingang mit einem Holztor. 14 Feldbetten stehen im Zelt, und ich suche mir das hinterste Bett aus, das am weitesten vom Eingang entfernt ist. Ich bin allein im Zelt. Es ist niemand sonst da. Auf dem Boden liegt eine feine, aber dichte Schicht Staub. Ich packe das Bettzeug aus seiner Folie aus und räume den Inhalt meiner Tasche in einen Schrank. Die Zeltanlage heißt »Walhalla 5« und das Zelt selbst »Toc Alpha«. Es lässt sich nicht sagen, ob die benachbarten Zelte bewohnt sind. Gleich am nächsten Morgen soll ich an meiner ersten Patrouille teilnehmen. Der Presseoffizier erwartet mich in seinem Büro, um mit mir den Ablauf zu besprechen und mir eine erste Einweisung zu geben. In der Zwischenzeit ist es dunkel geworden, und die Befehlsausgabe, zu der wir am Abend gehen, ist eine ziemlich konspirative Angelegenheit. Wir irren durch ein in der Dämmerung zunehmend kryptisch wirkendes Areal, irgendwo in der Mitte des Lagers, wo der Presseoffizier den Treffpunkt vermutet. Hier sind mehrere Zelte aufgebaut, und in einem von ihnen findet die Befehlsausgabe statt. Der Presseoffizier leuchtet mit seiner handlichen Taschenlampe einen Holzsteg ab, der sich zwischen den Befehlsständen hindurchschlängelt, um das richtige Zelt zu finden. Es ist sehr still. In den Zelten scheint niemand zu sein, oder die dort untergebrachten Soldaten verhalten sich so ruhig, dass von ihnen nichts zu hören ist. Überhaupt hört man in Kunduz nicht viel. Das Lagerleben scheint sehr diszipliniert abzulaufen. Auf schmalen Fußwegen laufen wir zwischen den Zelten umher. Das Licht huscht zwischen unseren Füßen und über die kleinen Schneehaufen neben den Zelteingängen.

»Irgendwo hier muss es doch sein«, sagt der Presseoffizier und bleibt plötzlich stehen. Er schaltet seine Lampe aus, als könnte er sich dann besser orientieren.

»Nein«, sagt er nach einer kurzen Pause. »Wir sind doch richtig.« Das Zelt, das wir suchen, ist direkt neben uns. Vielleicht fünfzig Männer und Frauen sitzen hier beisammen und warten auf den Patrouillen- oder Zugführer, der eine kleine Ansprache halten und den Ablauf der Patrouille erklären soll. Die eigentliche Befehlsausgabe dauert nur zwei oder drei Minuten. Die Ansprache ist sehr kurz, es gibt keine Einstimmung, keine weiteren Erklärungen darüber, was die afghanischen Polizisten mit den Solarmodulen tun, die wir ihnen bringen werden, und was die Key Leader bei dem Key Leader Engagement später mit den CIMIC-Offizieren besprechen sollen. Die anwesenden Soldaten wissen das angeblich schon, und die Befehlsausgabe ist in gewisser Hinsicht auch ein Ritual, eine Zusammenkunft, bei der Informationen ausgetauscht werden, die schon bekannt sind. Das Treffen mit den Key Leadern, lokalen Würdenträgern, findet im »Wasserschloss«, dem eigentlichen Ziel der Patrouille, statt, und natürlich ist das Wasserschloss auch wieder eine Chimäre, ein Trugbild, ein Ort, der nicht wirklich existiert. Es ist nur eine Hütte am See oder ein Holzhaus. Aber ich bin froh, dass ich überhaupt »rauskomme«, dass ich also am nächsten Morgen Afghanistan kennenlerne und einen ersten Eindruck davon bekomme, was es bedeutet, den Raum zu sichern, die Raumverantwortung zu haben und für »Freedom of movement« zu sorgen, wie mir der Presseoffizier später in seinem Büro erklärt. Im Zwielicht des überfüllten Zeltes, in dem die Befehlsausgabe stattfindet, halte ich die Hände übereinandergelegt wie in der Kirche. Notizen sind nicht erlaubt. Im Dunkeln ist das Land, sind die Dörfer und die Menschen, um die es hier geht. Von dem Vortrag, den der Presseoffizier später in seinem Büro hält, um mir anhand des Kartenmaterials den Ablauf der morgigen Exkursion noch einmal zu erklären, bekomme ich nur noch die Hälfte mit. Ich bin auf einmal vollkommen erschöpft. Ich lege mich früh schlafen, ich muss am nächsten Morgen einsatzbereit sein. Treffpunkt ist der sogenannte Ehrenhain, von dem die meisten Patrouillen aufbrechen, um das Lager zu verlassen. Es ist der Ort, wo auch der Toten gedacht wird, der Soldaten, die beim Einsatz ihr Leben gelassen haben. Ich nehme mir vor, wenn ich am Nachmittag von der Patrouille zurückkehre, einen Blick auf ihre Namen zu werfen. Ein Vorhaben, das sich wie ein roter Faden durch die Zeit meines Aufenthalts ziehen wird. Es würde verlangen, dass ich allein und unbeaufsichtigt bin, mein Notizbuch dabeihabe und nicht, wie am nächsten Morgen, mit Helm, Weste, Gehörschutz und Schutzbrille diesen Platz mit seinem laut knirschenden Kiesbelag betrete, auf dem sich Panzer, gepanzerte Transportfahrzeuge und schwerbewaffnete Soldaten tummeln, und ein Pressefotograf, der seine Kamera auf mich richtet, während ich mich durch eine winzige Türöffnung in den Innenraum eines Fuchs-Spürpanzers hineinzwänge. Und schon wieder bin ich auf dem Weg zum Mond. Wieder begebe ich mich in das Innere einer märchenhaften und irrealen Welt, die mich für die nächsten zwei Stunden gefangen hält und mir das Gefühl gibt, ich sei ein Blinder, der aber trotzdem darauf besteht, sich alles ganz genau anzuschauen.

Unter der Erde. Oder genauer gesagt: Irgendwo im Fuchs. Im Inneren des Panzers sitzen der Richtschütze, der Kartenleser, der Presseoffizier und ich. Der Richtschütze bedient mit einem Joystick das auf dem Dach angebrachte Maschinengewehr und sieht, was das Gewehr sieht, auf einem Bildschirm, der das zeigt, was ich nicht sehen kann. Der Kartenleser sieht, je nachdem welchen Kartentyp er wählt, eine Panoramakarte, ein Luftbild oder eine Karte mit dem Verlauf der Straße, zum Beispiel der LOC Apple oder der Apple Road, die zu den Lines of Communication, zu den sogenannten LOCs zählt. Schon im Lager finden sich zur Kennzeichnung der Unterkünfte Ortsschilder, wie man sie auf Bundestraßen am Ortseingang vorfindet, was auch kein Wunder ist, da sie aus Spenden der heimatlichen Gemeinden stammen und den Soldaten Heimatgefühle vermitteln sollen. Auf der Karte stehen diese Heimatgefühle für Beobachtungs- und Meldepunkte und bezeichnen Orte, die Patrouillen im Zuge ihrer

Aufklärungsarbeit als solche definiert und über Funk aus der Taufe gehoben haben. Und dann tauchen auf einmal Ortsnamen auf, die einem bekannt vorkommen. Passau, Trier, Koblenz oder Unterpfaffenhofen. Entlang der international benannten LOCs bevölkern diese Heimatgesänge die Bundeswehrkarten wie Songlines. Entlang der LOC Litchi, Banana oder der LOC Apple, die wir an diesem Morgen befahren, markieren die deutschen Orts- und Städtenamen (einige so abwegig, dass ich im Nachhinein bereue, sie mir nicht aufgeschrieben zu haben, so dass ich mir jetzt schon nicht mehr sicher bin, ob Unterpfaffenhofen eigentlich wirklich existiert), die Orte, die die Bundeswehr mehr oder weniger unter Kontrolle hat oder unter Kontrolle zu bringen versucht. Das Wasserschloss ist noch in weiter Ferne. Auf dem Hinweg habe ich als Einziger den Fensterblick, schaue also durch einen schmalen Spalt, der wie ein in einer Gefängnistür eingelassener Ausgabeschacht an der Fuchstür angebracht ist und die Welt draußen zeigt. Dass alle Panzer und gepanzerten Fahrzeuge Tiernamen haben, gefällt mir irgendwie, aber es gefällt mir auch nur, solange ich noch nicht darüber nachgedacht habe, was das eigentlich bedeutet. Auf der Fahrt zum Wasserschloss sieht Afghanistan gelb, verschleiert und staubig aus. Ich trage eine Splitterschutzbrille, die mir der Presseoffizier geliehen hat, und der Farbton, den wir nach einer längeren Unterredung mit dem Presseunteroffizier ausgewählt haben, ist Gelb. »Gelb ist gerade sehr angesagt.« Ich trage Gelb und sehe ein schmierig gelbliches Afghanistan durch den schmalen, rechteckigen Lichtschacht, durch den die Welt noch künstlicher und irrealer aussieht als auf dem durch einen Joystick gesteuerten Maschinengewehrauge des Richtschützen oder auf dem Computerbildschirm des Kartenlesers. Trotzdem klebe ich an dem Fensterchen, bis mir fast schlecht wird. Die Ohren sind mit Knetmasse zugestopft, der Kopf schlägt manchmal diskret gegen Stahlkörper des Panzers, in dem man unmöglich aufrecht stehen, allenfalls kriechen, knien oder besser sitzen kann. Die Realität setzt sich aus Staub,

Licht, Sonne und dem zweimaligen geisterhaften Auftauchen einer Frau mit Burka zusammen, der ich mich irgendwie verwandt fühle, so wie ich die Realität von draußen einzusaugen versuche und mir immer wieder zuraune: »Afghanistan. Ich bin draußen. Das ist es also.« Auf den staubigen Fensterschlitz hat ein Soldat seinen Namen geschrieben, oder den Namen von jemandem, der ihm etwas bedeutet. Eddy. Durch das E, die beiden D und das Y von Eddy sehe ich am meisten. Aber das, was ich sehe, ist natürlich auch wieder nur ein Konstrukt. Später wird mir diese Realitätsaufbereitungstechnik, die in diesem Fuchs mitgeführt wird, noch einmal deutlich vor Augen geführt werden. Es ist eine Dreifaltigkeit. Es sind drei verschiedene Formen der Verwandlung. Es ist einmal das Bild auf dem Computerbildschirm des Richtschützen, das je nachdem, wie die Waffe bewegt wird, zum Beispiel die Welt rechts von uns zeigt oder, wie es im militärischen Jargon heißt, die Welt »auf halb drei oder vier«. Dann gibt es das Bild auf dem Bildschirm des Kartenlesers, das das große, fast göttliche Auge eines Satelliten gemacht hat, der in unfassbarer Höhe über uns schwebt, und schließlich, als Drittes, das kleine Fenster, auf dem Eddy steht. Das Fenster zur wirklichen Welt, das einen winzigen gelblichen Ausschnitt präsentiert, in dem ab und zu Afghanistan durchs Bild läuft oder der Staub durch die Luft fliegt. Besonders verwirrend ist es, als ich auf dem Rückweg neben dem Kartenleser sitze und alle drei Realitätsaufbereitungsprogramme gleichzeitig sehen kann. Erstaunlicherweise sieht das mit dem Maschinengewehr aufgenommene Afghanistan realistischer aus als das durch das Fenster zu sehende. Wenn das Maschinengewehrauge nach links schwenkt, vielleicht auf »halb elf«, der Kartenleser etwas näher heranzoomt, vielleicht auf eine Kreuzung irgendwo entlang der Apple Road, und schließlich der kleine gelbe Ausschnitt mit den Eddy-Buchstabenöffnungen wieder eine verschleierte Frau oder das Vorderrad eines Fahrrades zeigt, dann ist nicht nur die Verwirrung perfekt, sondern auch das Gefühl, im Inneren von etwas zu sein, was sich rasend schnell von der Wirklichkeit entfernt und doch alles daransetzt, sie in den Griff zu bekommen und sie im schlimmsten Fall, falls sie sich als feindlich erweist, zu zerstören.

Aber das passiert natürlich nicht. Es passiert in dieser Hinsicht gar nichts. Jedenfalls nicht an diesem Tag. An diesem Tag wird mir nur schlecht, ich verrenke mir den Hals und versinke im Schlamm, später, als ich doch noch rauskomme aus dieser Maschinerie, aus diesem Uhrwerk der Realitätsverarbeitung, als ich schließlich herausklettere aus dem Fuchspanzer und mich im Innenhof des Polizeiquartiers wiederfinde, wo die Solarmodule übergeben werden. Es scheint wieder die Sonne. Der Boden ist feucht, der Schnee innerhalb der Gemäuer des Polizeiquartiers weggetaut, und für einen Moment fürchte ich, in dem Matsch unter mir zu versinken, als der Presseoffizier wieder seine Kamera auf mich anlegt. »Wollen Sie für den Rest des Tages im Fuchs bleiben oder vielleicht noch was erleben?«, fragt er. Vorsichtig steige ich aus. Der Fuchs steht in einer Reihe von Fahrzeugen, die in einem sanft geschwungenen Bogen den Innenhof des Polizeiquartiers absichern. Dingos, Füchse und Igel. Aber vielleicht sind es auch nur Dingos und Füchse. Und während ich im Matsch einsinke und mich zu orientieren versuche, wird klar, dass dieser Ort, obwohl es sich eindeutig um afghanischen Grund und Boden handelt, wieder nichts mit der Wirklichkeit zu tun hat. Diesmal sind es die hohen Mauern, die von Türmen flankiert sind und auf denen die Soldaten jetzt Wache halten. Die andere Hälfte der Patrouille ist schon auf dem Weg zum Wasserschloss. Wo die Übergabe der Solarmodule stattfindet, ist in diesem Moment nicht zu sagen. Der Presseoffizier fotografiert, ich überlege, ob ich auch fotografieren soll, aber in diesem Moment merke ich, dass ich gar keine Bilder machen möchte. Die nächsten drei oder vier Stunden werden wir hierbleiben und sichern. Noch ist nicht klar, was wir sichern werden, außer dass wir uns natürlich selbst sichern müssen. Aber innerhalb dieser

Gemäuer, die keiner von uns verlassen darf, bietet sich die Gelegenheit, Gespräche zu führen, auf die ich mich so ausführlich vorbereitet habe, Gespräche mit den Menschen, deretwegen ich hierhergekommen bin. Als Erstes steuere ich den Wachturm an, den zwei Soldaten mit orangefarbenen Schutzbrillen sichern und der sich zwei Meter oberhalb des Gemäuers erhebt und dessen Dach zusätzlich mit Stacheldraht bedeckt ist. Der Presseoffizier ist nicht zu sehen, und ich denke, ich kann jetzt guten Gewissens allein auf den Wachturm gehen und schauen, was mich dort oben erwartet.

Der Blick nach draußen ist auch hier etwas beeinträchtigt. Seitdem sie das letzte Mal hier waren, sagen die beiden Soldaten, die hier Wache halten, habe sich die Lage noch weiter verschlechtert und die Sehschlitze seien noch schmaler geworden.

»Jedes Mal, wenn wir kommen, haben sie sich verkleinert«, sagt einer der beiden Soldaten, dessen Gewehr auf den rauen Betonboden des Wachturms gerichtet ist. Er zeigt auf den Sehschlitz. Tatsächlich ist hier etwas frisch verputzt worden, und der Spalt ist jetzt so schmal geworden, dass gerade mal eine ausgestreckte Hand durchpasst.

»Wenn wir das nächste Mal hier sind, kann man wahrscheinlich überhaupt nichts mehr sehen«, sagt der andere Soldat, dessen orangefarbene Schutzbrille auf seiner Stirn sitzt.

»Aber warum tun sie das?«, frage ich, während ich nach draußen schaue. Es ist nichts weiter zu sehen als Stacheldraht, Teile von Gebüschen und Bäumen und die Andeutung eines schmalen Weges, der kaum befahrbar zu sein scheint.

»Das würden wir auch gerne wissen«, murmelt der Soldat mit der hochgeschobenen Schutzbrille.

»Vielleicht *wollen* sie ja gar nichts sehen«, sagt der andere, dessen Gewehr nach unten zeigt. »Das machen sie so lange, bis hier oben alles dicht ist. Dann hat sich das erledigt. Man muss ja nur mal auf die Grundstücke von den Leuten hier schauen, in den

Dörfern. Jeder hat seine Mauer, und was hinter Mauern ist … Tja.«

»Tja«, sagt auch der andere Soldat, dreht sich zur Seite und schaut durch den anderen Sehschlitz.

»Da können wir natürlich nur Mutmaßungen anstellen«, fährt sein Kamerad fort. »Das bleibt allein ihr Geheimnis.«

»Sozusagen«, sagt der andere und beugt sich etwas vor, als wollte er damit ein Zeichen geben, dass er sich jetzt wieder seiner Arbeit zuwenden muss.

»Jedenfalls passen Sie hier oben auf«, sage ich, um das Gespräch zum Abschluss zu bringen. »Sie haben das hier alles im Griff.«

»Sozusagen«, wiederholt der Soldat mit der hochgeschobenen Schutzbrille. Wir schauen zu dritt nach draußen und versuchen, etwas zu erkennen. Aus Höflichkeit bleibe ich noch einen Augenblick, dann verlasse ich den Wachturm und gehe wieder herunter in den Innenhof.

Die anderen Soldaten haben mittlerweile ihre Fahrzeuge verlassen. Einige haben sich zu einem Halbkreis zusammengestellt und unterhalten sich, so wie es auch Bauarbeiter oder Lastwagenfahrer tun, die gerade durch irgendeinen Defekt einer ihrer Maschinen daran gehindert werden weiterzuarbeiten und sich in aller Gelassenheit eine Zigarette genehmigen und den Eindruck erwecken, sie fänden das alles nicht weiter schlimm und würden in gewisser Hinsicht über ihre Maschinen oder Fahrzeuge, denen sie aber gleichzeitig eng verbunden sind, triumphieren. Sie stehen in der Sonne, als wollten sie zum Ausdruck bringen: Das Sagen haben hier immer noch wir. Die Bauarbeiter und Lastwagenfahrer sind natürlich in Wirklichkeit EloKa-Spezialisten, EOD-Fachleute und BAT-Kräfte, oder es sind die Patrouillenführer, wie der Mann, der neben mir steht und dessen Stellvertreter jetzt auf dem Weg zum Wasserschloss und dem Treffen mit den Key Leadern ist. Es stellt sich heraus, dass die Solarmodule schon übergeben worden sind, und als ich dem Presseoffizier gegenüber meine Enttäuschung zum Ausdruck bringe, dass ich das verpasst habe, schüttelt er nur den Kopf, richtet seine Kamera auf seine Kameraden und sagt, während er die im Halbkreis zusammenstehenden Männer hinter den Fahrzeugen fotografiert: »Da haben Sie nun wirklich nichts verpasst. Das sind eben Solarpanels, und die werden übergeben, und das ist es dann. Was soll daran schon spannend sein?« Ich beobachte die Soldaten. Ich schaue auf die Gesichter der Männer, ihre zur Schau gestellte Trägheit, die natürlich nur eine Pose ist, hinter der sich Wachsamkeit und Aggressivität verbirgt, so wie man sie auch bei Sportlern antrifft, die in Wettkampfpausen ostentativ müde und schlapp wirken und den Eindruck erwecken, als könnten sie kaum noch laufen. Ich brauche eine Weile, bis mir klarwird, dass es etwas skurril ist, dass wir in einer Polizeidienststelle sind, aber von den Polizisten nichts zu sehen ist. Ich laufe ein paar Schritte im Innenhof herum, ohne mich aber von den Fahrzeugen weit zu entfernen, als ich eine Soldatin entdecke, die auf dem Dach ihres Fuchs-Spürpanzers sitzt und ihr Gesicht in die Sonne hält. Sie sitzt im Schneidersitz und ist mit irgendetwas beschäftigt. Noch lässt es sich nicht genau sagen, was es ist, aber ich nähere mich vorsichtig dem Fahrzeug und steige zu ihr nach oben, steige die Trittleiter hoch, zwänge mich durch die Luke und klettere auf das Dach hinauf. Die Sonne ist so heiß, dass ich sofort die Schutzweste ausziehe und den Helm ablege. Sie hat einen Würfel vor sich. Es ist ein weißer Plastikwürfel, der sich als MP3-Player entpuppt. Sie hält ihn in der Hand, dreht ihn ein bisschen hin und her und blinzelt mich an.

Es ist jetzt das Natürlichste von der Welt, dass wir oben in der Sonne sitzen. Es fühlt sich hoch an, entrückt, weit entfernt von dem, um was es hier geht. Und es ist das Natürlichste von der Welt, dass sie diesen Würfel vor sich hält, ihn ein bisschen hin und her dreht, blinzelt und schließlich sagt: »Ich bin Fanny. Wir machen gerade Mittagessen. Hast du Hunger?« Und dann dreht sie sich um und zeigt auf eine andere Frau, die ein paar Meter entfernt mit einem Campingkocher beschäftigt ist.

»Ich ziehe meine Schutzweste aus«, sage ich, und sie nickt.

»Mach es dir gemütlich.« Sie hat ihre längst auch ausgezogen.

»Und wie geht das mit dem Mittagessen?«, frage ich.

»Das geht hier mit dem Campingkocher«, sagt die andere Soldatin.

Sie rückt jetzt näher und zeigt mir die etwas zerknautschte, gold-silbern glänzende Packung, auf der »Typ 2. Ravioli« steht.

»Das wird gekocht?«

»Ja.« Sie schaut mich kurz an und lächelt. »Eigentlich wird es nur aufgewärmt.«

Während Fanny sofort einverstanden ist, dass ich mir Notizen mache und Fragen stelle, ist die andere Soldatin noch etwas skeptisch.

»Und warum wollen Sie mir Ihren Namen nicht sagen?«, frage ich.

»Ich will mein Gesicht nicht in der Zeitung sehen«, sagt sie.

»Ich kann Ihnen versprechen, dass Ihr Gesicht nicht in die Zeitung kommt«, sage ich schnell.

Sie lächelt. »Ich glaube Ihnen kein Wort.« Sie rührt die Ravioli und wischt sich die Hände an ihrer Uniform ab. Dann unterhalten wir uns weiter. Ich entscheide mich später dafür, dass ich sie Jacqueline nennen will, denn Jacqueline erscheint mir für das versteckt Glamouröse, das sie ein bisschen ausstrahlt, am besten geeignet. Aber vielleicht ist Jacqueline doch nicht weit genug von ihrem wirklichen Vornamen entfernt, den sie ebenfalls lieber für sich behalten will.

»Das ist eben *mein* Vorname, und der geht niemanden etwas an«, sagt sie und grinst. Ich nenne sie J. und mache mir weiter keine Gedanken darüber, ob J. zu ihr passt oder nicht. Ich rutsche etwas zurück, noch weiter nach oben, zur Mitte des Dachs hin, um den Blicken des Presseoffiziers zu entkommen, der schon ein paarmal nach oben geschaut und dabei so gewirkt hat, als müsse er noch entscheiden, wie er mit der Situation umgehen soll, und ob er mich dort oben mit den beiden Frauen allein lassen kann.

»Und wie lange dauert es, bis das Essen fertig ist?«, frage ich.

Fanny ist gerade durch die Luke ins Innere des Panzers geklettert, um sich auch etwas zum Mittagessen zu holen.

»Es ist schon fertig«, sagt J. »Manchmal esse ich es auch kalt. Scheiß drauf.« Sie stellt den Topf auf das Dach und nimmt sich eine Gabel. Sie wechselt jetzt ihren Tonfall. Sie hat sich entschieden, eine Weile martialisch und grob zu klingen. Ich schreibe mir ihre Formulierungen auf, aber der Kontext, der Zusammenhang geht später verloren. »Wen Gott liebt …«, habe ich aufgeschrieben. J. sagt: »Wen Gott liebt …« Und sie sagt: »Unser Hund ist unser Kind.« Einmal sagt sie: »Muttischein«. Oder sie sagt, sie sei eine »Profi-Urinatorin« oder »Profi-Pinklerin«, was besonders grob klingen soll, aber zumindest erinnere ich mich, dass sie diese Formulierung benutzt, als es um das Problem geht, wie man als Frau seine natürlichen Bedürfnisse befriedigt, wenn draußen bei einem Einsatz keine Toilette verfügbar ist. Ich schreibe mir das alles auf, aber es ist unmöglich, ihre scharfen, treffsicheren Formulierungen zu rekonstruieren. »Wen Gott liebt …« ist nur der Anfang eines Satzes, der mich besonders beeindruckt hat, und in diesem Moment denke ich, ich würde mich später schon noch daran erinnern können, was sie gesagt und gemeint hat und wie der »Wen Gott liebt«-Satz weitergeht. Sie hat ein Muttermal auf dem Kinn, und ihre Augen wirken sehr dunkel, wenn sie sich nicht gerade ihre Mütze ins Gesicht zieht. Fanny kommt mit einem dünnen, silbernen Verpflegungsbeutel wieder aus dem Inneren des Panzers zurück. Den Beutel hat sie mal gegen eine EPa, eine Einmannpackung, die die Deutschen zum Mittagessen verwenden, getauscht. Verpflegungsbeutel mit den Amerikanern tauschen, das sei auch so eine Geschichte. Fanny sagt: »Also die Amerikaner sind ganz scharf auf unser EPa. Aber ist ja klar. Ich würde ja auch nicht den ganzen

Tag diese komischen Beutel essen«, sagt sie und schneidet mit einer Schere das amerikanische Mittagessen auf, auf das man ein bisschen Wasser gießen muss, und dann erhitzt es sich ganz von allein. »Menu 10, Chili & Macaroni. Meal ready to eat individual. Warfighter recommended. Warfighter testet. Warfighter approved.« Und dann sprechen wir über Waffen. Wir sprechen über die Instrumente, die hier zum Einsatz kommen. Die Instrumente des Tötens, wobei J. sofort sagt: »So ein Quatsch. Das Einzige, um was es für uns hier geht, ist doch Sicherung und Selbstverteidigung. Alles andere kommt doch, wenn man ehrlich ist, gar nicht in Frage.«

Vielleicht ist es wirklich einfacher, mit Frauen darüber zu sprechen, wie das Töten funktioniert. Obwohl ich sie natürlich nicht direkt danach frage. Es erscheint mir geradezu obszön. Ich lasse mir stattdessen die Waffen erklären, welche sie besitzen und mit sich führen, wie man sie reinigt, wartet und wie man sie bedient. Und wie es sich anfühlt, wenn man sie in der Hand hält. Über das Töten sprechen wir nicht. Ich spreche hier mit niemandem darüber, ich konfrontiere niemanden mit der Frage, die sich zum Beispiel Dave Grossman in *On Killing* mit so großer Akribie stellt. Die Frage, wie es sein kann, dass während des Zweiten Weltkrieges mehr als achtzig Prozent der amerikanischen Soldaten eigentlich ihren Dienst verweigert haben, indem sie nämlich ihre Waffen nicht auf die Deutschen oder die Japaner gerichtet und sie nicht zu töten versucht haben. Die Studie des Brigadegenerals S. L. A. Marshall, die Grossman in *On Killing* zitiert, wurde damals unmittelbar nach den Kampfhandlungen durchgeführt und bestätigte das, was man ohnehin schon wusste, nämlich dass die meisten Soldaten gar nicht töten wollen. Grossman, dessen Buch im Untertitel *The psychological Cost of Learning to Kill in War and Society* heißt, so als wolle er sich für seinen eigenen Berufsstand und seinen Forschungsgegenstand in einem Nebensatz gewissermaßen entschuldigen, gibt zu Protokoll, dass es offensichtlich einen starken Widerwillen bei den meisten Menschen gibt, ihre Mitmenschen zu töten. Sie schossen in die Luft, schreibt Grossman, oder sie schossen vorbei, oder sie schossen gar nicht. Sie *taten* so, als würden sie schießen. Mein Vater erzählte mir, wie er im Fußballverein als linker Läufer, wie es damals noch hieß, immer eine Heidenangst davor hatte, den Ball zu bekommen. Er erzählte mir, er habe sich eigentlich immer davor gefürchtet, er würde angespielt werden und müsste dann mit einem Mal die Verantwortung für den Ball, für einen Spielzug und somit für Sieg oder Niederlage seines Teams übernehmen. »Ich hab' immer gedacht«, sagte mein Vater, »hoffentlich krieg' ich den Ball nicht. Hoffentlich spielt mir niemand den Ball zu.« Hat er damals auch an seinen Gegnern vorbeigezielt, damals, als er mit siebzehn oder achtzehn am Feldzug in Polen teilgenommen hat? Über das Schießen und das Töten habe ich mit meinem Vater nie gesprochen.

»Was ist das eigentlich für ein Würfel?«, frage ich Fanny, die ihr Mittagessen schon wieder beendet hat.

»Das ist ein MP3-Player«, sagt Fanny. »Der ist gar nicht so schlecht.« Sie hat ihn auf dem *local market* gekauft. Es ist kein militärisches Equipment, es ist tatsächlich nur eine kleine, billige Maschine, die Musik machen kann. Der *local market* ist allerdings nicht in Kunduz oder irgendwo außerhalb des Lagers, sondern im Lager. Einmal in der Woche kommen die Händler ins Lager und verkaufen dann ihre Ware. Das ist der *local market*. Es spielt sich alles im Lager ab. Dass man das Lager verlässt und in seiner Freizeit irgendwo hinfährt, ist undenkbar. Deswegen hat sich Fanny auch im Lager taufen lassen. Es ist erst ein paar Monate her. Sie ist Christin geworden. Hier unter der Sonne Afghanistans oder, genauer gesagt, unter dem sonnenhellen Licht der Kameras des ZDF. Die Lage ist jetzt ohnehin ruhig. Aber das liegt natürlich auch an der Jahreszeit. In den letzten Monaten hat es keine wirklichen Gefechtssituationen gegeben. Die größte Gefahr ist jetzt die Bedrohung durch IEDs, *improvised explosive devices*, die in den Straßen vergraben sind und explodieren, wenn sich die Fahrzeuge der Bundeswehr nähern.

»Wir wollen eigentlich gar nicht wissen, über was wir da fahren«, sagt J.

»Nein«, ergänzt Fanny, »das willst du gar nicht wissen.«

»Aber Sie sind ja gut geschützt. Ich meine, in so einem Fahrzeug ...« Ich zeige auf das Metall unter meinen Füßen.

Fanny schüttelt mitleidig den Kopf. »Neulich haben sie einen Marder zerschrottet. Die Ladungen, die sie vergraben, werden immer größer. Da kannst du nichts machen.«

»Da fährst du drüber und willst gar nicht wissen, was darunter ist.«

Der Marder hat eine höhere Sicherheitsklasse als der Fuchs, der ungefähr genauso sicher ist wie der Dingo. Aber jedes dieser Fahrzeuge ist schon gesprengt und zerstört worden, und Soldaten, die in ihnen gesessen haben, sind getötet worden. Ich kann mir nicht vorstellen, dass Fanny und J., so wie sie hier in einer fast teenagerhaften Lässigkeit im Schneidersitz links und rechts von mir sitzen, in Gefahr sind. Ich kann mir nicht vorstellen, dass Fanny und J. sterben. Ich kann mir auch nicht vorstellen, dass J. ihr G36-Sturmgewehr benutzt oder Fanny, wenn es, wie sie sagt, dann »ganz übel« kommt, ihren Platz im Fahrerhaus verlassen und in ein *small arms fire*-Gefecht verwickelt wird, dann nämlich, wenn ihr Fahrzeug irgendwo in einen Hinterhalt gerät. *Small arms fire*. Das ist ein Ausdruck, den ich mir aufschreibe und dessen Kontext nicht verlorengeht, während ich nicht weiß, wie der Satz »Wen Gott liebt ...«, der von J. stammt, weitergeht, und vor allem nicht, wie dieser Satz endet.

Unser Zusammensein endet, als der Presseoffizier kommt. Er klettert zu uns nach oben. Er übergibt mir eines der in Silberfolie verpackten Brötchen und beweist seine fürsorgliche Ader, die allerdings immer mit etwas Ironie gepaart ist.

»Na«, fragt er, »was wird hier oben gespielt?«

»Ich war gerade dabei zu lernen, wie man mit einem G36 umgeht«, sage ich. »Und jetzt machen Sie mir alles zunichte.«

»Er wollte auf Sie schießen«, sagt J.

»Wenn hier jemand auf irgendwen schießt, dann bin ich das«, witzelt der Presseoffizier, der sich ein bisschen umschaut.

»Na so einen tollen Blick hat man ja von hier oben auch nicht.«

»Meinen Sie, dass man hier oben von den *insurgents* getroffen werden kann?«, frage ich. Eine Frage, mit der ich mich vielleicht früher hätte beschäftigen sollen, bevor ich Helm und Schutzweste abgelegt habe.

»Jetzt machen Sie sich mal nicht gleich in die Hose«, sagt der Presseoffizier launig. »Hier ist Ihr Brötchen.«

»Die Hälfte ist für Sie.«

»Nein danke«, sagt er. Er nimmt keine Geschenke von Journalisten. Er wahrt lieber einen gewissen Abstand.

»So«, witzelt er weiter. »Jetzt klettern wir aber mal wieder runter. Sonst passiert noch ein Unglück, und ich hole mein G36 heraus.«

»Oha«, macht J. und packt den Campingkocher weg.

»Primetime«, sagt Fanny und schaut auf den Würfel. Der Würfel bleibt stumm. Er hat keine Musik gespielt, er hat nur hier oben zwischen uns herumgestanden. Er hat vielleicht, zumindest fühlt sich das in meiner Erinnerung so an, das Spirituelle verkörpert. Das Geheimnis hinter der Geschichte der Taufe. Der Film über die Taufe ist im Internet bei YouTube zu finden, erklärt J. Für sie ist das eine Geschichte wie jede andere auch. Genauso wie die Geschichte des Kindes, das auf einmal in einem der nicht zugemauerten Löcher des Turms auftaucht. Die Sehschlitze werden schmaler, aber die Löcher im Turm größer. Eines ist so groß, dass darin auf einmal ein Kindergesicht auftaucht und J. dazu veranlasst zu rufen: »Kinder … Los, winken!« Und sie winkt. Ziemlich routiniert, aber auch nicht seelenlos, wie ich nach diesem Befehl gedacht hätte.

»Und was wollen die hier?«, frage ich, obwohl ich die Antwort natürlich schon weiß.

»Geschenke«, sagt J., ohne auch nur die geringste Regung zu zeigen. »Bälle. Teddybären. Schreibblöcke. All so ’nen Kram.«

»Na, wir können ihnen doch den MP3-Player geben. Der funktioniert doch sowieso nicht«, schlage ich vor.

J. schüttelt den Kopf und schaut mit finsterer Miene zu den Kindern, von denen wir jeweils nur die oberste Gesichtshälfte in der Ferne erahnen können.

»Die kriegen besser nichts«, sagt sie leise. »Die bringen sich nur gegenseitig um, wenn wir denen was geben. Damit tut man hier niemandem einen Gefallen.« Dann winkt sie wieder. Fast euphorisch. Ihr Gesicht hellt sich auf. Sie strahlt, als wären das dahinten in dem Loch des Wachturms ihre eigenen Kinder. Ich sehe sie an. Ohne auf das Blatt zu schauen, mache ich mir eine Notiz, versuche blind ein paar Zeilen aufzuschreiben. Vielleicht sollte man einfach nichts schreiben und nur hinschauen. Man sollte J. anschauen, die ihren Freund, mit dem sie schon seit fünf Jahren zusammen ist, bei einer Party kennengelernt hat, ohne zu wissen, dass er auch Soldat und in der gleichen Kaserne stationiert war wie sie selbst. Man sollte sie anschauen, wie sie dem Kind zuwinkt und für einen Moment die Kontrolle über sich verliert. Für den Bruchteil einer Sekunde. Als wollte sie diesem Kind, das doch in dem kleinen Loch des Wachturms gar nicht richtig zu sehen ist, ihr ganzes Leben, ihre ganze Existenz anvertrauen. Als wollte sie sie ihm einfach zuwerfen, mit der bloßen Hand, so unbewaffnet und schutzlos wie sie hier oben in der Sonne neben mir auf dem Dach des Panzers sitzt. Wen Gott liebt … Aber ich kann den Satz, den ich in diesem Moment über die Soldatin J. schreibe, nachher nicht mehr lesen, ich kann ihn nicht mehr entziffern.

6

Schon am zweiten Tag verstehe ich, warum es schön ist zurückzukehren. Zurück ins Lager. Es ist die Heimat, der Ort, an dem Afghanistan nicht existiert. Schon am nächsten Morgen, den ich in aller Frühe beginne, um meinen Besuch im Ausbildungslager der Polizei anzutreten und den Fahnenappell nicht zu verpassen, esse ich um 6.00 Uhr Weißwürste, die in der Kantine zum Frühstück angeboten werden. Das erscheint mir an diesem Morgen angebracht, nachdem die Heizung im Zelt, in dem ich einquartiert bin, so laut war, dass ich kaum geschlafen habe. Es ist der Tag, an dem die anderen Journalisten kommen, der Tag, an dem ich nicht mehr allein in meinem Zelt in Walhalla 5 bin, sondern mir die 14 Betten mit anderen Medienvertretern teilen muss. Ich würde den Tag gerne überspringen. Es passiert nicht besonders viel. Und es sind diese Tage in Kunduz, die mich nervös machen, während denen ich das Gefühl habe, ich würde nicht richtig vorankommen, es würde nicht wirklich vorwärtsgehen. Wie zum Beispiel der Besuch beim Truppenpsychologen, die Besichtigung der russischen Gräber. In meinem Notizbuch steht untereinander, ein Versuch, mein Gedächtnis zu entlasten:

»Der Truppenpsychologe. Das Konzept der Schweigerose.
Ankunft von Wolfram, dem Kriegsfotografen.
Die Russengräber, die niemand besucht.
Der Soldat an der Tankstelle, der bis 2016 erst mal keine Kinder will.
Die Hall of Pain. Die Stelle, an der die Rakete eingeschlagen ist.
Der Termin beim Kommandeur der Taskforce.
Die Wüste. Ein Angriff mit mehreren Panzerfäusten, die jemand auf der Schulter trägt.«

In meinem Notizbuch sieht es aus, als könnte ich das überspringen und als könnte ich fortfahren mit dem Besuch in Taloqan, wo der Außerdienststellungsappell stattfindet, und ich könnte unterschlagen, wie ich auf der Rückfahrt vom Polizeiquartier, in dem ich auf dem Fuchspanzer in der Sonne gesessen habe, den Soldaten, der die ganze Zeit den Computerbildschirm mit dem Kartenmaterial bedient hat, plötzlich vor dem Ausgang des Fuchspanzers sitzen sehe, wie er darauf lauert, dass er wieder nach draußen gelassen wird. Wie ein Tier. Schlammbespritzt, mit einem Gesicht, in dem die Unschuld ein unscharfes abstraktes Gemälde hinterlassen hat, das jetzt, im 21. Jahr seines Bestehens, noch immer keine Konturen annehmen will. Das Gesicht des Soldaten, der auf der Rückfahrt mein Nachbar ist.

Ich sage zu ihm: »Was mich wundert, wirklich viel vom Land bekommen Sie ja nicht mit, oder?«

Er lacht, seinen Mund unter dem Schal verborgen, den er sich um den Hals gewickelt hat. Er hat einen steifen Nacken.

»Gar nichts«, sagt er und starrt weiter auf den Bildschirm. Er zoomt etwas heran, switcht zu einem anderen Ausschnitt, scrollt irgendwo hoch. Er will mir etwas zeigen, aber er findet es nicht. Draußen, dank des Bildschirms des Richtschützen ganz gut zu erkennen: Schneelandschaften und Strommasten. Ob da jemand sitzt, kauert, versteckt ist, um uns in die Luft zu jagen?

»Und wenn Sie mal rauskommen, ich meine, bei dem Treffen in dem Wasserschloss zum Beispiel.«

»Da bleiben wir hier drin. Wir sichern. Vielleicht steigen wir kurz mal aus. Aber eigentlich sind wir hier acht Stunden drin, das ist wie bei einem Bürojob.«

»Haben Sie denn schon mal mit jemandem gesprochen? Also mit jemandem von der Bevölkerung?« Ich formuliere das so, als wäre die Bevölkerung eine Art Therapie, als würde das Gespräch einem guttun, einem Soldaten, der sich vor der Bevölkerung aber genauso auch in Acht nehmen muss. Es könnte einer von ihnen im Schnee sitzen, hinter dem Strommast, mit einer Panzerfaust auf der Schulter.

»Nicht wirklich«, sagt er. Er hat Knie- und Rückenschmerzen.

Er sagt, er habe sich deswegen absichtlich nicht für die Position des Richtschützen beworben, obwohl er dafür ausgebildet sei. Er sitze lieber hier vor dem Bildschirm und kümmere sich um die Karte. Denn dann komme er zumindest ab und zu kurz mal raus.

»Und wann kommen Sie dann raus?«

»Na ja … nachher zum Beispiel. Ich habe gerade über Funk gehört, wir machen nachher kurz halt und nehmen die Schneeketten ab.«

Und er kommt raus, er verlässt den Fuchs für fünf Minuten. Die ganze Patrouille hält an. Die Schneeketten sind sehr hilfreich, als wir durch die Wüste fahren. Die Wüste ist von ovalförmigen, schnell schmelzenden Schneefeldern bedeckt. Es ist eine Lehmwüste, wie der Kommandant des Panzers mir erklärt. Während ich neben ihm stehe, draußen im eiskalten Wind, mache ich Fotos mit meiner geliehenen Digitalkamera und nehme die vor uns in Schlangenlinien durch die Wüste fahrenden Fahrzeuge auf, interviewe den Kommandanten, der gar nicht so weit von hier, er zeigt in die Richtung, nämlich »weiter hinten«, wenn man es »genau nimmt«, geboren ist. Dort befindet sich irgendwo Kasachstan. Kasachstan kommt dahinter. Ich muss mich immer an der Luke festhalten, wenn der Fuchs plötzlich aufsetzt.

»Und warum sind Sie nie wieder in Kasachstan gewesen?«, frage ich. »Sie sind doch da geboren? Wollten Sie denn nie dahin zurück?«

Der Soldat, der kurz aussteigt, um die Schneeketten abzumachen, kehrt über und über mit Schlammspritzern bedeckt zurück. Ich bin gedanklich auf seiner Seite, ich gehe mit ihm raus. Für einen Moment überlege ich sogar, ob ich nicht fragen kann, ob ich helfen soll. Er sitzt im Fuchs am Ausgang, an der Tür, später, als wir den Ehrenhain erreicht haben. Er lauert auf den Moment, wann er die Tür aufstoßen und endlich aussteigen darf. Der Schal, mit dem er seinen Nackenschmerz zu kurieren versucht, hängt ihm von der Schulter herunter. Schlammspritzer bedecken seine Uniform. Er greift nach seinem G36-Sturmgewehr, wartet, kauert, lehnt sich etwas geschwächt an die Eisentür.

»Und was machen Sie jetzt?«, frage ich ihn, als wir am Ehrenhain schließlich aussteigen und er mit seinem Gewehr über den knirschenden Kies geht, wo man in den Schießboxen die Waffen entlädt.

»Ich mach' noch Training. Sonst gibt's ja nicht viel.«

»Training?«, frage ich. »Sie gehen in die Hall of Pain?«

»Später, ja. Erst mal ist ein bisschen chillen angesagt. Sich mal kurz ablegen«, sagt er.

Die Hall of Pain. Sie steht auch auf meinem Programm. Ich habe schon von ihr gehört, es ist die ehemalige Küche, die umgebaut worden ist und in der man noch gut die Stelle sehen kann, wo vor ein paar Jahren eine Rakete eingeschlagen ist. Ich gehe zur Hall of Pain, nachdem mir der Truppenpsychologe erklärt hat, dass »das Kriseninterventionsgeschäft« gerade nicht so gut läuft. Es ist am nächsten Tag. Am späten Nachmittag. Nach unserer angenehmen, aber auch etwas zu gemütlichen Unterhaltung über Rückkehrergespräche, Konflikte zwischen Untergebenen und Vorgesetzten und die Frage, ob es passieren kann, dass Soldaten Probleme damit bekommen, wenn sie jemanden erschossen haben. Der Psychologe lehnt sich in seinem sehr hässlichen, aber gemütlichen Sessel zurück. Er wiegt den Kopf hin und her. Er gibt mir eine Broschüre, ein Heft, in dem dieses »Kriseninterventionsgeschäft« einführend erklärt wird, von den »peers«, die psychosoziales Grundlagentraining bekommen haben und in den verschiedenen Methoden des Debriefings geschult werden. Getötet haben die Soldaten in letzter Zeit eigentlich niemanden. Es ist auch niemand zu Tode gekommen, jedenfalls nicht in letzter Zeit.

»Und das ist ja auch gut so«, sage ich schnell.

»Das ist in der Tat gut so«, sagt der Psychologe und beugt sich wieder vor. Hinter ihm sieht man auf einem Holzkreuz seine

Schutzweste hängen, über der auf der Spitze des Kreuzes der Helm sitzt. Es ist eine Art Schutzausrüstungskleiderständer, wie man ihn hier oft sieht. Ich erfahre allerdings später, dass man die Schutzwesten besser flach irgendwo aufs Bett legt und dass diese Aufbewahrungsmethode der Weste nur schadet. Sie führt langfristig dazu, dass die eingenähten Metallplatten brüchig und im schlimmsten Fall durchlässig werden.

»Da können wir wirklich froh sein«, sage ich.

Ich frage mich, wer außer den Rückkehrern, die dazu angehalten sind, sich hier zu melden, weil sie eine Unterschrift auf ihrem Laufzettel brauchen, überhaupt den Weg zum Truppenpsychologen findet und sich in diesen hässlichen, aber gemütlichen Sesseln mit ihm unterhält.

»Ehrlich gesagt, *ich* habe kein Problem damit, wenn es langweilig ist«, sagt er pflichtbewusst. Wir sprechen noch ein bisschen über das PTBS-Kompetenzzentrum in Berlin, das die Bundeswehr dort betreibt, eine Art Traumazentrum, zu dem ich schon Kontakt aufgenommen habe und das ich nach meiner Rückkehr noch besuchen will. Dann verabschiede ich mich wieder, vereinbare aber noch schnell ein weiteres Gespräch. Ein Gespräch, bei dem der Presseoffizier vielleicht nicht dabei ist, der die ganze Zeit auf dem anderen freien Sessel gesessen, Tee getrunken und sich, wofür ich ihm dankbar bin, nur ganz selten ins Gespräch eingemischt hat. Der Presseoffizier zeigt mir danach das gesamte Lager. Er zeigt mir die Russengräber, die armenische Kirche und die Kantine, in der wir dann auch später zu Mittag essen werden.

Das Problem ist, und das zeichnet sich im Grunde schon am Tag meiner Ankunft und auch an diesem so wundersamen Nachmittag in der Sonne auf dem Dach des Fuchspanzers ab: Es reicht nicht aus. So wird es nichts. So finde ich überhaupt nichts heraus. Ich muss raus. Ich muss das Lager verlassen. Ich muss noch mehr erleben. Auf einem Zettel liste ich auf, was noch alles zu tun ist. Der Besuch bei dem Soldaten N., mit dem ich angereist bin und den ich für eine Art Langzeitstudie gewinnen will, falls man zehn Tage eine Langzeitstudie nennen kann, ist obligatorisch, es ist der Termin, der sich unmittelbar an den Besuch des Truppenpsychologen anschließt, nachdem ich den Presseoffizier über meine weiteren Pläne angelogen und behauptet habe, ich müsse ins Zelt, also zu Walhalla 5 zurück, um mich etwas auszuruhen. Der Presseoffizier ist wahrscheinlich genauso froh darüber wie ich, dass ich mich ausruhen muss, und nach einem Besuch beim »Verticker«, einer Art Kiosk, wo ich mir einen Powerriegel kaufe, der erstaunlich gut schmeckt, begebe ich mich zur Tankstelle, dorthin, wo die Einsatzfahrzeuge ihren Diesel bekommen. Ich führe ein Interview mit N., zu dem wir eine halbe Stunde in das Führerhaus eines Bundeswehrlastwagens steigen. Nichts erlebt, das Lager nicht verlassen, in kein Gefecht geraten, keine IEDs gesehen, keine gefährlichen Situationen erlebt. Dem Soldaten N. wird es am Ende seiner sechs Monate genauso gehen.

»Ja«, sagt er, »das ist schon ein bisschen enttäuschend. Wir haben gedacht, wir würden mit dem Taloqan-Express rauskommen, und dann würden wir wenigstens ein bisschen was sehen. Aber den Taloqan-Express gibt es nicht mehr.«

Soviel ich verstanden habe, ist der Taloqan-Express eine Straße, die von Kunduz nach Taloqan führt, wo die Bundeswehr einen weiteren Außenposten unterhält, in dem fünfzig Soldaten für die Sicherheit in Taloqan, dem Sitz des District Governors von Takhar, sorgen sollen. Aber das Lager in Taloqan, PAT Taloqan genannt, wird geschlossen. N. hat davon nichts gewusst. Jetzt wird er das Lager in Kunduz, außer den wenigen Fahrten zum Flughafen, wo auch Diesel hingeliefert wird, nicht verlassen.

»Das ist ja schrecklich«, sage ich mitfühlend.

»Es wird auch so interessant«, sagt N., der sich nicht so schnell aus der Fassung bringen lässt. N. ist Pragmatiker. Er ist ein grandioser Pragmatiker, schon mit Anfang zwanzig, und während ich etwas unruhig und ungeduldig seinen Erklärungen über die ABC-Anlage lausche, die der Abwehr von atomaren, biologischen und chemischen Waffen dient, bleibt er ganz gelassen.

»Ja, das stimmt. Man kann den Innenraum perfekt abschotten bei diesem Wagen.«

»Also dann erstickt man …«

»Na ja, es gibt ja noch Filterpatronen, damit kommt dann nur noch saubere Luft rein.«

»Und woher wissen wir, dass es saubere Luft ist?«, frage ich, als stünde uns ein atomarer Angriff unmittelbar bevor.

»Na ja«, sagt er und überlegt, aber es fällt ihm keine richtige Antwort ein. »Die wird dann wohl schon sauber sein.«

Ich versuche ihn zu trösten. Ich versuche ihn daran zu erinnern, dass es im Lager eine ganze Menge zu entdecken gibt. Für mich wäre allerdings ein weiterer ereignisloser Nachmittag in der Sonne eine Katastrophe. Es gibt vielleicht eine Chance, noch einmal rauszukommen. Die Taskforce bereitet einen Kompaniewechsel im PHQ, im Police Head Quarter in Chahar Darreh vor, und in ein paar Tagen, hat der Presseoffizier in Aussicht gestellt, kann ich vielleicht mit raus. Raus in die Krise, raus auf die Dörfer, raus nach Afghanistan.

»Es kann ja auch vielleicht interessant sein, diese ganze Logistik hier, also hier das Lager mal richtig zu durchleuchten«, sage ich zu N. »Wenn man mal bedenkt … das ist eine richtige Kleinstadt hier.« Ich versuche die Tür des LKWs aufzustoßen, aber das ist nicht so ohne weiteres möglich. Es gibt einen Sicherheitsmechanismus. Der Innenraum ist perfekt abgeschottet. Wir könnten ersticken.

»Ich komme die Tage noch mal wieder. Und Sie zeigen mir dann mal die Grotte und Ihre Unterkunft.«

»Ja«, sagt er und nimmt die Hände vom Lenkrad, so als wären wir an unserem Ziel angekommen. »Ich bin hier sowieso jeden Tag.« Die Grotte ist eine sogenannte Nebentheke, eine spezielle

Betreuungseinrichtung, man könnte auch sagen provisorische Bar oder Kneipe, in der die jeweiligen Einheiten ihre Freizeit verbringen und sich ein bisschen zurückziehen können. Allein darf ich die Grotte nicht betreten, aber N. hat sich bereit erklärt, sie mir zu zeigen. Fünf Minuten später, die Entfernungen in Kunduz sind relativ überschaubar, bin ich im Pressestab, um von dort zusammen mit dem Presseoffizier zu dem Termin bei der Taskforce zu gehen. Es ist ein Vorgespräch mit dem Kommandeur, und der Presseoffizier erklärt, es sei ja vielleicht ganz gut, wenn der sehe, dass ich »so halbwegs in Ordnung« bin.

Das Labyrinth, durch das man hindurch muss, bevor man zum Befehlsstand der Taskforce, dem sogenannten TOC, kommt, besteht aus mehreren ineinander verschachtelten Schutzwällen, die überwiegend aus Hescos bestehen. Drahtkörbe, die mit Filz ausgelegt und mit Kies oder Sand gefüllt sind. Hescos sieht man hier überall. Sie bestimmen das Bild des Lagers, und überall, wo man sie sieht, wird man daran erinnert, dass das Lager eine ganze Weile unter Beschuss stand und dass hier 2007 noch achtzig Raketen hineingeflogen sind. Dort, wo Hescos sind, muss etwas besonders gesichert und geschützt werden. Hescos sind selbst dort, zumindest scheint es so, wo es die Sicherheitslage eigentlich gar nicht erfordert, aber wo allein ihre Anwesenheit einem das Gefühl von Sicherheit gibt. Die Befehlsstelle der Taskforce ist umgeben von Hescos, und der schmale Holzsteg, auf dem man zur ihr gelangt, schlängelt sich durch Hesco-Wälle, an zusätzlichen Zaunkonstruktionen, Zelten und Holztüren vorbei, bis man schließlich den überdachten und mit Tarnnetzen zusätzlich abgedeckten inneren Bereich der Taskforce erreicht, der wiederum selbst so unspektakulär, provisorisch und unrepräsentativ wirkt, dass man gleich weiß, dass das ein Ort ist, an dem es um Leben und Tod geht, dass hier Wichtiges verhandelt wird und aller repräsentative Zierrat nur überflüssig ist und von der eigentlichen Aufgabe ablenkt. In letzter Sekunde hat sich eine kleine Änderung ergeben, und an dem Termin nimmt auch ein anderer Journalist, ein Fotograf, teil, der gerade erst eingetroffen ist. Wir sind also zu viert. Es ist nicht klar, was eigentlich besprochen werden soll, da der Pressestab schon entschieden hat, dass der Fotograf Wolfram, der nur ein paar Tage hier sein wird, zuerst mit der Taskforce rausfahren soll. Was mir in diesem Moment als nachvollziehbare Regelung erscheint, wird sich später noch als fatal erweisen, aber an diesem Nachmittag erscheint es mir irrelevant, schließlich habe ich alle Zeit der Welt und bin mehr oder weniger gerade erst angekommen.

»Ich will meine Bilder, und dann ist es gut«, sagt Wolfram, als der Kommandeur fragt, was wir uns so vorgestellt haben, und uns darum bittet, unsere Projekte kurz zu erläutern. Der Kommandeur ist genauso wie seine Umgebung. Klein, wendig, unkompliziert und ohne auch nur die geringste auratische Verzerrung, wie man sie von einem Kommandeur der Taskforce vielleicht erwarten könnte. Er könnte genauso gut ein einfacher Soldat sein, und das ist auch genau der Teil seiner Selbstinszenierung, auf den er viel Wert legt.

»Ich kann das ja mal so sagen«, fängt er an und schiebt das Kinn vor. »Ich kann mal erklären, wie man das formulieren könnte …« Er verfügt über mehrere Register. Er spielt den einfachen Soldaten, der sich demütig seiner Aufgabe der »Raumverantwortung« hingibt, und wechselt im Nu zum hintergründigen Philosophen, den er wiederum mit einem leicht ironischen Unterton gibt, so dass man bei seinem insgesamt sehr jungenhaften Auftritt nie so ganz weiß, wie man ihn einschätzen soll, und von Anfang an das Gefühl hat, man müsse auf der Hut sein. »Ich fasse das mal so zusammen: Dem Feind gegenüber groß und unappetitlich auftreten, und bei der Bevölkerung so freundlich wie möglich.« Sein Gesichtsausdruck verwandelt sich wieder. Aber diesmal spiegelt sich die ganze Komplexität dieser Aussage, die natürlich auf eine gewisse Art einen Widerspruch enthält, in seinem Gesichtsausdruck wider. Etwas Sportliches, Provokatives vermischt sich mit dem Ausdruck des fürsorglichen Familienvaters. Eine militärische Haltung, eine gewisse Aggression, vermischt mit einem humanitären Engagement, das sich um Differenzierung bemüht. Der ganze Spagat des Einsatzes, die ganze Komplexität der ISAF-Mission kommt in diesem Gesichtsausdruck zur Geltung. Groß und unappetitlich gegenüber dem Feind, so freundlich wie möglich gegenüber der Bevölkerung. Ich schreibe diesen Satz erst später auf. An diesem Tag fällt mir seine besondere Bedeutung noch nicht ins Auge. Kommandeur K. macht die Äußerung, wie überhaupt alles, was er von sich gibt, ohne große Nebengeräusche. Sich selbst nimmt er nicht so wichtig. Oder: Er nimmt sich selbst schon wichtig, aber vielleicht erst in einer Situation, die das von ihm verlangt, in einer Extremsituation, einem Moment der Krise. An diesem Vormittag sitzt er nur entspannt in seinem Besprechungsraum, legt die Hände auf den Tisch und schaut mit uns zusammen auf die Karte des Regionalkommandos Nord, die das Operationsgebiet des PRT, des Provincial Reconstruction Teams, und seiner Taskforce anzeigt und direkt unter uns auf dem Tisch liegt, von einer schweren Glasplatte geschützt. Er schaut freundlich in die Runde, nickt mal dahin und mal dorthin. Er erwähnt einen Zeitungsartikel, der ihm nicht gefallen hat, wobei er fast komödiantisch die Augen verdreht, und erklärt Wolfram, dass er sich keine Sorgen zu machen brauche und dass das mit den Fotos »bestimmt klappt«. »Also da«, sagt er, »sehe ich keine Probleme.« Wir könnten genauso gut in einer Kneipe bei einem Bier zusammensitzen. Und einzig seine Uniform, sein Status als Offizier und Befehlshaber der Taskforce, hindert mich daran, in ihm jemanden zu sehen, mit dem man später noch ein bisschen um die Häuser zieht, um den Abend dann in irgendeiner Absturzkneipe ausklingen zu lassen.

»Können wir machen«, sagt er und nickt, als ich ihn nach der Besprechung frage, ob ich ein Interview mit ihm machen kann. »Machen wir. Setzen wir uns noch mal zusammen. Geht schon klar.« Er nickt wieder bestätigend. Der Termin soll über den Pressestab noch einmal bestätigt und dann vereinbart werden, an einem der folgenden Tage. K. gibt mir die Hand. Der Händedruck ist wieder eher eine militärische Aussage, und K. verwandelt sich in den Soldaten zurück, der er zwischendurch eine Weile nicht gewesen ist. Später schreibe ich mir auf: »Dahinter verbirgt sich etwas. Dahinter muss noch etwas sein.« Ob man sich so jemanden wie K. auch in einer internationalen Hilfsorganisation vorstellen kann? Oder ist es denkbar, dass er in seiner unkomplizierten und aufgeräumten Art ähnliche Abgründe aufweist wie der Freund von Linda? Ihr Freund, der sich im Garden Café in Monrovia von seiner düsteren Seite zeigte. Dessen sanfte und ungeheuer unkomplizierte Art einen darüber hinwegtäuschte, zu was er wirklich in der Lage war. »Was ist es eigentlich«, frage ich Linda in Amsterdam, »was dir an ihm so gefällt?« Linda überlegt eine Weile, und dann sagt sie: »Er bewertet nicht. Er gibt kein Urteil über mich ab.« Er stand mit der Bierflasche in der Hand im Garden Café und ließ es zu, dass die liberianische Frau neben ihm mit ihrer violettschwarzen Perücke und ihren goldenen Plastik-Highheels, die sie bei ihren Besuchen im E. S. Grant Mental Health Hospital natürlich nicht trug, auf ihn einredete, bis sie nicht mehr konnte und sich auf eine Weise verausgabte, die kaum noch zu ertragen war. Er ließ das zu. Er, der sanfte und lautlose Charmeur, als den ihn die Clinton Foundation und dann USAID nach Liberia geholt hat, damit er die Regierung berät. »Er sagt niemals etwas Negatives über mich«, sagt Linda. »Er stellt mich niemals in Frage.« Als Lindas Freund sich schließlich abwendete und das Garden Café verließ, redete die Frau neben ihm noch einen Moment weiter. Sie redete sich selbst gut zu, sie versuchte, über die Demütigung hinwegzukommen, und ich sah, wie ihr Mund auf- und zuging, als die Musik wieder einsetzte und die Besucher auf die Tanzfläche zurückkehrten.

Wolfram ist mit der Unterredung zufrieden. »Mit dem wird das hier alles glattlaufen«, sagt er. »Der macht uns bestimmt keinen Ärger.« Er schlägt vor, ins Zelt zurückzugehen und sich um »das Problem«, die offensichtlich defekte Heizung, die zu viel Lärm macht, zu kümmern. Die Übergänge, die Abgründe, die Leerstellen, die plötzlich auftauchen. Zwischen Liberia und Afghanistan. Im Gesichtsausdruck eines Menschen, dessen Karriere darauf aufgebaut ist zu helfen. Das ist es, was mich interessiert. Die Momente, in denen der Zusammenhang verlorengeht, in denen die Ordnung, in denen dieses ganze System sich als verletzlich und hinfällig erweist. Der Moment, in dem es vielleicht kollabiert. Deswegen muss die defekte Heizung noch warten.

»Ich komme später«, sage ich zu Wolfram. Ich habe noch etwas vor. Ich besuche die Hall of Pain. Ein Vorhaben, das ich schon den ganzen Tag mit mir herumtrage. Die Hall of Pain aufzusuchen und damit den Tag zu beschließen, auf eine rituelle Weise, bei der ich mich dieser Maschinerie und ihrem Funktionieren anpasse und mich dem allgemeinen Rhythmus, der hier herrscht, unterwerfe.

Wolfram schüttelt den Kopf. »Na, also ich mach jetzt mal auf locker. Jetzt wird erst mal geduscht, und dann leg ich mich noch ein bisschen aufs Ohr«, sagt er und schlendert Richtung Walhalla 5. Er läuft wie ein Seemann, der es etwas eilig hat. Den Kopf hält er dabei so hoch, als sei er auch als Spaziergänger immer noch auf der Suche nach Bildern. Nach Bildern, die man sich nicht entgehen lassen darf, während ich jetzt überhaupt nichts mehr sehen und hören, sondern nur noch Schmerzen ertragen und aushalten will. Was zumindest hier im Lager rund um die Uhr möglich ist. Die Hall of Pain hat schließlich 24 Stunden geöffnet, wie ich mir habe sagen lassen.

7

Auf dem Rückweg komme ich an der russischen Kapelle vorbei, die in Wirklichkeit eine armenische Kapelle ist. Der Presseoffizier hat mich auf sie aufmerksam gemacht, als wir vor den »Russengräbern« stehen, die sich nicht weit entfernt vom Ehrenhain befinden. Ein kleines eingezäuntes Areal, in dem gefallene russische Soldaten begraben sind, die in dem verlustreichen Krieg der ehemaligen Sowjetunion hier ihre letzte Ruhestätte gefunden haben. Und es ist tatsächlich die letzte und verlassenste und einsamste Ruhestätte, die man sich denken kann. Sie liegt inmitten des PRT Kunduz auf dem Gebiet dieses riesigen Lagers, das zwar theoretisch von ihren wahrscheinlich über das gesamte untergegangene sowjetische Reich verteilt lebenden Angehörigen aufgesucht werden könnte, aber praktisch ist noch niemals jemand gekommen. »Soviel ich jedenfalls weiß«, sagt der Presseoffizier. Es sind vielleicht zehn oder zwanzig Russen. Sie liegen in einer Enklave, die sich wiederum selbst in einer Enklave befindet. Irgendjemand gedenkt ihrer, irgendwo gibt es jemanden, der einen dieser Toten noch im Kopf behält. Vielleicht hat einer der afghanischen Polizisten, die ich bei dem Besuch im Polizeiquartier schließlich doch noch entdeckt habe, gegen einen von ihnen gekämpft. Es war am Jahrestag der Befreiung von den Russen, des Sieges im Unabhängigkeitskampf gegen die Sowjetunion, als wir die Solarmodule ins Polizeiquartier brachten, es war eigentlich ein Feiertag, und die meisten Polizisten hätten gar nicht zu kommen brauchen. Sie hatten sich im Innenhof in die Sonne gesetzt und hielten Abstand von uns. Ich fotografierte einen jungen Polizisten, der mir danach bereitwillig sein gespenstisch leeres Büro vorführte. Er brauchte lange, um das Vorhängeschloss an der Tür aufzuschließen, so als würde er selbst das Gebäude zum ersten Mal betreten. Er war noch sehr jung, und er war ganz begeistert, dass ich mir die Schuhe auszog, ohne dass er mich dazu auffordern musste. Er setzte sich an seinen leeren Schreibtisch, und dann wechselten wir uns ab und fotografierten uns gegenseitig, als seien wir beide gleichermaßen Besucher an einem für uns beide seltsamen und unbekannten Ort. »One more photo?«, fragte er freundlich. »Maybe from other side?« Die Solarmodule waren nirgendwo zu sehen. Er nickte freundlich, als ich danach fragte, und zeigte nach oben. Ich nickte und schaute aus Höflichkeit auch hoch. Dann überreichte er mir ein Bonbon, das ich in seiner Gegenwart aus dem Papier herauswickelte und in den Mund steckte. »One more photo?«, fragte er. Aber es war Feiertag. Es war ein Tag, an dem man der Toten gedenkt. Die kleine Kapelle im Lager ist gerade mal so groß, dass man hineingehen und sich über die in Plastikfolie verpackte Bibel bücken und den roten Plastik-Rubin bewundern kann, der sich aus dem gewellten und brüchig wirkenden Plastik herausschält. »This chapel was built up by Armenian soldiers of the first rotation«, steht irgendwo. In der Abenddämmerung wirkt die kleine Kapelle festlich, und ein richtiger Steg führt vom Hauptweg zu ihr herüber. Wie wahrscheinlich schon viele vor mir, streiche ich mit dem Finger über den rotglänzenden Edelstein aus Plastik und blättere ein bisschen in der Bibel.

»Feel the pain, feel the pain«, singen die Frauen der Band Pure Fun in ihrem Video, das auf einem Bildschirm im Kraftraum der Hall of Pain läuft. Feel the Pain. Das ist natürlich Zufall. Die mutmaßlich polnische Band, die in dem mutmaßlich polnischen Musikkanal auftritt, der in der Hall of Pain läuft, begleitet meine Anstrengungen auf dem Laufband, die mir helfen, meine Gedanken zu ordnen und gleichzeitig zu schauen, was die Soldaten hier so machen. Sie verwandeln sich in Zivilisten. Sie tragen Sportklamotten und bedienen die Geräte wie in jedem anderen Fitnessstudio der Welt. Pure Fun ist eine Band von vielen, die in dieser Stunde, die ich in der Hall of Pain verbringe, auf dem Musiksender zu sehen sind. Vielleicht liegt es an der Band und ihren Lyrics, dass ich es nicht hinbekomme, besonders gut zu trainieren und meine Schmerzgrenze zu erreichen. Ich gerate gerade so ins Schwitzen. Aber vielleicht steht mir dieses Ausmaß an körperlicher Entäußerung und Entgrenzung auch nicht zu. Dieser Moment, in dem man mit sich selbst im Reinen und wieder ganz bei sich ist, so wie der Soldat aus dem Spürpanzer, der den ganzen Tag vor seinem Computerbildschirm sitzt und erst hier wieder zu sich selbst zurückkehrt. »Im Sinne der Kameradschaft bitten wir darum, benutzte Geräte in einem Zustand zu hinterlassen, dass nachfolgende Kameraden ungehindert trainieren können«, steht auf einer Stelltafel am Ausgang. Ich gehe zur Dusche. Ich gehe zurück zu Walhalla 5, im Fitnessstudio gibt es keine Waschgelegenheit. Man könnte sagen, der Tag hat nicht viel gebracht. Ein Tag im Lager von Kunduz. Auch am nächsten und am übernächsten Tag werde ich im Lager sein und Gespräche führen. In meinem türkisfarbenen Notizbuch nehmen diese Gespräche zahllose Seiten ein. Manchmal neigt sich die Schrift etwas, als stünde ich unter Zeitdruck, oder sie wirkt abgehackt und brüchig, als ginge mir die Kraft aus. Während ich unter der Dusche stehe, in dem wuchtigen NATO-oliven Duschcontainer, der fast hundert Meter von meinem Zelt entfernt ist, denke ich, ich werde jetzt jeden Tag in die Hall of Pain gehen und mich einstimmen auf die Geschwindigkeit hier, den Rhythmus, in dem der Takt große langgezogene Leerstellen, Momente der Stille und Ereignislosigkeit aufweist. »Feel the pain«, singen Pure Fun. Im Notizbuch stehen die Geschichten und wollen erzählt werden. Eine steht neben der anderen, eine erscheint wichtiger als die andere. Wie zum Beispiel die von dem Kameramann des EKTs, des Einsatzkameratrupps, des Combat Camera Teams, das im Auftrag der Bundeswehr die Einsätze hier filmisch dokumentiert. Sie sind genauso wie Wolfram, der Fotograf, und später die Leute vom ZDF in dem Zelt in Walhalla 5 untergebracht. Und der Kameramann, der früher selbst hier im Einsatz in Kunduz war, erzählt mir, als wir uns im Duschcontainer zufällig treffen, wie er einmal in der Wüste, durch die ich auch mit der Wasserschloss-Patrouille gefahren bin, angegriffen worden ist. Es ist schon eine Weile her, es war im Sommer vor vielen Jahren, als sich drei Männer mit geschulterten Panzerfäusten seiner Fahrzeugkolonne näherten und wenig später das absolute Chaos ausbrach. Er erzählt mir diese Geschichte, während wir uns beide abtrocknen und in aller Gelassenheit mit unserer Körperhygiene beschäftigt sind.

»Sie standen da plötzlich mitten in der Wüste«, erzählt er.

»In der Wüste?«, frage ich. »Wo soll man sich denn da verstecken?«

»Sie tauchten eben einfach so auf«, sagt er, schon mit der Rasur beschäftigt und aufmerksam die Haut über seinem Wangenknochen auseinanderziehend. »Wahrscheinlich hatten sie sich irgendwo eingegraben.«

»Und was war dann?«, frage ich, während mir in diesem Moment klar wird, dass ich meine Badeschlappen in Deutschland vergessen habe. Sie sind Vorschrift in diesen Containern, ohne Badeschlappen dürfte man sie wahrscheinlich gar nicht betreten. »Und dann, was war dann?«, frage ich den EKT-Kameramann noch einmal. Die Antwort spielt für mich aber bald schon keine Rolle mehr. Die Frage selbst ist vollkommen irrelevant und hat nur rhetorischen Charakter. Kurze Zeit später, nachdem die ZDF-Leute in das Zelt Toc Alpha eingerückt sind, ziehen sich die EKT-Leute wieder zurück. Irgendwas ist schiefgegangen. Aber sie geben keine Auskunft, machen noch nicht mal eine Andeutung. Trotzdem wird das Zelt in den darauffolgenden Tagen zu einem richtigen Medienzentrum. Nebenan hat das ZDF-Team ein zweites Zelt okkupiert. Dort werden die Beiträge geschnitten und bearbeitet. Auf einem der Hescos, die Walhalla 5 vor feindlichem Beschuss schützen, steht die kleine Satellitenanlage des ZDF. Sie arbeiten an diesem Abend an einem Beitrag, der dann aber gar nicht gesendet wird. Als ich schließlich von der Dusche zurückkehre, haben sie sich im Zelt schon ausgebreitet. Wolfram hat seinen Computer hochgefahren und zeigt dem ZDF-Kameramann Aufnahmen, die er beim Anflug auf einen Flugzeugträger aus einem Kampfjet heraus gemacht hat. »So was hast du noch nicht gesehen, oder?«, sagt er und grinst. Die anderen Mitglieder des Teams liegen auf ihren Feldbetten und beschäftigen sich ebenfalls mit ihren Computern. Ich habe nur das Notizbuch dabei und Ahmed Rashids Buch *Sturz ins Chaos*. (Die Bildmedien sind jetzt hier eindeutig in der Übermacht. Ich muss unbedingt Geschichten finden und Geschichten aufschreiben.) Eine Weile bleibe ich noch im Zelt, dann entscheide ich, dass es besser ist, rauszugehen und mich umzuschauen, obwohl es draußen schon dunkel ist.

»Und dann? Was ist dann passiert?«, frage ich den EKT-Mann.

»Dann«, sagt er, »habe ich erst mal geschaut. Ich habe erst mal die Lage analysiert und mich mit meinen Kameraden besprochen. Ich habe mir erst mal einen Überblick verschafft.«

Und dann kommt der Realitätseinbruch. Kurz nach einem klärenden Gespräch, das ich mit dem Presseoffizier führe. Ich schlage dem Presseoffizier vor, dass ich doch noch zum OP North fahre, und ich bin eigentlich fest entschlossen, auf die Reise nach Taloqan zu verzichten. Die Reise nach Taloqan ist für den Sonntag geplant. An diesem Tag soll das Lager offiziell bei einem feierlichen Außerdienststellungsappell geschlossen werden. Das ist auch der Grund, warum das ZDF-Team gekommen ist. Eigentlich soll ich zusammen mit dem Presseoffizier im Wolf fahren. Der Wolf ist ein gepanzerter Mercedes, der aber dann doch nicht zum Einsatz kommt, stattdessen heißt es, der einzige Platz der jetzt noch verfügbar sei, sei im Moon Compare. Mittlerweile weiß ich, dass der Moon Compare sich gar nicht Moon Compare schreibt, sondern MuConPers. Ich weigere mich aber das anzuerkennen, obwohl ich in meinem ganzen Leben wohl kaum noch einmal in einem Moon Compare fahren werde. Die Vorstellung, im Moon Compare die fast zweistündige Reise nach Taloqan zu machen, am Appell und dem sich daran anschließenden Empfang teilzunehmen, wobei sich die ganze Veranstaltung ausschließlich innerhalb der Lagermauern des PAT Taloqan abspielen wird, erfüllt mich schon Tage vorher mit Panik. Moon Compare. Das würde bedeuten, dass ich nichts sehe, dass ich nicht aus dem Fenster schauen kann und wieder nichts von Afghanistan zu Gesicht bekomme.

»Moon Compare?«, frage ich den Presseoffizier. »Gibt es denn keine andere Möglichkeit?« Aber es ist nur eine rhetorische Frage. Sich allein auf den Weg zu machen, scheint auch keine Alternative zu sein.

»*Ich* kann Sie nicht daran hindern, im Taxi zu fahren«, sagt der Presseoffizier, als ich mit ihm über eine mögliche Reise zum OP North spreche. Ich diskutiere mit ihm die Frage, ob es eigentlich möglich sei, dass ich mich aus dem Schutzraum, den mir die Bundeswehr hier bietet, entfernen und meine eigene Reiseplanung machen dürfte. »Schließlich sind Sie ein freier Mann«, sagt er. Es klingt, wie immer bei ihm, etwas ironisch, aber ich gehe darüber hinweg. Ich konfrontiere ihn mit meinem Plan. Ich denke an das Versprechen, das ich dem Soldaten M. in Termez gegeben habe, dass ich mich darum kümmere und mir das OP North auf jeden Fall ansehe. Das OP North, das angeblich wie ein Schauplatz aus dem Ersten Weltkrieg aussehe und in dem sich das Leben in seiner ganzen Härte zeige, wie M. in der Nacht in Termez vor der Area 51 erklärte, obwohl nicht ganz klar geworden ist, was er genau damit gemeint hat.

»Das können Sie gerne machen«, erklärt der Presseoffizier. »Sie können theoretisch mit dem Taxi vom PRT zum OP North fahren. Das dauert vielleicht 'ne Stunde … Na ja, vielleicht zwei.«

Die andere Möglichkeit sei eine aufwendige, sich über mehrere Tage erstreckende Reise über Mazar-i-Sharif, bei der das OP North aus der Luft angesteuert würde und bei der mein Ausflug mit der Taskforce, wie mir der Presseoffizier zu verstehen gibt, natürlich gestorben wäre.

»Was heißt denn theoretisch?«, frage ich.

»Na, nichts … Ich meine, wenn Sie darauf bestehen … *Ich* kann Sie nicht daran hindern.« Er grinst wieder in sich hinein, als würde es ihm Spaß machen, mit mir zu diskutieren, wie frei oder unfrei ich bin, wie frei oder unfrei jemand in Afghanistan ist und wie gefährlich oder ungefährlich diese Freiheit, wenn man sie herausfordert, sein könnte.

»Wir müssten natürlich das Einsatzführungskommando informieren«, sagt er noch. »Ob die darüber so begeistert sein werden?« Er neigt etwas den Kopf. Er versucht, mir mit dem Einsatzführungskommando Angst einzujagen, denke ich und frage mich, ob der Arm des Oberstleutnants L. wohl so weit reicht.

»Also ich könnte mit dem Taxi fahren«, fasse ich die Unterhaltung mit dem Presseoffizier zusammen und denke eine Weile darüber nach. Tatsächlich ziehe ich es aber nicht wirklich in Erwägung. Ein paar Tage später erfahre ich, dass das OP North im Zuge des Kontingentwechsels ohnehin keine Besucher zulässt und sogar der Seelsorger, der evangelische Pfarrer aus dem PRT, keinen Zugang bekommt. Ich bleibe in Kunduz und werde mit nach Taloqan fahren. Gedanklich sitze ich schon im Moon Compare und starre auf die verschiebbaren Sportsitze, die erhöht auf einer Metallkonstruktion befestigt sind, um eine mögliche Druckwelle nicht so schlimm ausfallen zu lassen.

Und dann lerne ich die Leute vom ZDF kennen. Das ZDF-Team, mit seinen vier Mitarbeitern, die gerade erst Libyen hinter sich haben und in gewisser Weise auf Standby hier sind, falls es auch noch in Syrien losgeht. Die ZDF-Leute fahren im Taxi. Sie haben zwei schneeweiße Toyota Corolla gechartert bzw. ihr *stringer*, ihr Kontaktmann, hat das für sie getan. Er fährt den einen, sein Bruder den anderen, und in einem der beiden Toyotas ist noch ein Platz frei. Der Toyota Corolla ist das berühmteste Fortbewegungsmittel in Afghanistan und entspricht in gewisser Hinsicht dem Nissan Sunny, der in Liberia das berühmteste Fortbewegungsmittel ist. Ein Toyota Corolla hat Fenster, Rückfenster und Seitenfenster. Eine Windschutzscheibe und Türen, die man einfach so auf- und zumachen kann.

»Und das würde gehen?«, frage ich Uli Gack, der für das ZDF über den Einsatz der Bundeswehr berichtet. »Ich könnte bei euch mitfahren?« Am nächsten Morgen packe ich statt der Schutzweste, dem Hörschutz, dem Helm und der Schutzbrille eine leuchtend rote Regenschutzjacke ein, die so leicht ist wie ein Seidenschal. Ich teile das dem Presseoffizier einfach so mit. Ich sage zu ihm: »Ich hoffe, Sie haben nichts dagegen, wenn ich mit dem ZDF nach Taloqan fahre.«

»Um Gottes willen«, sagt er. »Nehmen Sie sich die Freiheit. Dann bekommen Sie ein bisschen was zu sehen. Dann lernen Sie ein bisschen was von Afghanistan kennen.« Auch jetzt ist seine Ironie unüberhörbar. Die schlammbespritzten Fenster des Toyota Corolla, durch die ich am nächsten Morgen um halb sieben auf die afghanische Schneelandschaft schaue, sind aber tatsächlich eine Offenbarung. Eine Weile schaue ich heraus und sage mir bei jedem Stück Lehmmauer, bei jeder in eine Burka gewandeten Frau und bei jedem Stück Acker, das ich zu Gesicht bekomme: »Das ist also Afghanistan. So sieht also Afghanistan aus.«

8

Die Schönheit von Afghanistan ist etwas, das in den Geschichten über den Einsatz der Bundeswehr eigentlich nicht vorkommen darf. Der Einsatz schließt Schönheit und Momente der Versenkung in Naturereignisse aus. Deswegen scheint für mich von Anfang an festzustehen, dass ich der Episode auf dem Marktplatz von Taloqan, wo wir kurz anhalten und ich dem ZDF-Team dabei zuschaue, wie sie ihre Aufnahmen machen, in einer Geschichte über den Einsatz der Bundeswehr keinen großen Raum geben und sie am besten überhaupt nicht vorkommen lassen darf. Über diese zehn oder zwanzig Minuten mache ich keine Aufzeichnungen. Vielleicht auch deswegen, weil meine Begeisterung, meine Glücksgefühle Aufzeichnungen gar nicht zugelassen haben. Wie der ZDF-Kameramann auf dem verschlammten Marktplatz, auf dem Töpfe und Teekannen verkauft werden, einen alten Mann dabei filmt, wie er seinen Eselskarren anhält, und der Esel plötzlich, als wolle er über uns alle einen Kommentar abgeben, den Kopf hebt und in ein helles, sein wuchtiges Gebiss entblößendes Gelächter verfällt. Der Kameramann geht ein bisschen in die Knie, während der Esel in fast göttlicher Erhabenheit seinen Kopf hebt, und alle kommen zusammengelaufen, um jetzt ihrerseits über den Esel, der gefilmt wird, oder über uns, die wir den lachenden Esel filmen, gleichfalls zu lachen. In dieser allgemeinen Fröhlichkeit sind alle vereint, ohne dass das Übereinanderlachen auch nur die geringste Häme und Bosheit aufweist. Man sieht es in den Gesichtern, in den Augen der Kinder, aber auch der Erwachsenen. Das ist zumindest meine vielleicht verklärende Wahrnehmung, als ich in dieser archaischen Marktszene, in dieser Geräuschkulisse aus geduldigem Hämmern auf Blechkannen, Blechtöpfen und Blechteekannen, eine fast mittelalterliche Unmittelbarkeit und Authentizität entdecke, in der die Fremdheit, die Fremdheit der Gesichter der Menschen umso vertrauter und wirklicher erscheint, je weniger man auch nur die geringste Ahnung hat, was sie wirklich von einem denken. Ich versinke im Matsch, halte die kleine Digitalkamera auf die unter den Zelten ihrer Stände hockenden Männer, die Dolche im Feuer wiegen, und zoome auf Kindergesichter, die ich in der Menge ausfindig mache. Ein paar Minuten lang kennt meine Begeisterung keine Grenzen, ich bin immer etwas hinterher und verpasse beinahe, dass zum Aufbruch geblasen wird und das Lachen des Esels plötzlich versiegt. Wir müssen zu einem anderen Schauplatz, zu einem anderen Drehort, und der Ortswechsel, der mir kopflos und hektisch erscheint, hat noch einen ganz anderen Grund, der mir in diesem Moment natürlich noch nicht zu Bewusstsein kommt. Er wird mir erst später klar, als wir schon im PAT Taloqan sind und die Zeremonie, den eigentlichen Außerdienststellungsappell schon wieder hinter uns haben. Nirgendwo sonst allerdings und zu keinem anderen Zeitpunkt meiner zehntägigen Reise empfinde ich ein solches Glücksgefühl. In keinem anderen Moment erscheint mir Afghanistan greifbarer und in keinem anderen Moment empfinde ich gleichzeitig die Notwendigkeit der Demut und das Bedürfnis, mehr Abstand zu halten. Bei alledem bleibt der Umstand vollkommen im Hintergrund, dass wir uns möglicherweise in Gefahr befinden. Erst später, als ich mit A., dem Fahrer, auf der Rückfahrt über seine Tätigkeit für das ZDF spreche, wird mir das klar. Es hätte mir schon vorher klarwerden können, als ich mit einem Soldaten nach dem Außerdienststellungsappell ins Gespräch komme. Einem EOD-Experten, der mir davon erzählt, wie er manchmal einen großen Respekt empfinde gegenüber den Menschen, die die IEDs in der Erde vergraben, die er wieder ausgraben und entschärfen muss.

»Das hat schon was«, sagt er, streicht über seinen langen Bart, der sein Gesicht fast vollständig bedeckt, und grinst, »wenn man ein schön gemachtes IED vor sich hat. Ich sage mir dann immer: Gute Arbeit. Respekt.« Er sagt, auch die Afghanen hätten gute Leute, die etwas von ihrer Arbeit verstünden. Ich spreche mit ihm über seine Tätigkeit, bei der er zwischen einem »Wasserschuss« und dem »Hakenleineneinsatz« wählen muss, auf eine Art, wie man mit einem Techniker oder einem Nerd eben spricht. Ein kleiner bärtiger Mann, der aus einem Fantasyfilm entsprungen sein könnte und dann, als ich ihn nach seiner E-Mail-Adresse und einem weiteren Gesprächstermin frage, lieber sofort wieder verschwindet und etwas in seinen Bart hineinmurmelt, was so viel heißt wie: Ich bin in Wirklichkeit nicht hier. In Wirklichkeit passiert das gar nicht. Er erinnert darin an die junge Frau vom Flughafen Köln-Wahn, die ihren Teddybär mit der roten Love-

Schleife in ihren Rucksack hineinstopft, um dann Reißaus zu nehmen. Auf dem Markplatz stehe ich selbstverloren, mit vor Kälte klammen Fingern und fotografiere entgegen meiner Gewohnheit ununterbrochen. Gesichter und noch mehr Gesichter. Ich vergesse, dass A., der *stringer*, der uns hierhergefahren hat, und sein Bruder die ganze Zeit im Hintergrund auf uns aufpassen. Sie behalten die Umgebung im Blick, sie passen darauf auf, ob es die minimalen, für uns nicht erkennbaren Stimmungsumschwünge und Veränderungen gibt, die vielleicht anzeigen, dass sich unsere Ankunft jetzt herumgesprochen hat und jemand losgeschickt worden ist. Jemand, der in unsere Verklärung und Beglückung hineinplatzt und die todbringende Bombe zur Explosion bringt oder, wie es unter den Soldaten heißt, sich selbst »umsetzt« und dabei alle mit sich zieht. Wir wechseln den Ort, tauchen wieder woanders auf. Filmen an einem anderen Platz, schwenken die Kamera zu einem anderen Objekt. Die eigentliche Zeremonie wirkt dagegen tot und blutleer. Es reicht nur für ein paar spärliche Notizen und Stichwörter, die skizzieren, wie es mit dem PAT Taloqan zu Ende gegangen ist:

»Com verzögert. Erst Essen und dann Appell?

Nervöse Stimmen aus dem Funk.

Der Com ist im Anflug. Abfolge doch noch geändert?

Hauptmann P., eine NGO-Existenz (?), der Mann, der das hier alles aufgebaut hat. Trägt Palästinenser-Tuch (sieht jedenfalls so aus), kommentiert das Ende vom PAT im Interview mit Uli Gack mit den Worten, es sei eben ›der politische Wille‹.

Es geht um situatives Regieren (Hauptmann P., Kommandeur des PAT Taloqan).

Die Hunde. Es gibt zu viele. Hat P. auch einen, den er mit nach D. nehmen will?

Die Bitte von P., seine Einschätzung über den Vorfall im PAT, bei dem Soldaten auf Demonstranten schießen mussten, die das Lager angriffen, für mich zu behalten.

Oberst Rosch, der Kommandeur des PRT Kunduz, der verspätet eintrifft. Seine Bemerkung über die Flecken auf meiner Jacke.
Zuhörer beim Appell. Eine Hand mit drei Handys, der aber zwei Finger fehlen.
Der zweite ZDF-Kameramann auf einem Berg von Hescos und Sandsäcken. Filmt.
Alle Kräfte Delta.
›Fertig machen zur Meldung an den Kommandeur PRT Kunduz‹.
›Augen rechts‹. Oder: ›Augen rechts um‹. Zur Fahne Augen rechts!
Hauptmann P. im Interview mit Uli Gack. Im Hintergrund werden schon die Tische aus der Kantine getragen.
Die Kantine, nur ein Zelt. Mit Tesafilm festgeklebtes Schild auf den Tischen: ›Tisch abwischen, Stuhl ran. Danke. Der Abschnittsbevollmächtigte.‹«

Die nächsten beiden Seiten sind leer. Beim Notieren habe ich in der Hast einfach zu schnell weitergeblättert, während Hauptmann P. bei seinem letzten offiziellen Auftritt, froh über jede Gelegenheit sich zu äußern, ohne Punkt und Komma weiterspricht. Ein Mensch, der beseelt ist von seiner Arbeit. Ein Mensch, der in seiner Sperrigkeit und in seinem Eigensinn genauso eine kleine gegen Windmühlen kämpfende NGO betreiben könnte, die ehemaligen Kindersoldaten Landwirtschaft beizubringen versucht und nicht müde wird zu erklären, wie man einen Acker richtig umgraben muss.

»Nein«, sagt er. »Probleme mit Stress habe ich eigentlich keine. Schließlich ist das hier meine Aufgabe. Es geht hier ja nicht um mich.« Ich frage ihn, ob es so etwas wie ein Suchtpotential gebe, ob man sich bei so einem Einsatz in seiner Leidenschaft für die Sache manchmal verliere. Die Leidenschaft ist ihm deutlich anzusehen, aber er lässt sich nicht auf Abwege bringen. Er erzählt, wie er sich bei dem Gedanken an Klavierspiel beruhigt, wobei sich nicht sagen lässt, ob er nur an das Klavierspielen denkt oder ob er selbst auch Klavier spielt. Die größte Aufmerksamkeit bringe ich dem zwergenhaften, bärtigen Minensucher oder Minenentschärfer, dem EOD-Experten entgegen. Die Notizen über ihn nehmen gar kein Ende mehr. Dass ich selbst, draußen auf dem Markplatz, als der Esel in sein Gelächter ausbricht, in Gefahr gewesen sein könnte, habe ich dagegen nicht bemerkt.

»A.«, erklärt einer von den ZDF-Leuten später, »hat ein total gutes Gespür. Er sieht das sofort. Und wenn er sagt, wir sollen sofort abbrechen und gehen, brechen wir sofort ab und gehen.«

Wir gehen. Wir wechseln den Schauplatz. Wir filmen woanders weiter. Wir verlassen das PAT Taloqan schließlich, nachdem der Gouverneur noch gesagt hat, er würde sich freuen uns wiederzusehen, und er hoffe auch, den Oberst, den Kommandeur des PRT Kunduz eines Tages wieder zu begrüßen, wenn er einmal in Zivil als Besucher in dieses Land zurückkommen würde. Während er das sagt, so als wäre der Oberst in diesem Moment gar kein Besucher, hat er die Sonnenbrille auf und nimmt sie, obwohl es bewölkt ist, bis zum Ende der Zeremonie auch nicht mehr ab. Wir fahren zurück. A. hat sein wachsames Auge auf uns. Ich fahre mit ihm und Uli Gack. Die anderen ZDF-Leute folgen im Wagen des Bruders von A. Während wir an den Schauplätzen sowohl des aktuellen als auch des vergangenen Krieges vorbeifahren, wobei die sowjetischen Panzer nur noch als verrostete Torsi erkennbar sind, Uli Gack einschläft. A. senkt etwas die Stimme, während er mich auf die Kriegsschauplätze aufmerksam macht. Sie sind leicht zu erkennen, es sind die Gegenden, in denen die Anzahl der Grabhügel, auf denen zerrupfte bunte Fahnen mit schiefen und krummen Stöcken stehen, immer mehr zunimmt. Die Schlammspritzer an den Fensterscheiben fallen mir jetzt nicht mehr auf. Die melancholische Düsternis der Landschaft nimmt immer mehr zu. Wenn ich die zerklüfteten

Hügel, die aufgerissenen Furchen und zerstörten Häuser richtig interpretiere, muss das Ausmaß der Gewalt ungeheuerlich gewesen sein. Manchmal stehen die Fahnen, die die Gräber markieren, so eng beieinander, dass man sie im Vorbeifahren unmöglich zählen kann. Die Landschaft zerbricht an einigen Stellen regelrecht und liegt am Straßenrand wie eine schlecht vernarbte Wunde. Meine Demut angesichts dessen, was ich auf der Rückfahrt sehe, begleitet von A. s Erzählungen, der mit traumwandlerischer Sicherheit den Wagen Richtung Kunduz steuert, verliert sich allerdings schon am nächsten Tag wieder, als ich erfahre, dass mein Aufenthalt im PHQ in Chahar Darreh, meine Exkursion mit der Taskforce, auf eine einzige Nacht zusammengestrichen worden ist. Vielleicht sollte ich lieber erleichtert darüber sein, erleichtert, dass ich mich dieser Wirklichkeit nicht aussetzen muss. Ich könnte Afghanistan in Erinnerung behalten als das Gesicht eines Esels, der in ein haltloses Gelächter ausbricht. Aber ich will mehr sehen. Noch mehr. Ob das ein Zeichen von Gier ist? Eine Gier, die mich schon nach Liberia und beinahe auch nach Somalia geführt hat.

»Und warum hast du nur eine Frau?«, frage ich A., als er mit mir über das Thema Frauen sprechen und wissen will, ob es stimmt, dass viele Männer in Deutschland »eine Freundin« haben.

»Mir reicht eine Frau aus«, sagt A. »Ich brauche gar nicht mehr. Mit einer Frau bin ich vollkommen zufrieden. Und du? Wie sieht es bei dir aus?«

9

Einen Tag später kommt Wolfram zurück. In der Raumverantwortung hat es jetzt einen Wechsel gegeben, das ASB 1 hat das PHQ verlassen und ist vom ASB 2 abgelöst worden. Wolfram ist drei Tage in Chahar Darreh gewesen, in dem gefährlichsten Raum, mit dem es die Taskforce zu tun hatte. Er hat das Ausbildungs- und Schutzbataillon 1, das sein Quartier im PHQ hatte, von dort bei seinen Einsätzen begleitet. Er hat Bilder mitgebracht.

»Ich hab' meine Bilder«, sagt er, als wir uns im Zelt treffen, wenige Stunden bevor ich mich auf den Weg ins PHQ mache. »Ich bin glücklich und zufrieden.«

Dann stellt er die Heizung auf die höchste Stufe und geht duschen. Der EKT-Kameramann hat sie noch vor dem Auszug seines Teams repariert, er hat die Blechüberdachung des Generators, die ihn vor Schnee schützt, so zurechtgebogen, dass die Vibrationen aufgehört haben. 23 Grad. Darauf stellt Wolfram die Raumtemperatur ein. Er hat seine Bilder. Ob er mich mit dieser Äußerung, er sei glücklich und zufrieden, provozieren will? Jetzt, wo ich mich selbst auf den Weg mache?

Das PHQ hat nur wenige Schlafräume. Der größte ist ein 30-Betten-Raum, in dem sich die Soldaten mit verschiedenen Vorhangkonstruktionen ein bisschen Privatsphäre zu verschaffen versuchen, auf die sie sonst in den zwei Wochen, während denen sie hier die Raumverantwortung innehaben, verzichten müssen. 160 Mann müssen auf engstem Raum miteinander auskommen. Dabei ist das PHQ ein richtiges von der Bundeswehr umgebautes und erweitertes Gebäude, das mit mehreren Hesco-Wällen, Wachtürmen und Stacheldrahtkonstruktionen neben dem eigentlichen Polizeigebäude steht, um die afghanischen Polizisten, die hier tätig sind, sowohl zu beschützen als auch zu bewachen. Die ganze Unterbringung ist provisorisch. Es gibt keinen Koch, es gibt keine Kantine, kein gut organisiertes Lagerleben. Hier findet alles auf engstem Raum statt. Kämpfen, Ausruhen, Kommunizieren. Allein sein. Zusammen sein. Wenn man das Gelände erreicht, gelangt man zuerst zu einem riesigen Vorplatz, auf dem die Panzer und Transportfahrzeuge der Bundeswehr stehen und der nach dem Tauwetter von einer knöchelhohen Schlammschicht bedeckt ist. Über eine Sicherheitsschleuse kommt man dann in das eigentliche Zentrum des PHQ, in dem keine afghanischen Polizisten mehr zu sehen sind, weil sie ohnehin nur den äußeren Ring sichern, während die Soldaten der Bundeswehr den inneren Ring sichern, in dem sie sich auch befinden. Gleich als Erstes sieht man in diesem inneren Ring, wenn man das Gebäude betritt, nachdem man durch den kleinen Innenhof gegangen ist, den Kraftraum. Es ist sozusagen der Begrüßungs- oder Übergangsraum, so dass man sofort mit einem wesentlichen Charakteristikum des PHQ konfrontiert wird. Nämlich, dass das PHQ gar keine Übergangsräume oder Rückzugsorte hat. Es ist ein Raum. Ein einziger Raum. Und die 160 Soldaten bilden eine Einheit, einen zusammengewürfelten Haufen von Individuen, die hier zusammengepfercht sind, während draußen Afghanistan ist. Der Raum, den sie in den Griff kriegen, den sie beherrschen, kontrollieren, dem sie Sicherheit und Frieden bringen sollen.

Im Kraftraum geht es auch gleich los. Es geht mit den Interviews los. Ich muss jetzt jede Gelegenheit nutzen. Ich stehe unter Zeitdruck. Schließlich bin ich nur eine Nacht hier. Der hier zuständige Presseunteroffizier erträgt das alles mit stoischer Gelassenheit, die aber verdeckt, dass er eigentlich vollkommen erschöpft ist. Unmittelbar vor mir ist Wolfram hier gewesen. Wolfram, der gekommen ist, um seine Bilder zu machen. Was aber hat Wolfram mit dem Presseunteroffizier gemacht, dass er so erschöpft und angeschlagen wirkt und später so in seinem Bett liegt, als wäre er tot? Ich fange mit den Soldaten im Kraftraum an, interviewe dann eine junge rothaarige Soldatin in der Küche, die nur durch ein Sichtfenster und eine Tür vom Kraftraum getrennt ist, unterhalte mich mit ihr über das Joint Fire Support Team, das dafür sorgt, dass alle Aktivitäten in der Luft mit denen auf dem Boden koordiniert werden, spreche beim Essen mit zwei oder drei Soldaten, die auch mehr oder weniger gerade in Afghanistan angekommen sind, und mit einem von ihnen darüber, wie er es mental fertigbringt, in dem 30-Betten-Schlafsaal Audiobooks zu hören. Ich setze das gleich zu Beginn angefangene Gespräch mit dem Kompaniechef fort, einem jungen Hauptmann, der gerade mal dreißig ist und dem ich versuche nachzuweisen, dass er es doch mit ähnlichen Herausforderungen zu tun hat wie ein junger Manager in der freien Wirtschaft, eine Unterstellung, der er sich aber geschickt entzieht, später spreche ich mit den Soldaten auf dem Wachturm und mit einem der belgischen Soldaten in unserem 8-Betten-Zimmer.

»Es ist Karneval«, sagt er, »und wir sind hier.« Es ist ein älterer Soldat, der zur OMLT-Einheit gehört, mit einem verlebten, aber fröhlichen Gesicht. Er schaut mir zu, wie ich eines der Betten durchsuche, um die Augentropfen und die Ersatztaschenlampe von Wolfram ausfindig zu machen, die dieser bei seinem Aufenthalt hier vergessen hat.

»Gibt es in Belgien auch Karneval?«, frage ich.

Der belgische Soldat, er ist gleichzeitig Rettungssanitäter, zieht sich die Socken aus, und dann erzählt er mir, wo er schon überall war. Kosovo, Kongo, Afghanistan, Bosnien und noch einmal Kongo. »Karneval ist überall«, sagt er und grinst.

Im PHQ schrecke ich vor nichts zurück. Im PHQ führe ich Krieg. Eine Art Informationskrieg mit den Soldaten und mit mir selbst. Ich versuche so viel wie möglich aus ihnen herauszuholen, auch wenn es nur eine Nacht ist.

»Also Sie machen hier Krafttraining«, frage ich einen der Soldaten, der sich mit einer SZ-Stange beschäftigt und dem ein Kamerad hilft, die Stange wieder in ihre Halterung zurückzumanövrieren. »Und wie verbringen Sie sonst ihre Zeit?« Es ist, als würde ich die Soldaten so lange bearbeiten und bestürmen, bis zumindest einer von ihnen mir etwas gesteht oder offenbart, was ich gegen sie verwenden könnte.

»Sonst mache ich nicht viel«, sagt er und unterbricht seine Übung. »Ich meine, wenn wir nicht gerade draußen sind.«

»Das stelle ich mir aber ein bisschen schwierig vor.« Ich schaue an ihm vorbei in den Nebenraum. Eine Art Fernsehzimmer, in dem gerade zwanzig Soldaten zusammensitzen und auf einem Großbildschirm ein Fußballspiel schauen, das aber kein wirkliches, sondern ein simuliertes ist.

»Es sind ja nur zwei Wochen. Dann sind wir wieder im Lager.«

»Im PRT.«

»Genau …«

»Und hier draußen … Ich meine, wenn Sie also *draußen* sind und sozusagen Feindberührungen haben, wie ist das dann?«

»Bisher ist ja noch nichts passiert.«

»Ist das Ihr erster Auslandseinsatz? Sind Sie zum ersten Mal in Afghanistan?«

»Ja«, er nickt. Er ist ein kräftiger, muskulöser Mann. Er trägt ein schwarzes T-Shirt, und erst denke ich noch, dass ich ihn besser nicht anspreche. Er wirkt sehr verschlossen, düster, ein Mensch, der mit seinem Körper beschäftigt ist, mit dem Aufbau von Muskelmasse, und der alles andere als gesprächsbereit zu sein scheint. Auch sein Kamerad, der ihm bei den Gewichten hilft, wirkt auf den ersten Blick nicht besonders umgänglich. Beide werden von einer ebenfalls schwarzgekleideten blonden Frau beobachtet, mit der sie ein sonderbares Triptychon bilden, das auf eine düstere Weise erotisch erscheint, so dass ich beim Hereinkommen zurückschrecke und denke, ich hätte den falschen Eingang gewählt. Ich fürchte, dass diese beiden Männer jeglichen Gesprächsversuch brüsk ablehnen werden und darauf verweisen, wie wichtig ihre Körper sind und wie wichtig es ist, dass die blonde, ebenfalls durchtrainiert wirkende Frau sie beobachtet, bei der Ausführung der Übungen, die merkwürdig zwielichtig, doppeldeutig und gleichzeitig existentiell erscheinen. Als sei das hier der Raum, in dem die Kriegshandlungen antizipiert, geprobt und sozusagen ohne Waffen erst einmal durchgespielt und durchexerziert werden. Dabei erinnert der Raum an ein privates Fitnessstudio, das sich genauso gut in Mecklenburg-Vorpommern auf dem Bauernhof eines jungen Landwirtes in einem leerstehenden Lagerraum befinden könnte. Eine Assoziation, die gar nicht so abwegig ist, denn das PHQ, das gerade erst aufwendig renoviert, mit Heizkörpern und modernen sanitären Anlagen ausgerüstet worden ist, wirkt insgesamt tatsächlich wie eine Mischung aus Baustelle, Jugendzentrum und modernem Bauernhof.

»Und wie ist das so?«, frage ich den Soldaten mit dem schwarzen T-Shirt, der, sobald er spricht, etwas Sanftes und Schüchternes bekommt, das ich jetzt rücksichtslos ausnutze. »Wie fühlt sich das für Sie hier so an? Ich meine, Sie sind hier in Afghanistan. Zum ersten Mal in Ihrem Leben.«

Er nickt.

»*Ist* es das erste Mal in Ihrem Leben?«

»Ja, kann man so sagen.«

»Und?« Ich halte erwartungsvoll meine zusammengefalteten Zettel in der Hand, die ich mir am Morgen im Pressestab habe geben lassen, weil die freien Seiten meines Notizbuchs allmählich zur Neige gehen.

»Ja. Das ist eine Erfahrung.«

»Aber was für eine Erfahrung ist das? Können Sie das benennen?«

Der Soldat streicht sich über die Oberarme, als müsste er sich vergewissern, dass er über genug Körperkräfte verfügt, um diese Frage zu beantworten.

»Wie meinen Sie das? Also …« Er beugt sich etwas vor. Er hat keine Ahnung, was ich von ihm wissen will.

»Haben Sie denn von den Menschen etwas mitbekommen? Ich meine von den Afghanen. Den Menschen da draußen. Was ist ihr Eindruck?« Ich presse den Kugelschreiber auf meine Schreibunterlage.

»Tja«, sagt er. »Es ist komisch … Wie soll ich das sagen. Na ja, es fühlt sich ein bisschen so an …« Er dreht sich zu seinem

Kameraden, der ihm beim Gewichtheben geholfen hat. »Ja … Wenn man hier so durch die Dörfer fährt, genau … Es fühlt sich so an, als wäre man im Mittelalter.« Sein Kamerad nickt. Die blonde Frau schaut kurz auf. Ich halte den Kugelschreiber noch einen Moment in der Luft, dann schreibe ich langsam und, damit ich es später auch noch lesen kann, deutlich »wie im Mittelalter« auf. Ich schaue den Soldaten an. Er lächelt. Ich bedanke mich und gehe in die Küche. Wie im Mittelalter. Der Presseunteroffizier läuft hinter mir her. Er wirkt etwas unruhig und nervös.

»Sollen wir denn mal was essen?«, frage ich ihn, in der Hoffnung, dass sich dadurch vielleicht weitere Gesprächsmöglichkeiten ergeben. Hunger habe ich in diesem Moment keinen. Ich drehe mich noch einmal um, nach den drei Soldaten, die dort zusammen das Triptychon bilden. Es hat von seiner Kraft noch nichts verloren, zumal die Frau, die zuletzt gestanden hat, sich jetzt wieder hingekniet hat und eine Hantel in der Hand hält.

Das PHQ ist ein Ort der Düsternis. Es ist der Ort, nach dem ich auf der Suche war. Roh. Provisorisch. Feucht wirkende, kalte Gemäuer, in die mit scheinbar roher Gewalt moderne Technik installiert wurde. Neue Fenster, sanitäre Anlagen. Der Beton liegt in den Räumen und an den Wänden, als sei man im Inneren eines versteinerten Tieres, dessen riesiges, fauliges Maul aus dem mit Sandsäcken gesicherten Wachturm, dem Innenhof mit dem Spieltisch und den gebückt auf engstem Raum herumstehenden Gestalten besteht. Menschen, die auf verschiedene Weise mit dem Kriegshandwerk zu tun haben, von denen aber nur die wenigsten wirklich kämpfen. Es regnet, es ist eiskalt, das Licht strahlt in der Küche so hell und erbarmungslos, dass man für einen Moment in sein Zimmer flüchten will, das aber nicht existiert. Es gibt keine Lichter, die eine zivile Welt entstehen lassen könnten. Kein Licht, das einen zärtlichen Schleier über einem Stück Sofa auswirft, das verführerisch die Wand hochkriecht oder leise klirrend von der Decke tropft. Das hellste Licht, so scheint es mir, ist in den Sanitäranlagen, die mir später wie die Schlachträume einer Fleischfabrik erscheinen. Als würde sich der teilnahmslose Blick eines Pathologen auf einen heruntersenken, während man seinen natürlichen Bedürfnissen nachgeht. Das Licht ist dazu da, die Exkremente und den Urin auszuleuchten, als fände hier, in dieser gerade erst komplett modernisierten Anlage, eine Ausstellung des Innenlebens statt, die man nicht verpassen darf. Die anderen Räume, die Schlafräume, Gänge und der Kraftraum, fallen in einen modrigen Schatten, in dem die Schlappen, Sandalen und sogar die nackten Fußsohlen der Männer, die vom Kampf zurückkehren, ein leises nagendes Geräusch erzeugen, das sich mal wie ein vielstimmiges dumpfes Flüstern, dann wieder wie eine müde, ziellose Prozession anhört. Ein Chor des Schlurfens und Raunens, der den ganzen Abend zu hören ist, bis er langsam abebbt und die Nacht beginnt.

In meinem Notizbuch sind nur noch wenige Seiten leer geblieben. Die zusätzlichen Bögen Papier, die ich bekommen habe, habe ich so gefaltet, dass sie in etwa der Größe des Notizbuches entsprechen. Der türkisfarbene Einband ist jetzt voller schwarzer Flusen, als säßen winzige Insekten auf dem Cover. Irgendwo muss dort etwas stehen, das sie anzieht. Den Abend über habe ich noch alles mitgeschrieben, alles notiert. Ich habe meine Eindrücke zu Papier gebracht. Zunehmend hektischer, immer mehr im Telegrammstil, als müsste ich sofort liefern, noch im gleichen Moment an eine übermächtige Redaktion, die ungeduldig darauf wartet, meine Notizen weiterzuverarbeiten und das Ergebnis zu präsentieren. Der 150 000-Dollar-Hund. Ich habe ihn gesehen, am späten Abend, als ich erschöpft von den vielen fast jugendlichen Gesichtern, die sich zwischen Küche, Kraftraum, Fernsehzimmer und Kickertisch hin- und herschieben, zu unserem Schlafraum gegangen bin. Plötzlich waren die Amerikaner da. Ich schreibe das auch so auf: PLÖTZLICH SIND DIE AMERIKANER DA. Es war einer der letzten Augenblicke des Rauschzustandes, in den ich mich hineingesteigert hatte. Aber dann lehnt der Kompaniechef meine Anfrage für ein zweites Gespräch ab, bei dem ich mit ihm über sein Verständnis von Macht und Gewalt sprechen wollte, und besteht darauf, nur im Beisein des Presseunteroffiziers weiterzureden. Nachdem er mir vorher in seinem Befehlsstand an der Karte noch erläutert hat, wie man im Laufe der nächsten Tage das PHQ sichern wolle, um die bevorstehende Entwicklungs-Shura vorzubereiten, eine Zusammenkunft von lokalen Führern und Verantwortlichen des PRT, wobei er immer betont, er sei eigentlich kein Manager, kein Anführer und Antreiber oder Motivator. Wie er sich immer wieder zurückzunehmen versucht und mir erklärt, er müsse im Gegenteil darauf achten, dass seine Leute sich nicht verausgabten und immer noch genug Reserven zur Verfügung hätten, auf die sie dann im Notfall zurückgreifen könnten. »Die Entwicklungs-Shura«, erklärt er, »könnte ich genauso gut mit vierzig Mann sichern, aber ich nehme lieber achtzig. Dann kostet es alle nicht so viel Kraft.« Ich bin immer noch auf der Suche nach der Verausgabung, der Grenzüberschreitung. Ich sehe mich noch immer als Teil einer Long-Term-Patrol, die sich nach tagelangem Gewaltmarsch bis zum OP North hochkämpft, um dort die Raumverantwortung an einen anderen noch kleineren, sich noch mehr verausgabenden Trupp zu übergeben, der weiter bis zur Grenze gelangt, wo mein Tagtraum dann allerdings abrupt endet.

»Ja natürlich«, sage ich zum Kompaniechef, der mit gerade mal dreißig Jahren schon 160 Leute anführt. »Aber trotzdem müssen Sie Ihren Männern doch eine Vision vermitteln, wie sie sich in einem Extremfall zu verhalten haben.«

»Ich glaube«, sagt er, »ich versuche sie eher zu bremsen. Einigen von ihnen muss man sagen, dass sie etwas langsam machen und sich ihre Kräfte einteilen müssen.«

Ich glaube ihm kein Wort. Ich habe sogar den Verdacht, dass er mich zu täuschen versucht und mich in Sicherheit wiegen will.

»Also sehen Sie sich eher in der Rolle eines Moderators … Sie bleiben im Hintergrund und warten ab.«

»Nein, das kann man nicht sagen.« Er wendet sich wieder der Karte zu, auf der er mir vorher erklärt hat, wo genau die Entwicklungs-Shura stattfinden wird und wie sein Sicherheitskonzept aussieht. »Ich muss schon Entscheidungen treffen, und zu diesen Entscheidungen stehe ich auch.« Ich nicke, ich bekomme ihn nicht zu fassen. Er macht einen Schritt zurück und wehrt meine Interpretation ab. Ich erinnere mich an das Buch *Entsichert* von Mark Terkessides und Tom Holert, das ich vor Jahren gelesen habe. Sie äußern den Verdacht, die Soldaten und NGO-Mitarbeiter seien gar nicht so weit voneinander entfernt. »Gefordert ist ein durchaus paradoxes Selbstmanagement im Spannungsfeld von explosiver Kreativität und duldsamer Unterordnung«, heißt es an einer Stelle. Und es seien solche »ideologischen Verschleifungen von militärischer Disziplin und Technologien des Selbst, die den Zivilisten zum Soldaten machen, der damit in einem Kontinuum agiert, das vom Frieden bis zum Krieg reicht«. Ich bin auf der Suche nach diesem »nomadisch charismatischen Subjekt«, das seine gnadenlose Selbstoptimierung jetzt noch einen Schritt weiter treiben und noch mehr Abenteuer und Herausforderungen angehen will.

»Ich verstehe, was Sie meinen«, sage ich zum Kompaniechef. »Sie müssen also die Balance finden, und Sie müssen gleichzeitig immer auf alles vorbereitet sein.«

Er nickt und lächelt etwas unsicher. Er weiß nicht, was er von mir zu halten hat.

»Ich würde sagen, wir sprechen später weiter«, sage ich. Draußen wartet der Presseunteroffizier und will mich in die Küche zum Abendessen bringen. Aber dieser Austausch, so wie ich ihn mir jedenfalls vorstelle, kommt nicht mehr zustande. Der junge Kompaniechef will lieber im Beisein des Presseunteroffiziers mit mir reden, und das Gespräch, das wir dann in seiner Unterkunft führen, ist so inhaltslos und lahm, dass ich die Notizen, die ich dazu mache, später gar nicht mehr auswerte, sondern einfach in den Mülleimer werfe.

Die Düsternis ist belastend. Schon auf dem Weg zum Schlafraum merke ich, dass ich mich auf diesem Gelände nicht auskenne. Ich finde den Schlafraum nicht. Ich frage ein paar Soldaten, ob sie den Presseunteroffizier oder die Belgier kennen, die mit mir im selben Zimmer untergebracht sind. Aber sie haben diese Soldaten noch nie gesehen. Sie sind im Austausch mit der zweiten Kompanie erst vor wenigen Tagen gekommen. Fast zehn Minuten irre ich durch das Gebäude, bis ich den Schlafraum endlich gefunden habe. Als ich das erste Mal aufwache, ist es vier Uhr. In der Nacht ist es im Schlafraum so dunkel und still, dass ich mir vorstellen muss, alle seien gestorben und ich hätte es nicht gemerkt. Es dauert eine halbe Stunde, bis ich mir eingestehe, dass ich nicht mehr weiterschlafen kann. Der Hund kostet 150 000 Dollar. Die Amerikaner, stelle ich mir vor, laufen jetzt mit diesem wahnsinnig teuren Hund durch die Dörfer und suchen nach Sprengfallen. Dafür ist der Hund ausgebildet. Sein schwarzbraun glänzendes Fell sieht im dunklen Gang, der von den Toiletten zurück in den Kraftraum und in die Küche führt, fleckig und dunkel aus, wie ein Geflecht von Moosen auf einem Waldboden. Es ist ein Schäferhund. Sein Besitzer, der amerikanische Hundeführer, gibt bereitwillig Auskunft.

»150 000 Dollar?«, frage ich.

»Ja, das ist nur eine Schätzung.«

»Und haben Sie keine Angst, dass er Ihnen wegläuft?«

»Er ist sehr treu. Das würde er nie tun.«

Ich will ihn gerne noch fragen, was passiert, wenn er krank wird oder ihm etwas zustößt, aber dann müssen sie weiter. Sie durchsuchen die Dörfer und Straßen, die Äcker und Schlammwüsten, in die sich das Land gerade verwandelt hat. Haben sie im PHQ haltgemacht, um die neu installierten deutschen Toiletten zu benutzen? Oder übernachten sie auch irgendwo hier?

Jedes Mal, wenn ich Amerikaner sehe, fühle ich mich in dem Glauben bestätigt, die Amerikaner verfügten über magische Kräfte. Eine intuitive Schlauheit, der nicht beizukommen ist, oder eine Fähigkeit, von der sie vielleicht selbst gar nicht wissen, dass sie existiert. 150 000 Dollar.

Die Angst ist da. Sie ist zurückgekommen. Es ist die Angst, die mir vor meiner Liberia-Reise suggerieren wollte, ich würde wahrscheinlich in Liberia keine Menschen retten und niemandem helfen können, sondern würde einfach nur selbst auf die kümmerlichste Weise im Landesinneren in Schwierigkeiten geraten, selbst Hilfe benötigen und schließlich sterben. Die Angst reißt mich aus dem Schlaf, reißt mir die Augen auf. Die Erkenntnis, dass ich gescheitert bin, dass ich nach Afghanistan gekommen bin, um jetzt endlich festzustellen, dass der Selbstbetrug, dem ich ausgesetzt bin, noch größer und noch umfassender ist, als ich es mir überhaupt habe träumen lassen. Ich stehe auf. Wie Geister tauchten die beiden Amerikaner in dem dunklen, langen Gang auf, in den ich wenige Minuten später hinaustreten werde. Der Hundeführer und ein anderer Soldat. Geister, die direkt aus einem der afghanischen Dörfer gekommen sind, wo sie den in der Erde vergrabenen Sprengstoff aufgespürt haben. Und natürlich konnten sie auf die Empfindlichkeiten der Afghanen, für die Hunde ja an sich schon eine Bedrohung ihrer Würde sind, keine Rücksicht nehmen. 150 000 Dollar. Das gibt man nicht umsonst aus. Ein düsterer Gang, ein düsterer Schlund. Ich habe keine Schlappen. Ich finde im Dunkeln meine schlammverkrusteten Schuhe nicht. Die Belgier schlafen wie die Toten. Ich höre noch nicht mal Atemzüge. Später trete ich an eines der Betten näher heran, um wenigstens zu überprüfen, ob der sympathische zurückhaltende Presseunteroffizier noch lebt, aber ich kann im Dunkeln sein Bett nicht finden. Die Taschenlampe von Wolfram, die er an das Gitternetz des über ihn gestapelten Bettes gebunden hat, kann ich nicht benutzen, weil ich sie schon in meiner Tasche verstaut habe. Anxious rumination. Ein nächtliches Grübeln, das so schlimm und massiv wird, dass ich aufstehen und rausgehen muss, in den Gang, der aber dann gar nicht so düster ist, um mich einfach nur in Bewegung zu setzen und zu schauen, ob es nicht dort draußen, im PHQ, in der Nacht, irgendetwas gibt, was mir weiterhelfen kann. Anxious rumination ist ein Ausdruck der Militärpsychologie und trifft natürlich nicht auf mich zu, schließlich bin ich in kein Gefecht verwickelt worden. Trotzdem fühle ich mich so schlecht, als stünde ich kurz davor. Als müsste ich am nächsten Morgen raus. Zu einem Einsatz, raus an die Front. Im PHQ befällt mich tatsächlich, und es ist schwer, das im Nachhinein zuzugeben, die nackte Angst, *nichts erlebt* zu haben und *nichts* zu haben, über das ich schreiben kann. Warum bleibe ich nicht länger im PHQ? Das ist die zentrale Frage. Ich habe den Presseoffizier vor meiner Abreise zum PHQ nicht mehr gefragt, ob ich meinen Aufenthalt vielleicht noch ausdehnen und möglicherweise an der Entwicklungs-Shura teilnehmen könnte. Du hast nichts erlebt und du hast nichts, worüber du schreiben kannst, sagt die innere Stimme, die Stimme der Angst, als ich mitten in der Nacht aufwache, obwohl ich doch eigentlich todmüde und vollkommen erschöpft sein müsste. Ich habe bis zur letzten Sekunde alles gegeben. Noch um halb elf bin ich mit der Erlaubnis des Kompaniechefs, aber eigentlich gegen den unausgesprochenen Willen des Presseunteroffiziers, der selbst todmüde und erschöpft ist, nach oben auf den Wachturm geklettert, um zwei oder drei Sekunden durch ein Nachtsichtgerät zu schauen. »Das wird nicht klappen«, sagt der Presseunteroffizier, der mich davon abbringen will, die Holztreppe zum Wachturm hochzuklettern und bei dieser eisigen Kälte in die dunkle Nacht zu starren. »Die brauchen die Geräte ja selbst. Schließlich müssen die ja aufpassen da oben.« Zwei oder drei Sekunden. Zwei oder drei Sekunden, in denen sich die Realität in dieses berauschende, grün schillernde Bild verwandelt. Die Wirklichkeit wird flüssig, kristallin, schwimmt leicht in meinen Augen, flimmert wie ein dichter tropischer Regenwald aus Feldwegen, Lehmmauern und schlafenden Afghanen, die unsichtbar sind. In den Fenstern, hinter denen es warm ist, pulsiert es leicht. Ich muss an die Bilder von Thomas Ruff denken, verzichte aber darauf, diesen Gedanken mit dem Soldaten, der mir das Nachtsichtgerät geliehen hat, zu teilen. Mit Sicherheit kennt er Thomas Ruff gar nicht. Und was ist, wenn jetzt in diesem Moment etwas passiert, denke ich noch, und gebe das Gerät schnell wieder zurück. Anxious rumination. Es ist erschütternd zu sehen, dass mich so etwas ohne weiteres aus dem Gleichgewicht bringt. Wie wäre es dann erst, wenn wirklich etwas passierte? Wenn jemand neben mir, in meiner unmittelbaren Nähe, während einer Kampfhandlung in die Luft gesprengt würde? So wie bei den Karfreitagsgefechten 2010. Wenn jemand tödlich getroffen wird. Werde ich dann für den Rest meines Lebens überhaupt nicht mehr schlafen?

Die Toilette, die ich mit leicht schmerzenden Augen erreiche, die am Ende des Ganges wie eine Flutwelle aus Licht aus dem Gemäuer herausbricht, ist vollkommen leer. Der Gang ist leer. Die Stille ist unerträglich. Es ist niemand mehr da. Wo sind die Soldaten? Noch vor ein paar Stunden waren die Gänge überfüllt mit ihnen, in ihren Unterhemden und schwarzen T-Shirts. Im Fernsehraum gab es keinen Stehplatz mehr. Jetzt sind sie alle weg. »Wir machen Hausbesuche weltweit«, stand auf dem Rücken eines Soldaten unter einem unscharfen Foto, das mehrere kämpfende Männer zeigte, deren Helme leicht verrutscht waren und die ihre Waffen hochhielten wie Messer. Meine Schritte hallen in dem leeren, staubigen Gang, der so aussieht, als wäre er gerade erst vor fünf Minuten fertig betoniert und verputzt worden. Als ich die Toilette erreiche, muss ich die Augen schließen. So grell und schneidend ist das Licht. Ich uriniere. Aber ich bin nicht allein. Eine vermummte Gestalt steht neben mir. Ein Soldat, der vielleicht auch nicht schlafen kann. Aber während wir schweigend unsere Notdurft verrichten, merke ich, dass es jemand vom

Wachturm ist. Jemand, der dort oben steht, nach Chahar Darreh herausschaut und auf *insurgents* wartet. »Alles okay da oben?«, liegt mir auf der Zunge zu sagen, aber ich verpasse den Moment. Und dann ist der Soldat wieder weg. Der Geist verschwindet. (In einem Spalt oberhalb des Pissoirs hängt eine Zeitschrift, genauer gesagt, zwei herausgerissene Seiten. Ich nehme die Zeitschrift oder das, was von ihr übriggeblieben ist, an mich und gehe wieder in den Schlafraum zurück. Über was um Gottes willen willst du denn schreiben?) Ich stehe noch einen Moment im Gang, gehe noch für einen Augenblick ins Fernsehzimmer. Leere. Stille. Geräte, die unbenutzt daliegen. Staub, Schmutz, der Eindruck, dieser Ort muss in großer Hast verlassen und aufgegeben worden sein. Wenn ich den Soldaten vom Wachturm nicht gesehen hätte, würde ich denken, hier sei wirklich etwas nicht in Ordnung. Ich gehe in den Kraftraum, ich werfe einen Blick auf die Geräte, die Gewichte, die Hanteln, die SZ-Stange, die man nicht allein, sondern nur mit Hilfe eines anderen Trainingsteilnehmers benutzen darf. Das ist sonst zu gefährlich. Anxious rumination. Es kann jeden treffen. Man fragt sich, ob man in der entscheidenden Gefechtssituation nicht doch hätte anders reagieren, für den Bruchteil einer Sekunde eine andere Entscheidung treffen und damit das Leben des Kameraden, den es erwischt hat, vielleicht noch hätte retten können. Ich denke darüber nach, als ich schon wieder im Bett liege und mit aller Gewalt einzuschlafen versuche, ob ich nicht doch wieder aufstehen soll, noch einmal in den Kraftraum gehen und versuchen soll, allein und ohne Hilfe die SZ-Stange hochzuwuchten. Und wäre das nicht eine gute Geschichte? Du bist allein in der Nacht im Kraftraum des PHQ, alle 160 Soldaten der 2. Kompanie des Ausbildungs- und Schutzbataillons der Taskforce, oder zumindest fast alle, schlafen, und du versuchst die SZ-Stange hochzukriegen. (Ich liege tatsächlich wach und denke darüber nach. Ich frage mich immer wieder: Warum kann ich nicht länger hierblieben, hier an diesem so schrecklichen Ort, der mir so gut gefällt? Ich bin völlig erschöpft.

Ich bin nach Liberia gegangen, um eine Auszeit zu nehmen. Jetzt bin ich in Afghanistan und habe plötzlich Angst, dass ich nicht mehr schreiben kann.) Es dauert zwei Stunden. Ich denke an alles und nichts. Ich überlege, ob ich den Presseoffizier am frühen Morgen telefonisch erreichen kann und ihn bitten soll, das Einsatzführungskommando darüber in Kenntnis zu setzen, dass ich beabsichtige, noch drei Tage länger im PHQ zu bleiben, die Entwicklungs-Shura anzuschauen und dann wieder zurückzukehren. Ich kann nicht mehr schlafen. Aufstehen kann ich aber auch nicht mehr. Als stünde ich kurz vor einem Einsatz. Dabei ist es der Einsatz, der mir fehlt. Das nomadisch charismatische Subjekt, das nach Abenteuern sucht, heißt es bei Terkessides und Holert. Für die beiden wäre ich wahrscheinlich ein gutes Forschungsobjekt. Eine irrlichternde Existenz zwischen Entgrenzungs-, Selbstauflösungs- und Optimierungssehnsucht. (Die zwei Seiten, die ich auf der Toilette gefunden habe, scheinen das auch noch zu bestätigen. Es ist ein kruder Artikel über jemanden, der bei einem absurden Sexunfall ums Leben gekommen ist, und es kann kein Zufall sein, dass er mir in die Hände fällt.) Ich überlege, ob ich aufstehen und zurückgehen soll. Noch einmal raus in diese Leere, die im Nachhinein etwas Magisches hat. Plötzlich hat das Licht im PHQ etwas Schöpferisches und Kraftvolles. Plötzlich haben der Beton und der Staub etwas Erhellendes und Erhabenes. Als hätte ich jetzt durch einen Nebeneingang, durch einen offenstehenden Spalt, wie in einer Geschichte von Philip K. Dick, eine Parallelwelt betreten, in der ich herausfinden kann, was in meinem eigenen Leben alles falsch gelaufen ist. Ich muss an meinen Vater denken. Dass mir mein Vater einfällt, ist schließlich die Rettung. Ich merke, während ich an meinen Vater denke, wie ganz langsam und allmählich die bohrende und mich am Einschlafen hindernde Angst nachlässt und ich müder werde, und dass ich vielleicht wegen meines Vaters hier bin und dass die Gespräche, die ich mit meinem Vater nicht geführt habe, mich schließlich hierhergebracht haben. Die Gespräche über den Krieg und über das, was mein Vater erlebt hat. Und während ich noch denke, wie ungeheuerlich es ist, dass ich mit ihm nie wirklich darüber gesprochen und nie wirklich auch nur das geringste Interesse an seiner Geschichte gezeigt habe, merke ich, wie ich einzuschlafen beginne. Eigentlich schlafe ich bei dem Gedanken daran ein, wie ich mit meinem Vater über den Holocaust diskutiere und wie er immer behauptet, er selbst habe darüber nichts gewusst oder nichts wissen können. Als ich merke, dass ich ausgerechnet bei diesem Gedanken meine Balance wiederfinde und mich wieder beruhige, wache ich natürlich sofort wieder auf.

10

Die beiden aus der Zeitschrift herausgerissenen Seiten bringe ich am nächsten Morgen wieder zurück. Ich lege sie an die Stelle, an der ich sie gefunden habe. Ihr erzählerischer Wert, ihre Bedeutung hat über Nacht rapide abgenommen, als ich mich nach wenigen Stunden Schlaf zum Aufbruch fertigmache, um mit einer Aufklärungspatrouille wenigstens für eine Stunde das PHQ zu verlassen.

»Natürlich«, sage ich zum Presseunteroffizier, »die Hauptsache ist, ich komme noch mal raus.«

Der Auftrag hat sich allerdings, genauso wie meine Befindlichkeit und mein Blick auf diese Reise, über Nacht noch einmal geändert. Jetzt geht es nicht mehr um Aufklärung, sondern um etwas anderes. Eine Patrouille hat sich festgefahren, und wir sollen den Kameraden zu Hilfe kommen und sie wieder herausholen. Herausholen aus was, frage ich mich noch, aber ich habe schon meinen Platz in der offenen Luke eines Marders eingenommen und bin von jeglicher Kommunikation abgeschnitten. Der Zugführer ist in einem anderen Fahrzeug. Zusammen mit dem Presseunteroffizier bin ich am Vorabend im 30-Mann-

Schlafsaal gewesen, um kurz mit ihm zu sprechen. Inmitten von zehn oder fünfzehn Soldaten, die sich gemeinsam einen Film auf einem Laptop anschauen, ist er kaum auszumachen. Er kommuniziert etwas abwesend mit uns über den Auftrag am nächsten Tag, eine Art minimalistische Befehlsausgabe, während leise Gewehrfeuer aus den kleinen Laptoplautsprechern zischen. Ich kann mir das Gesicht des Zugführers nicht richtig merken, so dass ich später nicht mehr weiß, an wen ich mich wenden muss, wer für mich verantwortlich ist und wessen Anweisungen ich Folge zu leisten habe.

»Wir holen die raus«, sagt der Kommandant des Marders, dann brechen wir auch schon auf, rollen langsam aus dem PHQ heraus. Der Presseunteroffizier fotografiert mich, wie ich mit Helm, orangefarbener Schutzbrille, Schutzhelm und Schutzweste aus seiner Obhut entschwinde, und jedes Mal, wenn ich das Foto sehe, denke ich, ich sollte es so schnell wie möglich vernichten. Von meinem Vater gibt es keine Fotografie, die ihn mit Helm, Schutzweste und Schutzbrille zeigt. Es ist anzunehmen, dass er, als er zu seinem ersten Einsatz an die Front aufbrach, noch nicht mal eine Kopfbedeckung getragen hat. Das einzige Foto, das ich in Erinnerung habe und das ihn in Uniform zeigt, ist ein Dokument größter Verletzlichkeit und Fragilität, so wie sich mein Vater auf keinem anderen Foto jemals präsentiert hat, als habe man ihn hier in einem unbeobachteten Moment erwischt, so wie der Presseunteroffizier eine Nahaufnahme von mir macht, nachdem ich gerade festgestellt habe, dass die Digitalkamera, die ich mir ausgeliehen habe, nicht mehr funktioniert. Die elektronischen Geräte lassen mich im Stich. Meine Taschenlampe funktioniert nicht mehr. Den Akku der Digitalkamera habe ich vergessen über Nacht aufzuladen. Es ist eine Nacht der Versäumnisse. Eine Nacht, in der mir plötzlich klargeworden ist, dass ich noch nicht mal weiß, ob mein Vater wirklich an der Ostfront zum Einsatz gekommen ist, also in einer Region in den Krieg gezogen ist, die sich in unmittelbarer Nähe zu seiner Heimat befand. Auf dem

Foto hat er fast einen kindlichen Ausdruck. Es sieht fast so aus, als ahne er nicht, was mit ihm passieren würde.

»Wir holen die da raus«, sagt der Fahrzeugkommandant, der neben mir steht. Er hat Funkempfang, er ist nicht von der Kommunikation abgeschnitten. Er wirkt zuversichtlich und schaut nach 9 Uhr, während ich nach 6 Uhr schaue und sehen kann, wie hinter uns ein TPz, ein Fuchs-Transportpanzer fährt, wie sich der schwere Stahlblock des Fahrzeuges in die Mulden und Schlammpfützen senkt und über welch enorme Kräfte diese Maschine verfügt. Mein Vater ist zu Fuß unterwegs gewesen. »Wir waren zu Fuß unterwegs, ich ging durch einen Wald, und dann kam die Lichtung.« Das ist das, was ich in Erinnerung habe. Zu Fuß. Ich bin in Afghanistan und mit Ausnahme meines im Nachhinein märchenhaften Ausflugs zum Blechtrommlermarkt kein einziges Mal zu Fuß gegangen.

»Und wen müssen wir da rausholen?«, versuche ich ein Gespräch mit dem Kommandanten des Fahrzeugs anzufangen, aber er hört mich nicht. Er trägt Gehörschutz, kommuniziert über Funk und erhält Anweisungen. Ich konzentriere mich auf die Umgebung. Es ist ein kurzer Glücksmoment, der kaum, dass ich ihn mir eingestehe, wieder in seine Einzelteile zerfällt. Zerfallen muss. Analysiert und dekonstruiert werden muss. Anders ist nicht zu ertragen, dass ich wie ein als ISAF-Soldat verkleideter Karnevalsprinz im Marder stehe, mit meiner orangefarbenen Schutzbrille, meinen hauchdünnen Wollhandschuhen und meinem türkisfarbenen, im Mantel verstauten Notizbuch, und der Bevölkerung zuwinke. Es ist ein alter Mantel, dessen Innentaschen ausnahmslos eingerissen sind, dessen Innenfutter halb zerfetzt ist und der nur noch von außen wie ein Mantel aussieht. Der Mantel eines Obdachlosen. Ein Mantel, wie ihn auch mein Vater hätte tragen können, der keinen Wert auf Äußerlichkeiten legte, während ich mich unter meiner Schutzweste schäme, dass ich diesen Mantel trage, den ich aber gleichzeitig mitgenommen habe, um ihn hier vielleicht loszuwerden. Ich winke den Menschen zu.

»Wir winken immer«, sagt der Soldat neben mir, der Kommandant, ein grobschlächtiger, kahlköpfiger Mann Anfang dreißig, bevor wir losfahren.

»Ja, ich weiß«, rufe ich, denn er hat seinen Gehörschutz schon wieder aufgesetzt. Also winke ich auch. Ich winke erst halbherzig, dann etwas schwungvoller. Schließlich macht mir das Winken sogar Spaß. Den Kindern soll man anders zuwinken als den Erwachsenen. Aber ich habe mich dazu entschlossen, nur den Kindern zuzuwinken. Mein Vater hat nicht gewinkt. Mein Vater wird mit großer Sicherheit keinen polnischen Kindern zugewinkt haben, die in dem Waldstück, durch das er gelaufen ist, bevor er die Lichtung erreichte, auch mit großer Wahrscheinlichkeit gar nicht zu sehen gewesen waren. Dann kam die Lichtung. Es war gleich am ersten Tag, erzählte er. Mehr oder weniger am ersten Tag seines Einsatzes an der Front. Ich fahre rückwärts. Ich schaue auf die Straße und den hinter uns herfahrenden TPz, wie der Fuchs hier von den Soldaten in der Regel genannt wird. Es scheint ihnen nicht geheuer, Fuchs zu sagen und den Tiernamen des Fahrzeugs zu benutzen, und so nennen sie auch den Marder lieber SPz, obwohl das Motorengeräusch wirklich etwas Tierhaftes hat, ein animalisches Dröhnen. Und es lässt sich nicht anders sagen, als dass es etwas Großartiges ist, mit einem Marder über eine verschlammte afghanische Straße zu fahren, während der eiskalte Wind einem um die Ohren weht, dass es tatsächlich, wenn man ganz ehrlich ist, ein Triumphgefühl ist. Zum Glück winken die meisten Kinder zurück. Wir müssen die Herzen gewinnen, sagt später der Zugführer oder zumindest der, den ich für den Zugführer halte. »Winning hearts and minds«. Das ist das, was die Amerikaner immer sagen. Ich winke. Etwas zaghafter, dann forscher. Und dann kommt die Lichtung.

Dann kommt die Stelle, an der wir sie rausholen. Einen SPz und einen TPz. Sie haben sich festgefahren und stehen in vollendeter Symmetrie jeweils links und rechts neben der Straße, leicht zur

Seite geneigt, als würden sie parken. Aber sie sind eingebrochen. Im Lehmboden, wie ich mir später erklären lasse, bilden sich Luftblasen, und wenn ein tonnenschweres Gefährt wie ein Fuchs oder ein Marder darüberfährt, kann es passieren, dass der Boden diesem Gewicht nicht mehr standhält. Sofort denke ich daran, dass ich das fotografieren sollte. Es ist eine Gelegenheit, die so schnell nicht wiederkommt. Bildmaterial. Ich denke auf einmal in Kategorien, in denen Wolfram denkt, der Kriegsfotograf. Bilder mitbringen. »Also ich bin zufrieden. Ich hab' meine Bilder«, sagt Wolfram, als er nach drei Tagen vom PHQ zurückkehrt. Ich habe meine Bilder. Wolfram zeigt sie mir auf seinem Computer, auf dem er schon diverse Ordner angelegt hat. Und obwohl ich nichts abwegiger und unproduktiver finde, als zu fotografieren und gleichzeitig zu schreiben, ist es genau das, was an diesem Morgen passiert. Ich leihe mir die kleine Digitalkamera von dem Richtschützen, der mit mir im Marder ist, und fange von meinem Ausguck damit an, die halb zur Seite gekippten, manövrierunfähigen Fahrzeuge zu fotografieren. Es sind unzählige Fotos. Es sind bestimmt 100 oder 200 Fotos. Schließlich bleiben wir fast zwei Stunden an diesem abgelegenen schlammumtosten Ort, der am Ende einer befestigten Straße liegt, von der die Fahrzeuge abgebogen sind, um den sogenannten IED-Knick zu inspizieren. Sie haben die scharf nach links in eine kleine Allee mündende Straße, die eher ein Weg als eine Straße ist, aber gar nicht mehr erreicht. Ob der IED-Knick jetzt schon hinter ihnen liegt oder vor ihnen, lässt sich nicht sagen. Eine Stelle, an der sich möglicherweise Sprengfallen befinden sollen. Dort, wo die Allee anfängt, stehen Afghanen, zwanzig vielleicht, überwiegend Kinder. Aber sie sind zu weit weg, um sie zu fotografieren. Links von mir erstreckt sich ein riesiger matschiger Acker, auf dem sich jetzt die ersten Soldaten positionieren, um den äußeren Sicherheitskreis zu bilden. Weil ich nicht weiß, wer der Zugführer ist, weiß ich nicht, wen ich fragen kann, ob ich das Fahrzeug, das fast hundert Meter von den Kindern entfernt auf der nach rechts abknickenden Hauptstraße steht, überhaupt verlassen darf. Wolfram hat sich über solche Probleme immer hinweggesetzt, wie er mir erzählt hat. Er ist einfach losgegangen und hat zugeschaut, hat sich einfach dazugestellt, wenn die Soldaten ihren *sweep* gemacht und im Erdreich nach Sprengsätzen gegraben haben. »Ich sammle meine Einzelteile schon selbst wieder zusammen«, erzählte er und gluckste vor Lachen. »Da haben die geschaut. Das würden sie sich nicht trauen.« Wolfram, der Grenzüberschreiter, Fallschirmspringer und ehemalige Tauchlehrer. Allerdings nehme ich ihn jetzt zum Vorbild, als ich entscheide, dass ich aus dem Panzer raus und zu den Kindern am IED-Knick muss. Dort steht schon ein Übersetzer, ein Sprachmittler, wie es im Bundeswehrjargon heißt, und spricht mit einem älteren bärtigen Mann.

»Ist das okay?«, frage ich den erstbesten Soldaten, der durch den Matsch an meinem SPz vorbeiläuft. Er ist ein großer, hagerer Mann, der hier ständig hin- und herläuft und irgendeine besondere Funktion zu haben scheint.

»Da müssen Sie den Zugführer fragen«, sagt er.

»Aber wer ist der Zugführer?«

Er erklärt, dass er sich erkundigen wolle, und kommt mit der Information zurück, dass der Zugführer einverstanden ist. Ich steige aus dem Fahrzeug, was nicht ganz unkompliziert ist. Es ist auch nicht ganz unkompliziert, über den Acker zu laufen und zum IED-Knick zu gelangen. Vorher fotografiere ich die im Schlamm versunkenen Fahrzeuge. Die Kamera ist so klein, dass sie mir fast aus der Hand fällt. Der Acker ist die Lichtung. Der Acker ist die Gefahrenzone. Früher wären sie bei einer solchen Aktion sofort beschossen worden, erzählte mir K. Früher wären keine zehn Minuten vergangen, dann hätten sie unter Feuer gestanden. Jetzt ist alles ruhig. Es ist niemand zu sehen. Außer den Kindern und dem alten Mann und den Soldaten, die sichern. Einer steht so weit entfernt, dass ich ihn mit seiner Tarnkleidung gar nicht erkenne. Er sichert den Abschnitt, der gefährlich nahe an der Hauptstraße ist, wo in zweihundert Meter Entfernung sporadisch Fahrzeuge vorbeifahren. Fahrzeuge, aus denen man leicht auf uns schießen könnte. Aber daran denke ich in diesem Moment nicht. Ich habe ja die Kamera. Ich muss fotografieren. Mein Vater fotografierte leidenschaftlich gerne. Ich kann mich nicht erinnern, dass ich meinen Vater bei Urlaubsreisen jemals ohne Kamera gesehen habe. In den siebziger Jahren hing diese Kamera ununterbrochen um seinen Hals, meist mit herunterhängender Klappe des Lederetuis, in dem sie vor allen möglichen Gefahren geschützt war. Mir war es immer etwas peinlich, wenn er sich so ausgerüstet den Sehenswürdigkeiten näherte. Oft kaufte er sich dann noch zusätzlich fertig gerahmte Dias, die dieselbe Sehenswürdigkeit zeigten, die er schon fotografiert hatte. An der Ostfront hatte er keine Kamera dabei. Im Zweiten Weltkrieg fotografierten die Soldaten noch nicht so viel. Es ist nicht wie jetzt in Afghanistan, wo ich mir von einem Soldaten eine Kamera ausleihen kann, um die im Matsch versunkenen Panzer seiner Kameraden zu fotografieren. Als ich später eine Nahaufnahme des nach links weggekippten TPz mache, winken die eingeschlossenen Soldaten vorne im Führerhaus und geben mir Zeichen, dass sie nicht fotografiert werden wollen. Auf keinen Fall. »Keine Fotos«, rufen und winken sie mir zu, ohne dass ich sie verstehen kann. Es ist eher eine Pantomime. Sie sind dort schon seit einiger Zeit eingeschlossen, vielleicht seit Stunden. Ich hebe die Hand. Winke zurück, mache eindeutige Zeichen, dass ich nicht fotografiere. Halte die Kamera hoch, nicke und schüttele abwechselnd den Kopf und laufe durch den Matsch weiter zum IED-Knick.

Es ist eiskalt. Die Kinder können das unmöglich durchhalten. Einige von ihnen tragen Schlappen und T-Shirts.

»Sind das alles seine Kinder?«, frage ich den Sprachmittler, der jetzt für mich übersetzt. Der Sprachmittler fragt den Mann, es ist der einzige Erwachsene, der Mann erzählt etwas, und der Sprachmittler übersetzt es für mich. Es handelt sich offensichtlich um den Dorfältesten. Er hat eine Art Decke übergeworfen, die fast wie ein Schlafsack aussieht und vielleicht sogar einer ist, steht inmitten der Kinder und macht ein finsteres Gesicht. Auch er trägt keine Socken. Mir ist selbst mit Schutzweste und Mantel noch kalt. Ich habe Handschuhe an, aber es ist trotzdem schwierig, etwas aufzuschreiben, weil meine Finger zu kalt sind.

»Also nur diese zwei hier«, sage ich und frage die Kinder, wie sie heißen. Beziehungsweise ich bitte den Sprachmittler, die Kinder zu fragen, wie sie heißen. Ab und zu spreche ich meine afghanischen Gesprächspartner direkt an, aber dann ist es auch wieder unhöflich gegenüber dem Sprachmittler, der selbst nur Englisch spricht und kein besonders gutes. Ein richtig flüssiges Gespräch kommt natürlich nicht zustande.

»Also, Shafulah«, schreibe ich, »und … Normalhak.« Die Kinder schauen auf mein Notizbuch. Der ältere Junge, der eine Jacke mit ISAF-Emblem trägt, schaut genauer hin, als wolle er überprüfen, ob ich seinen Namen auch richtig schreibe.

»Und was bauen Sie hier an?«, frage ich.

»Wheat«, sagen sie.

»Wheat?«, ich frage den Sprachmittler, ob er mir übersetzen kann, was *wheat* ist, aber er kann mir auch nicht weiterhelfen.

»Wheat, ja?«, frage ich und schreibe es mir auf, um später nachzuschauen, was für eine Art von Landwirtschaft hier betrieben wird. Opium wird in dieser Gegend, wie ich gehört habe, nicht angebaut. »Wheat«, sage ich noch einmal. Ich schreibe auch noch andere Namen von Kindern und den Namen des Dorflehrers auf, der kurze Zeit später dazukommt und sich als der Besitzer der kleinen Allee zu erkennen gibt, die sich links von uns erstreckt und möglicherweise direkt zum Dorf führt. Die Bundeswehr, erklärt er mit Hilfe des Sprachmittlers, habe seine Bäume zerstört. Wie sich herausstellt, haben die Soldaten in ihrer Verzweiflung erst Äste und dann sogar ganze Bäume verwendet, um sich aus ihrer Situation zu befreien. Der Dorflehrer zeigt mir die Baumstümpfe, und eine Weile mache ich nichts anderes, als

Kinder zu fotografieren, die ich links und rechts der Baumstümpfe positioniere, während der Dorfschullehrer denkt, ich würde im Auftrag der Bundeswehr die abgehackten Bäume und damit den Schaden aufnehmen.

»Natürlich«, sage ich und bitte den Sprachmittler zu übersetzen, »das sind Ihre Bäume. Das habe ich verstanden. Da wird es bestimmt eine Regelung geben, denke ich.« Ich fotografiere weiter. Fünf, sechs, sieben, acht Bäume. Alle kaputt. Es sind noch junge Bäume. Der Schaden dürfte sich in Grenzen halten. Zwischendurch kehre ich wieder zum Dorfältesten zurück. Ich versuche immer wieder, ins Gespräch mit ihm zu kommen. Ich stelle ihm alle möglichen Fragen, die er teilweise beantwortet, aber teilweise auch nicht. Letztlich geht es nur um Entschädigung. Jedes Gesprächsthema endet mit der Bemerkung, dass »dafür gezahlt« werden müsse. Dass »alles kaputt« sei. Die Straße ist in der Tat kaputt. Eine kaputtere Straße habe ich noch nicht gesehen. Später, nachdem es mit einem logistischen Großaufwand gelungen ist, sowohl den TPz als auch den SPz aus dem Matsch zu ziehen, sieht die Straße noch kaputter aus. Es ist beinahe eine Komödie mit anzuschauen, wie die Soldaten am Schluss mit ihren Schaufeln versuchen, die ärgsten Spuren, die die stählernen Riesenmaschinen hier hinterlassen haben, wieder zu beseitigen. Es ist nur eine symbolische Geste, genau wie die Schaufel, die sie dem Dorfältesten als Geschenk überlassen. Winning hearts and minds. »Ich glaube, die Schaufel, die können wir gerade noch verkraften«, sagt der Zugführer. Aber der Dorfälteste findet das alles nicht lustig. Obwohl sich nicht sagen lässt, ob er sich am Ende nicht doch ein bisschen über alles amüsiert, während ich ein Interview mit ihm zu führen versuche.

Plötzlich sagt er: »Und ich? Was ist mit mir?«

Ich verstehe nicht ganz.

»Was hast du für mich mitgebracht?« Ein paar Minuten zuvor hat er mich noch zum Tee eingeladen, eine Einladung, die ich schweren Herzens ablehnen muss. Es scheint utopisch, den

Schauplatz zu verlassen und in irgendeines dieser von Lehmmauern umgebenen Häuser zu gehen, um dort Tee zu trinken.

»Er bringt dir das nächste Mal was mit«, erklärt der Sprachmittler, obwohl ich es gar nicht gesagt habe. Das nächste Mal bin ich gar nicht mehr da. Er übersetzt etwas, was ich nicht sage. Ich sage stattdessen: »Es tut mir leid, aber ich habe nichts dabei.« Offensichtlich weiß der Sprachmittler aber besser, wie man das, was ich nicht gesagt habe, übersetzt. Er hat ein besseres Gefühl für die Atmosphäre, für die Zwischentöne und die Stimmung. Zumindest denke ich das.

»Also du hast nichts«, sagt der Dorfälteste und zieht seine Decke etwas hoch. Er zieht die Augenbrauen zusammen und schaut an mir vorbei auf den Acker.

»Beim besten Willen nicht«, sage ich und mache Andeutungen, meine Manteltaschen zu entleeren, an die ich aber gar nicht so gut herankomme, da sie unter der schweren Schutzweste versteckt sind, und die ohnehin so stark eingerissen sind, dass ich in ihnen nichts mit mir führen kann als kalte Luft.

»Das nächste Mal«, übersetzt der Sprachmittler. Die Kinder geben jetzt auch Zeichen und fragen, ob ich Bälle oder Schreibblocks dabeihabe.

»Und was ist mit der Kamera?«, fragt der Dorfälteste. Mit der Kamera fotografiere ich immer wieder, weil das Gespräch so zäh und stockend ist, dass ich denke, es lockert die Atmosphäre auf, wenn ich zum elften oder zwölften Mal eines dieser heldenhaften Kinder fotografiere, denen die Kälte nicht das Geringste auszumachen scheint.

»Die Kamera«, frage ich. »Was ist denn mit der Kamera?«

Der Sprachmittler grinst etwas peinlich berührt.

»Er möchte, dass du ihm die Kamera schenkst«, sagt er und spricht dann wieder mit dem Dorfältesten. Mir kommt es so vor, als würde er ihm jetzt erklären, dass das keine so gute Idee ist.

»Natürlich«, sagt der Dorfälteste. »Natürlich schenkst du sie mir.« Aber jetzt grinst er auch ein bisschen, und ich bin für einen

Moment versucht, ihm die Hand mit hochgestrecktem Daumen entgegenzuhalten, um anzudeuten, dass jetzt alles okay ist und ich verstanden habe, dass er nur einen Witz gemacht hat, und dass ich nichts gegen Witze habe. Später erfahre ich, dass diese Geste sehr unbeliebt ist bei Afghanen.

»Die gehört mir sowieso nicht«, erkläre ich. »Die gehört einem der Soldaten hier.« Ich drehe mich kurz um, zur Lichtung und zum Acker, aber der Soldat, der mir die Kamera geliehen hat, ist zu weit entfernt. Man hört das tiefe animalische Gurgeln eines Marders, der einen anderen Marder aus dem Matsch zu ziehen versucht. Ich laufe kurz über den Acker zum Schauplatz, um das zu fotografieren und dann wieder zurückzukehren und mit dem Dorfältesten weiterzureden.

»Sorry«, sage ich, »die Kamera brauche ich noch.«

»Ach«, macht der Mann, verzieht das Gesicht und hüllt sich noch mehr in seine Decke ein. »Ach.« Er wirkt jetzt ernstlich verärgert. Ich überlege, ob ich nicht doch irgendetwas habe, das ich ihm schenken könnte. Das Einzige, was sich in einer der zahlreichen Taschen meiner Schutzweste befindet, ist die kleine Plastikpackung, in der sich mein Gehörschutz befunden hat, die grünen länglichen Würmer, die man so zurechtkneten muss, dass sie auch ins Ohr passen. Soll ich dem Dorfältesten meinen Gehörschutz schenken?

»Also das mit der Kamera«, sage ich, »das geht nicht.«

»Doch«, sagt er. Er meint es jetzt wieder ernst. Aber einen Augenblick später lacht er wieder, und dann denke ich, er hat nicht einen einzigen Satz ernst gemeint, aber das ist genauso wieder eine Täuschung.

»Keine Kamera«, sage ich und mache jetzt auch ein ernstes Gesicht. Selbst wenn ich wollte, könnte ich die Kamera, die gar nicht mir gehört, jetzt nicht einfach verschenken.

»Der Soldat bringt mich um«, sage ich.

Der Sprachmittler nickt, als fände er diesen Satz gut. Aber ich fasse ihn kurz am Arm und korrigiere mich.

»Sag ihm, dass es nicht geht und dass ich ihm *das nächste Mal* etwas mitbringe.«

»Er bringt dir das nächste Mal etwas mit«, sagt jetzt der Sprachmittler.

»Ach«, sagt der Dorfälteste und verzieht den Mund. Er hebt die Hand und macht ein paar Bewegungen, Andeutungen, was für eine Misere das alles sei, die kaputte Straße, die abgeschnittenen Bäume, die Kamera, die er nicht bekommt. Die Kinder schauen mich mit glänzenden Augen an. Dem Jungen, der die ISAF-Jacke trägt, läuft ununterbrochen die Nase. Er wischt sie sich mit dem Hemdsärmel ab, und dann schaut er mich wieder an. Er scheint kein Problem damit zu haben, dass ich nichts für ihn habe. Genauso wie in Liberia kann man sich auch in Afghanistan der Faszination der Kinder nicht entziehen. Die Kinder sind phantastisch. Man verliebt sich in sie, ist beglückt von ihrer Offenheit und ihrer fast leidenschaftlichen Anspruchslosigkeit, dass man immer denkt, mit den Kindern in Deutschland sei etwas grundweg falsch gelaufen. Aber das ist natürlich ein Denkfehler. Die Kinder genießen das Schauspiel. Sie zeigen auf die Kamera und lachen. Sie wollen fotografiert werden.

»Ich kann dir die Kamera nicht geben, aber ich kann dich fotografieren«, sage ich schließlich. Und beinahe setze ich noch hinzu, dass ich ihm das Foto dann per E-Mail schicken könnte. Aber am Ende hat dieser in einen Schlafsack gehüllte alte Mann mit den nackten Füßen in den Plastiksandalen einen Laptop in seinem Haus und bedient das Gerät mit der Souveränität eines urbanen Nomaden.

»Das nächste Mal«, sage ich zu dem Dorfältesten. Er will nicht fotografiert werden. Er dreht sich weg. Und statt seiner fotografiere ich wieder die Kinder.

»Hat mich gefreut«, sage ich und strecke ihm meine Hand entgegen. Aber er ignoriert meine Hand. Er tut so, als würde er mich nicht sehen. Ich schaue mich nach dem Sprachmittler um, der aber ein paar Meter weiter weg steht und mit dem Dorfschullehrer spricht. Wahrscheinlich muss jetzt noch geklärt werden, wie viel die Bäume kosten und wie viel die Straße wert ist. Einer der Soldaten kommt, es ist der, mit dem ich schon gesprochen habe. Der, der die Herzen gewinnen will. Er kommt und stellt sich zu uns.

»Müssen wir aufbrechen?«, frage ich. Der Marder ist schon aus dem Schlammloch herausgezogen worden. Und die Stelle, an der er gestanden hat, sieht jetzt wie ein kleiner Bombentrichter aus.

»So langsam«, sagt er. Er winkt dem Sprachmittler zu. Er will auch noch einmal kurz mit dem Dorfältesten sprechen. Ob er ein Geschenk für ihn hat?

»I am very sorry«, sagt er, und er lässt den Sprachmittler das übersetzen, während er noch einmal sagt: »I am very sorry.« Sie würden den Schaden beheben, sie würden das wiedergutmachen, erklärt er. Er verbeugt sich sogar, wenn auch nur andeutungsweise. Der Dorfälteste nickt, aber er ist nicht besonders begeistert, er wiederholt nur das, was er schon gesagt hat. Die ganze Straße sei kaputt, und der Dorfschullehrer habe keine Bäume mehr. »Und wer soll das bezahlen?«, fragt er. In der Zwischenzeit ist auch der zweite Panzer aus dem Schlamm gezogen worden, und die Soldaten klopfen ein bisschen mit ihren Schaufeln auf dem Matsch herum. Die Zahl der Kinder hat sich verdoppelt. Es sind bestimmt zwanzig Kinder versammelt, einige von ihnen haben ihre Schreibblöcke dabei, als wären sie direkt aus der Schule gekommen, aber der Dorfschullehrer erklärt mir, dass es heute keinen Unterricht gebe.

I am very sorry. Aus irgendeinem Grund finde ich die Entschuldigung übertrieben. Obwohl ich gleichzeitig beeindruckt bin von dem Soldaten, der mir schon vorher mit so großer Emphase erklärt hat, wie wichtig es sei, den Leuten hier zu zeigen, dass man auf ihrer Seite ist. Die meisten seiner Kameraden stehen in der Gegend herum und wirken teilnahmslos, unbeteiligt oder sogar unsicher. Aber dieser Soldat ist mit seiner ganzen Leidenschaft dabei. »Das ist einfach so wichtig«, erklärt er mir. »Wir müssen das diesen Menschen *zeigen*. Sie müssen spüren, dass wir auf ihrer Seite sind.« Ich laufe neben ihm her, zurück zu den Fahrzeugen. Ich nicke und stimme ihm zu. Vielleicht irritiert es mich einfach nur, dass ein Soldat sich entschuldigt. Es ist etwas, das man nicht erwartet. Ist der Scharfschütze später zu meinem Vater gekommen und hat sich entschuldigt? I am very sorry. Aber ich bin nicht an der Ostfront, ich bin in Afghanistan. Es ist kaum ein größerer Kontrast denkbar. Dieser Soldat, der sich entschuldigt, und mein Vater, der ohne Schutzweste und vielleicht sogar ohne Helm auf eine Lichtung gelaufen ist. Aber müsste *ich* mich nicht, stellvertretend für meinen Vater, der nicht mehr lebt, bei dem polnischen Scharfschützen dafür entschuldigen, dass wir Deutschen sein Land überfallen haben, unter Vortäuschung falscher Tatsachen? »I am very sorry. Ich bringe das nächste Mal was mit«, sage ich zu den Kindern. Ich sage es auf Englisch. In der Schule haben sie gerade mit Englisch angefangen. »Next time«, rufe ich ihnen zu. »Next time I will bring something.« Sie winken. Sie winken mir zu, während ich über den Acker zurücklaufe. Ich drehe mich immer wieder nach ihnen um, aber dann sind sie auf einmal verschwunden. Am IED-Knick steht niemand mehr. Auch der Dorfschullehrer hat seine Bäume allein gelassen. Die Motoren der Panzer dröhnen in der kalten Vormittagsluft. Auf dem Rückweg winke ich nicht mehr. Mir ist furchtbar kalt. Ich muss mir unbedingt einen neuen Mantel kaufen, wenn ich wieder in Deutschland bin.

Ich verlasse das PHQ. Nach 18 Stunden. Die Kamera, die ich mir von dem Soldaten geliehen habe, gebe ich wieder zurück. Seinem Kameraden gebe ich in aller Eile einen Zettel mit meiner E-Mail-Adresse und bitte ihn auszurichten, er möge mir die Fotos schicken. Bei Temperaturen um den Gefrierpunkt, in dem fünfzig Meter großen Schlammsee auf dem Parkplatz des PHQ, sind meine Finger so kalt, dass es fast unmöglich ist, leserlich zu schreiben.

»Kein Problem«, sagt der Soldat, der mich nur kurz am PHQ absetzt, denn er muss gleich weiter. Es gibt noch andere Fahrzeuge, die aus dem Schlamm gezogen werden müssen, oder am Ende muss tatsächlich noch etwas aufgeklärt werden. Ich muss zurück ins PRT. Mein Aufenthalt im PHQ endet. Ich habe kaum geschlafen und Hunderte von Fotos gemacht, um deren Verbleib ich mir allerdings jetzt Sorgen machen muss. Was, wenn der Kamerad, der mir die Kamera im SPz geliehen hat, meine E-Mail-Adresse nicht lesen kann? Auf der Fahrt zum PRT sitze ich wieder in einem Dingo. Mir gegenüber sitzt ein Offizier, der zur EloKa-Einheit gehört und mit dem ich ein bisschen ins Gespräch komme.

»Das können Sie auch ein anderes Mal fotografieren«, sagt er, als wir die Mischa-Meier-Brücke überqueren und ich mich nach den im Fluss versunkenen Tanklastwagen umdrehe. »Sie sind doch bestimmt noch eine Weile hier.« Die Tanklastwagen hätte ich gerne noch fotografiert. Sie sind gut zweihundert Meter von der Brücke entfernt, die damals, als Oberst Klein den Befehl zum Luftangriff und Abschuss der von Taliban entführten Tanklastwagen gab, noch nicht existierte. Zuvor fuhren sie einfach so durch das trockene Flussbett. Jetzt führt der Fluss so viel Wasser, dass man die Wracks im Flussbett fast gar nicht mehr sehen kann. Sie stehen da, geflutet und mit verkohlten Dächern, wie Fahrzeuge, die falsch abgebogen sind und die man jetzt als Mahnung an die anderen Verkehrsteilnehmer einfach stehengelassen hat. Der EloKa-Offizier sagt: »Jetzt sieht hier alles so friedlich aus, aber ich kann mich noch gut an 2010 erinnern.« Er schaut aus dem kleinen dreieckigen Fenster des Dingo. Wir überqueren die Brücke und fahren weiter Richtung PRT. 2010. Das war das Jahr der Karfreitagsgefechte. Von den Karfreitagsgefechten habe ich schon eine ganze Menge gehört. Jemand hat mir gesagt, die Karfreitagsgefechte seien deswegen so übel ausgegangen, weil die

Luftunterstützung gefehlt habe. Unmittelbar nach der Geschichte mit Oberst Klein im September 2009 sei man vorsichtig gewesen mit weiteren Luftschlägen. Wir schauen aus dem Fenster. Ich kann die Tanklastwagen gerade so sehen. Ich frage den EloKa-Mann, ob wir uns nicht später noch einmal treffen könnten, damit er mir dann etwas über die Karfreitagsgefechte erzählt.

»Na ja«, sagt er und überlegt. Er fingert ein bisschen in seinen Ohren herum und überprüft den Hörschutz. »Was wollen Sie denn genau wissen?«

»Es ist nur, weil ich heute in der Gegend war«, sage ich. Ich frage ihn, als wir schon im Lager angekommen sind und wir für einen Moment allein neben der Schießbox stehen. Ich schaue mich um. Ich will jetzt nicht, dass der Presseoffizier auftaucht und diese Gelegenheit zunichtemacht. Auch der EloKa-Mann schaut sich um.

»Wir können das machen«, sagt er und senkt etwas die Stimme. »Aber das ist eine inoffizielle Geschichte. Das machen wir lieber so nebenbei.«

Die Karfreitagsgefechte. Bei den Karfreitagsgefechten sind drei Bundeswehrsoldaten getötet worden. Es war eines der schlimmsten Gefechte, in die die Bundeswehr verwickelt war. Die drei Namen der gefallenen Soldaten stehen auch auf der Mauer am Ehrenhain auf der gegenüberliegenden Seite, gegenüber von den Schießboxen, in die der EloKa-Mann jetzt seine Waffe hineinhält, nachdem er das Magazin herausgenommen hat.

»Wo können wir uns denn treffen?«, frage ich mit gedämpfter Stimme.

»Wir treffen uns abends, auf ein Bier … Vielleicht in der Lilly-Bar. Irgendwo, wo man ein bisschen Ruhe hat.«

»Wir könnten uns auch im Saint-Tropez treffen«, schlage ich vor. Im Saint-Tropez verkehren auch Fanny und J., die beiden Soldatinnen, mit denen ich auf dem Fuchs in der Sonne gesessen habe. Es scheint eine Ewigkeit her. Vielleicht wäre das eine Gelegenheit, sie wiederzusehen.

»Saint-Tropez, okay«, sagt der EloKa-Mann. »Aber wie gesagt … Das findet inoffiziell statt.« Er hebt etwas den Kopf und schaut mich an, als versuche er, mich zu durchleuchten.

Der Ehrenhain leert sich. Die Fahrzeuge fahren ab, ein paar Meter weiter zur Tankstelle des Lagers. Ich hole mein Notizbuch heraus. Ich muss einen Zeitplan machen. Ich habe nur noch drei Tage. N., den Soldaten, der die Fahrzeuge wahrscheinlich jetzt gleich betanken wird, muss ich auch noch einmal treffen. Er wollte mir die Grotte und seinen Wohncontainer zeigen. Auf meiner Liste steht: Seelsorger, Bibelfrühstück, PX Store, Raketeneinschlagstelle, Wasserwerk, Auswärtiges Amt, BMZ, Krankenhaus, PRT-Kommandeur, Aufklärungsdrohne und Interview mit Scharfschützen. Ich laufe zu der Gedenktafel des Ehrenhaines herüber. Ich will mir die Namen der Gefallenen der Karfreitagsgefechte aufschreiben, aber die Schilder, die an die Gefallenen erinnern, machen keine Angaben über die genauen Umstände ihres Todes. Es sind nur Metallschilder, auf denen die Namen stehen und weiter nichts. Es sind nur Namen. Ob ich sie alle aufschreiben soll? Mein Vater erzählte mir, er hätte die Lichtung kaum betreten, er hätte kaum einen Fuß auf die Lichtung gesetzt, da hatte der Scharfschütze ihn schon im Visier. Warum ausgerechnet ihn? Einen einfachen Soldaten, der gerade seinen ersten Einsatztag hatte. Die Fotos bekomme ich nicht mehr. Die Fotos, wie sich später herausstellen wird, habe ich umsonst gemacht. Vielleicht habe ich meinen Namen, meine E-Mail-Adresse nicht deutlich genug aufgeschrieben, oder der Soldat hat den Zettel, den ich ihm gegeben habe, verloren. Von dem Tag, an dem mein Vater von dem Scharfschützen erwischt wurde, gibt es überhaupt keine Fotos. Jetzt gibt es auch keine Erinnerungen mehr, nur abstrakte und nebulöse Angaben, wie »der Wald, aus dem ich herauskam« und »die Lichtung, die ich kaum betreten hatte« und »den Baum, in dem er gesessen haben muss«. Und dann war es schon passiert. Ich habe mich nie erkundigt, ich habe nie nachgefragt. Desinteressiert hörte ich zu, wenn er bei Spaziergängen manchmal darauf zu sprechen kam, mit den immer gleichen merkwürdigen, wie auswendig gelernt wirkenden Formulierungen. »Ich dachte, ich fliege«, sagte er, als er über den Moment sprach, als er von der Kugel getroffen wurde. »Ich hatte das Gefühl, ich würde hochgehoben von einer großen unmenschlichen Kraft. Einfach so hochgehoben. Es war zuerst gar kein unangenehmes Gefühl. Ich fühlte mich ganz leicht. So als würde ich schweben …« Ich schreibe mir die Namen nicht auf. Es sind zu viele. Ich brauche nur die drei. Ich schaue auf meine Liste. Ich überlege, was ich als Nächstes tun soll. Ich dachte, ich fliege. Einfach so hochgehoben. So als würde ich schweben. Eine ganze Minute bleibe ich noch auf dem Ehrenhain stehen, aber es ist keine Gedenkminute, es ist Ausdruck meiner Desorientierung. Der Frage, was als Nächstes kommt, was ich als Nächstes tun soll.

11

Mein Vater hat den Krieg überlebt. Seine Narbe auf dem Rücken war so groß, dass ich sie so lange übersehen habe, bis er tot war. Die Narbe war eine Landschaft, eine riesige unregelmäßige Ausbuchtung mit Abbruchkanten, wie sie sich auch hinter dem Lager der Bundeswehr befindet, wo es steil abfällt, so dass das Lager wie auf einem Plateau stehend aus dem Tal ragt. Die Narbe meines Vaters hatte keinen Namen, sie hatte keine Geschichte. Sie war Teil meiner kindlichen Naturlandschaft, und wann immer mein Vater seinen Rücken entblößte, starrte ich mit dem immer gleichen Ausdruck wie auf etwas vollkommen Fremdes, Unerschlossenes und Dunkles.

»Und«, fragt Fanny, als ich sie nach dem Besuch des Krankenhauses noch treffe. »Hast du den Würfel gekauft?« Sie sitzt draußen und raucht.

»Welchen Würfel?«

»Na, den magischen Würfel. Den MP3-Player, den du dir kaufen wolltest. Auf dem *local market.*«

Sie meint den Würfel, der schweigend auf dem Dach des Panzers in der Sonne lag. Den *local market* habe ich verpasst. Ich habe ihn vergessen. Dabei wollte ich ihn unbedingt sehen. Ein afghanischer Markt auf dem Territorium des deutschen Militärs. Er ist nicht weit vom Krankenhaus entfernt, und Fanny kann, wann immer sie will, schnell rüberlaufen und etwas kaufen, jedenfalls am Freitag, dann, wenn er geöffnet hat. Ich sitze nur ein paar Minuten bei ihr. J. kommt nach einer Weile auch dazu, aber die Magie unserer ersten Begegnung stellt sich nicht mehr ein. Sie ist jetzt nur noch eine junge Frau, die darauf wartet, dass ihre Einsatzzeit zu Ende geht, und das, was sie am meisten vermisse, sagt sie, sei ihre Handtasche.

Abends laufe ich durch das dunkle Lager, durch Pfützen und Matsch und irre durch die Mondlandschaft der Hescos, Zelte, Container und Gebäude, die wie billige Ferienhäuser auf Mallorca aussehen und mit deutschen Ortsschildern versehen sind. Eine Drohne kreist in 800 Metern Höhe über mir, in einem weitgezogenen Kreis über das RC North und schießt Bilder. Aufklärungsbilder. Bilder, auf denen man auch in der Nacht noch sehen kann, wenn jemand etwas vergräbt oder ein Fahrzeug irgendwo geparkt hat. Die Drohne erkennt am Wärmefeld des Fahrzeuges, an dem sogenannten Wärmeschatten, das Fahrzeug auch dann noch, wenn es schon längst ganz woanders ist. Sie würde erkennen, dass ich hier mit E., dem EloKa-Offizier stehenbleibe, während wir überlegen, ob wir nach dem Besuch des Saint-Tropez noch zur Hesco-Bar gehen. Die Hesco-Bar gefällt mir am besten. Sie ist selbst von mehreren Hesco-Wällen umgeben und sieht in ihrem Inneren ein bisschen wie eine amerikanische Holzfällerbar aus. Es wird Heavy Metal gespielt, was selbst dem EloKa-Offizier später zu viel wird. Noch während des Gesprächs denke ich, dass ich später die Karfreitagsgefechte minutiös nachzeichnen werde. Ich nehme mir vor, noch einmal Kontakt mit dem Traumazentrum der Bundeswehr in Berlin aufzunehmen, mit der Bitte, man möge doch einen Traumapatienten für mich ausfindig machen, der die Karfreitagsgefechte miterlebt hat. Eine Fußpatrouille, die sich aufmacht, Isa Khel aufzuklären, ein Dorf, das für sein Stellungssystem schon während der russischen Besatzungszeit bekannt war und an dem sich, wie E. sagt, auch schon die Russen »die Zähne ausgebissen haben«. Isa Khel. E. hat seine Wollmütze ausgezogen und streicht sich über seine Glatze.

»Sie haben einen *sweep* auf der Little Pluto gemacht«, erzählt er, »na ja, ich weiß nicht, was der Zugführer sich dabei gedacht hat. Er wird seine Gründe gehabt haben. Sie sind abgesessen und sind mit den Fahrzeugen in den Ort rein.«

Drei Tote. Ich scheue davor zurück, weiter danach zu fragen. Ich schrecke vor den Toten zurück. Vor den genauen Umständen. Den Gefechtslärm, die Geräusche des *small arms fire*, habe man bis ins Lager gehört.

»Einen von denen kannte ich«, sagt er. »Ich sah das Foto und habe mir gedacht: Ach du Scheiße. Das ist doch der, mit dem du die Schulung gemacht hast.« Er beugt sich etwas vor. Die Sessel sind sehr gemütlich, aber man kann nichts mehr verstehen, wenn man sich zu weit zurücklehnt. Die Musik ist zu laut. Die Namen auf dem Ehrenhain habe ich noch immer nicht abgeschrieben. Es ergibt keinen Sinn, solange ich die dazugehörigen Geschichten nicht kenne. Die Taskforce hat eine eigene kleinere und etwas bescheidenere Gedenkstätte. Sie legen nicht so viel Wert auf Repräsentation. Es ist die Gedenkstätte, in der die Schildkröten sein sollten. Im Halbdunkel der Hesco-Bar mache ich eine Notiz, dass ich K. später danach frage, wo die Schildkröten geblieben sind. Im Gehege, das ich mir am Vormittag mit dem Presseoffizier angesehen habe, waren sie nicht mehr zu sehen.

»Er war ein netter Kerl«, sagt E., und dann lehnt er sich wieder zurück. Wir schauen uns beide in der Hesco-Bar um. Auch E.

schaut sich um, als wäre er hier das erste Mal. So wie man sich umschaut, wenn man herauszufinden versucht, ob einem eine Bar gefällt oder nicht. Die Lichterketten und Hesco-Wälle, die zum Teil bis in die Inneneinrichtung der Bar hineinragen, geben diesem Ort etwas höchst Subversives. Wie jetzt die eigentlich nur dem Schutz vor militärischen Angriffen dienenden und mit Filz ausgelegten Gitterboxen das Nachtleben gestalten und den Hintergrund abgeben, für eine Unterhaltung, für einen Moment der Entspannung. Draußen liegt Kies und ein paar Meter weiter ist der Eingang zur Festung, wo unser Abend schließlich endet. Die Toiletten finden sich in einer Unterkunft, die zum Teil aus dunklen, schweren Containerbauten besteht, in die ich hineinlaufe, als beträte ich den Offstage-Bereich eines Theaters. Neben der Hesco-Bar hängt eine Warnung an der Zeltwand: »Jede Waffe ist immer als geladen zu betrachten. Der Abzugfinger berührt den Abzug erst, wenn die Visiereinrichtung auf das Ziel gerichtet ist und wenn man sich seines Zieles sicher sein kann.«

»600 Meter«, erklärt der Scharfschütze, den ich zusammen mit seinem Gruppenführer am Nachmittag interviewe. »Bei 600 Metern wird es schon schwieriger. Da braucht man schon viel Erfahrung.« Sie wirken wie Leistungssportler, die gelangweilt sind, weil es keinen Wettkampf gibt. Ich habe sie in ihrem Wohncontainer aufgestöbert. Der Gruppenführer hat sich die Hand verletzt und will zunächst nicht sprechen. Meistens klären sie irgendetwas auf. Beobachten Areale, die verdächtig sind. Einmal schlugen sie ihr Lager versehentlich auf einem Grabhügel auf, sie hatten die Fahnen, die die Gräber markieren, in der Dunkelheit nicht gesehen.

»Und bei 800 Metern ist es nur der Oberkörper?«, frage ich.

»Ja. 1000 Meter für ein stehendes Ziel.«

Mein Vater lief. Mein Vater lief auf die Lichtung heraus und bewegte sich.

»Aber man muss natürlich schon sehr konzentriert sein, oder?«

»Man muss entspannt sein und bequem liegen«, sagt der Scharfschütze. Ich frage mich, wie das gehen soll, wenn man in einem Baumwipfel sitzt, und die Deutschen kommen auf die Lichtung gelaufen.

»Wenn man schießt?«

»Ja.«

»Anders geht es nicht«, er schaut an mir vorbei und unterbricht sich für einen Moment. Es ist am späten Nachmittag. Der Gruppenführer, der sich die Hand verletzt hat, ist schon gegangen. Ich spüre förmlich, wie uns beiden die Kräfte ausgehen und ich das Gespräch zu einem Ende bringen muss. Der Scharfschütze hebt den Kopf. Er hat blassblaue Augen, die ganz ruhig in seinem Kopf liegen und sich keinen Millimeter bewegen.

»Man muss sich vom Schuss überraschen lassen«, sagt er und schaut mich ausdruckslos an.

E. erzählt, dass er sein Leben bei der Bundeswehr deswegen so möge, weil man sich letztlich doch nicht unterordnen müsse, oder anders gesagt, weil die Armee seiner Neigung, sich niemals zu unterwerfen, besser entspricht. Am Ende sind wir in der Festung. Auf ein letztes Bier. Es war ihm unangenehm, dass es so laut war. Trotzdem verhielt er sich wie ein ganz normaler Gast und nicht wie ein Offizier, der weisungsbefugt ist und einfach den Befehl hätte geben können, die Musik leiser zu stellen. Er erzählt mir die Geschichte von der Libelle. Es war ein Moment der Kontemplation, als er mit seiner Schwester und deren Mann einmal an einem See in Brandenburg saß, und eine Libelle flog über das Schilfgras. E. erzählt die Geschichte als Beleg dafür, dass er gerne alles unter Kontrolle hat und dass er auch in einem solchen Moment nicht anders kann, als zu handeln und zum Äußersten bereit zu sein. Als der Mann seiner Schwester es nicht schaffte, die Libelle zu fangen, die Bestandteil einer Insektensammlung werden sollte, etwas, was E. nicht für besonders erstrebenswert hält, griff er ein. Er hätte liegenbleiben, die Sonne, den See, den Moment der Kontemplation genießen können. »Aber in diesem Moment«, sagt er, »hatte ich das Gefühl, da läuft etwas schief. Da funktioniert etwas nicht.« Er wird irgendein Gefäß, irgendein Hilfsmittel gehabt haben. Er erzählt die Geschichte so, dass ich mir fast wünsche, er hätte sie doch nicht erwischt und der vielleicht etwas verträumte Mann seiner Schwester würde noch immer am Ufer des Sees durchs Schilf laufen und sie zu fangen versuchen.

»Nehmen Sie eine andere Identität für mich«, bittet E. mich am Schluss. »Sie können ja schreiben, ich wäre vom Stab. Irgendein Offizier vom Stab. Na ja. Sie wissen schon.« Er gibt mir seine E-Mail-Adresse. Ich schaue zu, wie er sich seine Kopfleuchte aufsetzt und wie der Lichtschein über den Matsch und die schwarz besprenkelten Schneeränder am Weg in Richtung der Unterkünfte hin und her tanzt. Er hat mir keine wichtigen Informationen geben können. Nichts, was die Karfreitagsgefechte für mich hat plastischer werden lassen. »Wir igeln uns hier ein«, sagte der Gruppenführer der Scharfschützen. »Es sind zu viele Kräfte draußen. Und wir überlassen denen einfach den Raum. Man muss an seine Grenzen. Die Leute hier sollen ruhig sehen, dass wir ein Risiko eingehen. Dass wir bereit dazu sind.« Ich schaue E. hinterher. Er wirkt merkwürdig isoliert und einsam. Ob er sich oft mit Journalisten trifft? Wenn er in Deutschland auf Dienstreisen ist, würde er manchmal, erzählt er mir, Fußballstadien aufsuchen und sich die leeren Stadien am helllichten Tag anschauen. Es sei relativ einfach, wenn man sich als Bundeswehroffizier zu erkennen gebe. Die Sicherheitsleute würden einem dann meist Zugang zu den Stadien verschaffen. Ich stelle mir vor, wie er allein durch die Stadien läuft. Vielleicht trägt er dann Zivil. Ein leeres Stadion hat etwas Monumentales, und gleichzeitig gibt es wohl keinen anderen Ort, auf den so sehr die Bezeichnung »von allen guten Geistern verlassen« zutrifft. Der Lichtkegel seiner Stirnlampe huscht über die unbefestigte Straße. Er geht in dieselbe Richtung, in die auch ich gehen muss. Aber ich bleibe stehen und warte einen Moment. Über mir schwebt der Aufklärungszeppelin Hindenburg und macht seine Bilder. Irgendwo über ihm, vielleicht auch weit außerhalb des Lagers zieht die Aufklärungsdrohne ihre Runde. Es ist eine friedliche Drohne, jedenfalls ist sie nicht mit Waffen ausgestattet, mit denen man jemanden wie mich, der mitten in der Nacht an einem Ort herumsteht, an dem er eigentlich nichts zu suchen hat, einfach zielgenau exekutieren könnte, so wie die Amerikaner das fast täglich tun. Es würde keine Narbenlandschaft von mir zurückbleiben. Meine Nachkommen würden sich keine Gedanken darüber machen, ob ich die Lichtung als Erster oder als Letzter betreten, und wie es möglich sein konnte, dass ich überlebt habe. »Und es war der Leibarzt von Hitler, der dich operiert hat?«, habe ich meinen Vater gefragt. Es ist die einzige Frage, die ich ihm zu diesem Thema jemals gestellt habe. Ich erinnere mich später wieder daran, als ich Nachforschungen anstelle, um den Namen des Leibarztes ausfindig zu machen. »Bist du sicher?«, fragte ich ihn. Ich konnte es nicht glauben, oder ich wollte es nicht glauben.

Am nächsten Morgen bekomme ich einen neuen Helm. K. hat ihn mir gegeben. K. nimmt mich mit zur Entwicklungs-Shura. Die Entwicklungs-Shura soll mir helfen zu verstehen, wie die militärisch-zivile Strategie der Bundeswehr eigentlich aussieht. Bei meinem Besuch im Büro des Auswärtigen Amtes und der Frage, welche Phase der Clear-Hold-Build-Strategie die Bundeswehr jetzt erreicht hat, kommt das Thema auf die Shura, und der Vertreter des Auswärtigen Amtes bietet mir an, daran teilzunehmen. »Von mir aus können Sie gerne mitfahren«, sagt er. Er ist für die Finanzierung der Entwicklungs-Shura zuständig, beim Transport aber wiederum auf die Bundeswehr angewiesen. »Meines Wissens ist aber kein Platz mehr frei. K. ist der Einzige, der da noch etwas tun könnte.« Abends sitze ich bei K. in seinem Büro in dem kleinen weißen Container, in dem so wenig Platz ist, dass man sich kaum bewegen kann.

»Ich glaube, es würde das Bild für mich abrunden«, erkläre ich. »Und wie die CIMIC-Leute arbeiten, habe ich ja auch noch nicht gesehen.«

K. fragt nach, benutzt sein Walkie-Talkie, bespricht sich mit seinen Leuten, schaut, was sich noch machen lässt. Es ist halb elf. Eine Zeit, zu der die meisten Soldaten schon schlafen. K. scheint über unbegrenzte Energiereserven zu verfügen. Fast eine Stunde lang sprechen wir über Literatur und die Frage, welche Bücher K. in seiner Freizeit liest.

»Arno Schmidt?«, frage ich. »Und das lesen Sie zur Entspannung?«

»Ich muss mich da durchkämpfen«, sagt er. »Aber das ist genau das, was es für mich reizvoll macht. Die Shura morgen. Das wird auch so ein Ringkampf. Das sehe ich schon kommen.« Er muss sich durchkämpfen. Sonst wird es langweilig. Ich rolle mit meinem Bürostuhl vor, während ein Mitarbeiter von K. hereinkommt und irgendein Schreiben aus dem TOC, der Befehlszentrale, bringt, irgendein Dokument, um das sich K. noch kümmern muss. Wenn er nicht Arno Schmidt liest, greift er zu einem Buch von Jean Paul. Mit *Herz der Finsternis*, das ich ihm empfohlen habe, wird er sich wohl kaum anfreunden können. K. lebt mit seiner Frau in einem Haus in Norddeutschland, nicht weit von der Küste, aber er kennt Joseph Conrad nicht. Ich erwähne das Buch, als ich ihm von Linda erzähle, und wie schwierig es für sie sei, sich wieder an den Alltag zu gewöhnen und in ihr altes Leben zurückzukehren. »Er gibt kein Urteil ab«, sagte Linda über ihren Freund, als wäre das eine Tugend, ein besonderes Talent. Die Frau mit der violettschwarzen Perücke ließ er stehen und ignorierte ihre verzweifelten Bemühungen, mit ihm ins Gespräch zu kommen und seine Aufmerksamkeit zu erlangen. Man bezahlt einen Preis. Irgendwann muss man dafür bezahlen, für das, was man erlebt hat. Aber darüber spreche ich mit K. nicht. Schließlich gibt er sein Okay. Er organisiert das. Ich kann mit zur Shura. Im schlimmsten Fall muss ich mich in einen Marder oder in einen Fuchs hineinquetschen.

»Und da passen Sie rein?«, fragt er erstaunt.

Die Vorstellung, an einer Shura teilzunehmen, erscheint mir jetzt als etwas sehr Reizvolles. Sie gilt als ein Instrument, um Konsens herzustellen. Eine Shura wird in muslimischen Gesellschaften einberufen, wenn jemand, der eine Entscheidung treffen will, sich mit seinen Mitmenschen darüber austauschen will, ob sie damit einverstanden sind. Angeblich wird so lange diskutiert, bis ein Konsens hergestellt ist und alle zugestimmt haben. In Liberia dauerten die Meetings, die wir mit den Mitarbeitern des Krankenhauses veranstaltet haben, oft länger, als wir dachten. Linda brachte mich auf die Idee, dass es gut wäre, wenn alle Mitarbeiter zusammenkommen, sich über die Patienten unterhalten und überlegen, was für jeden Patienten die beste therapeutische Herangehensweise sein könnte. Die Patientin, die mit Lindas Freund sprach, im Garden Café, in diesem kurzen beklemmenden Moment, als der Generator ausfiel und man jedes Wort, was gesprochen wurde, verstehen konnte, kam nur zur OPD, der offenen Sprechstunde. Ihr Fall war nie Gegenstand eines Teammeetings. Während sie auf Lindas Freund einredete, fragte ich mich die ganze Zeit, wo ihr Problem sein könnte, oder ob sie am Ende, was auch gut möglich ist, gar keine psychische Krankheit hatte, sondern nur Epileptikerin war.

»Nach meinem ersten Auslandseinsatz war ich auch ziemlich erschöpft«, sagt K., als er mir am Ende noch das TOC zeigt.

»Aber gibt es nicht auch einen gewissen Suchtfaktor?«, frage ich K. Ich erzähle ihm, dass ich bei meiner Arbeit im Krankenhaus immer das Gefühl hatte, man könne noch so viel tun und arbeiten, die Probleme würden sich doch niemals lösen lassen, und dass das komischerweise gerade das Tolle daran sei.

»Eigentlich«, sagt er und stellt sein Funkgerät wieder lauter, »wo Sie gerade davon sprechen … Ich wollte früher auch mal zur

See fahren. Ja … Das ist auch so ein Geheimnis. Ich wollte mal Matrose werden und später dann natürlich Kapitän.«

Die Befehlsstelle erweist sich als nicht so spektakulär, aber es ist trotzdem eine Ehre, dass ich diesen spärlichen, etwas düster wirkenden Raum, der genauso gut im Inneren eines Schiffes, irgendwo unter Deck, irgendwo in der Tiefe eines Romans von Joseph Conrad versteckt sein könnte, überhaupt betreten darf.

Der erste Helm, den er mir anbietet, passt mir nicht. Mein Kopf ist zu groß.

»Mein Gott«, sagt er. »Sie haben ja da eine Delle.«

Ich setze den nächsten Helm auf. Ohne Helm kann ich nicht mit zur Entwicklungs-Shura. Im Hintergrund filmen die Drohne und der Aufklärungszeppelin Hindenburg die Welt. Die Afghanen schlafen, ahnungslos oder nicht. Ob sie uns hier alle mit dem Tod bedrohen? Ob sie uns nach dem Leben trachten? Die Schildkröten in dem kleinen zusammengezimmerten Gehege, das die Taskforce zum Gedenken an ihre Toten aufgebaut hat, sind nicht zu sehen. Es ist noch Winter. Für jeden Toten gebe es eine Schildkröte, erklärt mir der Presseoffizier. Er zeigt auf das Gehege, in dem aber nichts weiter zu sehen ist. Es kann sein, dass man die Tiere nicht der Kälte aussetzen will. Eine Schildkröte symbolisiert ewiges Leben. Als Kind habe ich zwei Schildkröten gehabt. Ich erinnere mich, wie ich manchmal eine der beiden Schildkröte nahm und sie auf den Rücken legte, auf ihren schweren gepanzerten Rücken, durch den kein Draht, keine Nadel und kein Stock hindurchpasste. Dann war sie vollkommen hilflos. Eine Weile schaute ich ihr bei ihrem sinnlosen Kampf zu. Dann drehte ich sie wieder um.

12

Die Drohne landet. Später. Am Nachmittag, als ich von der Entwicklungs-Shura zurückkehre. Wolfram, der noch immer nicht genug Fotos hat, springt auf den Hesco-Wall, der unser Zelt umgibt, und fotografiert den Augenblick, als sich der Fallschirm der Drohne öffnet und die Geschwindigkeit abnimmt, mit der sie auf einen Platz außerhalb des Lagers herunterstürzt. Ich habe das charakteristische Rasenmähergeräusch der Drohne schon draußen im PHQ gehört, als wir nach der Shura vor dem Polizeihauptquartier in der Sonne stehen. Da kommt die Drohne, denke ich, da fliegt die Drohne vorbei. Und ich fühle eine gewisse Verbundenheit zu der Drohne, von der ich denke, es könne vielleicht sogar diejenige sein, die ich am Vortag in die Luft habe aufsteigen sehen. K. umarmt einen der Cluster-Chiefs, die an der Shura teilgenommen haben, oder besser gesagt, er legt den Arm um ihn und posiert für ein Foto, das irgendjemand von ihm macht. Zum ersten Mal seit langem ist das Licht großartig, es fühlt sich frühlingshaft an, wärmt einen, so dass alle länger als notwendig auf dem kleinen Vorplatz vor dem Polizeihauptquartier beisammenstehen. Die zwölf Cluster-Chiefs, der Vertreter des Auswärtigen Amtes, der District Governor, ein CIMIC-Offizier, ein PsyOps-Offizier und K., der jetzt, nachdem alles gut gelaufen ist, entspannt und zufrieden in der Sonne steht. Sein kleines Maschinengewehr, mit dem ich ihn am Morgen noch am Treffpunkt gesehen habe, hat er in seinem Fahrzeug gelassen. Die Drohne zeichnet alles auf. Die Drohne macht die Fotos, zu denen ich mich nicht imstande sehe. Die Fotos, auf die ich verzichte. Wolfram fotografiert die Drohne, als ich später wieder zurück bin. Er hat die Schärferegelung eingestellt, damit das Bild nicht verschwimmt. Sie sinkt langsam nach unten. Die elektronisch gekühlte Kamera, die im Inneren der Drohne untergebracht ist, hat die Bilder schon an das TOC gesendet oder an irgendjemanden, der sich an die Auswertung macht. Auf einem der Bilder ist zu sehen, wie K. einem der Cluster-Chiefs, der sich darüber beklagt hat, dass es noch immer keinen Strom in seinem Dorf gibt, den Arm um die Schulter legt, während ich der Versuchung doch nicht widerstehen kann und meine Kamera aus der Tasche hole.

Wolfram klettert vom Hesco-Wall wieder herunter. Er trägt seine beigefarbenen Bundeswehrschuhe, von denen er sich jetzt noch ein zweites, herabgesetztes Paar aus dem PX-Shop geholt hat. Ein Mann, dessen Tochter im Loyola-Gymnasium in Prizren zur Schule geht, hat es ihm verkauft.

»Perfekt«, sagt Wolfram und schaut in das Display seiner Kamera, als hätte er darin ein Insekt gefangen, das es nun zu begutachten gilt. Für ein paar Minuten, in unserer noch jungen Bekanntschaft, erleben Wolfram und ich jetzt einen idyllischen Moment, einen Augenblick des Friedens, der allerdings nur ein Truggebilde ist. Wolfram hat für mich einen Stuhl aus dem Zelt geholt, während er sich selbst auf eine Kabeltrommel setzt, die vor dem Zelt liegt.

»So lass ich mir das gefallen«, sagt er und streckt sich aus. Ich schaue auf den Stuhl, den er mir aus dem Zelt geholt hat, setze mich aber nicht. Ich bearbeite mit einer Bürste, die ich vor dem Zelt gefunden habe, meine Schuhe. Sie sind schlammverkrustet. Ich schlage die Schuhe gegeneinander, damit der Schlamm abfällt, und dann bürste ich in der Sonne an ihnen herum.

»Gute Idee«, sagt Wolfram mit geschlossenen Augen. »Das mache ich nachher auch. Aber warum setzt du dich denn nicht? Ich hab' dir extra einen Stuhl aus dem Zelt geholt.«

Aber ich setze mich nicht, ich nehme das Angebot von Wolfram nicht an. Noch Minuten später, als Wolfram missmutig wieder von der Kabeltrommel heruntergestiegen und ins Zelt gegangen ist, bin ich mit der Säuberung meiner Schuhe beschäftigt, obwohl ich erst am nächsten Tag abreisen werde und bis dahin bestimmt noch einige Mal über die matschigen Wege des Lagers laufen muss. Kurze Zeit später, als ich mich schließlich doch setzen will, hat Wolfram den Stuhl wieder ins Zelt gebracht.

»So ein Quatsch«, sagt er. »Wie willst du die Verbrecher denn sonst aus dem Weg räumen? Das sind Massenmörder. Wie willst du denen denn sonst das Handwerk legen?« Wir haben wieder eine dieser Diskussionen, die jetzt, nachdem die ZDF-Leute weg und wir ganz auf uns allein gestellt sind, häufiger und gleichzeitig immer unproduktiver werden. Wolfram versteht nicht, wie ich etwas dagegen haben kann, dass die Amerikaner mit ihren Todesdrohnen nach Verdächtigen suchen, ihre Aufenthaltsorte ausfindig machen und dann ihr Urteil sprechen. Aus der Luft. Aus der Entfernung von Tausenden von Kilometern. Er hätte nichts dagegen, wenn die Deutschen auch solche Flugkörper im Einsatz hätten.

»So ein Quatsch«, murmelt er und räumt den Stuhl wieder ins Zelt. »Hast du schon mal so einem Typen in die Augen geschaut, wenn er dir den Bauch aufschlitzen will oder deine Kinder in die Luft sprengt?«

Wolfram ist selbst Fallschirmspringer. Er springt aus großer Höhe ab, im freien Fall fotografiert er dann andere Fallschirmspringer, die mit ihm zur Erde schweben. Auf diese Weise ist er letztlich an diesen Job gekommen und Fotograf geworden. Bundeswehrsoldaten, Fallschirmjäger, die bei ihren Einsätzen nicht in den Genuss eines freien Falls kommen, sind bei ihm mit in die Maschine gestiegen. Er hat sie fotografiert und so ist eins zum anderen gekommen, irgendwann hat ihn dann einer gefragt. Er ist schon überall gewesen, sogar in My Lai. Er sollte für Reuters die alten Kriegsschauplätze fotografieren. Aber die Leute wollten sie ihm nicht zeigen. Die Erinnerung an den Krieg, die Bilder aus der Vergangenheit, damit wollten sie nichts mehr zu tun haben. Er springt vom Hesco-Wall herunter. Er setzt sich in die Sonne. Tatsächlich hat er eine fürsorgliche Ader und ist immer darum bemüht, dass es allen gutgeht, mit denen er zu tun hat. Er erzählt vom Krankenhaus und fragt, ob ich nicht mitkommen wolle. Er achtet darauf, dass die Heizung höher gestellt ist, wenn ich vom Duschen ins Zelt zurückkomme. Dann sagt er: »Hast du schon gemerkt? Ich habe dir extra die Heizung angemacht.« Auf den Stuhl setze ich mich nicht. Ich muss meine Schuhe putzen. Ich will nicht mit schlammverkrusteten Schuhen nach Deutschland zurückkehren. Außerdem finde ich die Hilfsbereitschaft von Wolfram grenzüberschreitend. Es ist, als würde er etwas im Schilde führen. Als würde er ganz bestimmte Absichten verfolgen.

Den Cluster-Chiefs haben K. und der Vertreter der UN-Mission vom Auswärtigen Amt 50 000 Euro versprochen. Jeder von ihnen soll diesen Betrag bekommen, um in seiner Gemeinde irgendein Infrastrukturprojekt in Gang zu bringen. Neue Stromanschlüsse, Brunnen, Straßen oder »meinetwegen auch Mauern«, wie der Vertreter des Auswärtigen Amtes sagt, »wenn ihnen partout nichts anderes einfällt«. Die Cluster-Chiefs haben ihre Dorfältesten, die sie gewählt haben, mitgebracht, jedenfalls einige von ihnen. Die Zahl der Anwesenden hat sich deswegen fast verdoppelt, und an dem langgezogenen Tisch im Polizeihauptquartier ist fast jeder Platz besetzt. Es sind dieselben Plastikstühle, wie man sie überall findet, in Krisengebieten und in den ärmsten Regionen, in denen die Helfer mit ihren Gesprächspartnern zusammenkommen. Es ist das Mobiliar, auf das man sich einigen kann, ein Kompromissmobiliar, das in Deutschland auf dem Balkon oder in der Gartenlaube steht. K. sitzt als Einziger in einem Sessel, und man merkt, dass ihm das nicht besonders gefällt.

Solche Versammlungen wie die Shura, erzählt Benjamin Buchholz, ein Historiker, der die Loya Jirga erforscht hat, würden manchmal herangezogen, um zu beweisen, wie demokratisch Afghanistan im Grunde schon sei. Die Loya Jirga wird einberufen, wenn das Land wichtige Entscheidungen treffen muss. Sie ist so etwas wie eine Shura, nur viel größer. Bei seinen Recherchereisen in Kabul hat er sich immer wie ein Afghane gekleidet, damit niemand herausfand, dass er eigentlich in Frankfurt geboren ist. Schweigend und so zurückhaltend wie möglich, damit niemand merkt, dass sein Persisch einen komischen Akzent hat, saß er dann in den Taxis auf dem Weg zu seinen Terminen, mit einem Bart und in ein traditionelles Gewand gekleidet, und erforschte den Urgrund der demokratischen Strukturen. »Sie ist ein politischer Mythos«, sagt Buchholz, »von dem jetzt alle was haben.«

»Ich muss das natürlich vor meinem Ministerium rechtfertigen«, sagt der Vertreter des Auswärtigen Amtes, als er seine Erklärung abgibt, während die Männer, die zu Cluster-Chiefs gewählt worden sind, sich in ihren Stühlen zurücklehnen.

»Es muss mit möglichst großer Transparenz vor sich gehen«, ergänzt K. und reckt etwas den Kopf. Er ist nicht besonders groß und hat ein bisschen Probleme mit dem Sessel. Aber er gibt sich Mühe. Er kämpft. »Ich spüre das ja«, sagt er. »Ich spüre, dass sie Interesse haben.« Aber natürlich soll das Geld auch dort landen, wo es keinen Schaden anrichten kann. Und sei es, dass es in Mauern verbaut wird. Wenigstens Mauern. Das Prinzip der Cluster-Chiefs hat sich irgendjemand überlegt, um eine neue Parallelstruktur zu schaffen und Entwicklungsprojekte direkt mit den Gemeinden durchführen zu können, ohne dass das Geld in den offiziellen Kanälen der District-Regierung versickert. Die Mitarbeiter des Krankenhauses in Liberia wollten unbedingt Weihnachtsgeld haben, sie wollten wissen, warum ihnen Cap Anamur kein Weihnachtsgeld zahlen könne. Sie wollten keine Meetings oder Workshops. Ich erinnere mich, wie einmal eine Krankenschwester, als wir mit einem Workshop anfangen wollten, den Kopf auf den Tisch legte und fragte: »Bekomme ich das bezahlt? Bekomme ich Geld dafür?« Und dann sagte ich jedes

Mal so etwas Ähnliches wie K. und der Vertreter des Auswärtigen Amtes. Ich sagte, wir säßen hier doch »alle in einem Boot« und dass es nicht »mein Workshop«, sondern »ihr Workshop« sei, und dass es doch gut sei, sich mal mit der Frage zu beschäftigen, wie man mit den aggressiven Patienten besser klarkommen könnte. »Ich muss das natürlich vor meinem Ministerium rechtfertigen«, sagt der Vertreter des Auswärtigen Amtes, und das ist, wenn man es genau nimmt, eine Drohung. Die Cluster-Chiefs, allesamt Männer im fortgeschrittenen Alter, die schon die Besetzung durch die Sowjets, die verschiedenen Häutungen und Transformationen der Taliban erlebt haben, die mehr erlebt haben als K., seine Offiziere und wir alle hier zusammen, sitzen in ihren Plastikstühlen und hören sich das an. Sie hören es sich an, wie die Mitarbeiter im Krankenhaus in Liberia, denen ich sagte: »Es ist euer Workshop. Es geht um euch«, und dann zeigte ich auf die Powerpoint-Folien mit ihren Hinweisen und Merksätzen hinter mir. »Warning signs will vary from patient to patient and may not be reliable … Aroused patients can be frightened of their own destructive potential … Agitation is contagious.« Wir mussten alle etwas zusammenrücken, um den kleinen Computerbildschirm besser sehen zu können, da mal wieder der Generator ausgefallen war. »Ein ganz zentraler Punkt«, sagte ich, »ist die Talking-Down-Methode. Die meisten Patienten wollen nämlich gar keine Konfrontation.«

K. legt den Arm um den Cluster-Chief, der unbedingt Strom haben will. K. sagt später, dass das mal irgendein CIMIC-Offizier versprochen habe, irgendjemand, der vor ihm da war, und jetzt müsse er das ausbaden. Aber so schnell würde das mit dem Strom eben nicht gehen. »Ich kann mich nicht so gewählt ausdrücken wie der District Governor«, sagt K., »ich bin nur ein einfacher Soldat.« Er schaut in die Runde der Cluster-Chiefs. Ab und zu erklingt die Melodie eines Handys, und dann flüstert irgendjemand etwas. »Aber«, sagt K., »ich bin hier, um zu lernen.« Wir stehen in der Sonne. Es ist warm. Die Stimmung ist gut. In dem weichen pulsierenden Licht flattert die deutsche Fahne. Alle sind froh, jetzt hier draußen in der Wärme zu sein. Die Räume des Polizeihauptquartiers, die im Schatten liegen, sind ungeheizt und so kalt, dass man seinen eigenen Atem vor sich sieht. Den Atem des Übersetzers, des Sprachmittlers, den Atem der Cluster-Chiefs, die danach fragen, was aus den Strommasten geworden ist, die ihnen versprochen worden sind. Der Panzer, der SPz, fährt dröhnend an uns vorbei. An K., der den Arm um den Cluster-Chief legt, der nach dem fehlenden Strom gefragt hat, und an mir, der ich mit meiner Kamera diese Szene festhalten will. Aber dann irritiert mich das Dröhnen des Marders, ich drehe mich nach ihm um. Er kommt auf den Parkplatz gefahren und steuert mit großer Behändigkeit auf eine Stellung an der Mauer des PHQ zu, wo er gleichzeitig parken und das Lager von innen heraus sichern soll. Und wie ich jetzt dieses Fahrzeug sehe, diese beeindruckende Meisterleistung deutscher Waffentechnik, die mit so großer Eleganz und Macht durch den Matsch fährt, schrecke ich innerlich zurück. Ich lasse die Kamera sinken. Es fröstelt mich ein bisschen. Es ist der plötzliche Machtrausch, das Gefühl unglaublicher Gewalt, die sich durch das Fahrzeug bis in meine Eingeweide überträgt. »Aroused patients can be frightened of their own destructive potential«, stand auf einer der Folien. Diese enorme Machtdemonstration der Technik, der Ausdruck martialischer Überlegenheit. Die Cluster-Chiefs blinzeln kurz. Einige haben sich zu dem District Governor gesetzt, wahrscheinlich um sich mit ihm abzusprechen, wie man die 50 000 Euro noch etwas umverteilt. Denn der District Governor ist nicht unbedingt ein Unterstützer der Cluster-Chief-Struktur, aber bei dieser Gelegenheit, während sie jetzt in der Sonne sitzen und den Panzer vorbeifahren sehen, werden sie das schon untereinander klären. Was mich so erregt und gleichzeitig auf das Tiefste abschreckt, lässt sie wahrscheinlich vollkommen kalt. Sie haben in ihrem Leben schon genug Panzer gesehen. Sie haben die Panzer des Kalten

Krieges gesehen. Und der Kalte Krieg geht vielleicht auf ihrem Territorium in veränderter Form weiter. Der Marder macht einen kleinen Schwenk, dann stoppt er und rollt schließlich vorsichtig in seine Endstellung. Toll, denke ich, während ich gleichzeitig an Kunduz denken muss, wo ich jetzt mit einer Mitarbeiterin des BMZ beim Kaffee auf der Straße sitzen und ihr erklären könnte, wie angenehm ich die Menschen in dem Kinderheim fände, das wir uns gerade angesehen hätten. Wegen der Entwicklungs-Shura habe ich den Termin kurzfristig abgesagt. Ich bin nicht in Kunduz, ich bin hier, an der Schnittstelle zwischen dem Zivilen und dem Militärischen, ich bin in einer Entwicklungs-Shura, der drei Wochen später eine Ergebnis-Shura folgen wird, bei der überprüft wird, was aus den Projekten geworden ist. Ich drehe mich um, um K. zu fotografieren. K., der auf so wunderbare Weise den Cluster-Chief umgarnt und versucht, mit ihm auf Augenhöhe zu bleiben. Er tänzelt ein bisschen um ihn herum, neckt ihn, macht ein paar humorige Bemerkungen, und dann legt er wieder den Arm um ihn. Der Cluster-Chief grinst. Ob er auch meine Kamera haben will, frage ich mich noch, während ich auf den Auslöser drücke. Ich würde sie ihm geben, wenn nicht auch diese Kamera wieder nur ausgeliehen wäre und auf jeden Fall wieder zurück mit nach Deutschland müsste.

»So ein Quatsch«, sagt Wolfram. »Du bist wirklich ein Träumer … Hast du dir das eigentlich schon mal überlegt? Hast du dich das schon mal gefragt?« Er sagt mir das, als ich später doch auf dem Stuhl sitze, den er für mich aus dem Zelt geholt hat und den ich mir dann selbst wieder heraushole, um ein wenig die Sonne zu genießen, nachdem meine Schuhe fertig geputzt vor dem Zelt zum Trocknen stehen. Schließlich habe ich sogar Trinkwasser über sie gegossen, um den hartnäckigen Staub aus dem Leder herauszuwaschen.

»Was bin ich?!«, erwidere ich angriffslustig, während ich die Augen zusammenkneife, weil mich die Sonne blendet.

»Wie ich schon gesagt habe, ein Träumer.« Wolfram baut sich vor mir auf. Ich überlege, ob ich aufstehen soll. Ich bin zu einem Kampf bereit, aber natürlich kommt es nicht dazu. Jedenfalls nicht an diesem Nachmittag, einen Tag vor unserer Abreise.

»Ich bin kein Träumer«, sage ich, während ich die Augen schließe und so tue, als würde ich in aller Gemütsruhe die Sonne genießen. »Vielleicht bist *du* ja einer.« Wolfram sagt eine Weile nichts. Ich halte die Augen geschlossen. Ich versuche ihn mit geschlossenen Augen zu besiegen, und tatsächlich gelingt es mir, denn im nächsten Moment merke ich, dass er ins Zelt zurückgegangen ist. Die Talking-Down-Methode war natürlich nicht unsere Erfindung, wir gaben nur das weiter, was ohnehin in allen Lehrbüchern steht. Die Mitarbeiter im Krankenhaus hatten davon noch nie gehört. Als einmal eine Patientin, die den ganzen Nachmittag keine Ruhe geben wollte, fixiert werden sollte, erklärte ich, dass das doch eine gute Gelegenheit sei, die Talking-Down-Methode anzuwenden. Ich erinnere mich noch genau an den Gesichtsausdruck des Nursing Directors, wie er sich mühsam zu beherrschen versuchte, während ich die Patientin bat, mit in mein Büro zu kommen. »Lass es uns doch so machen wie immer«, schlug er vor. »Let's do it the African way.« Aber es war die Chance, den Mitarbeitern ein für alle Mal zu beweisen, dass ihre Herangehensweise grundweg falsch und einfach menschenunwürdig war, dass man die Patienten nicht einfach ruhigstellen durfte, sondern mit ihnen sprechen musste.

13

Und dann passiert doch etwas. Die Vorfälle auf dem Müllplatz von Bagram, wo mehrere Exemplare des Korans verbrannt werden, lösen im Lager von Kunduz einen kleinen Erdrutsch aus. Der freie Tag wird gestrichen, der Sonntag, der in Kunduz auf einen Freitag fällt und Base Day heißt, fällt aus. Das führt dazu, dass die Kantine doch nicht geschlossen hat und die 670 Plätze zählende Kathedrale des Essens sich noch ein letztes Mal für uns öffnet. Wolfram geht schon früher essen und zieht sich dann ins Zelt zurück, um sich vorzubereiten und mit gepackten Taschen darauf zu warten, dass der Presseoffizier ihn mit dem kleinen Toyota-Bus, der hier ausschließlich dem lagerinternen Transport dient, abholt. »Sag denen, dass ich bereit bin und hier auf sie warte«, sagt Wolfram, während er sich noch einmal auf seinem Feldbett ausstreckt, um sich ein letztes Mal auszuruhen. Ich habe Termine. Viel zu viele. Ich habe einen Termin nach dem anderen. Obwohl es der letzte Tag ist. Oder: Weil es der letzte Tag ist. Die Koranverbrennung spielt zunächst noch keine große Rolle. Nach meiner Rückkehr vom PHQ, als ich Helm und Schutzbrille beim Pressestab abgebe, höre ich die Formulierung. »Das hätten sich die Amerikaner doch an zehn Fingern abzählen können. Wo doch schon Altpapier-Recycling eine Sünde ist.« Der Presseoffizier grinst in sich hinein. Er durchsucht das Internet nach weiteren Neuigkeiten und findet zum Beispiel, dass Hertha BSC seinen Trainer entlassen und Otto Rehagel eingestellt hat. Bei der internen Lagebesprechung werden dann solche Neuigkeiten den leitenden Offizieren mitgeteilt. »Später trinken wir noch was«, sage ich zu dem Presseoffizier. »Wir nehmen noch einen kleinen Abschiedstrunk.« Und dann klappere ich meine Termine ab. Es erscheint mir auf einmal von größter Bedeutung, den zivilen Mitarbeiter zu sprechen, der sich um das Wasserwerk kümmert und den ich bei meinem einmaligen Besuch in der Hall of Pain kennengelernt habe. Ich muss in der Hall of Pain die Stelle finden, an der damals die Rakete eingeschlagen ist. Ich will der Poststelle einen Besuch abstatten. Ich trinke Tee mit der Mitarbeiterin vom BMZ. Bedanke mich beim Vertreter des Auswärtigen Amtes, dass er mich zur Entwicklungs-Shura mitgenommen hat, laufe an den Büros der verschiedenen Mitarbeiter der verschiedenen Stäbe vorbei, mache mir Notizen, während ich meinen alten Mantel mit mir herumschleppe und nach jemandem suche, dem ich ihn vielleicht geben kann. Es ist eine Art Geschenk. Ein Abschiedsgeschenk. Eine freiwillige Gabe. Ich suche einen lokalen Mitarbeiter. Vielleicht einen Bauarbeiter, der mit den ständigen Ausbesserungsarbeiten beschäftigt ist, oder irgendeinen Mitarbeiter in der Küche. Ich bin fest entschlossen, den Mantel hierzulassen und ihn auf keinen Fall wieder mit zurückzunehmen. Es gibt dafür auch einen ganz banalen Grund. Der Mantel passt nicht mehr in mein Gepäck. Auf dem schwarzen Brett neben den Büroräumen der CIMIC-Abteilung findet sich der Hinweis: »Afghans will build their state. We can help but not do it for them.« Und darunter steht: »Development strategies will only work if owned by Afghans and not imposed from outside.« Ein paar Meter weiter unten ist gerade aus dem Atrium ein Mann mit einem Mülleimer und verschiedenen Putzutensilien gekommen. Ich bleibe stehen und warte darauf, dass sich der Mann mir nähert, aber dann macht er eine Drehung und geht in die entgegengesetzte Richtung davon. Die CIMIC verdichtet das zivile Lagebild. Die CIMIC ist das zivile Herz der ISAF-Mission, wie es so schön heißt. »We can help but we can not do it for them.« Aber der CIMIC-Offizier, der bei der Shura dabei war, machte keine Anstalten, auf die Cluster-Chiefs zuzugehen und mit ihnen ins Gespräch zu kommen. Oder waren es einfach zu viele? »Lasst mich das mal machen«, sagte ich. »Lasst mich mal mit der Patientin sprechen«, erklärte ich dem Nursing Director. »We can not do it for them«, steht auf dem schwarzen Brett der CIMIC-Abteilung. Das sollen auch Leute verstehen, die nicht Deutsch sprechen. Sie sollen sehen, welche nichthierarchische, nichtautoritäre Philosophie sich die Bundeswehr mittlerweile angeeignet hat. Ich verpasse das Frühstück, ich bin zu lange damit beschäftigt, die letzten Informations-Brosamen aufzusammeln und die vermeintlich unwichtigen Details zu notieren. Vor dem Büro des Truppenpsychologen steht jeden Morgen eine große Schachtel mit Weingummi, und jeden Abend ist sie leer. Der Truppenpsychologe wird nie erfahren, dass ich mich mindestens jeden zweiten Tag an dieser Schachtel bedient habe, die doch dafür gedacht war, Soldaten zu einem Gespräch in den mit gemütlichen Sesseln ausgestatteten Besprechungsraum zu locken. Der Mann mit den Putzutensilien, vermute ich, kommt wieder, er wird einmal um das Atrium herumgehen, überall nach den Büromüllkörben schauen, sie in seinen Müllwagen entleeren und dann wieder zu seinem Ausgangspunkt zurückkehren. Der CIMIC-Offizier, der bei der Entwicklungs-Shura war, kehrte nach Afghanistan zurück, nachdem er als ausgebildeter Fallschirmjäger schon mal im Einsatz gewesen war. Er schlug die Offizierslaufbahn ein, entdeckte sein ziviles Herz. Der Mann mit den Putzutensilien biegt um die Ecke und schiebt seinen Müllwagen langsam auf mich zu. Ich stehe vor einem schwarzen Brett, auf dem PRT KUNDUZ J2 steht und der Satz: »Solange unsere Sicherheit kein Kind der Vernunft sein kann, muss sie eine Tochter des Schreckens sein.« Ich habe den Satz kaum zu Ende abgeschrieben, da erreicht mich der Mann mit den Putzutensilien. Er geht etwas gebückt und schiebt mühsam seinen Wagen vor sich her. Ich warte einen Moment, bis er ganz vorbei ist, dann laufe ich hinter ihm her, überhole ihn und halte ihn auf.

»Excuse me«, sage ich, »do you have a moment?«

»Warum haben die Amerikaner das getan?«, fragt der katholische Pfarrer, der an diesem Morgen den evangelischen Pfarrer wie verabredet ersetzt und die einführenden Worte zum Bibelfrühstück spricht. Wie ich im Pressestab erfahre, findet das Bibelfrühstück doch statt, obwohl der Base Day ausfällt. Sonntag ist in Afghanistan ein ganz normaler Werktag, und deswegen hat die Bundeswehr sich den hiesigen Gepflogenheiten angepasst und ihren eigenen Sonntag aufgegeben und stattdessen den Freitag zum Sonntag beziehungsweise zum Base Day erklärt. Und da normalerweise auch die Kantine geschlossen hat, wird in der Gottesburg von den Seelsorgern ein üppiges Ersatzfrühstück serviert, zu dem erstaunlich viele Soldaten kommen. Auch wenn es eine kleine Ansprache gibt, die man über sich ergehen lassen muss, bevor man zum Büfett gehen kann. Die lokalen Mitarbeiter sind am Base Day normalerweise nicht im Lager. Es verdankt sich der Instinktlosigkeit der amerikanischen Soldaten, die einfach die heilige Schrift des Islam verbrennen, dass der Base Day ausfällt und der Mann mit seinen Putzutensilien doch seinen Dienst antreten muss.

»Warum tun die Amerikaner das?«, fragt der katholische Pfarrer, und dann holt er zu einem längeren Exkurs über die Klugheit der Ungläubigen und die Dummheit des Menschen im Allgemeinen aus, der in seiner didaktischen Behäbigkeit nur schwer zu ertragen ist. Ich halte nach K. Ausschau, von dem ich mich noch gerne verabschieden und bei dem ich mich für die Unterstützung bedanken will. Beinahe wäre die Entwicklungs-Shura ausgefallen. Man befürchtete, dass sich die Sicherheitslage verschlechtern würde. Am Freitagnachmittag, wenn in den Moscheen gepredigt wird und wir Kunduz schon wieder verlassen haben, könnte es zu Ausschreitungen kommen. Die äußere Wirklichkeit dringt in die innere Wirklichkeit vor.

»Auch wenn es nur ein Versehen war«, sagt der katholische Pfarrer, »war es doch eine große Dummheit.« Dann ist das Büfett eröffnet, und alle laden sich Würstchen und Schinken auf die Pappteller. Ich setze mich zu einem Soldaten, der mir erzählt, dass er seit fünf Jahren vergeblich eine Frau für sich zu gewinnen versuche, die ihm immer wieder sagt, er sei eigentlich nicht ihr Typ.

»Do you want this coat?«, frage ich den Mann mit den Putzutensilien. Genauer gesagt, frage ich: »Do you need this coat?« Ich zeige ihm den Mantel, ich weise ihn, wie ein Verkäufer, der seinen Kunden nicht übers Ohr hauen will, auf die Mängel hin. »You can have it«, sage ich. Der Mann mit den Putzutensilien lässt seinen Müllwagen kurz im Stich und schaut sich den Mantel an. »There is only one problem.« Und dann zeige ich ihm, worauf er sich einlässt. Das zerfetzte Innenfutter, die löchrigen Manteltaschen, durch die regelmäßig Schlüssel und Telefone in der Tiefe des Innenfutters verschwinden. »It's a little bit damaged«, erkläre ich und neige etwas den Kopf. Der Mann mit den Putzutensilien nickt.

»It's for me?«, fragt er. Er hat von Anfang an nicht den geringsten Zweifel, dass er den Mantel haben will, dass er ihn gebrauchen kann. Er sieht von außen ganz anständig aus. Mein Vater sah von außen auch ganz anständig aus. Die handtellergroße Narbe auf seinem Rücken war für die Außenwelt nicht sichtbar, nur für uns, die anderen Familienangehörigen und mich, dem sie sich bis heute noch immer als ein großes Rätsel darstellt.

»Ja«, sage ich. »You can have it. Do you want it?« Ich halte ihm den Mantel hin. Er nickt, nimmt den Mantel und verstaut ihn auf seinem Müllwagen. Seine Begeisterung hält sich in Grenzen, aber ich habe es mir schon in Liberia abgewöhnt, auch noch Dankbarkeit für etwas zu erwarten, was man eigentlich gar nicht schenken, sondern nur loswerden will.

»Thank you«, sage ich und verabschiede mich. Die Amerikaner verbrennen die heilige Schrift. »Und warum tun sie das?«, fragt der katholische Pfarrer. Warum verbrennen die Amerikaner Bücher und warum urinieren sie auf Leichen? Jetzt, nach zehn Tagen Bundeswehr, stelle ich mir diese Frage nicht mehr. Nach zehn Tagen habe ich Verständnis für Momente der Grenzüberschreitung, der Desorientierung, Momente der haltlosen Hysterie und Angst, die irgendwo dazwischen stattfinden, in den Zwischenräumen, den Schnittstellen, die aus den Narben herauswuchern, den Narben der Väter und den eigenen Wunden, von denen einige noch unsichtbar sind. Später empfinde ich sogar einen Widerwillen gegen die selbstgerechten Reaktionen der Politiker, wenn sich Soldaten danebenbenehmen und die Kontrolle verlieren. Etwas, was man bei anderen Gelegenheiten wiederum genau von ihnen erwartet. Sie sollen die Grenzen überschreiten, die Grenzen des Machbaren, des moralisch Vertretbaren, aber sie sollen es auf eine Weise tun, dass es niemand mitbekommt. In aller Stille, ganz für sich allein.

»I am very sorry«, sage ich zu dem Mann mit den Putzutensilien. »The coat is a little bit damaged. Do you want it?«

Ich laufe zum Zelt zurück. Zu Walhalla 5. In zehn Minuten müssen wir vor dem Lummerland sein, um in den Moon Compare zu steigen. Wolfram verliert fast die Nerven, als er mich kommen sieht. Er hat die ganze Zeit auf die Leute vom Pressestab gewartet, aber ich habe im Pressestab erklärt, dass wir das schon allein schaffen und ich Wolfram beim Tragen seiner Taschen helfen kann.

»Bist du eigentlich vollkommen durchgeknallt?«, ruft Wolfram. »Vollkommen irre geworden? Wieso hast du das gemacht?«

»Die Presseleute sind doch nicht unsere Angestellten«, erkläre ich. Ich greife nach dem Hartschalenkoffer, in dem sich die Fotoausrüstung befindet.

»Hast du schon mal über deine Teamfähigkeit nachgedacht?«, schimpft Wolfram, während wir uns durch den Matsch zum Moon Compare kämpfen. In der Ferne sehe ich, wie aus dem Krankenhaus eine Frau herauskommt. Eine holländische Soldatin, die ich schon ein paarmal gesehen habe. Die schönste Frau des Lagers. Zu Weihnachten hat sie mit den Soldaten posiert, und die Soldaten, die sich mit ihr aufnehmen lassen wollten, mussten für einen wohltätigen Zweck einen Euro spenden. Ihre Schönheit ist fast unwirklich. Als würde jemand eine Geschichte erzählen, die nicht stimmt. Eine Geschichte der Schönheit, die man nicht glauben will, bevor man sie nicht mit seinen eigenen Augen sieht. »Ist das wirklich wahr?«, fragte ich damals den Nursing Director, nachdem er mir bei einem Morning Meeting berichtet hatte, dass die Patientin einen Stein genommen und nach ihm geworfen habe. »Aber so etwas hat sie doch noch nie getan«, sagte ich. »So etwas passt doch gar nicht zu ihr.« Die Holländerin läuft eine Weile vor uns her. Ich bin von ihrer Schönheit so fasziniert, dass ich die Beschimpfungen von Wolfram gar nicht mehr höre und die Schmerzen in meiner linken Hand ignoriere, mit der ich die tonnenschwere Fototasche trage. Die letzten Meter sind besonders schwierig. Es lässt sich nicht vermeiden, dass ich ein paarmal in den Matsch trete und meine Schuhe wieder dreckig werden.

14

Es ist halb neun. Draußen ist es kalt. Die Asche der verbrannten Korane glüht nicht mehr. Der Vorfall liegt ohnehin schon eine Weile zurück. Allerdings sind schon ein Dutzend Afghanen bei Ausschreitungen und Demonstrationen ums Leben gekommen. Wolfram und ich haben uns einen Platz gesichert, und man könnte sagen, wir schrecken jetzt am Ende vor nichts mehr zurück. Surf & Turf. Es ist eine große Show, das große Theater des Absurden, das die Amerikaner in Mazar-i-Sharif aufführen und an dem wir bereitwillig teilnehmen, obwohl wir eigentlich schon zu Abend gegessen haben. Surf & Turf. Man muss eine Viertelstunde lang anstehen, und das Zelt, in dem die Veranstaltung stattfindet, ist so groß, als sei es ein Flüchtlingslager für alle Traumatisierten und Ausgebrannten dieser Welt. Es findet jeden Freitag statt. Die Amerikaner servieren den in langen Schlangen unter einer eigens angebauten Holzüberdachung wartenden Soldaten Hummer und Steaks bis zum Umfallen. All you can eat. Wolfram und ich staunen. Wolfram isst Hummer, ich esse Steak. Wir bieten uns sogar gegenseitig etwas an. Unser Verhältnis ist jetzt geklärt. Es ist von kalter Sachlichkeit. Wolfram hat seine Kamera eingepackt, und ich mache keine Notizen mehr. Allerdings esse ich keinen Hummer. Vielleicht aus moralischen Gründen. Oder weil es mir an diesem Abend (nach diesen anstrengenden Tagen, und nachdem ich eine Entwicklungs-Shura, eine

Koran-Verbrennung und die Fragen, ob ich einen Ghostwriter beschäftige und ob ich wirklich eine Patientin dazu getrieben habe, einen Stein nach einem Krankenpfleger zu werfen, hinter mich gebracht hab) einfach zu anstrengend und zu kompliziert ist, auch noch einen Hummer zu zerlegen.

»Wahnsinn«, flüstere ich vor mich hin.

»Schmeckt gut«, sagt Wolfram und öffnet eine Dose Dr Pepper, die er sich aus einem der Kühlschränke geholt hat. »Das muss man den Amerikanern lassen.« Ich verkneife mir eine Bemerkung, schließlich hat Wolfram den ganzen Tag über die Amerikaner und den Wahnsinn von Mess geschimpft, über die teuren Toyota Hilux und die brandneuen Geländewagen, die überall herumstehen, und darüber, dass das alles Kriegsvorbereitungen für einen Iran-Angriff seien.

»Wenn sie was machen, dann manchen sie es gut«, sagt er und knabbert an einem Fragment seines Hummers herum. Ich muss an *Consider the Lobster* denken, an David Foster Wallaces Analyse eines Hummergelages in den USA, die überraschenderweise mit den Fragen endet, wie viel Schmerzen ein Hummer eigentlich aushalten kann, und ob er diese Schmerzen, die der Mensch ihm antut, der ihn bei lebendigem Leib in kochendes Wasser wirft, überhaupt bemerkt. Die Schmerzen werden von Wallace mit gewohnter Akribie in allen Facetten beschrieben. Ich erzähle Wolfram lieber nichts davon, obwohl mich interessiert, ob der Hummer lebendig nach Afghanistan geflogen wird, weil die Amerikaner angeblich alles einfliegen, egal ob tot oder lebendig. Das Zelt ist riesig. Es ist überdimensional. Größer als alle Zirkuszelte, die ich jemals gesehen habe. Es könnte eine Bahnhofshalle sein, eine Flugzeughalle oder ein Stadion, in dem Basketballspiele stattfinden und in dem sich die Zuschauer unglaublich erregen und irrsinnig amüsieren. Davon ist allerdings, trotz Hummer und Steak, jetzt nichts zu merken. Es herrscht die übliche, merkwürdig klinische Stimmung, die ich auch schon in der vergleichsweise mickrigen Großkantine in Kunduz erlebt habe. Alle essen.

Alle stopfen sich voll. Alle stieren mehr oder weniger vor sich hin. Es sind auch Deutsche hier, Holländer und Belgier. Es sind eigentlich alle hier. Sie sind zu Gast bei den Amerikanern. Und so absurd es auch sein mag, man bekommt automatisch Sehnsucht. Sehnsucht nach Amerika. Ich denke an Uli Gack, den wir auf dem Hinweg an der Straßenecke neben dem Pressecontainer gesehen haben, wie er Beiträge nach Deutschland sendet, um die Zuschauer des Heute Journals darüber zu informieren, ob nach der Koran-Verbrennung das Leben der Bundeswehrsoldaten in größerer Gefahr sei als zuvor. General Kneip hat vorsichtshalber das PAT Taloqan evakuieren lassen, und es gibt die ersten Gerüchte darüber, dass das wohl absurd und sinnlos gewesen sei, und dass manche Mitarbeiter der zivilen Behörden in der Hektik des Aufbruchs ihren angeschalteten Laptop einfach zurücklassen mussten. Ich denke kurz daran, während ich mir etwas Steaksauce über mein Fleisch gieße und dann aufstehe, um mir auch eine Dose Dr Pepper zu holen.

Unsere Reise endet in Kälte und Stille. Sie endet an der Straßenecke kurz nach Mitternacht. Uli Gack sendet ein letztes Mal nach Deutschland. Ich warte und harre aus. Eine Weile gibt es keine Verbindung. Uli Gack wird abwechselnd von dem grellen Scheinwerfer des Kameramanns angestrahlt, dann verschwindet er wieder in der Dunkelheit von Mazar-i-Sharif, dem größten Soldatenlager im Norden Afghanistans. Ob von hier die Amerikaner wirklich ihren Krieg gegen den Iran führen wollen? Uli Gack räuspert sich. »Hallo«, sagt er. »Hallo. Hier ist Uli Gack. Hört ihr mich?« An meinen Fingern sind überall Wunden, kleine Risse. Das ist die Trockenheit. Die Luft Afghanistans hat mir nicht gutgetan. K. hat mir erzählt, wie er sich am Anfang bei der Benutzung der Zahnseide immer Schnittwunden in den Händen zuzog, bis er auf die Idee kam, Handcreme zu benutzen, damit seine Haut genug Feuchtigkeit bekam. Ich stecke meine Hände in die Taschen und warte darauf, dass das Licht wieder angeht. Ich warte, ohne etwas zu sagen. Ich muss mich still verhalten. Es ist eine Liveschaltung. Ganz Deutschland sitzt vor dem Fernseher. Ob es unseren Soldaten gutgeht? Werden wieder Steine auf das Lager in Taloqan geworfen? »Hallo«, sagt Uli Gack. »Hallo.« Aber es passiert nichts. Ich warte noch zehn Minuten. Ich halte durch. Ich überlege, ob ich vielleicht die Nacht durchmachen, mich mit den ZDF-Leuten unterhalten und noch etwas weiter in die Tiefe gehen soll. Aber dann fällt mir ein, dass sie keine Soldaten sind, dass sie an diesem Krieg, der gerade Pause macht, genauso wenig teilnehmen wie ich, und dass ich besser schlafen gehe. Aber ich bleibe stehen und höre zu, warte darauf, dass die Verbindung mit Deutschland steht und dass es endlich losgeht. Mein Vater hätte sich die Sendung vielleicht angeschaut, er schaute sich immer die Morgenmagazine an. Er begeisterte sich an den aufgekratzten, fröhlichen Stimmen der Moderatoren und fand es großartig, dass diese Menschen am frühen Morgen schon so viel gute Laune ausstrahlten. Er stand immer beim Fernsehen. Oft verbrachte er ganze Abende stehend vor dem Fernseher, nickte ab und zu, erfreute sich an den gutgelaunten Moderatoren, den Schauspielern der Wohlfühlkomödien und den überdrehten Musicals der Fünfziger und Sechziger. Ich konnte nicht verstehen, was ihn so glücklich machte. Und ich konnte nicht verstehen, warum er sich nicht setzte, warum er dort vor dem Fernseher stand und in die Welt schaute. Sah er etwas, was ich nicht sah? Hatte er eine Geschichte, die ich nicht kannte? Ich bleibe stehen und höre Uli Gack zu, der trotz der Kälte druckreif spricht, ohne sich ein einziges Mal zu verhaspeln.

»Ich habe das Gefühl, die ganze Sache wird ein bisschen hochgespielt, oder?«, sagt er, als wir reingehen, um uns aufzuwärmen. »Aber das kennst du ja sicher.«

»Ja, das kenne ich«, sage ich und öffne die Tür zum Container.

Um vier Uhr morgens sind wir am Flughafen. Wolfram hat zu sprechen aufgehört und geht mir aus dem Weg. Es ist die Last der Bilder, die Last der Eindrücke. Seine Kindlichkeit, die mich so an ihm gestört hat, seine Begeisterung für den Krieg, ist verflogen. Er verwandelt sich jetzt in den Familienvater zurück, der in Deutschland Hochzeiten, Promoveranstaltungen von Boxern oder Kaufhauseröffnungen fotografiert. Aber er bringt einiges mit, schleppt einiges auf seiner Festplatte nach Hause. Es ist ein bisschen so wie bei Michel Leiris, wie er es bei seinen in den dreißiger Jahren stattfindenden Reisen als Ethnologe erlebte. Für ein paar Dollar bedienten sie sich in den Hütten, holten sich die Masken und Fetische heraus und verschwanden damit nach Europa. Ich kann mir immerhin noch zugutehalten, dass mich die zahllosen Fotos der frierenden, vor der verschlammten und unbrauchbar gewordenen Straße stehenden Kinder nie erreichen, und der Soldat, der mir die Kamera geliehen hat, mir die Fotos nie zukommen lässt. Eine Entscheidung, die er vielleicht schon in dem Moment getroffen hat, als er sah, wie ich mit meinen Aufnahmen begann. Womöglich war es reine Trägheit oder doch eine Art Intuition, die ihn davon abhielt, mir diese kraftvollen, strahlenden Kindergesichter zu überlassen. Schließlich war es seine Kamera, es waren am Ende seine Bilder. Bevor wir abfliegen, warten wir mehrere Stunden in der provisorischen Abflughalle, die ich schon kenne. Es muss an dem Film liegen, der an diesem Morgen in der Fernsehecke läuft, dass ich denke, wir könnten an jedem anderen Ort der Welt sein. Vielleicht sind es die Synchronstimme von Sean Connery und die kryptische Handlung, die in irgendeiner künstlichen Polarlandschaft spielt, oder das verhärmte bleiche Gesicht der Chefanästhesistin aus dem Lagerkrankenhaus, die mit mir zurück nach Deutschland fliegt. Theoretisch könne man überall zu Hause sein, sagte der Traumatherapeut David Becker, bis er dann selbst eines Tages merkte, dass er nirgendwo mehr zu Hause war. Wolfram schaut den Film. Er sieht müde aus. Ein paar Monate später ist meine Wut über ihn abgeklungen, und seine in meinen Augen übertriebene Emotionalität erscheint mir als die notwendige Energie, die ihn letztlich in Bewegung gesetzt und bis Afghanistan gebracht hat. In dieses zerfurchte, zerklüftete, über und über mit Kriegsnarben bedeckte Land, in dem er jetzt unter dem Gesäusel der Synchronstimme von Sean Connery, der zusammen mit ein paar anderen Leute gerade die Welt zu retten versucht, einzuschlafen beginnt. Die Kinder entfernen sich, die afghanischen Gesichter werden unschärfer und ungenauer. Und dann machen wir uns schließlich auf den Heimweg.

15

Vielleicht muss man Verdrängungskünstler sein. Wie der Patient des Bundeswehrkrankenhauses in Berlin, den ich einen Monat später treffe. Ich treffe ihn letztlich, um mich zu vergewissern, dass ich nichts übersehen habe. Und vielleicht gibt sich auch deswegen die Bundeswehr alle Mühe, mir dabei zu helfen. Neben dem behandelnden Psychiater, der bei dem Gespräch dabei ist, ist auch eigens ein Feldwebel der Presseabteilung aus Kiel angereist. Wir sitzen in dem eleganten, angenehm neutralen und doch gemütlichen Büro des Psychiaters, im 10. Stock des Bundeswehrkrankenhauses in Berlin, in der Nähe des Wirtschaftsministeriums. An der Wand hinter dem Patienten hängen geschmackvolle Schwarzweiß-Motive von Segelschiffen. Zu dritt sitzen wir jetzt um diesen Mann herum, einen Übersetzer, der seit fast zehn Jahren für die Bundeswehr im Einsatz ist, und hören uns seine Geschichte an. Es ist eine Geschichte, bei der es darum geht, gleichzeitig so viel wie möglich zu erzählen und dabei so viel wie möglich zu verschweigen. Das Gespräch dauert fast drei Stunden. Anschließend spreche ich noch mit dem Psychiater und dem Feldwebel, und als ich die PTBS-Abteilung, das sogenannte Traumazentrum der Bundeswehr, wieder verlasse, falte ich meine Notizen zusammen, stecke sie in die Tasche und gehe zurück Richtung Hauptbahnhof. Die Sonne kommt raus und verwandelt Berlin. Immer wieder kann ich mich dem nicht entziehen, wenn das Licht plötzlich die Stadt verändert und mein seelisches Gleichgewicht wiederherstellt. Jedenfalls für den Bruchteil einer Sekunde. Ich gehe langsam, ohne zu schlendern. Ich habe keine Eile mehr. Man könnte denken, ich sei gar nicht mehr auf der Flucht, auf der ich, wie ich jetzt weiß, schon gewesen bin, bevor ich überhaupt nach Afrika aufgebrochen bin. Eine Flucht, die vielleicht nie mehr enden wird, so dass ich mir darüber klar sein muss, vielleicht nie mehr wieder zur Ruhe zu kommen. Der Patient hat als Kind in Kunduz gelebt, bevor er nach Deutschland gekommen ist, das er jetzt seine eigentliche Heimat, sein Zuhause nennt. Die ersten Deutschen, die er zu Gesicht bekam, waren Hippies, die in den siebziger Jahren mit ihren VW-Bussen zu spirituellen Reisen aufgebrochen waren und ihm auf dem Marktplatz in Kunduz wie Außerirdische vorkamen. Er erzählt nichts von dem eigentlichen Trauma, erzählt nichts von dem, was ihm widerfahren ist, so wie mein Vater niemals erzählte, wie er die Nachkriegszeit überlebt und wie er es ausgehalten hat, dass der Krieg plötzlich vorbei war. Die Traumatisierung hält vielleicht bis heute an, sie setzt sich fort, über den Tod eines Menschen hinaus, und wirkt auf eine andere Weise weiter. Die Hippies fuhren nach Kabul und dann vielleicht weiter in den Irak. Mit Sicherheit sind einige von ihnen später als NGO-Mitarbeiter und humanitäre Helfer wieder zurückgekehrt, nachdem sie eine Weile in El Salvador oder Nicaragua waren. Die Karawane zieht weiter. Die humanitäre Arbeit ist zum Fetisch geworden, ein Geschäft, von dem alle profitieren. Der Sprachmittler und Übersetzer, der seine afghanische Identität mit der Bundeswehr in Kunduz zu erforschen versuchte, sagt nichts, gibt keine befriedigende Antwort, als ich schließlich zu ihm sage: »Bei alledem frage ich mich aber schon, wie Sie es geschafft haben, diese verschiedenen Welten, in denen Sie leben, miteinander zu versöhnen und in Einklang zu bringen.« Ich rede wie einer der Erleuchteten, wie einer der Hippies, die ihn in sanfter Weise auf Abwege zu bringen versucht und ihn als Kind so beeindruckt haben. In Wirklichkeit will ich seine Geschichte hören, die Geschichte seines Scheiterns. Die Geschichte des Untergangs. Aber er schaut mich noch nicht einmal an, er erwidert noch nicht einmal meinen Blick. »Ja, das hat man gemerkt«, sagt der angenehm unaufgeregte, aber auch etwas blasse Bundeswehr-Psychiater. »Er wollte darüber nicht reden. Aber Sie haben bestimmt auch so genug mitbekommen, hoffe ich.« Ich laufe zurück zum Hauptbahnhof. Ich laufe zurück in mein eigenes behütetes Leben.

Ein paar Wochen später bekomme ich eine SMS. Linda schreibt mir, sie habe von mir geträumt und würde sich fragen, wie es mir geht. »I was dreaming about you«, schreibt sie. »In my dream you have been in a remote area to do some research.« Sie hat schon wieder vergessen, dass ich in Afghanistan war, und ich schreibe ihr zurück, dass ich wirklich in einer abgelegenen Gegend war, aber dass ich jetzt wieder zurückgekehrt bin. Es ist nicht ganz klar, von wo aus sie mir die SMS geschickt hat. Sie schreibt, sie sei für eine kurze Zeit zurück, aber eigentlich schon wieder auf dem Sprung. Ob sie jetzt in Somalia anfängt, einem Land, das sie seit neuestem immer mehr anzieht? Die Situation dort werde immer schlimmer und dramatischer, und eine Freundin von ihr habe jetzt schon einen Job bei der Diakonie angenommen, erzählt sie. Mit ihrem Freund ist es zu Ende. Sie haben sich schließlich doch getrennt. Linda ist auch auf der Flucht. Ihre Flucht hat begonnen, als sie mit Mitte zwanzig bei einer NGO anfing. Sie flüchtete zu Médecins du Monde nach Gbranga, ins Landesinnere von Liberia. Ihre Flucht ist noch nicht zu Ende. »Es ist nicht so schlimm«, sagt Linda, und meint die Trennung von ihrem Freund. »Ich habe es schon kommen gesehen.« Nur manchmal, wenn sie jetzt Zeitungen lesen und einen Artikel finden würde, der sie emotional berührt, kämen ihr plötzlich die Tränen. Ganz plötzlich. Allerdings könne man nicht sagen, dass sie in Tränen ausbricht. Die Tränen kommen, aber sie erreichen ihr Ziel nicht. Wenn Tränen überhaupt irgendein Ziel haben. Eine Journalistin, die in Berlin bei Reuters arbeitet und die ich ein paar Tage später bei einem Abendessen kennenlerne, erzählt mir, dass die Belastungen manchmal wirklich zu groß werden könnten. Sie ist noch nie in irgendeinem Krisengebiet gewesen. Sie gibt sogar zu, dass sie morgens, wenn sie aufwacht und im Radio von irgendwelchen Katastrophen hört, immer etwas erleichtert ist. Sie weiß dann, was sie zu tun hat im Nachrichtenstudio, und dass ihr Tagesablauf eine klare Struktur haben wird. Nachmittags, wenn sie mit dem Fahrrad durch Mitte fährt, passiert es dann. Manchmal. Nicht besonders oft. Aber immerhin. Es passiert immer an derselben Stelle. An dem immergleichen Ort, der mit der Krise gar nichts zu tun hat. Es ist eben die Straße, in der der Verkehr, der vorher ihre ganze Aufmerksamkeit in Beschlag genommen hat, plötzlich nachlässt und es etwas ruhiger wird. Im Kupfergraben, ganz in der Nähe des Hauses, in dem die Bundeskanzlerin wohnt, nicht weit vom Pergamonmuseum entfernt. »Es ist immer genau da«, erzählt die Reuters-Journalistin, »dass ich plötzlich anhalten und vom Fahrrad absteigen muss.« Sie kann dann einfach nicht mehr. Das Unglück, über das sie berichtet hat, zwingt sie anzuhalten und stehenzubleiben. Und dann geht es nicht mehr weiter.

Die Sonne tut mir gut an diesem Nachmittag, nach meinem Gespräch mit dem Patienten im Bundeswehrkrankenhaus. Ich fühle mich wohl und atme durch. Er ist ein Verdrängungskünstler. Er verdrängt das, was er erlebt hat, jedenfalls solange ich dabei bin. Schließlich hat er sich nicht ohne Grund in Behandlung begeben und versucht, sein Leben wieder in den Griff zu bekommen. Ich gehe weiter zum Hauptbahnhof. Soll ich irgendwo hinfahren? Mit dem Regionalexpress? Mein Vater ist nie in den Osten gefahren, bei all seinen Reisen, die er bis zu seinem Tod unternahm, hat ihn keine einzige in den Osten, in den Kosovo oder nach

Jugoslawien geführt, geschweige denn nach Afrika oder nach Afghanistan. Er wollte nicht in Länder reisen, in denen eine Krise herrscht. Er wollte nicht in Länder reisen, in denen es passieren kann, dass man plötzlich stehenbleiben muss. Ich laufe weiter, ich beschleunige meine Schritte. Der Hauptbahnhof ist noch ein gutes Stück entfernt. »Das Schlimmste wäre doch«, sagt Linda ein paar Tage später am Telefon, »wenn ich am Ende über mich selbst in Tränen ausbrechen würde. Wenn ich über mich selbst weinen würde. Das«, sagt sie, »wäre das Allerschlimmste. Das wäre das größte Unglück.« Und dann lacht sie.

Glossar

Being Involved: niederländische Hilfsorganisation, die die Aus- und Fortbildung junger liberianischer Führungskräfte unterstützt.

Beweglicher Arzttrupp (BAT): militärisches Pendant zum zivilen Notarztwagen, der von der Bundeswehr meist zur Begleitung von Konvois eingesetzt wird.

Bundesministerium für wirtschaftliche Zusammenarbeit und Entwicklung (BMZ)

Catholic Justice and Peace Commission (JPC): Organisation der Katholischen Kirche von Liberia, die seit 1994 für die Kontrolle der Menschenrechte, für die Berichterstattung über Menschenrechtsverletzungen und die Vermittlung juristischer Unterstützung verantwortlich ist und Programme zu Konfliktlösungsstrategien und Friedenskonsolidierung durchführt.

Civil-Military Cooperation (CIMIC): zivil-militärische Zusammenarbeit, bei Auslandseinsätzen das Zusammenwirken von Militär und nichtstaatlichen zivilen Hilfsorganisationen, z. B. zur Wiedererrichtung der Infrastruktur, Kampfmittelbeseitigung oder Verbesserung der medizinischen Versorgung.

Congress for Democratic Change (CDC): politische Partei Liberias, die 2004 von Anhängern des Präsidentschaftskandidaten George Weah gegründet wurde. Nach den Wahlen von 2005 und 2011 größte Oppositionspartei Liberias.

Deutsche Gesellschaft für Internationale Zusammenarbeit (GIZ), bis 2010: **Deutsche Gesellschaft für Technische Zusammenarbeit (GTZ)**

Doe, Samuel K. (1951–1990): Staatsoberhaupt Liberias von 1980 bis 1990. – Doe putschte sich mit Hilfe verbündeter Militärs 1980 an die Macht und tötete den amtierenden Präsidenten William R. Tolbert Jr. Mit finanzieller Unterstützung der USA führte er unter der *National Democratic Party of Liberia (NDPL)* eine Militärdiktatur an. 1985 ließ er sich in manipulierten Wahlen zum Präsidenten wählen. Ab 1989 wurden Doe und sein Regime von Charles Taylors Truppen bekämpft, 1990 wurde er unter Beteiligung von Prince Johnson gefoltert und hingerichtet.

Eternal Love Winning Africa (ELWA): interkonfessionelle christliche Organisation, die in Liberia u. a. eine Schule, ein Krankenhaus und einen Radiosender unterhält.

EULEX Kosovo: Rechtsstaatlichkeitsmission der Europäischen Union im Kosovo, seit 1999 beobachtende und beratende Funktion beim Aufbau von Polizei- und Justizwesen.

Explosive Ordnance Disposal (EOD): international gebräuchliche Bezeichnung für Kampfmittelbeseitigung.

Haradinaj, Ramush (*1968): im Kosovokrieg Kommandeur der *UÇK*, 2004/05 Premierminister des Kosovo. – 1997 baute Haradinaj eine Gruppe der *UÇK* auf und nahm an dem Guerillakrieg gegen die serbische Armee teil. Nach dem Kosovokrieg begann er seine politische Karriere. 2004 wurde er als Vertreter der von ihm gegründeten *Aleanca për Ardhmërinë e Kosovës (AAK)* zum Premierminister gewählt. 2005 wurde er vom *Internationalen Strafgerichtshof für das ehemalige Jugoslawien (ICTY)* in Den Haag wegen Kriegsverbrechen gegen Zivilisten angeklagt. Haradinaj trat zurück und stellte sich freiwillig dem Verfahren, dessen Verlauf durch die Einschüchterung von Zeugen beeinträchtigt wurde. 2008 wurde Haradinaj mangels Beweisen freigesprochen, 2010 wurde das Verfahren gegen ihn wiederaufgenommen, 2011 erneut der Prozess gegen ihn eröffnet.

Improvised Explosive Device (IED): unkonventionelle Spreng- oder Brandvorrichtung, d. h. nicht industriell gefertigt. *IEDs* werden häufig als Sprengfallen an Straßenrändern und in der Straße vergraben.

International Security Assistance Force (ISAF): Sicherheits- und Aufbaumission unter Führung der NATO im Afghanistankrieg seit 2001.

Johnson Sirleaf, Ellen (*1938): liberianische Politikerin und Frauenrechtlerin, seit 2006 Präsidentin Liberias. – Nach ihrem Studium in Harvard war sie u. a. als Staatssekretärin und Ministerin im Finanzministerium von Liberia tätig. Nach offener Kritik an der Regierung Samuel K. Does floh sie in die USA und arbeitete dort unter anderem für die Weltbank und die Vereinten Nationen. Bei den Präsidentschaftswahlen 1997 unterlag sie Charles Taylor, den sie zu Beginn des Bürgerkriegs unterstützt, sich aber später gegen ihn ausgesprochen hatte. Seit 2005 ist sie Vorsitzende der *Unity Party (UP)* und konnte sich bei den Präsidentschaftswahlen im selben Jahr zunächst gegen 22 Konkurrenten, in der Stichwahl schließlich gegen George Weah durchsetzen. 2006 wurde sie als Präsidentin vereidigt. 2011 wurde ihr für ihre Verdienste als Frauenrechtlerin der Friedensnobelpreis verliehen, zugleich wurde sie mit 90,2 % der Stimmen in der Stichwahl, zu der die Opposition nicht angetreten war, als Präsidentin wiedergewählt.

Johnson, Prince Y. (*1952): liberianischer Politiker und Kriegsverbrecher, einflussreicher Warlord im Ersten Liberianischen Bürgerkrieg. – Ende der 1980er trat Johnson der Rebellengruppe *National Patriotic Front of Liberia (NFPL)* bei, verbündete sich mit Charles Taylor und führte mit ihm den bewaffneten Aufstand gegen das Militärregime von Samuel K. Doe durch. An der Folter und Hinrichtung von Doe war er 1990 maßgeblich beteiligt. Nach internen Machtkämpfen spaltete sich Johnson mit Gefolgsleuten von Taylors Truppen ab, gründete die *Independent National Patriotic Front of Liberia (INPFL)*, eroberte Teile Monrovias und verhinderte damit Taylors alleinigen militärischen Sieg. 1993 ging er ins Exil nach Nigeria und kehrte erst nach der Abdankung Taylors 2004 nach Liberia zurück. Seit 2005 ist er Mitglied des liberianischen Senats für die Region Nimba. Johnson gründete die Partei *National Union for Democratic Progress (NUDP)* und nahm 2011 als deren Kandidat an der Präsidentenwahl teil, bei der er mit 11,6 % den 3. Platz hinter Ellen Johnson Sirleaf und Winston Tubman belegte. Bei der anschließenden Stichwahl empfahl er seinen Anhängern die Wahl von Johnson Sirleaf und wurde deswegen aus seiner Partei ausgeschlossen.

Key Leader Engagement: Treffen von Führungskräften einer militärischen Operation mit einheimischen Entscheidungsträgern.

Kofi Annan Institute for Conflict Transformation (KAICT): 2006 an der University of Liberia (Monrovia) gegründetes Institut für strategische Konflikt- und Friedensforschung.

Kosova Rehabilitation Centre for Torture Victims (KRCT): 1999 gegründete Nichtregierungsorganisation, die sich allgemein für die Einhaltung der Menschenrechte einsetzt und sich insbesondere der medizinischen und psychologischen Betreuung von Folteropfern und traumatisierten Kriegsteilnehmern widmet.

Landmine Action: britische Organisation, die neben entwicklungspolitischer Bildungsarbeit in Liberia Programme zur Risikoaufklärung und Räumung von Minen und Streumunition durchführt.

Liasion Monitoring Team (LMT): militärische Überwachungs- und Verbindungseinheit, die für die Kontrolle der öffentlichen Sicherheit zuständig ist und Bevölkerung und zivilen Entscheidungsträgern als Kontaktstelle dient.

Liberianischer Bürgerkrieg: Erster Liberianischer Bürgerkrieg 1989–1996, Zweiter Liberianischer Bürgerkrieg 1999–2003. – Ende 1989 begann die *National Patriotic Front of Liberia (NPFL)* unter der Führung von Charles Taylor von der benachbarten Elfenbeinküste aus den bewaffneten Kampf gegen die seit 1980 bestehende Militärdiktatur von Samuel K. Doe. Schnell kontrollierten die Rebellen Großteile des Landes, Prince Johnson gelang die teilweise Eroberung Monrovias. Doe wurde ermordet. Wegen interner Machtkämpfe und der daraus resultierenden Aufspaltung gelang es der Rebellengruppe nicht, die Macht zu übernehmen. Auf Drängen und mit militärischer Unterstützung der *Westafrikanischen Wirtschaftsgemeinschaft (ECOWAS)* wurde eine Übergangsregierung unter Amos Sawyer mit Sitz in Ghana installiert, die bis 1994 bestand. Der Bürgerkrieg ging während dessen Amtszeit unverändert weiter. Zu den sich bekämpfenden Gruppen gehörten neben den Truppen der *ECOWAS* u. a. die *National Patriotic Front of Liberia (NPFL)* unter Charles Taylor, die *Indipendent National Patriotic Front of Liberia (INPFL)* unter Prince Johnson, die *United Liberation Movement of Liberia for Democracy (ULIMO)*, zu der sich Anhänger Samuel K. Does zusammengeschlossen hatten, und die Kindersoldatentruppe um den jungen Warlord Joshua Milton Blahyi (›General Butt Naked‹). Mehrere Waffenstillstands- und Friedensabkommen sowie Versuche, einen stabilen Staatsrat zu bilden, scheiterten. Zwischen 1993 und 1997 waren Beobachter der Vereinten Nationen zur Unterstützung der *ECOWAS* in Liberia stationiert. Nachdem Charles Taylor die Präsidentschaftswahlen 1997 mit 75 % aller Stimmen gewonnen hatte, nahmen die Unruhen allmählich ab.

Wegen Taylors autoritärer Amtsausübung und seines rigorosen Umgangs mit oppositionellen Kräften formierte sich 1999 in Guinea mit Unterstützung der dortigen Regierung die Rebellengruppe *Liberians United for Reconciliation and Democracy (LURD)*, die sich im

Wesentlichen aus ehemaligen Anhängern Does zusammensetzte. Von der Elfenbeinküste aus griff zudem die Rebellengruppe *Movement for Democracy in Liberia (MODEL)* in den Konflikt ein. Die Regierungstruppen verloren zunehmend an Einfluss. 2003 kam es zur Belagerung Monrovias, und gegen Charles Taylor wurde internationaler Haftbefehl wegen Kriegsverbrechen erlassen. Auch auf Drängen der Vereinten Nationen und der USA musste Taylor abdanken und ging ins nigerianische Exil. Bis zur Präsidentenwahl 2005 amtierte eine Übergangsregierung unter dem Vorsitz von Charles Gyude Bryant.

Medica Mondiale: in Deutschland ansässige internationale Nichtregierungsorganisation, die 1993 von Monika Hauser gegründet wurde. Medica Mondiale setzt sich weltweit für Frauen und Mädchen ein, die in Kriegs- und Krisengebieten Opfer sexualisierter Gewalt geworden sind.

Mental Disability Rights International (MDRI): im Kosovo operierende unabhängige Menschenrechtsorganisation, die sich für die Behandlung und gesellschaftliche Integration geistig und psychisch beeinträchtigter Menschen einsetzt.

National Elections Commission of Liberia (NEC): unabhängige Behörde zur Organisation, Durchführung und Beobachtung der Wahlen für alle öffentlichen Ämter in Liberia.

National Patriotic Front of Liberia (NPFL): Rebellengruppe unter der Führung von Charles Taylor, die 1989 von der Elfenbeinküste aus den bewaffneten Kampf gegen Samuel K. Doe und sein Militärregime begann. Nach dem Ende des Ersten Liberianischen Bürgerkriegs gründete sich aus der *NPFL* die *National Patriotic Party (NPP)*, als deren Kandidat Charles Taylor 1997 die Präsidentschaftswahlen gewann.

National Investment Commission of Liberia (NIC): regierungsnahe Behörde zur Förderung der ökonomischen Entwicklung und Betreuung von ausländischen und einheimischen Investoren.

National Union for Democratic Progress (NUDP): politische Partei Liberias, die von Prince Johnson gegründet wurde, um als ihr Spitzenkandidat an den Präsidentschaftswahlen 2011 teilzunehmen.

Operational Mentor and Liaison Team (OMLT): militärisches Ausbildungs- und Beratungsteam, das aus erfahrenen Einsatzkräften besteht und einheimische Militär- und Sicherheitskräfte theoretisch und praktisch ausbildet.

Organisation für Sicherheit und Zusammenarbeit in Europa (OSZE)

Partia e Drejtësisë (deutsch: *Gerechtigkeitspartei)*: politische Partei des Kosovo, die 2004 gegründet wurde und sowohl rechtskonservative als auch liberale Standpunkte vertritt. Ihr Vorsitzender Ferid Agani amtiert in der derzeitigen Regierung als Gesundheitsminister.

Posttraumatic Stress Disorder (PTSD): international gebräuchliche Bezeichnung für **Posttraumatische Belastungsstörung (PTBS)**

Provincial Advisory Team (PAT): kleines zivil-militärisches regionales Beraterteam, das zur Begleitung des zivilen Wiederaufbaus Afghanistans eingesetzt wird, um die entwicklungspolitische Zusammenarbeit von internationalen Organisationen und Vertretern der Provinz- und Distriktregierungen zu verbessern.

Provincial Reconstruction Team (PRT): militärische Einheit, die in Krisengebieten für Schutz und Koordination des Wiederaufbaus ziviler Infrastruktur zuständig ist (u. a. Verbesserung der Gesundheitsversorgung, Bau von Straßen und Schulen, Polizeiausbildung).

Ražnatović, Željko (›Arkan‹) (1952–2000): Kommandeur serbischer paramilitärischer Einheiten im Jugoslawienkrieg und im Kosovokrieg. 1997 wurde Ražnatović vom *Internationalen Strafgerichtshof für das ehemalige Jugoslawien (ICTY)* in Den Haag wegen Völkermords und Vertreibung angeklagt. 2000 wurde er in Belgrad erschossen.

Special Security Service (SSS): paramilitärische Einheit zum Schutz des liberianischen Präsidenten. Unter der Präsidentschaft Charles Taylors beging der *SSS* zahlreiche Verbrechen gegen die Menschlichkeit.

Tactical Operations Center (TOC): technisch gut ausgestatteter Gefechts- und Befehlsstand zur Koordination militärischer Operationen.

Taylor, Charles (*1948): liberianischer Politiker und Kriegsverbrecher, Warlord im Ersten Liberianischen Bürgerkrieg, von 1997 bis 2003 Präsident Liberias. – Taylor initiierte 1989 als Anführer der *National Patriotic Front of Liberia (NPFL)* von der Elfenbeinküste aus einen bewaffneten Aufstand gegen Präsident Samuel K. Doe, bei dem es zum Einsatz von Kindersoldaten, Plünderungen und

Brandschatzungen kam. Es gelang ihm und seinen Verbündeten, Does Militärregime zu stürzen, nicht jedoch die Macht zu übernehmen. Um Zugriff auf die Ressourcen Sierra Leones (v. a. Diamanten) zu erlangen, unterstützte er ab 1991 die *Revolutionary United Front (RUF)* bei ihren Militäraktionen im dortigen Bürgerkrieg, u. a. mit Waffenlieferungen. Taylor genoss Unterstützung durch die USA und unterhielt Verbindungen zum Geheimdienst CIA. 1997 wurde er zum Präsidenten Liberias gewählt. Unter seiner despotisch ausgeübten Präsidentschaft kam es in Liberia zu weiteren Aufständen und Konflikten sowie zahlreichen Gewalttaten regierungsnaher Truppen. Im Juni 2003 erließen die Vereinten Nationen einen Haftbefehl wegen Kriegsverbrechen gegen Taylor. Auf nationalen und internationalen Druck trat er als Präsident im August zurück, ging nach Nigeria ins Exil und wurde dort 2006 festgenommen. Am 30. Mai 2012 verurteilte ihn das Kriegsverbrechertribunal in Den Haag wegen Kriegsverbrechen und Verbrechen gegen die Menschlichkeit zu fünfzig Jahren Gefängnis.

Taylor, Charles jr. (›Chuckie‹) (*1977): Sohn des Warlords und ehemaligen Präsidenten Liberias Charles Taylor, geboren und aufgewachsen in den USA. Nach der Wahl seines Vaters zum Präsidenten leitete er die 1997 gegründete und wegen ihrer Brutalität berüchtigte *Anti-Terrorist Unit (ATU*, auch *Demon Forces)*, die u. a. politische Gegner Taylors und Dissidenten bekämpfte und folterte. Taylor jr. wurde 2006 in Miami festgenommen und dort 2009 wegen Verbrechen gegen die Menschlichkeit zu 97 Jahren Gefängnis verurteilt.

Tolbert, William Richard jr. (1913 – 1980): Präsident Liberias von 1971 bis 1980. – Tolbert gehörte der *True Whig Party* an. Von 1952 bis 1971 war er Vizepräsident unter William V. S. Tubman, 1971 wurde er dessen Nachfolger. Tolbert wurde 1980 im Zuge des Militärputsches unter der Führung von Samuel K. Doe ermordet.

True Whig Party: liberianische politische Partei. – Von ihrer Gründung 1869 an war die rechtskonservative *True Whig Party* bis zum Putsch durch Samuel K. Doe 1980 die einzige zugelassene Partei des Landes.

Truth and Reconciliation Commission of Liberia (TRC): vom Parlament eingesetzte Kommission, die von 2005 bis 2009 für die Aufklärung der während des Bürgerkriegs begangenen Verbrechen und Menschenrechtsverletzungen zuständig war. Die Wahrheits- und Versöhnungskommission war selbst kein Kriegsverbrechertribunal, sondern konnte lediglich Prozesse vorschlagen.

Tubman, William V. S. (1895 – 1971): liberianischer Politiker der *True Whig Party*, von 1944 bis 1971 Präsident Liberias.

Tubman, Winston (*1941): liberianischer Politiker und Diplomat. – Der in Cambridge und Harvard ausgebildetete Jurist war u. a. während der Präsidentschaft seines Onkels William V. S. Tubman als Ministerialbeamter tätig und in den 1980er Jahren Justizminister in der Regierung von Samuel K. Doe. Bei der Präsidentenwahl 2011 erlangte er als Kandidat des *Congress for Democratic Change (CDC)* im ersten Wahlgang 32,7 % aller Stimmen. Obwohl die Wahl von internationalen Beobachtern als fair gewertet wurde, protestierte Tubman wegen angeblicher Wahlfälschungen, weshalb es in Monrovia zu Unruhen kam. Zur anschließenden Stichwahl gegen Ellen Johnson Sirleaf trat er nicht an.

UN World Food Programme: Das Welternährungsprogramm der Vereinten Nationen ist die größte humanitäre Organisation der Welt und bekämpft Hunger in Katastrophen- bzw. Krisengebieten, gewährleistet schnelle Hilfe bei Notsituationen und betreibt zugleich Programme, um ausreichende Ernährung langfristig zu sichern.

Unity Party (UP): politische Partei Liberias, die 1984 gegründet wurde und sich bei der Wahl 1985 gegen Präsident Samuel K. Doe positionierte. 1997 zog sie erstmals in den Senat ein. Ihre Kandidatin Ellen Johnson Sirleaf gewann die Präsidentschaftswahlen 2005 und 2011. Aus den Parlamentswahlen 2011 ging die *Unity Party* als stärkste Partei hervor.

United Nations Development Programme (UNDP): Das Entwicklungsprogramm der Vereinten Nationen ist ein Exekutivausschuss innerhalb der UN-Generalversammlung, der personelle und finanzielle Mittel zur Armutsbekämpfung, allgemeinen Krisenprävention und Durchsetzung der Menschenrechte bereitstellt, so auch in Liberia.

United Nations Interim Administration Mission in Kosovo (UNMIK): Friedensmission der Vereinten Nationen für den Wiederaufbau des Kosovo, nimmt seit 1999 mit Mandat des UN-Sicherheitsrates wesentliche Aufgaben der zivilen Verwaltung wahr.

United States Agency for International Development (USAID): unabhängige Behörde der USA, die die gesamten entwicklungspolitischen Aktivitäten koordiniert und weltweit wirtschafts- und gesundheitspolitische Entwicklungszusammenarbeit organisiert.

Vetëvendosje! (deutsch: Selbstbestimmung!): bis 2010 nationalkonservative Bürgerbewegung, seither offizielle politische Partei, die für eine völlige Unabhängigkeit des Kosovo ohne internationale Kontrolle eintritt.

Weah, George (*1966): ehemaliger Fußballprofi und liberianischer Politiker. – Weah spielte von 1988 bis 2001 für europäische Spitzenclubs wie AS Monaco, Paris Saint-Germain und den AC Mailand. 1995 wurde er als Weltfußballer des Jahres ausgezeichnet. An den Präsidentschaftswahlen 2005 nahm er als Kandidat des *Congress for Democratic Change (CDC)* teil und unterlag Ellen Johnson Sirleaf erst in der Stichwahl. 2011 kandidierte er für das Amt des Vizepräsidenten unter Winston Tubman.

Danksagung

Ein besonderer Dank gilt der Robert Bosch Stiftung.

Für die Unterstützung bei der Recherche in Liberia, Afghanistan und im Kosovo möchte ich mich bei folgenden Personen bedanken:

In Liberia: Judith Baessler, Charles Barringer, Diasmer Bloe, Kpawulu Gibson, Margret Gieraths-Nimene, Leane Ho, Kristina Leipoldt, Ilse Lindemann, Joelle Mbeka Mbumba, Samuel Treglown, Dhammika Perera, Emily White, Jean Titus, Silke Pietsch und Pandora Hodge.
Ein spezieller Dank geht an: Cap Anamur und Bernd Göken.
An Regine Hemmeter, Clemens Busch und Christien Veldink.

Im Kosovo: Zamira Hyseni Duraku, Indira Elshani, Christian Geosits, Axel Halling, Walter Happel, Michael Koenig, Cäcilie Koßmann, Vjollca Krasniqi, Anila Shuka Mikat, Fatmire Musliu, Ganimete Musliu, Nexhmedin Morina, Jeton Neziraj, Timon Perabo, Aylin Rieger, Kathrin Röggla, Nora Refaeil, Feride Rushiti und Santamaria Silvana.
Besonderer Dank geht an Beqë Cufaj.

In Afghanistan: Benjamin Buchholz, Uli Gack, Frank Liedtke, Jörg Scheeser. Dank auch an die Mitarbeiter der Pressestelle der Bundeswehr sowie an Anosha Wahidi, Randolf Grindau, Swantje Stein, Moritz Jahnke und Heiko Bohnsack.
Besonderer Dank geht an Marc Lindemann.

Darüber hinaus möchte ich mich bedanken bei Oliver Vogel, Sophie von Heppe und Philipp Werner. Bei Leyla Schön, David Becker, Hans-Jürgen Schmidt, Jörg Paulus, Katharina Wilts, Petra Kirberger und Dorothee Merkel. Ein spezieller Dank geht an Volker Weidermann.